Max Haller (Hg.)
Migration & Integration

W0055177

Max Haller (Hg.)

unter Mitarbeit von Katharine Apostle

Migration
und
Integration
Fakten oder Mythen?

Siebzehn Schlagwörter auf dem Prüfstand

VERLAG DER
ÖSTERREICHISCHEN
AKADEMIE DER
WISSENSCHAFTEN

Bibliografische Information der Deutschen Nationalbibliothek
Die Deutsche Nationalbibliothek verzeichnet diese Publikation in der
Deutschen Nationalbibliografie, detaillierte bibliografische Daten sind im
Internet über http://dnb.d-nb.de abrufbar.

Die verwendete Papiersorte in dieser Publikation ist
DIN EN ISO 9706 zertifiziert und erfüllt die Voraussetzung für
eine dauerhafte Archivierung von schriftlichem Kulturgut.

ISBN 978-3-7001-8421-8
Copyright © 2019
Österreichische Akademie der Wissenschaften, Wien
Satz: Rudolf Vadlejch, Wien
Druck und Bindung: Prime Rate Kft., Budapest
https://epub.oeaw.ac.at/8421-8
https://verlag.oeaw.ac.at

Inhalt

EINLEITUNG

Max Haller

Fakten und Mythen in der öffentlichen Debatte über Migration und Integration[1]

Die mediale Öffentlichkeit spielt heute eine zentrale Rolle in Gesellschaft und Politik. Sie hat das politische Leben im Laufe der letzten hundert Jahre von Grund auf umgewälzt. In den letzten Jahrzehnten war sie verknüpft mit dem Aufstieg, Wandel und inzwischen bereits eingeläuteten Niedergang der Tageszeitungen, der Erfindung und Ausbreitung von Rundfunk und Fernsehen, und dem Aufstieg der elektronischen Kommunikationsmedien wie Internet, Google, Facebook und Twitter. Mussten PolitikerInnen in Österreich nach dem zweiten Weltkrieg sich noch in Massenversammlungen persönlich um WählerInnen bemühen, geschieht dies seit ein bis zwei Jahrzehnten zum größten Teil nur mehr über die Massenmedien, d.h. auf unpersönliche Art. Ein/e SprecherIn kann gleichzeitig Hunderttausende, ja Millionen von Menschen erreichen, die ihrerseits reine RezipientInnen sind (Burkart 2002). Diese Form der Kommunikation hat ihre eigenen Gesetze; das zentrale lautet: Eine Botschaft muss kurz und prägnant sein, „aktuell" und nach Möglichkeit provokativ (wenn auch nicht allzu sehr). Sie muss durch eine dicke Schlagzeile in der Zeitung oder mit einem kurzen Sager im Fernsehen ausgedrückt werden können (Januschek 1994). Vorteilhaft ist es, wenn zur Untermauerung der Argumentation einige wenige prägnante Daten und Fakten, möglichst aus wissenschaftlichen Studien, präsentiert werden können. Auch dabei gelten die Anforderungen der Kürze und Aktualität.

Man kann diese Entwicklungen bedauern und kritisieren. Sie sind auf jeden Fall in Rechnung zu stellen. Im Medienzeitalter werden wir von Informationen überschwemmt und wir fördern diese Entwicklung durch

---

1   Für wertvolle Kommentare zu früheren Fassungen dieses Beitrags danke ich Rainer Bauböck, Wolfgang U. Dressler, Heinz Fassmann, Ruth Wodak und einer Gutachterin bzw. einem Gutachter zum Buchmanuskript. Für den Inhalt ist ausschließlich der Autor verantwortlich.

11

unsere Teilnahme (auch wenn es einige Wenige gibt, die bewusst keinen Fernseher besitzen oder Internet und Handy zu gewissen Zeiten ausschalten). Die Aufnahme von „Informationen" erfolgt meist nicht primär, um Wissen zu erlangen, sondern um unterhalten zu werden; für viele gilt dies auch bei den täglichen Nachrichten (Früh 2002).

All diese Fakten lassen sich auch in der öffentlichen Kommunikation über die heute weltweit heiße Thematik von Migration, Flüchtlingsbewegungen und Integration verfolgen. Im ersten Teil dieser Einleitung soll kurz dargestellt werden, welche Formen des Umgangs mit Informationen es in der Öffentlichkeit gibt, wie Fakten interpretiert, mit wertgeladenen Begriffen versehen und in oft fragwürdige Behauptungen umgedeutet werden können. Im zweiten Teil wird ein Überblick über die wichtigsten Befunde der einzelnen Kapitel gegeben. Zuletzt soll noch berichtet werden, welche Institutionen und Personen die Entstehung dieser Publikation unterstützt haben.

Fünf Formen des problematischen Umgangs mit gesellschaftlichen Fakten und Daten

Man kann hier fünf Tendenzen bzw. Strategien von Medien und politischen AkteurInnen erkennen: Selektive Auswahl und Hervorhebung bestimmter Fakten; Präsentation von Teil- und Halbwahrheiten; Entwicklung von Stereotypen und Vorurteilen; Aufstellung falscher Behauptungen bis hin zu Lügen; Entwicklung von Mythen. Dabei werden allenfalls bei der ersten Strategie, zumindest auf den ersten Anschein, nur harte Daten präsentiert, während bei allen anderen Wertungen mehr oder weniger offen mitspielen. Diese Strategien werden im Folgenden kurz dargestellt; in der darauf folgenden Übersicht über den Inhalt dieses Bandes werden wir Beispiele für alle anführen.

(1) Bei der <u>selektiven Auswahl und Hervorhebung einzelner Fakten und Daten</u> geht es darum, durch prägnante Zahlen und Berichte über erschütternde Einzelereignisse und Fakten den Eindruck zu erwecken, dass es sich dabei nicht nur um ein enormes, sondern auch um ein sehr allgemeines Problem handle. Diese Methode verwenden vor allem Boulevardmedien mit hohen Auflagen, wie die Kronen Zeitung, Heute oder Österreich. Sie enthalten zwar kaum direkt abwertende Artikel über MigrantInnen; ihre häufigen, plakativen Berichte z.B. über ausländische Kriminelle tragen aber zur Herausbildung von Meinungen und Vorurteilen bei (Rusch 2007). Aber auch bei zivilgesell

schaftlichen Aktionsgruppen und Organisationen, welche sich mit den Anliegen von MigrantInnen und AsylwerberInnen befassen, kann der Hinweis auf strenge Regelungen oder die Einmahnung von Integrationsleistungen durch tendenziöse Verweise auf faktisch vorhandene Benachteiligungen oder ungerechte Behandlungen bestimmter Personen und Gruppen als inhuman und als Eingriff in die persönliche Autonomie der Betroffenen abgelehnt werden. Eine andere Form einseitiger Faktenpräsentation findet sich bei Personen im öffentlichen Leben. So bezeichnet die Wiener Germanistin Eva Horn einen guten Teil der öffentlichen politischen Kommunikation, die vielfach Daten und Fakten verwendet, als „Geschwätz": Es gehe dabei nicht primär darum, etwas zu sagen, weil es wahr ist oder weil man jemanden absichtlich in die Irre führen will, sondern „weil man die eigene Person in den Vordergrund rücken will: als aufrechten Patrioten, als erfahrenen Praktiker, als furchtlosen Neuerer, als familienfreundlichen Sozialpolitiker und so weiter. Oder weil man einen bestimmten Adressaten für sich gewinnen will" (Horn 2008, S. 118).

(2) Die Präsentation von Teil- und Halbwahrheiten ist eine besonders häufig benutzte Strategie. Die Berufung auf objektive Daten, die mehr oder weniger faktengetreu dargestellt werden, vermittelt den Eindruck der Glaubwürdigkeit. Dass diese Fakten vielfach aus dem Zusammenhang gerissen eine völlig andere Situation darstellen, als sie in der Realität tatsächlich existiert, wird unterschlagen. Vor allem erzeugt die öffentliche Hervorhebung anstößiger Ereignisse und Fakten allgemeine Erregung, die ihrerseits den Boden bereitet für die Durchsetzung bestimmter Arten von Politik (Wodak 2016). Der ehemalige Leiter der Planungsabteilung im deutschen Bundeskanzleramt und Bundestagsabgeordnete Albrecht Müller führt zahlreiche Beispiele dafür an, wie mit selektiven Meldungen, einseitigen Schlagworten und Thesen, ja durch gesteuerte und bezahlte Kampagnen „Meinung gemacht" wird (Müller 2009). Dem Druck von einflussreichen PolitikerInnen und UnternehmerInnen sind auch hoch angesehene Printmedien wie die Frankfurter Allgemeine Zeitung ausgesetzt, deren JournalistInnen von den ZeitungsinhaberInnen notfalls „auf Linie gebracht" werden (auch durch Entlassung[2]). Derartig massive Eingriffe in die Autonomie der österreichischen „Qualitätsmedien" sind bislang nicht bekannt gewor-

---

2   So geschehen mit einem Chefredakteur der Frankfurter Allgemeinen Zeitung.

den. Es steht jedoch außer Frage, dass auch bei ihnen externe Einflüsse wirken, wie sie Noam Chomsky (2003) für alle westlichen Medien festgestellt hat. So führen etwa die Eigentümerstrukturen[3] zu einer gewissen „Selbstzensur", die Ausdünnung des Redaktionsstabes zu einer Abhängigkeit von medialen Aussendungen von Unternehmen und Verbänden sowie von Meldungen von in- und ausländischen Presseagenturen.

(3) Die <u>Entwicklung und Verfestigung von Stereotypen und Vorurteilen</u>, die implizite Wertungen enthalten. Stereotypen und Vorurteile sind vorgefasste Meinungen über bestimmte Menschentypen, soziale Gruppen oder Länder, die teilweise auf objektiven Fakten beruhen und zusätzlich durch Wertungen überhöht werden. Diese können – wie bei Stereotypen – durchaus positiver Art sein; bei Vorurteilen sind sie dagegen vorwiegend negativ. Sie sind im Alltagsleben wie auch bei Begegnungen mit anderen Menschen oder Reisen ins Ausland omnipräsent, weil sie die Funktion einer raschen Orientierung erfüllen (Petersen und Six 2008). Hierher gehört auch die Erfindung und Verwendung vereinfachender, abwertender Schlagwörter, und – auf der anderen Seite – die mangelnde Bereitschaft, sich angemessen mit den Darstellungen der Erfahrungen von Flüchtlingen auseinanderzusetzen (Mokre 2015). Hier ist auf den in konservativen Medien und Kreisen schon als selbstverständlich verwendeten Begriff der „Wirtschaftsflüchtlinge" zu verweisen. Er zählt nach Einschätzung der deutschen Germanisten Georg Stötzel und Martin Wengeler (1995) zu den wichtigsten sprachlichen Mitteln, um Flüchtlingen die Notwendigkeit der Flucht abzusprechen und ihnen einen Missbrauch des Asylrechts vorzuwerfen (vgl. dazu auch den Beitrag von Laura Wiesböck in diesem Band). Tatsache ist dagegen, dass es einen fließenden Übergang zwischen Migration und Flucht gibt, und vor allem bei der Letzteren eine Vielzahl von Ursachen (Kriege, Verfolgung, Zerstörung der Ernährungsgrundlagen durch Klimawandel) eine Rolle spielen; insbesondere Flüchtlinge können daher praktisch nie einer Kategorie allein zugeordnet werden.

---

3 Zu nennen ist hier etwa der starke Einfluss des Raiffeisen-Konzerns (in dessen Hintergrund auch die Katholische Kirche steht) auf große Medien bzw. Unternehmen wie Kurier, Kronen Zeitung und Mediaprint, der Styria Medien AG (Kleine Zeitung, Die Presse) und einzelner Familien wie der Dichands und Fellners, von Oscar Bronner (Der Standard) und anderen.

(4) <u>Falsche Behauptungen und eindeutige Lügen</u>. Für die renommierte deutsch-amerikanische politische Philosophin Hannah Arendt ist die Omnipräsenz von Lügen in der Politik ein „Gemeinplatz": „Niemand hat je bezweifelt, dass es um die Wahrheit in der Politik schlecht bestellt ist, niemand hat je die Wahrhaftigkeit zu den politischen Tugenden gerechnet. Lügen scheint zum Handwerk nicht nur der Demagogen, sondern auch des Politikers und sogar des Staatsmannes zu gehören" (Arendt 1987, S. 327). Diese Form der politischen Kommunikation spielt heute, im Zeitalter der *fake news,* eine zunehmende und erschreckend große Rolle. Offene Lügen werden zwar generell zweifellos abgelehnt und PolitikerInnen, die sich ihrer skrupellos bedienen - von Jörg Haider[4] bis Donald Trump[5] – werden auf Dauer keine WählerInnenmehrheiten gewinnen. Sie können aber dennoch erhebliche Wirkungen zeitigen, wie etwa das Beispiel des Irakkrieges 2003 beweist. Dieser wurde von dem US-Präsidenten George W. Bush und dem britischen Premier Tony Blair mit der inzwischen eindeutig als Lüge erwiesenen Behauptung einer akuten Bedrohung durch Massenvernichtungswaffen des Irak begründet.

(5) Schließlich kann man von der <u>Entstehung politischer Mythen</u> sprechen, wenn sich Stereotypen oder Vorurteile in der Öffentlichkeit sehr stark verfestigt haben und selbst ein/e an Politik interessierte/r und informierte/r StaatsbürgerIn die entsprechenden Begriffe und impliziten Thesen mehr oder weniger als selbstverständlich ansieht. Solche Mythen sind definiert als umfassende „Erzählungen" kognitiver und emotionaler Natur, die mit einem kollektiven, sinn- und identitätsstiftenden historischen Ereignis, einer Persönlichkeit, einem bestimmten Ort usw. zusammenhängen (Dörner 1996; Hein-Kirchner 2007; Münkler 2009; Cassirer 2016). Dabei werden faktische Ereignisse selektiv dargestellt und verklärt (Leggewie 1996); sie können aber auch frei erfunden werden, wie beim berühmten Wilhelm Tell Mythos. Historische „Erzählungen" aus der österreichischen Geschichte, die Elemente eines solchen Mythos enthalten (wenngleich es dazu durchaus kont-

---

4   Zu Haider gibt es dazu inzwischen umfassende Belege; vgl. u.v.a. Scharsach 1992; Tributsch 1994; Zöchling 2000.

5   RedakteurInnen der Washington Post haben akribisch Buch über die Behauptungen von Donald Trump geführt und seit seinem Amtsantritt 247 eindeutig falsche oder klar irreführende Äußerungen gezählt. Vgl. „Donald Trump: Der Lügner im Weißen Haus", Berliner Zeitung (2017), https://www.berliner zeitung.de/26235424 (Zugegriffen: 20. Juni 2018).

roverse Meinungen gibt), sind etwa jene, dass Österreich das erste Opfer des Nationalsozialismus gewesen sei (Uhl 2001), die Geschichte von der gemeinsamen Lagererfahrung der vordem tief zerstrittenen politischen Eliten, oder die Vorstellung des heroischen Wiederaufbaus nach dem Zweiten Weltkrieg.

Von wirklichen Mythen in Bezug auf Migration, Flüchtlingsbewegungen und Integration der nach Österreich gekommenen Menschen kann man vielleicht (noch) nicht sprechen. Wir haben den Begriff des Mythos dennoch in den Titel dieses Buches aufgenommen, weil er besonders deutlich auf die Intention dieser Arbeit hinweist. Es ist dies die Tatsache, dass sich auch im Themenbereich von Migration und Integration allmählich Begriffe, Vorstellungen und implizite Annahmen entwickeln können, die von den BürgerInnen zunehmend als selbstverständlich und evident akzeptiert werden, obwohl sie durchaus fragwürdig sind. Ein eklatantes Beispiel dafür ist die Öffnung der Grenzen und die darauf folgende Migration nach Österreich seit den späten 1950er Jahren (beginnend mit der Flucht von rund 180.000 UngarInnen nach Österreich in der Folge des niedergeschlagenen ungarischen Aufstands 1956) und die Wahrnehmung und Beurteilung ihrer Folgen durch die Bevölkerung (vgl. dazu auch Haller et al. 2008). Man kann hier eine markante Kluft zwischen tatsächlicher Entwicklung und verbreiteten Meinungen sprechen.

Österreich hat seit 1945 einen spektakulären wirtschaftlichen Aufstieg durchgemacht. Gehörte es in der Nachkriegszeit nach dem Bruttoinlandsprodukt pro Kopf noch zur unteren Hälfte der europäischen Länder, ist es bis heute in die Gruppe der fünf wohlhabendsten Länder aufgestiegen (vgl. auch Therborn 2000; Haller 2008, S. 354). Dabei ließ es nicht nur die mittelosteuropäischen Länder, Italien und Großbritannien deutlich hinter sich, sondern überholte auch Frankreich und Deutschland. Zugleich fand in Österreich in diesen Jahrzehnten eine mehr oder weniger kontinuierliche, in bestimmten Perioden sogar starke Einwanderung statt (Fassmann und Münz 1995; Statistik Austria 2017); heute hat Österreich mit 14% den fünfthöchsten Anteil an AusländerInnen unter den EU-Staaten.[6] Dass die Zuwanderung signifikant zur wirtschaftlich positiven Entwicklung Österreichs beigetragen hat, steht außer Frage. Ganze Branchen – die Landwirtschaft, das Baugewerbe und Teile der Industrie, der Tourismus, der Gesundheits- und Pflegebe-

---

6   Hierbei ist allerdings zu berücksichtigen, dass Österreich eine besonders niedrige Einbürgerungsrate von Zugewanderten aufweist; ein Grund dafür ist auch der hohe Anteil deutscher StaatsbürgerInnen.

reich – würden heute zusammenbrechen, wenn die zugewanderten Arbeitskräfte wegfallen würden. Zuwanderung und Wirtschaftswachstum wurden gefördert (wenn auch nicht allein) durch den EU-Beitritt Österreichs und vor allem durch den Fall des Eisernen Vorhangs (Brait und Gehler 2014; Breuss 2015). Die Wahrnehmungen und Einstellungen der Bevölkerung scheinen diesen Fakten kaum zu entsprechen. Zahlreiche Studien zeigen, dass eine Mehrheit der Bevölkerung vor allem seit 2015 Einwanderung kritisch sieht und eine Begrenzung möchte. Eine neue repräsentative Umfrage in zehn europäischen Ländern fand, dass über alle Länder hinweg nur 25% der Befragten die Effekte der Immigration insgesamt als positiv sehen (44% negativ), 51% glauben, sie erhöhe die Kriminalität, und 55%, sie stelle eine Belastung für den Wohlfahrtsstaat dar (Raines et al. 2017). In Österreich waren 28% der Meinung, Zuwanderung sei insgesamt gut für das Land gewesen, 42% stimmten dem nicht zu; 51% waren der Meinung, Zuwanderung erhöhe die Kriminalität und sogar 69%, sie führe zu Problemen für den Wohlfahrtsstaat.[7] Beide letzteren Behauptungen sind fragwürdig, wie in mehreren Beiträgen zu diesem Band gezeigt wird. Bemerkenswert ist, dass die ZuwanderInnen selbst ihre Situation sehr positiv einschätzen und auch die Bevölkerung von Wien, wo die Zuwanderung am höchsten ist, deutlich positiver zur Zuwanderung eingestellt ist. Die Einstellungen sind hier seit 2005 sogar noch positiver geworden, wie große, seit 1989 wiederholt durchgeführte von der Stadt Wien in Auftrag gegebene Studien zeigten.[8] In diesen Studien fanden sich auch Hinweise darauf, dass eindeutige Korrelationen zwischen medialer Berichterstattung und solchen Einstellungen bestehen. So sehen 32% der LeserInnen von Kronen Zeitung und Österreich Zuwanderung als ein „sehr großes Problem", dagegen nur 17% der LeserInnen des Standard (Verwiebe et al. 2015, S. 63). Die Einstellungen zu Migration und Integration können signifikante Effekte auf politische Präferenzen und politisches Handeln ausüben. Begriffe und Ideen wie die früher weitverbreitete Vorstellung von „GastarbeiterInnen", die heute weitgehend akzeptierte Diktion von „Wirtschaftsflüchtlingen", die hohe Kriminalität der AusländerInnen, die Aggressivität der MuslimInnen usw. standen bzw. stehen solchen Mythen wohl schon sehr nahe.

---

7   Die Daten für die einzelnen Länder wurden mir freundlicherweise von Thomas Raines (Chatham House, London) zur Verfügung gestellt.

8   Vgl. Verwiebe et al. 2015 für neuere Ergebnisse dieser Studien. Relevant ist hier auch der alle zwei Jahre durchgeführte Integrations- und Diversitätsmonitor der der Stadt Wien; der umfangreiche 4. Bericht dazu ist verfügbar unter http://www.urbaninnovation.at/tools/uploads/4.WienerIntegrationsDiversitaetsmonitor.pdf.

Es ist daher auch sehr wichtig, die Begriffe AusländerInnen, MigrantInnen, AsylwerberInnen usw. klar auseinander zu halten. Als MigrantInnen werden allgemein Personen bezeichnet, die ihren Wohnsitz dauerhaft in eine andere Region oder ein anderes Land verlegen; nach UN-Definition gilt dies bereits, wenn sie dies für die Dauer eines Jahres tun (vgl. Han 2010, S. 5ff.; Heckmann 2015, S. 47). Als Personen mit Migrationshintergrund werden in Österreich Menschen mit ausländischer Staatsbürgerschaft sowie jene Personen, deren Eltern beide im Ausland geboren sind, betrachtet. Das waren Anfang 2017 1,898 Millionen Menschen, 22% der Wohnbevölkerung; die Anzahl der Personen mit ausländischer Staatsbürgerschaft betrug 1,342 Millionen, 15,3% der Wohnbevölkerung; 1961 waren dies nur 1,4% gewesen (Statistik Austria 2017, S. 8-9). Einwanderung ist also ein Prozess, der für die österreichische Gesellschaft heute von enormer demographischer, wirtschaftlicher und sozialer Bedeutung ist. Österreich kann ohne Zweifel als de facto Einwanderungsland bezeichnet werden (Fassmann und Münz 1995, S. 9-12), wenn auch die Bedeutung der Einwanderung eine andere ist als in den klassischen Einwanderungsländern in Übersee (Amerika, Australien), wo die ZuwanderInnen in den damals dünn besiedelten Regionen praktisch neue Gesellschaften aufbauten. Flüchtlinge sind nach der Genfer Flüchtlingskonvention von 1951 Personen, die sich außerhalb ihre Heimatlandes befinden und eine wohlbegründete Furcht vor Verfolgung aufgrund ihrer Rasse, Religion, Nationalität, politischen Meinung oder Zugehörigkeit zu einer bestimmten Gruppe haben. Wenn Sie in einem Land um dauerhaften Aufenthalt ansuchen, werden sie zu AsylwerberInnen; wenn sie diesen Aufenthaltsstatus aufgrund ihres überprüften Ansuchens erhalten, werden sie zu Asylberechtigten.

Die Anzahl der Flüchtlinge und AsylwerberInnen, die nach Österreich kamen, ist weit geringer als jene der gesamten ZuwanderInnen. Die Anzahl jener, die sich in staatlicher Versorgung befanden, betrug Anfang 2017 rund 95.000 Personen.[9] Neben diesen beiden Gruppen gibt es auch noch AusländerInnen, die sich nur vorübergehend in Österreich aufhalten; darunter befinden sich nicht nur Millionen von TouristInnen, sondern auch Einzelpersonen und kleine Gruppen, die kriminelle Aktivitäten durchführen. In der Öffentlichkeit bzw. in den Medien wird zwischen diesen höchst unterschiedlichen Gruppen aber vielfach nicht klar differenziert, was ebenfalls zur Entstehung von falschen Vorstellungen und Vorurteilen im Hinblick auf Zuwanderung allgemein beitragen kann.

---

9   Vgl. https://www.asyl.at/de/information/statistiken/statistiken2017/ (Zugegriffen: 20. Juni 2018).

Auch einzelne Ereignisse können zur Bildung von Vorurteilen und Mythen führen (Hein-Kirchner 2007). Ein Kandidat dafür wäre der an sich schon problematische und ideologiegeladene Begriff der „Migrationskrise" (Krzyżanowski et al. 2018) für die Wanderungsbewegung von nahezu einer Million Menschen aus der Türkei über den Balkan nach und durch Österreich und Deutschland, Mittel- und Nordeuropa im Herbst/Winter 2015/2016. Er klammert die Dramatik dieses Ereignisses und die unsäglichen Gefahren und Strapazen, welche diese Menschen auf ihrer Flucht und „Reise" über Meer und Land auf sich nahmen, aus und thematisiert nur die Perspektive der mitteleuropäischen Zielländer. Erst seit diesem Ereignis wird die Migration als ein Hauptproblem der EU gesehen, wie die Eurobarometer-Umfragen zeigen. Die Flüchtlingsthematik eignet sich auch deshalb sehr gut zur plakativen Darstellung, weil sie zahllose Motive für zugkräftige visuelle Darstellungen bietet. Dies kann durchaus auch positive Effekte haben, wie etwa die emotionale Aufrüttelung der Weltöffentlichkeit (Alpagu und Breckner 2018; vgl. auch Breckner 2010).

Fragwürdige Behauptungen und Mythen sind auch zeitbezogen: Sie können sich auf die Vergangenheit, die Gegenwart und die Zukunft beziehen (Nohlen und Schultze 2009). Gerade die Problematik von Einwanderung, Integration oder Nicht-Integration eignet sich dazu hervorragend. Dies belegt der spektakuläre Erfolg des Buches von Thilo Sarrazin mit dem Titel *Deutschland schafft sich ab,* in welchem ein Ausblick auf die Zukunft unseres großen Nachbarlandes gegeben wird. Österreichische Beispiele werden in diesem Buch mehrfach zitiert. Der mobilisierende Effekt von Mythen gilt auch insofern, als ihr Ziel nicht, wie bei Ideologien, darin besteht, gesellschaftliche Teilgruppen unter ein Banner zu scharen, sondern die Nation als Ganze zu vereinigen, sie gegen die „Anderen", gegen eine vermeintliche Bedrohung von außen, zu schützen. Genau dies, die Unterscheidung zwischen UNS und den ANDEREN, ist die zentrale Vorstellung populistischer und demagogischer politischer Führer wie Recep T. Erdoğan, Viktor Orbán, Christoph Blocher, Marine Le Pen bis hin zu Donald Trump (Ötsch und Horaczek 2017), eingeschlossen ihre österreichischen MitkämpferInnen an der Spitze der FPÖ, die sich u.a. auch als „soziale Heimatpartei" bezeichnet. Insbesondere durch die Vorstellung einer vom Rest der Welt klar abgehobenen Wir-Gemeinschaft stiften Mythen Sinn, integrieren eine Gesellschaft und mobilisieren Energien; zugleich dienen sie aber auch der Gewinnung von WählerInnenstimmen und damit der Legitimation von Herrschaft (Bizeul 2006). Dies wird dadurch erreicht, dass vom Mainstream abweichende Meinungen politisch nur mehr von Minderheiten vertreten werden (können).

Wenn in diesem Band von „Mythen" die Rede ist, soll damit also keineswegs gesagt sein, dass die meisten öffentlichen Behauptungen über Migration, AusländerInnen, Integration usw. verfälschend sind. Unser Hauptziel ist, hier zu einer differenzierteren, sachlicheren Sichtweise beizutragen. Unsere Fragen sind analytisch-wissenschaftlicher Art: Inwiefern kann man hier von vereinfachenden Vorstellungen, (ab)wertenden Schlagwörtern, ja sogar von der Entwicklung von Mythen sprechen? Wer ist an ihrer Herausbildung und Propagierung interessiert, wer trägt zu ihrer Entstehung und Verfestigung bei? Sind es die organisierten Interessenvertreter, die politischen AkteurInnen, die Medien? Letztere sind in Österreich ohne Zweifel besonders relevant, da hierzulande eine so hohe Medienkonzentration besteht wie kaum sonst wo in der Welt.[10] Der überragende Einfluss eines Boulevardmediums (inzwischen sind noch ein, zwei weitere dazu gekommen) hat zur Aushebelung ganzer Regierungen und zum Sturz von Bundeskanzlern beigetragen. Selbst der Aufstieg der FPÖ unter Haider und die heute im europäischen Vergleich wieder enorme Stärke dieser Partei – sie wird im westlichen Ausland durchwegs als „rechtsextrem" eingestuft – hat damit zu tun, dass sie in Bezug auf Migration und Integration eine ähnliche Programmatik vertritt wie die Kronen Zeitung, die mit Abstand größte Boulevardzeitung des Landes.[11] Weil sich die Politik scheut, diese Medienkonzentration – die auch mit der Schwäche der liberalen Tradition und dem autoritären Erbe Österreichs zusammenhängt - und die daraus folgende einseitige Berichterstattung und „Meinungsmache" anzutasten, scheint uns eine unabhängige und kritische Publikation wie die hier vorliegende besonders wichtig zu sein. Sie soll also einen Beitrag zur Infragestellung verbreiteter problematischer Begriffe, zur Korrektur einseitiger Behauptungen, zum Abbau von Vorurteilen und zur Verhinderung der Entstehung echter Mythen leisten.

---

10   Vgl. dazu u.v.a. Filzmaier et al. 2007; für eine prägnante Übersicht, http://www.demo-kratiezentrum.org/themen/mediengesellschaft/medienmacht.html (Zugegriffen: 20. Juni 2018).

11   In der Tageszeitung Der Standard (17.06.2010) hieß es dazu: „Mit ihrer Berichterstattung war ‚Die Krone' in den 1990er Jahren maßgeblich am Aufstieg Jörg Haiders beteiligt. Haider wurde von Dichand [dem Krone-Besitzer und Herausgeber] als notwendiger und wichtiger ‚Hecht im Karpfenteich' beschrieben, offene Unterstützung für freiheitliches Gedankengut gab es von verschiedenen ‚Krone'-Kolumnisten unter anderem beim Thema Ausländer". Eine Klage von Dichand gegen den Journalisten Hans Rauscher, der behauptet hatte, die Berichterstattung der Krone habe antisemitische und rassistische Untertöne, wurde von der Richterin Natalia Frohner abgewiesen (vgl. auch Berichte im Standard, 25.08.2004).

Überblick über den Inhalt der Beiträge

Im Folgenden werden siebzehn fragwürdige Schlagwörter bzw. Aussagen – tendenziöses Herausgreifen einzelner Ereignisse und Fakten, vereinfachende Thesen, vorurteilsbehaftete Aussagen bis hin zu Ansätzen von echten Mythen – präsentiert. Varianten dieser Strategien finden sich in allen untersuchten Themen dieses Buches. Der erste Teil enthält Diskussionen von Thesen zum Thema Migration, der zweite Teil zum Thema Integration.

Der erste Teil wird eröffnet mit einem Beitrag von Sylvia Hahn, die einen historischen Rückblick gibt über die Bedeutung und den Umfang der Migration in der Welt und in Österreich seit der Zeit, in der darüber Daten vorliegen. Die Fakten, die sie präsentiert, sind atemberaubend und widerlegen in spektakulärer Weise die verbreitete Auffassung, dass es noch nie so viel Migration gegeben habe wie heute und dass die Menschen in früheren Zeiten großteils sesshaft gewesen seien.[12] Selbst zur Zeit unserer Großeltern wurde oft nur ein Drittel der Bevölkerung der Städte in diesen selbst geboren; in Wien waren um 1900 (ähnlich wie heute!) rund die Hälfte der BewohnerInnen zugewandert, in Salzburg sogar drei Viertel. Enorme Migrationsprozesse gab es auch in der späten Habsburgermonarchie; sie führten dazu, dass die EinwohnerInnenzahl von Wien von etwa einer halben Million Mitte des 19. Jahrhunderts auf zwei Millionen um die Jahrhundertwende stieg. Ihr historischer Rückblick zeigt, dass schon in Altertum und Mittelalter, dann jedoch besonders stark mit der beginnenden Neuzeit massive Wanderungen stattfanden, vor allem von der Alten Welt nach Übersee, aber auch innerhalb der anderen Kontinente. Ein erheblicher Teil dieser Migration beinhaltete Zwangsumsiedlungen – etwa die Versklavung und Verschleppung von bis zu 20 Millionen AfrikanerInnen in die beiden Amerikas, nach Nordosten in das Osmanische Reich und bis nach Indien. Damals wie heute waren aber auch Adelige, Studierende, Händler, Soldaten, Matrosen, Handwerker, DienstbotInnen, religiöse und Kriegsflüchtlinge und Vertriebene unterwegs. Zwang und Gewalt waren dabei allgegenwärtig: Selbst die Europäer verschickten nicht nur Kriminelle, sondern auch Kinder in andere Kontinente, um Letz-

---

12 In absoluten Zahlen mag die These von dem größeren Umfang der Migration heute ja stimmen, da auch die Weltbevölkerung um ein Vielfaches größer ist. Den rund 258 Millionen MigrantInnen heute weltweit steht eine Weltbevölkerung von 7,5 Milliarden gegenüber; um 1500 betrug die Weltbevölkerung nur 450 Millionen, um 1800 800 Millionen Menschen.

teren eine „bessere" Existenz zu sichern und sich selbst von lästigen Problemgruppen zu trennen.

Drei der untersuchten Thesen befassen sich mit den Effekten der Zuwanderung für Arbeitsmarkt und Einkommensstruktur in Österreich und mit den Möglichkeiten, Zuwanderung zu steuern. Eine immer wiederkehrende Behauptung lautet etwa, ZuwanderInnen verdrängten einheimische Arbeitskräfte und wirkten – vor allem in weniger qualifizierten Berufen – als LohndrückerInnen. Wie bei vielen solchen Behauptungen stehen dem schon seit Langem zahlreiche Studien gegenüber, die dies stark relativieren, wie Gudrun Biffl zeigt. So etwa die Tatsache, dass Einheimische und ausländische Arbeitskräfte aus vielen Gründen nicht ohne weiteres austauschbar sind. Es sind – wenn überhaupt – eher andere, vor allem weniger qualifizierte ZuwanderInnen, welche vom Arbeitsmarkt verdrängt werden oder unter Lohndumping leiden, als einheimische Arbeitskräfte. Eine noch weitergehende These besagt, der österreichische Arbeitsmarkt sei bereits so angespannt, dass er keine weiteren ZuwanderInnen mehr aufnehmen könne. Dieses plakative Bild „Das Boot ist voll!" wird untersucht von Jörn Kleinert und Daniel Reiter. Sie zeigen, dass ein totaler Zuwanderungsstopp höchst problematische Folgen für Wirtschaft und Gesellschaft haben würde: Kurzfristig würde er zu ernsthaften Rekrutierungsproblemen in all jenen Sektoren führen, in denen viele MigrantInnen arbeiten (Baugewerbe, Tourismus, Gesundheitswesen), längerfristig wäre mit einem schneller steigenden Anteil alter Menschen und damit einer beschleunigt wachsenden Abgabenlast für die erwerbstätige Bevölkerung zu rechnen. Es liegt nahe, daraus die Folgerung abzuleiten, dass Österreich die Zuwanderung politisch steuern und auf das wirtschaftlich und gesellschaftlich optimale Maß begrenzen solle. Aber auch diese These hält dem Realitätscheck nicht ohne weiteres Stand, wie Johannes Peyrl zeigt. Zumindest in Grenzen steuerbar ist der Umfang der reinen Arbeitsmigration, was ja auch geschieht. Nur mehr eingeschränkt möglich ist es im Fall von Ausbildungsmigration und Familienzusammenführung und im Prinzip überhaupt nicht möglich ist es bei Menschen, die um Schutz vor Verfolgung und Asyl ansuchen. Vor allem ist Migration innerhalb der Europäischen Union – einer der stärksten Formen der Zuwanderung nach Österreich – praktisch kaum begrenzbar, wenngleich es völlige Niederlassungsfreiheit auch in der EU nicht gibt. Im Übrigen wäre auch schwer bestimmbar, welches Niveau an Zuwanderung wirtschaftlich sinnvoll und gesellschaftlich akzeptabel ist. Beides ändert sich im Zeitverlauf, stellt sich für unterschiedliche Bevölkerungsgruppen jeweils anders dar und ist auch in hohem Maße von öffentlicher Bewusstseinsbildung (und -verzerrung) abhängig. Die Konklusion aus diesen Fakten ist eindeutig: Österreich muß offen für Zuwanderung bleiben und sollte vor allem die Integration der zu uns gekommenen Menschen und ihrer Nachkommen tatkräftig unterstützen.

In der Realität bestehen auch vielerlei verzerrte Vorstellungen über die Merkmale der ZuwanderInnen und insbesondere der AsylwerberInnen. Menschen, welche die Zuwanderung und die Aufnahme von Flüchtlingen generell eher kritisch sehen, assoziieren diese häufiger mit einem islamischen Hintergrund. Da diese in der Regel aus den weniger entwickelten Regionen Nordafrika und dem Nahen Osten kommen, ist ihre Integration verständlicherweise schwieriger als jene von ZuwanderInnen aus Süd-, Südost- und Osteuropa. Man befürchtet eine Abschottung dieser ZuwanderInnen in ethnische Ghettos oder gar eine kulturelle Unterwanderung Österreichs – wenngleich Töne dieser Art in Österreich nicht so hysterisch vorgetragen wurden wie in Deutschland. Wolfgang Aschauer, Florian Gann und Lena Stöllinger zeigen in ihrem Beitrag unter Verweis auf amtliche statistische Daten und einschlägige Untersuchungen, dass die MuslimInnen zwar die Mehrheit unter den Flüchtlingen, aber weniger als die Hälfte aller Personen mit Migrationshintergrund ausmachen. Je nach dem Umfang der weiteren Zuwanderung (die heute ja keineswegs prognostizierbar ist), werden sie in etwa dreißig Jahren ein Zehntel bis ein Fünftel der Bevölkerung ausmachen, also immer noch weniger als die Hälfte der Personen christlicher Konfessionszugehörigkeit. Die Mehrheit der in Österreich lebenden MuslimInnen fühlt sich diesem Land verbunden, extreme Gruppen sind Minderheiten. Besonders heftig umstritten ist die Frage, warum Flüchtlinge nach Europa streben, insbesondere nach dem massenhaften Zustrom der Jahre 2015/2016. Hier ist der Topos weit verbreitet, es handle sich dabei um „Wirtschaftsflüchtlinge", d.h. um Menschen, die nicht vor Bedrohung, Verfolgung und Zerstörung der Lebensgrundlagen in ihrem Land zu uns kamen, sondern weil sie sich hier eine besseres wirtschaftliches Fortkommen versprechen als zuhause. Laura Wiesböck zeigt, dass der Begriff „Wirtschaftsflüchtling" ein sehr effizienter sprachlicher Topos ist, um Flüchtlinge zu diskreditieren und ihnen das Recht auf Asyl abzusprechen. Eine Befragung von 1600 Flüchtlingen in Wien 2017 ergab, dass diese mit großer Mehrheit als Fluchtursache Angst vor Krieg, Zwangsrekrutierung zum Militär oder Verfolgung wegen religiöser oder politischer Orientierungen angaben. Dem entspricht die Tatsache, dass die meisten AsylwerberInnen aus Ländern kommen, in denen Krieg oder extreme Unsicherheit für Leib und Leben herrscht, wodurch ihre Lebensgrundlagen (Wohnungen, Häuser, Betriebe) zerstört wurden. Sie hoffen daher in der Tat natürlich auch, dass es ihnen in Österreich wirtschaftlich wieder besser gehen wird. Eine verwandte Behauptung im Zusammenhang mit Flüchtlingen lautet, dass diese vielfach nur geringe Ausbildung besitzen oder überhaupt Analphabeten sind, ihre Integration in Arbeitsmarkt und Gesellschaft in Österreich daher sehr schwer, wenn überhaupt möglich sein werde. Isabella Buber-Ennser und Judith Kohlenberger zeigen in ihrem Beitrag, dass insbesondere die Flüchtlinge aus Syrien und dem Irak, die 2015 nach Österreich kamen, eine relativ gute Ausbildung aufweisen; diese war höher als jene der allgemeinen Bevölkerung in ihren Herkunftsländern. Viele dieser Flüchtlinge besaßen eine Wohnung oder ein Haus und mussten erhebliche finanzielle Mittel für die Flucht aufbringen.

Schon diese Befunde relativieren eine weitere Behauptung, die selbst von SpitzenpolitikerInnen immer wieder vorgebracht wurde. Sie lautet, dass Flüchtlinge vor allem deshalb kommen, um unser gutes Sozialsystem auszunutzen. Diese These untersuchen Franz Prettenthaler und Christoph Neger sowie Johannes Berger und Ludwig Strohner. Erstere kommen unter Bezug auf zwei neuere systematische ökonomische Studien in Wien und Graz zum Schluss, dass AsylwerberInnen zwar zunächst deutliche Kosten verursachen, dass im Laufe der Jahre (nach manchen Studien schon ab etwa zehn Jahren, nach anderen später) die staatlichen Einnahmen durch Steuern und Sozialabgaben durch die dann großteils erwerbstätigen Zugewanderten höher sein werden als die Belastungen. Berger und Strohner zeigen darüber hinaus, dass AsylwerberInnen rechtlich keine höheren Ansprüche haben als Einheimische; in manchen Bundesländern (und nach den Plänen der Bundesregierung in Zukunft auch in ganz Österreich) haben sie geringere Ansprüche als Einheimische; die Leistungen für AsylwerberInnen und -berechtigte beeinträchtigen auch nicht jene der ÖsterreicherInnen. Sie weisen auch darauf hin, dass die Integration von Flüchtlingen natürlich schwieriger ist als die von regulären ZuwanderInnen, weil erstere ihre Heimat überhastet verlassen mussten, einen großen Teil ihres Besitzes verloren haben und keine Zeit hatten, sich auf das neue Leben in Österreich vorzubereiten. Die eindeutige Folgerung aus beiden Beiträgen lautet daher, dass die Politik sich vorrangig um eine möglichst effiziente berufliche und soziale Integration der Flüchtlinge bemühen muss.

Während der massive Flüchtlingszustrom im Sommer/Herbst 2015 aus dem Nahen Osten über den Balkan praktisch zum Stillstand gekommen ist, gilt dies nicht für den Flüchtlingszustrom aus Afrika. Hier ertrinken Monat für Monat weiterhin Hunderte Menschen in überfüllten, seeuntauglichen Booten. Dass diese Flüchtlinge solche Lebensgefahren auf sich nehmen, verweist auf die Tatsache, dass in Afrika ein enorm hohes Potential an MigrantInnen besteht, die nach Europa gelangen möchten. Tatsächlich gibt es auf dem afrikanischen Kontinent, den jetzt schon über eine Milliarde Menschen bewohnen, ein sehr starkes Bevölkerungswachstum, und zugleich ist das wirtschaftliche Gefälle zu Europa enorm. Es ist daher nicht von der Hand zu weisen, dass in absehbarer Zeit noch viel mehr, möglicherweise Millionen von AfrikanerInnen, ihr Leben aufs Spiel setzen werden, um eine so entbehrungsreiche und gefährliche Wanderung nach Norden zu unternehmen. Diese These untersucht Max Haller. Er verweist auf Umfragedaten über Migrationsabsichten der AfrikanerInnen wie auch auf Daten zu faktischen Migrationsprozessen innerhalb Afrikas. Die Anteile der AfrikanerInnen, die realistisch an eine Wanderung nach Europa denken, liegen unter einem Prozent. Wenn dies auch absolut noch immer viele Menschen wären, werden die Migrationsabsichten und tatsächlichen Wanderungsbewegungen in der Zukunft aber wesentlich mitbestimmt von Faktoren, deren Entwicklung wir heute nicht prognostizieren können. Die meisten davon sprechen eher für einen Rückgang der Migration: die positive wirtschaftliche Entwicklung Afrikas; die politische Stabilisierung, der Rückgang der Anzahl autoritär-diktatorisch regierter Länder; als Folge von beidem ein Rückgang ethnisch-nationaler Konflikte und Kriege; die Einwanderungspolitik der EU und ihrer Mitgliedsländer. Nur eine – letztlich auch nicht mögliche – völlige „Schließung" der Fluchtroute über das Mittelmeer ist unzureichend und angesichts der dafür notwendigen Maßnahmen menschenrechtlich problematisch. Sie sollte zumindest gekoppelt werden mit einer Erleichterung der formell-legalen Einwanderung nach Europa. Wenn diese mit systematischen Ausbildungsanstrengungen gekoppelt würde, könnte sie nicht nur für Europa ein dringend benötigtes neues Reservoir an Arbeitskräften erschließen. Es wäre auch ein entscheidender Beitrag zur Entwicklung in Afrika und würde die Zirkulationsmigration zwischen Afrika und Europa stärken, und damit auch die Bereitschaft von AfrikanerInnen, die eine Zeit in Europa studiert oder gearbeitet haben, wieder in ihr Land zurückzukehren.

Der zweite Teil dieses Bandes zu Fragen der Integration von MigrantInnen und Flüchtlingen in Österreich wird eröffnet von zwei Beiträgen, die sich mit den Folgeproblemen eines hohen Anteils von ZuwanderInnen in bestimmten Städten und Wohnvierteln bzw. von ZuwanderInnenkindern in Schulen befassen. Christina Schwarzl zeigt zunächst, dass die ZuwanderInnen sich tatsächlich auf bestimmte Regionen und Wohnviertel in Österreich bzw. innerhalb von Städten konzentrieren. Dies sind vor allem städtische Gebiete, und innerhalb dieser wiederum Bezirke mit preiswerteren Wohnungen. Diese Konzentration ist aber nicht nur als eine ethnische Segregation zu sehen, sondern als eine, die auch ÖsterreicherInnen betrifft. Auch Einheimische, die in prekären Jobs arbeiten und nur über niedrige Einkommen verfügen, müssen in Bezirken Wohnungen suchen, wo diese am preiswertesten sind. Dies erklärt, warum selbst in den Wiener Bezirken mit den höchsten AusländerInnenanteilen die ZuwanderInnen keineswegs die Mehrheit ausmachen. Für die problematische räumliche Entmischung – die einhergeht mit einer vielfach schlechteren öffentlichen Infrastruktur – sind auch die besser gestellten ÖsterreicherInnen verantwortlich, die aus solchen Bezirken wegziehen oder ihre Kinder nicht in die Schulen in dieser Nachbarschaft schicken. Die Politik trägt dazu bei, wenn sie derartige Segregationstendenzen toleriert, ja sie durch stärkere Förderung der an sich schon privilegierten Bezirke noch unterstützt. Eng in Zusammenhang mit dieser Thematik steht jene des steigenden Anteils von Kindern mit nichtdeutscher Muttersprache in den Schulen und den Folgen, die dieses Faktum für die Qualität der Ausbildung hat. Johann Bacher und Christoph Weber zeigen in ihrem Beitrag zu dieser Frage anhand eigener Auswertungen umfangreicher Erhebungen an SchülerInnen, dass das Leistungsniveau aller SchülerInnen in der Tat sinkt, wenn höhere Anteile von Kindern mit Migrationshintergrund in einer Klasse sind. Allerdings wäre es, so die Autoren, irreführend, dieses Faktum zu einem Hauptproblem hoch zu stilisieren, und zwar aus zwei Gründen: Zum einen führt vor allem die schlechtere Ressourcenausstattung der Schulen mit höheren Anteilen von Kindern mit Migrationshintergrund zum Leistungsabfall; zum anderen sind der Migrationshintergrund als solcher ebenso wie die Benachteiligung aller Kinder aus unteren sozialen Schichten bedeutsamere Effekte. Obergrenzen (Quoten) für Schulen im Hinblick auf den Anteil von Kindern mit Migrationshintergrund festzulegen wäre daher nur eine, und noch dazu in Bezirken mit hohen ZuwanderInnenanteilen unrealisierbare Maßnahme. Langfristig zielführender wären Maßnahmen zur allgemeinen Förderung von bildungsbenachteiligten Kindern wie auch – und hier ergibt sich die gleiche Konklusion wie aus dem vorher besprochenen Beitrag – Maßnahmen zur Verringerung der räumlichen Segregation in den Städten.

Wie leben und verhalten sich ZuwanderInnen in Österreich? Gibt es Indizien dafür, dass es hierbei deutliche Unterschiede gibt, die Anlass zu Konflikten geben könnten? Mit diesen Fragen befassen sich drei Beiträge. Häufig hört man die These, alle MigrantInnen hätten Großfamilien und würden sich weit stärker vermehren als die Einheimischen. Ironischerweise sehen manche dieses vermeintliche Faktum auch positiv mit der Erwartung, dass dadurch die Finanzierung unseres Pensionssystems langfristig gesichert würde. Markus Kaindl untersucht diese These anhand einer amtlichen statistischen Erhebung (Mikrozensus 2017). Die Daten zeigen in der Tat, dass die Familien von ZuwanderInnen der ersten Generation mehr Kinder haben als Einheimische; dabei geht es aber nur um einen leicht erhöhten Anteil von Dreikinderfamilien, keineswegs um Großfamilien mit vier, fünf oder mehr Kindern. Diese sind auch bei ZuwanderInnen sehr selten. ZuwanderInnenfamilien der zweiten Generation unterscheiden sich in ihrem generativen Verhalten praktisch überhaupt nicht mehr von den Einheimischen. Es sind also weder die Befürchtungen noch die Hoffnungen in dieser Hinsicht begründet; Zuwanderung hat allenfalls kurzfristige, aber kaum langfristige Effekte auf die Fertilitätsraten in Österreich. Wie sieht es mit den Werthaltungen der ZuwanderInnen aus? Hier sieht die Politik ja ein großes Defizit, wie die Auferlegung verpflichtender „Wertekurse" in Österreich und anderen Ländern der EU zeigt. Die Frage ist vor allem, welche Werthaltungen ZuwanderInnen und Flüchtlinge mit islamischem Hintergrund vertreten und wie sich diese mit den „österreichischen" Werten vertragen. Hilde Weiss untersucht diese Frage anhand von Umfragestudien, die sie selbst und andere SoziologInnen gemacht haben. Sie stellt fest, dass die MuslimInnen eine grundsätzlich positive Einstellung zu den Prinzipien der Demokratie besitzen, für eine Gleichberechtigung aller Religionen eintreten und extreme islamistische Rechtsvorstellungen mehrheitlich ablehnen. Vorbehalte bestehen allerdings hinsichtlich einer strikten Trennung von Religion und Politik; auch in Bezug auf Ehe und Geschlechterrollen bestehen oft noch traditionelle Vorstellungen. Sehr deutlich ist in allen Bereichen jedoch, dass sich in der jüngeren Generation bzw. bei den hier geborenen MuslimInnen eine deutliche Annäherung an moderne, westliche Werte vollzieht. Eine spezifische Frage in diesem Zusammenhang lautet, inwieweit ZuwanderInnen und Flüchtlinge bereit sind Deutsch zu lernen und damit eine besonders wichtige Basis für ihre Integration zu legen. In der Öffentlichkeit wird dies ja vielfach bestritten. Diese These können Verena Blaschitz, Katharina Korecky-Kröll und Wolfgang U. Dressler in ihrem Beitrag eindeutig widerlegen. Eine große Mikrozensus-Umfrage zu Sprachkenntnissen aus dem Jahr 2014 zeigte etwa, dass nur weniger als ein Fünftel der Befragten mit einer nicht-deutschen Muttersprache angaben, nur über geringe Deutschkenntnisse zu verfügen. Bei jüngeren Zugewanderten, solchen der zweiten Generation und vor allem Kindern waren die Deutschkenntnisse viel besser. In gemischtsprachigen Milieus, wie eine eigene Erhebung der VerfasserInnen zeigte, wird Deutsch vielfach als Umgangssprache verwendet. Die AutorInnen warnen schließlich vor einer Überbetonung der Deutschkenntnisse als Integrationsfaktor; sehr gute Deutschkenntnisse zu erwerben ist für viele ZuwanderInnen etwa der ersten Generation unrealistisch, es ist für eine gelungene Integration oft auch gar nicht notwendig.

Zwei Beiträge behandeln mögliche negative Folgen erhöhter Zuwanderung für die österreichische Gesellschaft. Eines der heftigsten, sicherlich sehr ernst zu nehmenden Argumente lautet, dass ZuwanderInnen und AsylwerberInnen überproportional häufig kriminell werden und die Sicherheit in Österreich gefährden. Kriminalität ist generell, wie Walter Fuchs und Arno Pilgram zeigen, in hohem Maße anfällig für gesellschaftliche Vorurteile, ja sogar Mythenbildung. So wird übersehen, dass diverse Formen von Kriminalität auch in Normalbiografien eine erhebliche Rolle spielen, ebenso wie die Tatsache, dass die Kriminalitätsrate seit eineinhalb Jahrzehnten generell fällt. Die „Kriminalisierung", d.h. eine Anzeige und polizeiliche Erfassung, ist selbst ein selektiver Prozess, der Benachteiligte aller Art und Menschen mit besonderen Merkmalen – so auch AusländerInnen – überproportional häufig erfasst. Die Daten zeigen in der Tat eine deutliche Zunahme von Anzeigen, in denen AusländerInnen involviert sind. Berücksichtig man jedoch auch die ebenfalls erfolgte Zunahme des AusländerInnenanteils und die geschlechts- und altersspezifische Zusammensetzung der ZuwanderInnen – mit einem überproportionalen Anteil jüngerer Männer – so reduziert sich die Rate der Tatverdächtigen auf ein normales Niveau; nur bei Männern aus Nicht-EU-Staaten ist sie deutlich höher. Wichtig ist schließlich der Hinweis der Autoren darauf, dass Kriminalität an sich kein Zeichen von mangelnder Integration sein muss – im Gegenteil. Denn Kriminalität indiziert auch, dass das bestehende Normensystem anerkannt wird, in manchen Fällen führt sogar die Akzeptierung moderner westlicher Werte zu steigenden Anzeigen und damit auch Kriminalität bei ZuwanderInnen, wenn Frauen bestimmte Formen patriarchalischer Gewalt innerhalb ihrer Familien nicht mehr akzeptieren. Sehr häufig mit Kriminalität in Zusammenhang gebracht wird das Betteln; Begriffe wie „organisiertes Betteln" oder „Bettelmafia" gehören zum Standardrepertoire der einflussreichen Boulevardmedien, wie Annika Rauchberger und Ferdinand Koller in ihrem Beitrag berichten. An der Behandlung der BettlerInnen zeigt sich besonders deutlich die Tendenz in der Bevölkerung, bei Behörden und in der Politik, Probleme der Benachteiligung und Armut in Probleme der öffentlichen Sicherheit umzudeuten. Während der Verfassungsgerichtshof 2012 explizit feststellte, dass Betteln an öffentlichen Orten erlaubt sein müsse, haben mehrere österreichische Städte Einschränkungen und Regelungen in Bezug auf das Betteln erlassen. Diese manövrieren die BettlerInnen nahezu ständig in halblegale bis illegale Situationen. Empirische Studien über die Herkunft und Arbeitsweise der

BettlerInnen – Betteln kann als eine informelle ökonomische Aktivität bezeichnet werden – haben keinerlei Evidenz dafür erbracht, dass es in größerem Maßstab organisiertes Betteln gibt. Unbestritten ist, dass in den armen Regionen der wichtigsten Herkunftsländer der BettlerInnen – im Osten der Slowakei und Ungarns, in ländlichen Gegenden von Rumänien und Bulgarien – seit der Wende 1989/90 extrem hohe Arbeitslosigkeit herrscht und viele Familien – insbesondere jedoch Roma/Romnija – von Armut und sozialer Ausschließung betroffen sind.

Danksagungen

Für die Möglichkeit, diese Publikation herauszubringen, ist in erster Linie der Österreichischen *Akademie der Wissenschaften* (ÖAW) zu danken; sie unterstützte auch die Ausarbeitung einiger Beiträge und die Drucklegung finanziell. Die Idee zur Publikation wurde im Rahmen der ÖAW *Kommission für Migrations- und Integrationsforschung* entwickelt. Hier möchte ich vor allem dem Begründer und langjährigen Obmann der Kommission, jetzt Bundesminister für Bildung, Wissenschaft und Forschung, Herrn Univ.-Prof. Dr. Heinz Fassmann danken; er war am Anfang intensiv an der Konzeption dieser Publikation beteiligt. Eine besondere Anteilnahme am Fortschritt dieser Publikation nahmen die Mitglieder der Kommission Univ.-Prof. Alexia Fürnkranz-Prskawetz, geschäftsführende Direktorin des Vienna Institute of Demography (ÖAW), und Univ.-Prof. Wolfgang U. Dressler (Universität Wien), der auch einen Beitrag mitverfasste. Bei der Einwerbung und Koordination der AutorInnen und bei der Erstellung des Manuskripts leistete neben Katharine Apostle (Institut für Stadt- und Regionalforschung der ÖAW), die alle Beiträge formal und sprachlich überarbeitete, auch Jennifer Carvill Schellenbacher wertvolle Hilfestellungen. Eine Reihe von SozialwissenschaftlerInnen aus ganz Österreich halfen, zur Vorbereitung der Arbeit für diese Publikation relevante Schlagworte in Bezug auf Migration und Integration zu benennen. So erhielten wir Hinweise von Wolfgang Aschauer, Christoph Hofinger, Franz Höllinger, Helmut Konrad, Klaus Kraemer, Sylvia Kritzinger, Josef Langer, Günther Pallaver, Manfred Prisching, Rudolf Richter, Sonja Puntscher-Riekmann, Katharina Scherke, Johann A. Schülein, Roland Verwiebe und Martin Weichbold. Ihnen allen sei herzlich gedankt.

Schließlich möchte ich vor allem den AutorInnen dieses Bandes danken, die zur Ausarbeitung eines Beitrags bereit waren, oft in relativ kurzer Zeit sehr konzise Manuskripte lieferten und diese mehrfach überarbeiteten. Der Herausgeber ist stolz darauf, dass es gelungen ist, hochqualifi-

zierte AutorInnen aus einem breiten Spektrum von Sozialwissenschaften
– Ökonomie, Soziologie, Demographie, Sozialpädagogik, Sprach- und
Rechtswissenschaften – aus sechs österreichischen Universitätsstädten zu
gewinnen. Im Hinblick auf die Ausarbeitung der Beiträge boten schließ-
lich die Mitglieder eines kleinen wissenschaftlichen Beirates eine sehr
wertvolle Hilfestellung, indem sie zusätzlich zum Herausgeber die Rohfas-
sungen der Manuskripte kritisch lasen und den AutorInnen Hinweise zur
Verbesserung gaben. Hier danke ich Herrn Bundesminister Univ.-Prof. Dr.
Heinz Fassmann (bis zur Übernahme seines politischen Amtes), Herrn HR
Dr. Richard Gisser (Statistik Austria), Herrn Dr. Josef Kohlbacher und Frau
Dr. Wiebke Sievers (beide Institut für Stadt- und Regionalforschung der
ÖAW) sowie Frau Univ.-Prof. Sieglinde Rosenberger (Institut für Politik-
wissenschaft der Universität Wien).

Abschließend ist festzuhalten, dass die inhaltliche Verantwortung für
alle einzelnen Beiträge ausschließlich bei den VerfasserInnen der einzelnen Beiträge liegt; weder die Kommission für Migrations- und Integrationsforschung noch die Österreichische Akademie der Wissenschaften sind
inhaltlich dafür verantwortlich. Die Intention der Publikation steht jedoch
in Einklang mit dem Ziel der ÖAW, wissenschaftliche Erkenntnisse von
gesellschaftspolitischer Relevanz einer breiteren Öffentlichkeit bekannt zu
machen.[13] Als Herausgeber und kritischer Leser aller Beiträge bin ich auch
überzeugt, dass sie ausschließlich aus einer objektiven und wissenschaftlichen Perspektive erstellt wurden. Es geht in keiner Weise darum, zu „mo-
ralisieren" und zu „politisieren" oder bestimmten Parteien Noten zu ertei-
len. So werden aufmerksame LeserInnen bemerken, dass wir etwa
PolitikerInnen fast aller Parteien bzw. politischen Richtungen mit fragwürdigen Aussagen zitiert haben. Dass hierbei Regierungsparteien und -politi-
kerInnen häufiger genannt wurden, liegt auch daran, dass sie eben aktiv
Veränderungen durchsetzen wollen und dies auch können. Dennoch ist
festzuhalten, dass Ethik und Moral wichtige Aspekte der Politik sind. Die
WählerInnen haben ein feines Gespür dafür, von welchen Grundprinzipi-
en gewisse Ziele und Maßnahmen geleitet sind und sie beurteilen auch
politische Persönlichkeiten nach ihrer moralischen Glaubwürdigkeit (Haller und Hadler 2003). Sicherlich ist auch diese Publikation grundlegend
von Werthaltungen geleitet. Dazu zählen das friedliche Zusammenleben
aller in Österreich lebenden Menschen; die Verpflichtung dieses Landes,
verfolgte und unverschuldet in extreme Not geratene Menschen aufzuneh-

---

13 Vgl. dazu https://www.oeaw.ac.at/die-oeaw/ueber-uns/die-oeaw-stellt-sich-vor/ (Zuge-
    griffen: 20. Juni 2018).

men und ihnen zumindest auf Zeit zu helfen; für legale ZuwanderInnen offen zu sein, soweit dies mit sozialen und wirtschaftlichen Kriterien vereinbar bzw. sogar ökonomisch erforderlich ist; die Integration derer, die ein Bleiberecht erhalten haben, zu fördern; und internationale humanitäre Prinzipien auch bei der Frage zu beachten, ob und wie ZuwanderInnen, die kein Asyl erhalten, ausgewiesen werden sollen.

Wir hoffen, dass dieser Band einen Beitrag zur Versachlichung der oft emotional und polemisch geführten Debatten zu diesen Themen leistet. Mit überzeugten AnhängerInnen extremer Auffassungen welcher Art auch immer zu diskutieren, erscheint wenig aussichtsreich (Schleichert 2017). Tiefsitzende Vorurteile sind mit rein kognitiven Strategien kaum korrigierbar.[14] Zu derart vorurteilsbehafteten Menschen gehören wohl jene, die von der Notwendigkeit des Aufbaus einer „Festung Europa" überzeugt sind;[15] die der Meinung sind, dass der Zahl der Asylsuchenden, die Österreich aufnehmen kann, eine absolute Obergrenze gesetzt werden müsse; dass verurteilte straffällig gewordene AusländerInnen und Flüchtlinge mit negativem Asylbescheid sofort abzuschieben seien. Dass Positionen dieser Art international anerkannten und auch von Österreich ratifizierten Menschenrechten widersprechen, ficht sie nicht an. Wir hoffen jedoch, dass der Band von vielen offenen und kritischen Menschen gelesen wird und diese zum Nachdenken anregen kann; wir glauben auch, dass dies die Mehrheit der ÖsterreicherInnen ist. Dabei bauen wir auch auf das Zweistufen-Modells der massenmedialen Kommunikation, das der österreichisch-amerikanische Soziologe Paul Lazarsfeld schon in den 1940er Jahren entwickelt hat. Es besagt, dass die KonsumentInnen der Massenmedien nicht nur direkt von diesen beeinflusst werden, sondern dass hierbei die sozialen Netzwerke, in denen Menschen leben, und insbesondere MeinungsführerInnen eine wichtige Rolle spielen, indem sie die Nachrichten für andere interpretieren (Lazarsfeld et al. 2005). Wir hoffen,

---

14 Dies stellte Univ.-Prof. Johann A. Schülein (Wirtschaftsuniversität Wien) in einem Email zu unserer Umfrage über relevante Schlagwörter fest. Notwendig ist es seiner Meinung nach daher, „die psychodynamische Genese und Funktion von Vorurteilen, Mythen usw. zu verstehen – also die Ängste und Phantasien, die sich am Thema festmachen".

15 Dieser von der Politik lange zurückgewiesene Begriff ist inzwischen in Österreich politisch salonfähig geworden. So wurde 2016 berichtet, die seinerzeitige Innenministerin Mikl-Leitner habe ihre Auffassung bekräftigt, dass aus Europa „eine Festung" werden müsse – „jetzt sind wir gerade dabei diese zu bauen". DiePresse.com (2016), https:// diepresse.com/home/politik/innenpolitik/4950279/MiklLeitner_Sind-gerade-dabei-Festung-Europa-zu-bauen (Zugegriffen: 20. Juni 2018). Vgl. ausführlich dazu Rheindorf und Wodak 2018.

dass diese Publikation viele solcher Menschen erreicht und damit einen größeren Aufklärungseffekt bewirken kann als es die Verkaufszahlen allein indizieren. Wir können hier nochmals Hannah Arendt zitieren, die im oben genannten Essay auch schrieb: „Bei näherem Zusehen zeigt sich erstaunlicherweise, dass man der Staatsräson jedes Prinzip und jede Tugend eher opfern kann als gerade Wahrheit und Wahrhaftigkeit… keine von Menschen erstellte Welt wird diese Aufgabe [der Sicherung des Bestandes der Welt] je erfüllen können, wenn Menschen nicht gewillt sind, das zu tun was Herodot als erster bewusst getan hat – nämlich (…) das zu sagen, was ist." Der uralte und seit neuestem wieder eklatant zutage getretene Konflikt zwischen Tatsachen und ihrer Uminterpretation zu bloßen Meinungen kann ihr zufolge nur überwunden werden, wenn die objektive Information über Fakten garantiert ist.

Literatur

Alpagu, Faime und Roswitha Breckner. 2018. Flucht und Migration im Bild. Vortrag am Institut für Soziologie der Universität Wien, 16.01.2018.

Arendt, Hannah. 1987. Wahrheit und Politik. In: Hannah Arendt. Wahrheit und Lüge in der Politik, 44-92. München und Zürich: Piper (hier zit. nach dem Abdruck in http://gellhardt.de/arendt_bluecher/12_Wahrheit_u_Politik.pdf, 327-356).

Bizeul, Yves. 2006. Politische Mythen, Ideologien und Utopien. In: Mythos – Fächerübergreifendes Forum für Mythosforschung. Hrsg. Peter Tepe, 10-29. Würzburg: Königshausen & Neumann.

Brait, Andrea und Michael Gehler (Hrsg.). 2014. Grenzöffnung 1989: Innen- und Außenperspektiven und die Folgen für Österreich. Wien u.a.: Böhlau.

Breckner, Roswitha. 2010. Sozialtheorie des Bildes: Zur interpretativen Analyse von Bildern und Fotografien. Bielefeld: transcript.

Breuss, Fritz. 2015. 20 Jahre EU-Mitgliedschaft. ÖGfE Policy Brief 2015/2. Wien: Österreichische Gesellschaft für Europapolitik.

Burkart, Roland. 2002. Kommunikationswissenschaft. Wien u.a.: Böhlau.

Cassirer, Ernst. 2016. Vom Mythus des Staates. Hamburg: Felix Meiner (zuerst amerik. 1946).

Chomsky, Noam. 2003. Media Control. Wie die Medien uns kontrollieren. Wien: Europa-Verlag.

Dörner, Andreas. 1996. Politischer Mythos und symbolische Politik. Zur Entstehung des Nationalbewusstseins der Deutschen. Reinbek: Rowohlt.

Fassmann, Heinz und Rainer Münz. 1995. Einwanderungsland Österreich? Historische Migrationsmuster, aktuelle Trends und politische Maßnahmen. Wien: Jugend & Volk.

Filzmaier, Peter, Peter Plaikner und Karl A. Duffek (Hrsg.). 2007. Mediendemokratie in Österreich. Wien u.a.: Böhlau.

Früh, Werner. 2002. Unterhaltung durch das Fernsehen. Köln: Herbert von Halem Verlag.

Haller, Max und Markus Hadler. 2003. Die Moralisierung der Politik in Österreich: Gute Demokratie – schlechte Demokratie. In: Österreichisches Jahrbuch für Politik 2002. Hrsg. Andreas Khol et al., 239-240. Wien und München: Verlag für Geschichte und Politik/Oldenbourg.

Haller, Max, Regine Ressler und Wolfgang Schulz. 2008. Raunzer, Schönfärber und Realisten. Soziologische Befunde zur Wahrnehmung der Leistungen der EU durch die Österreicherinnen und Österreicher. In: O Jubel, O Freud! Schatten und Schimären eines Jubiläumslandes. Hrsg. Gerfried Sperl und Michael Steiner, 45-70. Graz: Edition Gutenberg/Leykam.

Haller, Max. 2008. Die österreichische Gesellschaft. Sozialstruktur und sozialer Wandel. Frankfurt am Main und New York: Campus.

Han, Petrus. 2010. Soziologie der Migration. Konstanz und München: UVK/Lucius.

Heckmann, Friedrich. 2015. Integration von Migranten. Einwanderung und neue Nationenbildung. Wiesbaden: Springer VS.

Hein-Kirchner, Heidi. 2007. Politische Mythen. In: Aus Politik und Zeitgeschichte 11, 26-31.

Horn, Eva. 2008. Schweigen, Lügen, Schwätzen. Eine kurze Geschichte der politischen Unwahrheit. In: Tumult. Schriften zur Verkehrswissenschaft 33:112-120.

Januschek, Franz. 1994. J. Haider und der rechtspopulistische Diskurs in Österreich. In: Schlagwort Haider. Ein politisches Lexikon seiner Aussprüche von 1986 bis heute. Hrsg. Gudmund Tributsch, 284-335. Wien: Falter Verlag.

Krzyżanowski, Michał, Anna Triandafyllidou und Ruth Wodak. 2018. The mediatization and the politization of the "Refugee Crisis" in Europe. Journal of Immigrant and Refugee Studies 16:1-14.

Lazarsfeld, Paul F., Elihu Katz und Elmo Roper. 2005. Personal Influence: The Part Played by People in the Flow of Mass Communications. London und New York: Routledge (zuerst amerik. 1955).

Leggewie, Claus. 1996. Der Mythos des Neuanfangs. Gründungsetappen der Bundesrepublik Deutschland: 1949-1968-1989. In: Mythos und Nation. Hrsg. Helmut Berding, 275-302. Frankfurt/Main: Suhrkamp.

Mokre, Monika. 2015. Solidarität als Übersetzung. Überlegungen zum Refugee Protest Camp Vienna. Wien und Linz: transversal.

Müller, Albrecht. 2009. Meinungsmache. Wie Wirtschaft, Politik und Medien uns das Denken abgewöhnen wollen. München: Knaur.

Münkler, Herwig. 2009. Die Deutschen und ihre Mythen. Berlin: Rowohlt.

Nohlen, Dieter und Rainer-Olaf Schultze (Hrsg.). 2009. Lexikon der Politikwissenschaft. Theorien, Methoden, Begriffe (2 Bände). München: Beck.

Ötsch, Walter und Nina Horaczek (Hrsg.). 2017. Populismus für Anfänger. Anleitung zur Volksverführung. Frankfurt/Main: Westend.

Petersen, Lars-Eric und Bernd Six. 2008. Stereotype, Vorurteile und soziale Diskriminierung. Theorien, Befunde und Interventionen. Weinheim und Basel: Beltz.

Raines, Thomas, Matthew Goodwin und David Cutts 2017. The Future of Europe. Comparing public attitudes and elite attitudes. Research Paper. London: Chatham House (auch online verfügbar).

Rheindorf, Markus und Ruth Wodak. 2018. Borders, fences and limits. Protecting Austria from refugees: Metadiscursive negotiation of meaning in the current refugee crisis. Journal of Immigrant and Refugee Studies 16:15-38.

Rusch, René. 2007. Der „Ausländer"-Diskurs der Kronen Zeitung 2005. Gibt es einen „kronischen" Rassismus? Politikwissenschaftliche Diplomarbeit, Universität Wien.

Sarrazin, Thilo. 2010. Deutschland schafft sich ab. Wie wir unser Land aufs Spiel setzen. München: Deutsche Verlagsanstalt.

Scharsach, Hans-Henning. 1992. Haiders Kampf. Wien: Orac.

Scharsach, Hans-Henning. 2017. Stille Machtergreifung: Hofer, Strache und die Burschenschaften. Wien: Kremayr & Scheriau.

Schleichert, Hubert. 2017. Wie man mit Fundamentalisten diskutiert, ohne den Verstand zu verlieren. Anleitung zum subversiven Denken. München: C.H. Beck.

Statistik Austria. 2017. migration & integration. zahlen. daten. indikatoren 2017. Wien: Statistik Austria.

Stötzel, Georg und Martin Wengeler. 1995. Kontroverse Begriffe. Geschichte des öffentlichen Sprachgebrauchs in der Bundesrepublik Deutschland. Berlin: W. de Gruyter.

Therborn, Göran. 2000. Die Gesellschaften Europas 1945 – 2000. Frankfurt und New York: Campus.

Tributsch, Gudmund (Hrsg.). 1994. Schlagwort Haider. Ein politisches Lexikon seiner Aussprüche von 1986 bis heute. Wien: Falter Verlag.

Uhl, Heidemarie. 2001. Das „erste Opfer". Der österreichische Opfermythos und seine Transformationen in der Zweiten Republik. Österreichische Zeitschrift für Politikwissenschaft 30:93-108.

Verwiebe, Roland et al. 2015. Zusammenleben in Wien. Einstellungen zu Zuwanderung und Integration. Werkstattbericht. Wien: MA 18 Stadtentwicklung und Stadtplanung.

Wodak, Ruth. 2016. Politik mit der Angst. Zur Wirkung rechtspopulistischer Diskurse. Wien und Hamburg: Konturen.

Zöchling, Christa. 2000. Haider. Eine Karriere. München: Econ.

Schlagworte
zum Thema
„Zuwanderung und Asyl"

Sylvia Hahn

„Es gab noch nie so viel Migration wie heute (früher waren die meisten Menschen sesshaft)"

Das Thema der Migration hat in den letzten Jahrzehnten stark an Aktualität gewonnen. Es vergeht kaum ein Tag, an dem in den Medien nicht darüber berichtet wird. Derzeit konzentrieren sich die Diskussionen auf die in den letzten Jahren nach Europa gekommenen Flüchtlinge und Asylsuchenden aus den Kriegs- und Krisengebieten des Levante-Raumes, Afrikas und Asiens. Am Anfang der 1990er Jahre waren es die Migrationen, die dem Zusammenbruch der kommunistischen Länder und dem Krieg im ehemaligen Jugoslawien folgten. Nach dem EU-Beitritt Österreichs wurden Schreckensszenarien von der Zuwanderung von „billigen Arbeitskräften", die nach Österreich strömen würden, heraufbeschworen. In den 1970/80er Jahren und davor waren es die GastarbeiterInnen, die die Gemüter der ÖsterreicherInnen erhitzten, da sie im Hinterhof „Hammel" grillen würden. Auch die Flüchtlinge aus Polen, Vietnam, der Tschechoslowakei oder aus Ungarn waren nur kurzfristig willkommen. In den unmittelbaren Jahren nach dem Zweiten Weltkrieg bis weit in die 1950er Jahre hinein befürchtete man die „Überfremdung" durch die Zigtausenden bzw. Millionen von Vertriebenen, ZwangsmigrantInnen, UmsiedlerInnen und Flüchtlingen, die in zahlreichen Lagern untergebracht waren. Dies galt auch für die Zeit während und nach dem Ersten Weltkrieg. Die 1930er Jahre wiederum waren geprägt von politischen EmigrantInnen unterschiedlichster Couleurs. Die ethnischen und politischen Homogenisierungsbestrebungen des nationalsozialistischen Regimes und die Kriegsgeschehnisse führten schlussendlich zu den umfangreichsten Umsiedelungs-, Zwangsmigrations-, Auswanderungs-, Flucht- und Vertreibungsbewegungen, die kaum ein Jahrhundert zuvor in dieser Dimension erlebt hat. Das heißt, es gab im 20. Jahrhundert kein einziges Jahrzehnt ohne größereMigrations- bzw. Wanderbewegungen in Europa oder anderen Teilen der Welt.

Trotz dieser Tatsache wird nach wie vor am Mythos der Sesshaftigkeit der (Welt-)Bevölkerung festgehalten. Politische Parteien werden nicht müde, die Welt der Großväter und Großmütter, in der noch die richtigen „Werte" galten und keine „Völkerwanderungen" stattfanden, herauf zu beschwören. Schon ein kurzer Blick zurück in die Geschichte zeigt jedoch, dass selbst in der Welt unserer Großväter und Urgroßväter bzw. –mütter nur rund ein Drittel der Bevölkerung einer Stadt auch dort tatsächlich geboren wurde. In Wien beispielsweise war um 1900 jede/r Zweite, in Salzburg drei Viertel der Bevölkerung zugewandert. Tatsächlich war das 19. Jahrhundert das erste Jahrhundert der Massenmigrationen in und außerhalb Europas wie auch auf globaler Ebene. Im Gegensatz zur Realität (oder vielleicht auch gerade wegen) dieser regionalen und überregionalen Mobilitätsprozesse, die zu einer gesellschaftlichen und politischen Verunsicherung breiter Bevölkerungsschichten führten, wurde Sesshaftigkeit zur „Mutter der wichtigsten socialen und wirtschaftlichen Tugenden" erklärt (Schmoller 1890b, S. 31-32).

Die Abgrenzung zu den mobilen Bevölkerungsgruppen durch die Postulierung von Sesshaftigkeit und Stabilität als „die" gesellschaftlich respektablen Grundwerte sollte sich ausgehend vom 19. dann durch das gesamte 20. Jahrhundert ziehen. In den 1930er und 1940er Jahren erfolgte im Zuge der nationalsozialistischen Ideologie und deren Antisemitismus eine Distanzierung zur Mobilität, die vielfach in stereotyper Weise mit der jüdischen Bevölkerung und den ZigeunerInnen assoziiert wurde. Gleichzeitig wurde der Bevölkerung 1938 vermittelt, das „Europa im Begriff (steht) ein vorwiegend slawischer Erdteil zu werden" (Burgdörfer 1938, S. 389). Diese Idealisierung der angeblichen Sesshaftigkeit der Bevölkerung bei gleichzeitiger negativer Bewertung der Wanderungen der Menschen hat bis heute eine lange Spur der Diskriminierung von MigrantInnen und des (Ver-)Schweigens von Wanderungen auf familiärer wie staatlicher Ebene geführt.

Zahlreiche wissenschaftliche Studien haben aber bereits aufgezeigt, dass Wanderungen (lat. *migrare* = wandern) ein Aspekt der gesamten Menschheitsgeschichte sind (Bade 2000; Hoerder 2002; Manning 2005; Hahn 2012; Goldin et al. 2011). Die Frage des quantitativen Ausmaßes der Wanderungen im historischen Rückblick und in einer Langzeitperspektive ist wichtig. Denn es macht einen gravierenden Unterschied, ob aus einem Dorf mit 200 EinwohnerInnen 10% oder 80% der Bevölkerung weggehen bzw. auswandern; letzteres war etwa in südburgenländischen Orten in den 1950er Jahren der Fall. Lassen sich die Dynamiken der gegenwärtigen Migrationsbewegungen mit jenen aus der Vergangenheit vergleichen?

Historischer Rückblick

Forschungen im Bereich der Anthropologie, Archäologie, Geologie, Linguistik und Genetik (hier vor allem DNA-Analysen) konnten mittlerweile beweisen, dass die Menschen sich vor einer Million Jahren von Afrika aus auf den Weg machten und die anderen Kontinente bevölkerten (zum Beispiel Cavalli-Sforza 2000; Goldin et al. 2011). Die enormen geographischen Ausdehnungen antiker Imperien waren stets mit freiwilligen und/oder unfreiwilligen Wanderungen von zigtausenden Männern, Frauen und Kindern verbunden. Denn an diesen Expansionen der herrschaftlichen Einflusssphären waren nicht nur Soldaten und/oder angeheuerte bezahlte Krieger beteiligt. Auch die kartographischen Darstellungen, beispielsweise des Römischen Reiches, das sich von der Levante über Mitteleuropa bis nach Großbritannien erstreckte, lassen das Ausmaß der damit verbundenen Mobilität von Männern, Frauen und Kindern unterschiedlichster ethnischer Zugehörigkeit erahnen. Durch den Ausbau des Straßennetzes nach Norden sowie durch die Seefahrt im Mittelmeerraum gelang es dem Römischen Reich ein Handelsnetzwerk zu spannen, das vom Atlantischen Ozean über den arabischen Raum bis nach Indien und Südostasien reichte. Nayan Chanda hat ebenfalls auf die Bedeutung der Wanderungen der Händler, Prediger, Abenteurer und Krieger für den kulturellen und Wissensaustausch und die Globalisierung hingewiesen (Chanda 2007). Auch jüngere Forschungen im Bereich der Kunst- und Architekturgeschichte machen auf den bereits in der Antike durch Wanderungen einzelner ethnischer Gruppen ermöglichten kulturellen Austausch aufmerksam (Hopkins 2016, S. 14).

Als eine wesentliche Zäsur im Rahmen der weltweiten globalen Migrationen wird in der Forschung die Entdeckung anderer Kontinente durch die Europäer und deren sukzessive Inbesitznahme, Kolonisierung und Ausbeutung durch europäische Mächte seit dem ausgehenden 15. Jahrhundert angesehen. Damit Hand in Hand gehend begann ein quantitativ umfangreicher Bevölkerungsaustausch über Kontinente hinweg. Er führte zu einer starken Veränderung der gesellschaftlichen, sozialen und ethnischen Zusammensetzungen in den einzelnen Weltregionen – mit bis heute relevanten Konsequenzen (Gabaccia und Hoerder 2011). Aktuellen Studien zufolge waren zwischen 1500 und 1800 rund 138 Millionen Frauen und Männer aus Europa als Binnen- oder ÜberseemigrantInnen unterwegs; pro Jahr waren es im Durchschnitt in etwa eine halbe Million Menschen. Bei einer geschätzten Weltbevölkerung von rund 450 Millionen um 1500 und ungefähr 800 Millionen um 1800 machten diese 138 Millionen MigrantInnen rund 1,8% der Weltbevölkerung der Neuzeit aus. Im Vergleich dazu sind heute, bei ungleich besseren verkehrstechnischen globalen Bedingungen, rund 3,4% der Weltbevölkerung internationale MigrantInnen.

Die Mehrzahl dieser MigrantInnen (rund 107,9 Millionen) der Neuzeit war, ähnlich wie heute, innerhalb Europas unterwegs (Donato und Gabaccia 2015, S. 57). Dabei handelte es sich, um nur einige Beispiele zu nennen, um Adelige, Studierende, Händler, Soldaten, Matrosen, Vaganten, Handwerker, DienstbotInnen, religiöse, politische oder Kriegsflüchtlinge bzw. Vertriebene. Den Weg von Europa nach Übersee unternahmen in diesem Zeitraum rund drei bis vier Millionen Frauen, Männer und Kinder. Davon stammten 1 bis 1,5 Millionen aus Spanien, 1,5 Millionen aus Portugal, 400.000 aus Großbritannien, 100.000 aus Deutschland, 25.000 aus den Niederlanden und 75.000 aus Frankreich. Der überwiegende Großteil dieser frühen ÜberseemigrantInnen waren Kontraktarbeiter (*identured servants*), die ihre Arbeitskraft an einen Kontrakthändler, vielfach an die Schiffskapitäne, verpfändeten und im Zielland dann die Überfahrtskosten, je nach Vertrag, in drei bis zu zehn Jahren abarbeiten mussten.

Die Besiedelung der neuentdeckten überseeischen Gebiete durch die Europäer erfolgte durch AuswanderInnen beiderlei Geschlechts, die aus den verschiedensten sozialen Schichten stammten (Chanda 2007). In den ersten Jahrzehnten der Überseemigration dominierten die männlichen Auswanderer. So war der Großteil der rund 55.000 MigrantInnen, die zwischen 1493 und 1539 Europa in Richtung der spanischen Kolonien verließen, männlichen Geschlechts, rund 27 Jahre alt und ledig; nur 6,3% der Auswandernden waren Frauen. Im Laufe des 16. Jahrhunderts erfolgte ein rascher Anstieg des weiblichen Anteils der MigrantInnen von 16,4% auf 28,5% (Donato und Gabaccia 2015, S. 59).

Neben den von einzelnen Herrscherhäusern bezahlten Handelsunternehmungen und (Entdecker-)Schiffen waren es vorrangig religiös Andersdenkende, die Europa in Richtung Übersee verließen, wie beispielsweise die *Great Puritan Migration* nach Massachusetts zwischen 1630 und 1640. Auch hier deutet der hohe Anteil von rund 40% Frauen auf Familienmigration hin. Auch unter den englischen SiedlerInnen in Virginia stellten nach 1600 weibliche Migrantinnen rund ein Viertel (Donato und Gabaccia 2015, S. 61). Die *natives*, also die einheimische Bevölkerung, wurden in den neu besiedelten transatlantischen Gebieten von den KolonistInnen aus ihrem bisherigen Lebensumfeld verdrängt, starben als Folge eingeschleppter Krankheiten oder wurden durch gezielte Eroberungszüge getötet. Zwangsverschleppungen und/oder Zwangsdeportationen waren üblich.

Mit den Menschen migrierten aber auch Pflanzen und Tiere quer über die Weltmeere und von einem Kontinent zum anderen. Die Verfrachtung der unterschiedlichsten Pflanzen und Anbauprodukte, wie Zuckerrohr, Tee, Kaffee, Kakao oder Baumwolle, führten zur Etablierung von landwirtschaftlichen Großproduktionsstätten, den Plantagen (Pelzer-Reith 2011). Insbesondere für die Rodungs- und Plantagenarbeiten in den neuen Kolonien brauchte man eine große Anzahl von Arbeitskräften jeden Alters und Geschlechtes. Die neu entdecken Kontinente wurden von den Herrschern auch dazu genutzt, um delinquente, renitente oder arme Personen jeden Alters, auch Kinder, los zu werden (Hahn 2012, S. 122). Im Jahr 1609 wurden etwa von Lissabon aus rund 1.500 Kinder, die aus ärmlichen Verhältnissen stammten, in die West Indies zur Plantagenarbeit verschifft. Die Virginia Company brachte zwischen 1617 und 1627 in mehreren Transporten einige hunderte arme Kinder zur Arbeit in ihre Kolonie. Besonders in Irland und Schottland kam es im 17. Jahrhundert wiederholt zur Verschleppung von tausenden Kindern und jungen Frauen und Männern aus der ärmeren Bevölkerungsschicht (Hahn 2012, S. 122, zitiert nach Smith 1947, S. 169). Die Überfahrt bezahlten die jeweiligen Städte oder private „Wohltäter". Als Argument wurde angeführt, dass die Kinder in den Kolonien mit Arbeit versorgt würden und daher eine bessere Zukunft vor sich hätten als in den Straßen der europäischen Städte.

Den Großteil der Arbeitskräfte auf den Plantagen stellten jedoch die ZwangsmigrantInnen, die aus Afrika über den Atlantik verbracht und zur Arbeit als SklavInnen gezwungen wurden. Innerhalb von dreieinhalb Jahrhunderten wurden rund 12,5 Millionen Frauen, Männer und Kinder als SklavInnen verschleppt und über den Atlantik verbracht. Ungefähr 10 Millionen überlebten die Überfahrt und arbeiteten auf den unterschiedlichsten Plantagen auf den europäischen Kolonialinseln oder in den beiden Amerikas. Der Anteil der Frauen machte meist rund ein Drittel aus, konnte jedoch auch von *„two men for every woman"* bis hin zu 75% variieren. Insbesondere US-Plantagenbesitzer sahen weibliche Sklavinnen „and their fertility as sources of wealth" (Donato und Gabaccia 2015, S. 63ff.). Zu Beginn des 19. Jahrhunderts machten die aus Afrika nach Amerika verschleppten SklavInnen noch immer ungefähr 80 Prozent der insgesamt von anderen Kontinenten in Amerika angekommenen Bevölkerung aus (Curtin 1969; Klein 1999).

Der Handel mit Menschen beschränkte sich jedoch nicht nur auf die transatlantische Welt. Auch innerhalb Afrikas und Asiens gab es einen lang zurückreichenden regen Handel mit Menschen. Bereits im antiken Griechenland und Rom waren SklavInnen aus Afrika anzutreffen; die römische Wirtschaft beruhte entscheidend auf der Ausbeutung von SklavInnen. Besonders intensiv war der SklavInnenhandel an der ostafrikanischen Küste, wo seit dem 7. Jahrhundert die Araber durch ihre Vorherrschaft, die bis zum Indischen Ozean reichte, einen regen Handel mit ostafrikanischen (ausschließlich muslimischen) SklavInnen betrieben. Noch im 15. Jahrhundert dienten die zwischen Kilwa und Mogadishu gelegenen 37 arabischen Städte als Exporthäfen für SklavInnentransporte in den Irak, nach Persien, auf die arabische Halbinsel, nach Indien und sogar nach China. Studien zufolge soll das quantitative Ausmaß des ostafrikanischen SklavInnenhandels durch die Araber mit rund 3,9 Millionen versklavten Menschen weit über dem transsaharischen liegen (Lovejoy 1983). Auch im asiatischen Raum gab es die unterschiedlichsten Formen von unfreiwilligen und halb freiwilligen Arbeitsmigrationen, wozu das Kontraktarbeiter- und Redemptioner-System oder das Kuliwesen gehörten (Hoerder 2002).

Das 19. Jahrhundert –
das Jahrhundert der Migration?

Eine weitere Zäsur im Migrationsgeschehen sowohl innerhalb Europas wie auch im globalen Kontext stellte das 19. Jahrhundert dar. Die Ausweitung der fabrikindustriellen Produktion auf dem europäischen Kontinent sowie die verkehrs- und transportmäßigen technischen Fortschritte durch den Eisenbahnbau und die Dampfschifffahrt zogen eine ungeheure Mobilität der Menschen nach sich. Im Produktionsbereich erlaubten die technischen Erfindungen binnen einiger Jahrzehnte den Übergang zur Massenproduktion, was zu einer enormen Nachfrage an Arbeitskräften in industrialisierten Regionen führte. Der erste Leitsektor der Industrialisierung, die Textilerzeugung, konnte erstmals in England auf eine fabrikindustrielle Basis gestellt werden. Aus den Westindischen Inseln und Nordamerika wurde via Liverpool Baumwolle importiert, überwiegend gepflanzt und geerntet von zwangsmigrierten ArbeitssklavInnen aus Afrika. Liverpool entwickelte sich damit zum Handelsschanier zwischen Afrika, (Nord-)Amerika und Europa und belieferte die textilen Zentren von Mittelengland, allen voran Manchester. Die industrielle Textilproduktion an diesen Fabrikstandorten konnte wiederum nur mit zigtausenden ArbeitsmigrantInnen, vorrangig aus Irland, Nord- und Mittelengland rekrutiert, durchgeführt werden (Dennis 1984; Pooley und Turnbull 1998; Lees und Lees 2007; Clark 2009). Nach dem Vorbild der führenden englischen Textilbetriebe wurden zu Beginn des 19. Jahrhunderts auch auf dem Kontinent sukzessive Textilfabriken mit maschineller Produktion errichtet. In Frankreich etwa entstanden

„Textilstädte" wie Lille, Rouen oder Mulhouse, deren Entwicklung in Zusammenhang mit dem Niedergang der protoindustriellen Textilerzeugung zu sehen ist. Alle drei Städte verzeichneten in dieser Zeitspanne einen enormen Bevölkerungszuwachs durch Zuwanderung: In Mulhouse stieg die Bevölkerung zwischen 1831 und 1846 von 13.300 auf 29.085 bzw. um rund 118 Prozent an. Der Anteil der Fremden betrug 1845 rund 25 Prozent. Unter den insgesamt 3.022 MigrantInnen befanden sich auch 265 ZuwanderInnen aus Österreich. In Lille stieg die Zahl der BewohnerInnen im gleichen Zeitraum von 69.073 auf 75.430 und in Rouen von 88.086 auf 99.295 EinwohnerInnen vor allem durch Zuwanderung an (Lynch 1988).

In der Habsburgermonarchie waren es – im Gegensatz zu Frankreich (oder Deutschland) –weniger Städte oder Kleinstädte, die sich zu Zentren der Textilproduktion entwickelten, als vielmehr kleine Dörfer auf dem „platten Land". Erste Zentren fabrikindustriell produzierender Baumwollspinnereien und -webereien entstanden in Dörfern an Flußläufen in Böhmen, Vorarlberg und im Wiener Becken. Die Arbeitskräfte wurden gezielt rekrutiert: in Vorarlberg zum Beispiel aus dem Trentino, in Niederösterreich aus angrenzenden böhmischen oder ungarischen Regionen. Die Zuwanderung führte in manchen Orten dazu, dass sich die Bevölkerung innerhalb von zehn Jahren verdoppelte.

Derartige gezielte Rekrutierungen konzentrierten sich jedoch nicht nur auf den ersten Leitsektor der Industrialisierung. Auch in den neuen Zentren der Schwerindustrie, des Kohlenabbaus, der Eisen-, Metall- und des Maschinenbaus waren es zugewanderte Fachkräfte und HilfsarbeiterInnen und hier vorrangig Männer, die den Aufbau der industriellen Produktionsprozesse ermöglichten (Kocka 1990; Jackson 1997; Hochstadt 1999). Beispiele dafür waren das Ruhrgebiet, wo es zu einer starken Zuwanderung von männlichen Arbeitskräften aus polnischen Regionen, aber auch aus Italien, Luxemburg und Gebieten des heutigen Österreich kam. Das nördliche Grenzgebiet von Frankreich zu Belgien entwickelte sich zu einem Zentrum der Kohleförderung und war Zuwanderungsgebiet für Arbeitskräfte aus Flandern und Wallonien. In Luxemburg wiederum wurden die Minenbetriebe im Süden des Landes bis weit ins 20. Jahrhundert hinein von italienischen Arbeitskräften dominiert. Nicht zu unterschätzen ist auch die Arbeitsmigration von West- nach Osteuropa, vorrangig nach Russland. Männliche Techniker und Facharbeiter waren dort beispielsweise beim Ausbau des Eisenbahnwesens sowie von eisen-, metall- und maschinenindustriellen Produktionsstätten maßgeblich beteiligt (Mahnke-Devlin 2005; Kappeler 2008).

In der Habsburgermonarchie lagen die schwerindustriellen Zentren mit hohen ZuwanderInnenanteilen in der Steiermark (Mur-Mürz-Furche), in Niederösterreich (Viertel unter dem Wienerwald, Ybbstal) in Oberösterreich (Steyr), sowie in böhmischen und mährischen Regionen (Hahn 2008; Hubbard 1984; John 2000 und 2015). In den Städten und manchen Dörfern der Habsburgermonarchie führten diese Wanderbewegungen dazu, dass die MigrantInnen rund 60 bis zu 80 Prozent der Bevölkerung stellten (Hahn 2008). Die Haupt- und Residenzstadt Wien wurde im Laufe des 19. Jahrhunderts zum Zielort für MigrantInnen aus allen Teilen der Monarchie. Durch Eingemeindungen und Zuwanderung stieg die Bevölkerung von Wien von rund 400.000 in 1830 bis auf knapp zwei Millionen Menschen in 1910 an (John und Lichtblau 1990).

In Industriestädten wie Wiener Neustadt, Steyr, Linz oder auch Waidhofen an der Ybbs machte die Geburtsbevölkerung rund ein Drittel, diejenige mit einer Heimatberechtigung in der Stadt hingegen nur ein Fünftel oder ein Viertel der Bevölkerung aus (Wiener Neustadt 21,8%, Linz 23,7%, Steyr 26%, Waidhofen/Ybbs 26,4%).

Über das konkrete Ausmaß der Binnenmigrationen innerhalb der Habsburgermonarchie oder in anderen europäischen Staaten im 19. Jahrhundert gibt es bisher noch keine präzisen statistischen Daten. Dies mag einer der Gründe dafür sein, dass Binnenwanderungen innerhalb der Nationalstaaten bis heute unterschätzt werden und der Fokus meist vorrangig auf die grenzüberschreitende internationale Migration gesetzt wird. Historische Daten zeigen jedoch, dass eine über mehrere Generationen hinweg reichende Sesshaftigkeit von Familien oder Verwandtschaftsverbänden nur selten die Norm war. Für den Großteil der Bevölkerung waren Wanderungen innerhalb einer Region, eines Landes oder Kontinents üblich. Wie die angeführten Daten zeigten, lebten im Durchschnitt meist nur rund ein Drittel der BewohnerInnen einer Stadt oder eines Dorfes über zwei Generationen am gleichen Ort. Selbst bei städtischem oder bäuerlichem Haus- und Grundbesitz gab es zumeist nur eine/n Erben/Erbin, der/die „ansässig" bleiben konnte (Hahn 2012). Die übrigen Familienmitglieder mussten sich in den meisten Fällen eine andere Erwerbs- und Wohnmöglichkeit suchen. In ländlichen Regionen und auf Bauerngütern mussten die nicht erbenden Geschwister bis weit ins 19. Jahrhundert hinein als Knechte und Mägde am Hof bleiben und mitarbeiten. Jedoch spätestens mit der Industrialisierung zogen viele von ihnen eine Lohnarbeit und die damit verbundene größere persönliche Unabhängigkeit einer Arbeit am Bauernhof vor. Diese von den ZeitgenossInnen des 19. Jahrhunderts als „Landflucht" bezeichnete regionale Mobilität der Bevölkerung vom Dorf in die Stadt zählte zu einem der wichtigsten gesellschaftspolitischen Themen im ausgehenden 19. Jahrhundert.

Neben diesen Binnenwanderungen in Europa kam im 19. Jahrhundert noch die durch die Dampfschifffahrt beschleunigte und rapid ansteigende atlantische Überseemigration hinzu. Rund ein Fünftel der gesamten europäischen Bevölkerung machte sich auf den Weg über den großen Teich: 35 Millionen davon gingen nach Nordamerika, 8 Millionen nach Südamerika und der Rest in andere Teile der Welt. Den Höhepunkt der europäischen Auswanderung gab es zur Jahrhundertwende: Allein zwischen 1900 und 1915 verließen 9,4 Millionen Menschen den europäischen Kontinent in Richtung USA, 2,6 Millionen gingen nach Kanada, 2,2 Millionen nach Argentinien, 1 Million nach Brasilien und rund 900.000 nach Australien und Neuseeland (Hoerder 2002; Brunnbauer 2016). Diese MigrantInnen verließen Europa aus den unterschiedlichsten Gründen: Die einen erhofften sich eine Verbesserung der Erwerbs- und Einkommensmöglichkeiten oder einen eigenständigen kleinen Land-, Grund- oder Hausbesitz, für andere waren politische oder religiöse Faktoren ausschlaggebend. In vielen Fällen wurden die Auswanderungen seitens der europäischen Gemeinden auch finanziell unterstützt und gefördert, insbesondere jene von ärmeren und/oder einzelnen religiösen oder ethnischen Bevölkerungsschichten. Nicht selten handelte es sich dabei um einen „Export der sozialen Frage" (Bade 2000), die man nur allzu gerne über den Atlantik abschob. Wir können vermuten, dass die einzelnen Staaten in Europa von diesen „Sozialexporten" nach Übersee im 19. Jahrhundert profitierten und dass die wirtschaftliche Entwicklung in Europa ohne sie einen anderen Verlauf genommen hätte.

Diese globalen Migrationen waren jedoch nicht nur auf die Auswanderungen aus Europa konzentriert. So wuchs die Anzahl der LangstreckenmigrantInnen zwischen 1840 bis 1920 schneller als die Weltbevölkerung. Nach Adam McKeown (2008) waren zwischen 1846 und 1940 rund 155 bis 172,5 Millionen Menschen weltweit unterwegs. Ungefähr 55 Millionen davon zogen aus Europa und dem Mittleren Osten, 3 Millionen von Ostasien und Indien nach Amerika. Weitere 50 Millionen verließen Südasien und Südchina, 5 Millionen den Mittleren Osten und andere Orte in China, um nach Südostasien, Australien oder eine andere Destination in Ozeanien zu gehen. 48 Millionen MigrantInnen wanderten von Ostasien in Grenzgebiete von Zentralasien, Sibirien und die Mandschurei. Laut den Migrationsforscherinnen K. Donato und D. Gabaccia kann zwischen 1846 und 1940 unter Einschluss der innereuropäischen (Binnen-)MigrantInnen von rund 200 Millionen MigrantInnen ausgegangen werden. Diese 200 Millionen machten um 1840 rund 17% der Weltbevölkerung (ungefähr 1,17 Billionen) und 9% der Weltbevölkerung von 1940 (2,1 Billionen) aus.

Nach Berechnungen von McKeown waren zwischen 1840 und 1940 jährlich ungefähr 1,5 bis 1,7 Millionen als MigrantInnen unterwegs (McKeown 2008, S. 47; Donato und Gabaccia 2015, S. 76; siehe auch Lucassen und Lucassen 2014). Dies waren dreimal so viele als die für die Zeit von 1500 bis 1800 berechnet wurden und waren den Prozentzahlen für das ausgehende 20. Jahrhundert ähnlich.[1]

Spuren der Vergangenheit heute

Die zeitlich weit zurückreichenden globalen Migrationen und insbesondere jene des 19. Jahrhunderts haben bis heute bestehende Spuren hinterlassen. Ohne die lange Vergangenheit von Kolonialismus und Imperialismus und die damit verbundenen freiwilligen und unfreiwilligen Migrationen, die Zwangsverschleppungen, Deportationen, Vertreibungen und Fluchtbewegungen zu betrachten, können wir die gegenwärtigen und auch noch zu erwartenden zukünftigen globalen Migrationen in ihren unterschiedlichen Ausprägungen nicht verstehen (Pomeranz und Topik 2013). So sind beispielsweise im Zuge der Dekolonisation 1945 bis 1980 rund fünf bis sieben Millionen Menschen aus den ehemaligen Kolonien nach Europa repatriiert worden. Zum Teil hatten diese noch nie mit Europa Kontakt und kannten das Leben und den Alltag in Europa nicht (IndonesierInnen nach den Niederlanden, AlgerierInnen nach Frankreich, AfrikanerInnen nach Portugal). 1981 lebten 1,5 Millionen Menschen nichteuropäischer Herkunft (vorwiegend aus Südasien und der Karibik) in Großbritannien. 2002 waren 14 Prozent der Bevölkerung in London MuslimInnen (vorwiegend aus Pakistan, Bangladesch und Indien). In Frankreich lebten 1973 rund 800.000 in Algerien, 200.000 in Marokko und 120.000 in Tunesien geborene Menschen (Reinhard 2016).

Eine wichtige Veränderung, die sich im Migrationsgeschehen bereits im 19. Jahrhundert abzuzeichnen begann, ist der kontinuierliche Anstieg der weiblichen Migration. In der wissenschaftlichen Forschung ist das Potential der weiblichen Migration über lange Zeit übersehen worden. Mittlerweile haben zahlreiche Studien gezeigt, dass der Anteil der Frauen am Migrationsgeschehen in früheren Jahrhunderten ebenso wie heute noch weitgehend unterschätzt wurde und wird (Hahn 2012; Donato und Gabaccia 2015). Insbesondere im 20. Jahrhundert nahm der Anteil der Frauen an den MigrantInnen in den USA und in Europa und ab den

---

1   Nach den Berechnungen von W. Ferenczi betrug der Anteil der MigrantInnen im Jahr 1930 ungefähr 1,6% der Weltbevölkerung (Donato und Gabaccia 2015, S. 76).

1970er und 1980er Jahren auch im asiatischen Raum stark zu. Wie im 18. und 19. Jahrhundert ist es auch im 20. und 21. Jahrhundert die steigende Nachfrage im Dienstleistungs- und Gesundheitsbereich, die zu diesem Anstieg beiträgt. Die starke Nachfrage nach Haushälterinnen in Doppel-verdiener-Haushalten sowie an Kranken- und Altenpflegerinnen in den reichen kapitalistischen Ländern in Europa, den USA, Kanada und im arabischen Raum[2] haben zu einer weltweiten Mobilisierung von weibli-chen Arbeitskräften in diesen Erwerbsbereichen geführt. Um nur einige Beispiele anzuführen: So gibt es heute Krankenschwestern in europäi-schen Spitälern aus Surinam oder den Philippinen, Haushälterinnen aus Mexiko in US-Haushalten, Reinigungs- und Pflegepersonal in europäi-schen Staaten aus Süd- und Osteuropa, Nannys aus Puerto Rico oder aus China in New York, Haushälterinnen aus Ostafrika und Asian in Dubai etc. (Schrover und Yeo 2010; Hoerder et al. 2015). Diese Frauen erhalten mit ihren regelmäßigen finanziellen Rücksendungen meist ihre Familien in den Herkunftsgebieten und haben die Rolle des *family breadwinner* übernommen (Hahn 2015, S. 39-46). Aus Studien der UN und IOM geht hervor, dass Frauen regelmäßiger und auch höhere Beträge als männliche Migranten an ihre Familien zurücksenden. Von den beispielsweise im Jahr 2005 in Rom anwesenden 26.000 weiblichen und männlichen MigrantIn-nen aus den Philippinen waren 16.000 (61%) Frauen, von denen der über-wiegende Großteil (73%) verheiratet, rund ein Drittel zwischen 36 und 45 Jahre und mehr als die Hälfte (57%) über 46 Jahre alt ist. Bei durchgeführ-ten Interviews gaben 85% der Frauen an, dass sie jeden Monat rund die Hälfte oder mehr ihres monatlichen Einkommens (rund 600,00 EUR) an ihre Familie überwiesen. Von den männlichen Arbeitsmigranten waren es 64%, die ihren Familien monatlich *remittances* sandten (UN 2008).

Durch die neuen Kommunikationskanäle hat sich in den letzten Jahr-zehnten ein Marktsegment eröffnet, auf dem Frauen zunehmend als Hei-ratssubjekte gleich Waren weltweit mit Hilfe von Internet und anderer Kommunikationsforen gehandelt werden. Das Geschäft mit Menschen, auch *human trafficking* genannt, hat historisch eine lange Tradition und lässt sich ebenfalls bis in die Antike zurückverfolgen. Ausmaß und Um-fang haben jedoch durch die günstigen Verkehrs- und Transportmöglich-keiten und die mittlerweile global agierenden und gut vernetzten Schlep-

---

2   Die Golfstaaten rekrutierten seit 1990 ca. 2 Millionen InderInnen, 1,5 Millionen Pakistanis, 200.000 BangladescherInnen sowie weitere ArbeitsmigrantInnen aus Sri Lanka, den Phil-ippinen und aus Südkorea. Um 2000 bestand die Bevölkerung der Arabischen Emirate zu 70% aus ZuwanderInnen, in Katar zu 88% (Reinhard 2016, S. 1273).

perbanden eine neue und quantitativ ungeheure Dimension erreicht. Mit einer weiteren Steigerung der weiblichen und Kindermigration wird gerechnet. Auf diesem Gebiet gibt es forschungsmäßig noch viel zu tun.

Folgt man den UN-Statistiken, so haben die internationalen Migrationen im ausgehenden 20. Jahrhundert stark zugenommen: Im Jahr 1990 zählte man 152,5 Millionen MigrantInnen, 2000 dann 172,6 Millionen, 2010 bereits 220 Millionen, 2015 rund 244 Millionen und 2017 knapp 258 Millionen. Insgesamt machten die internationalen MigrantInnen im Jahr 2000 rund 2,8% und 2017 3,4% der gesamten Weltbevölkerung aus (UN 2017a, S. 1 ff.; UN 2017b, S. 1). Obwohl die Anzahl der kriegsbedingten Flüchtlinge und Asylsuchenden zwischen 2000 und 2017 von 16 auf 26 Millionen anstieg, stellen diese innerhalb der gesamten weltweiten MigrantInnen nur rund 9-10%. Der überwiegende Großteil mit rund 90%, macht(e) sich aus Erwerbs-, Bildungs-, Karriere- oder Heiratsgründen bzw. in zunehmendem Maße auch umweltbedingt auf den Weg. Die Mehrzahl dieser internationalen Migrationen beschränk(t)en sich jedoch auf die jeweiligen Herkunftskontinente der Wandernden. 2017 blieben von den insgesamt 61 Millionen in Europa geborenen MigrantInnen 41 Millionen bzw. zwei Drittel in einem europäischen Land. In Asien wiederum betrug der Anteil dieser (eine nationale Grenze überschreitenden) kontinentalen BinnenmigrantInnen 60%, in Ozeanien 58% und in Afrika 53% (UN 2017b, S. 2).

Keine Berücksichtigung findet bei diesen Berechnungen der UN die – sowohl historisch wie auch gegenwärtig – enorm hohe Anzahl der BinnenmigrantInnen innerhalb eines Nationalstaates. Allein in China hat die Binnenmigration aufgrund des rapiden Wirtschaftswachstums insbesondere vom Land in die industrialisierten Städte in den vergangenen Jahrzehnten enorm zugenommen. Schätzungen zufolge sind 100 bis 200 Millionen Frauen und Männer vom Landesinneren an die Küste und in die Industriezentren gezogen. Dies ist derzeit die größte Migrationsbewegung, die weltweit stattfindet. Bis 2050 wird erwartet, dass weitere 300 bis 500 Millionen Menschen innerhalb von China wandern, da Erwerbstätige in Städten rund drei Mal so viel verdienen wie ein/e Landarbeiter/in (King 2010, S. 10).

Fazit

Um die Wanderungsbewegungen der Menschen und ihre Gründe in den gesellschaftspolitischen Diskurs einordnen zu können, bedarf es einer langzeitlichen Perspektive sowie der Zerstörung des Mythos von der angeblichen Sesshaftigkeit der Menschheit. Wir müssen endlich akzeptieren, dass Migration so alt wie die Menschheit selbst ist. Die Menschen wanderten seit jeher freiwillig und/oder unfreiwillig aufgrund ökologischer Umwälzungen, (Natur-)Katastrophen, Hungerkrisen, Seuchen oder aufgrund von kriegerischen Ereignissen, religiösen, ethnischen oder politischen Verfolgungen oder auch aus bildungs- oder karrieremäßigen und/oder wirtschaftlichen Gründen. Seit jeher haben die globalen Migrationen auch Menschen unterschiedlichster Kulturen und Religion einander näher gebracht, sie konnten Wissen austauschen, weitertragen und weiter entwickeln. Migrationen haben Menschen aber auch seit jeher entzweit und dazu geführt, dass man sich gegenseitig skeptisch beobachtet, sich abschließt oder sich fremd bleibt. Migrationen sind sowohl der Kit, der die Menschen zusammenbringt, aber gleichzeitig auch oft (einstweilen noch) ein gesellschaftlicher Prozess, der die Weltbevölkerung spaltet. Letzteres gilt es zu überwinden.

Literatur

Bade, Klaus J. 2000. Europa in Bewegung. Migration vom späten 18. Jahrhundert bis zur Gegenwart. München: Beck.

Brunnbauer, Ulf. 2016. Globalizing Southeastern Europe. Emigrants, America, and the State since the Late Nineteenth Century. Lanham u.a.: Lexington Books.

Cavalli-Sforza, Luigi Luca. 2000. Genes, Peoples and Languages. New York: Farrar, Straus & Giroux.

Chanda, Nayan. 2007. Bound Together. How Traders, Preachers, Adventurers, and Warriors Shaped Globalization. New Haven und London: Yale University Press.

Clark, Peter. 2009. European Cities and Towns 400–2000. Oxford: Oxford University Press.

Curtin, Philip D. 1969. The Atlantic Slave Trade. A Census. Wisconsin: University of Wisconsin Press.

Dennis, Richard. 1984. English Industrial Cities of the Nineteenth Century. A Social Geography. Cambridge: Cambridge University Press.

Donato, Katharine M. und Donna Gabaccia. 2015. Gender and International Migration. From the Slavery Era to the Global Age. New York: Russel Sage Foundation.

Gabaccia, Donna R. und Dirk Hoerder (Hrsg.). 2011. Connecting Seas and Connected Ocean Rims. Indian, Atlantic, and Pacific Oceans and China Seas Migrations from the 1830s to the 1930s. Leiden und Boston: Brill.

Goldin, Ian, Geoffrey Cameron und Meera Balarajan. 2011. Exceptional People. How Migration Shaped Our World and Will Define Our Future. Princeton: Princeton University Press.

Hahn, Sylvia. 2008. Migration – Arbeit – Geschlecht. Arbeitsmigration in Mitteleuropa vom 17. bis zum Beginn des 20. Jahrhunderts. Göttingen: Vandenhoeck & Ruprecht.

Hahn, Sylvia. 2012. Historische Migrationsforschung. Frankfurt am Main: Campus.

Hahn, Sylvia. 2015. Labour Migration and Female Breadwinners. In: From Slovenia to Egypt. Aleksandrinke's Trans-Mediterranean Domestic Workers' Migration and National Imagination. Hrsg. Mirjam Milharčič Hladnic, S. 39-46. Göttingen: Vandenhoeck & Ruprecht.

Hoerder, Dirk. 2002. Cultures in Contact. World Migration in the Second Millenium. Durham und London: Duke University Press.

Hoerder, Dirk, Elise van Nederveen Meerkerk und Silke Neunsinger (Hrsg.). 2015. Towards a Global History of Domestic and Caregiving Workers. Leiden und Boston: Brill.

Hopkins, John North. 2016. The Genesis of Roman Architecture. New Haven und London: Yale University Press.

Jackson, James H. Jr. 1997. Migration and Urbanization in the Ruhr Valley 1821-1914. New Jersey: Humanities Press.

Kappeler, Andreas. 2008. Rußland als Vielvölkerreich. Entstehung, Geschichte, Zerfall. München: Beck.

King, Russell. 2010. Atlas der Völkerwanderungen. Suche, Flucht, Verschleppung, Vertreibung. München: Bassermann Inspiration.

Klein, H. S. 1999. The Atlantic Slave Trade. Cambridge: Cambridge University Press.

Kocka, Jürgen. 1990. Arbeitsverhältnisse und Arbeiterexistenzen. Grundlagen der Klassenbildung im 19. Jahrhundert. Bonn: Dietz.

Lees, Andrew und Lynn Hollen Lees. 2007. Cities and the Making of Modern Europe. 1750–1914. Cambridge: Cambridge University Press.

Lovejoy, Paul E. 1983. Transformations in Slavery. A History of Slavery in Africa. Cambridge: Cambridge University Press.

Lucassen, Jan und Leo Lucassen (Hrsg.). 2014. Globalising Migration History. The Eurasian Experience (16th-21st Century). Leiden und Boston: Brill.

Lynch, Katherine A. 1988. Family, Class, and Ideology in Early Industrial France. Social Policy and the Working-Class Family. 1825–1848. Madison und London: University of Wisconsin Press.

Mahnke-Devlin, Julia. 2005. Britische Migration nach Russland im 19. Jahrhundert. Integration – Kultur – Alltagsleben. Wiesbaden: Harrassowitz.

Manning, Patrick. 2005. Migration in World History. London und New York: Routledge.

McKeown, Adam M. 2008. Melancholy Order. Asian Migration and the Globalization of Borders. New York: Columbia University Press.

Pelzer-Reith, Birgit. 2011. Tiger an Deck. Die unglaublichen Fahrten von Tieren und Pflanzen quer übers Meer. Hamburg: Mareverlag.

Pomeranz, Kenneth und Steven Topik. 2013. The World That Trade Created. Society, Culture, and the World Economy. 1400 to the Present. London und New York: Routledge.

Pooley, Colin G. und Jean Turnbull. 1998. Migration and Mobility in Britain since the Eighteenth Century. London und Bristol: University College London Press.

Reinhard, Wolfgang. 2016. Die Unterwerfung der Welt. Globalgeschichte der europäischen Expansion 1415-2015. München: Beck.

Schmoller, Gustav. 1890. Der moderne Verkehr im Verhältnis zum wirtschaftlichen, socialen und sittlichen Fortschritt. In: Zur Social- und Gewerbepolitik der Gegenwart. Reden und Aufsätze. Hrsg. Gustav Schmoller, 14-36. Leipzig: Dunker & Humblot.

Schrover, Marlou und Eileen Yeo (Hrsg.). 2010. Gender, Migration, and the Public Sphere 1850-2005. New York und Oxford: Routledge.

UN. 2008. United Nations. Gender, Remittances and Development. The Case of Filipino Migration to Italy. http://www.aer.ph/pdf/papers/GenderRremittances&Devt-OFWsinItaly.pdf (Zugegriffen: 24. Mai 2018).

UN. 2017a. United Nations. International Migration Report 2017. http://www.un.org/en/development/desa/population/migration/publications/migrationreport/docs/MigrationReport2017.pdf (Zugegriffen: 24. Mai 2018).

UN. 2017b. United Nations. Population Facts. No. 2017/5. http://www.un.org/en/development/desa/population/publications/pdf/popfacts/PopFacts_2017-5.pdf (Zugegriffen: 24. Mai 2018).

Gudrun Biffl

„ZuwanderInnen verdrängen einheimische Arbeitskräfte und drücken Löhne im untersten Segment"

Einleitung

Die Überschrift spiegelt in hohem Maße die öffentliche Meinung zur Wirkungsweise der Zuwanderung in Österreich wieder. Jedoch ist die Realität etwas komplexer, wie die Ausführungen von SPÖ-Chef Christian Kern in einem Interview der Presse vom 16. Jänner 2018 (APA 2018) verdeutlichen. Konkret wendete er sich gegen die von der Regierung geplante Ausweitung der Liste der Mangelberufe, da sie Lohn- und Sozialdumping Tür und Tor öffne. Auf den Hinweis, dass dieser Einwand ausländerInnenfeindlich sei, meinte er: „Nein, es ist nicht ausländerfeindlich, ich widerspreche ihnen vehement. … Ich will, dass in Österreich alle die Chance kriegen auf ein gutes Einkommen für faire Arbeit." Kern ist also davon überzeugt, dass zur Sicherung der Arbeitsbedingungen, allen voran den Löhnen, Mengenbeschränkungen bei der Zuwanderung notwendig sind. Er führt erklärend weiter aus: „…Mir geht es dabei nicht um expliziten Inländerschutz, sondern um den Arbeitnehmerschutz." Auch der Konnex zwischen Zuwanderung und Arbeitslosigkeit wird in dem besagten Interview von Kern hergestellt: „Fakt ist, wir haben in Österreich fast 400.000 Arbeitslose. Wenn man da jetzt die Türen noch weiter öffnet, in Berufen, wo es meinem Dafürhalten nach in Österreich keinen Mangel gibt, bedeutet das, dass man das Problem der Arbeitslosigkeit verschärft." Ähnliche Äußerungen wurden im Laufe der Zeit von den diversen PolitikerInnen vorgenommen, etwa von Heinz-Christian Strache im FPÖ-TV-Magazin am 18.12.2014, das unter dem Motto „Ausländer nehmen unsere Jobs weg" stand. Christian Resch (2015) ist hier schon etwas genauer, wenn er auf den Salzburger Arbeitsmarkt im Rezessionsjahr 2015 und die damit verbundenen Zahlen schaut: „Tatsächlich existiert auf dem Salzburger Arbeitsmarkt seit etwa eineinhalb Jahren etwas, das vorher so nicht da war: Verdrängungswettbewerb. Er ergibt sich daraus, dass seit 2011 das Angebot an Arbeitsplätzen um nur 0,3 Prozent pro Jahr gestiegen ist." Gleichzeitig habe aber das Angebot an Arbeitskräften deutlich stärker zugenommen, und das habe einen Anstieg der Arbeitslosigkeit zur Folge – jedoch finde der Wettbewerb um Jobs vor allem unter den ZuwanderInnen statt, so der AMS-Chef Siegfried Steinlechner.

Worum es geht: eine ökonomische Perspektive

Die Frage nach dem Effekt der Zuwanderung auf die Löhne und Beschäftigungschancen der Stammbevölkerung bzw. bestimmter Gruppen der ansässigen Bevölkerung ist ein wesentlicher Aspekt ökonomischer Arbeitsmarktforschung. Dabei wird die Wirkung der Zuwanderung auf das Arbeitskräfteangebot und die Arbeitsnachfrage, also das Zusammenspiel von Angebot und Nachfrage auf dem Arbeitsmarkt, untersucht. Angesichts der Vielschichtigkeit der möglichen Konstellationen wird deutlich, dass es keine eindeutige Antwort geben kann, die immer und überall Gültigkeit hat. Der Effekt hängt nicht nur vom Zeitpunkt der Zuwanderung und damit dem Entwicklungs- und Aufnahmegrad der Wirtschaft der Aufnahmegesellschaft ab, sondern auch von der Größenordnung und Struktur der Zuwanderung (Angebotseffekt), dem Niveau und der Struktur der Nachfrage nach Arbeitskräften (Nachfrageeffekt), sowie der Anpassungsgeschwindigkeit des Arbeitsmarktes bzw. der Wirtschaft an die geänderten Rahmenbedingungen. Das bedeutet, dass sich der Effekt der Zuwanderung auf die Löhne und die Beschäftigung der Stammbevölkerung nicht nur zwischen Aufnahmeländern unterscheiden kann, sondern dass er sich auch in einem Land im Laufe der Zeit verändern kann. In jedem Fall ist eine differenzierte Analyse der Struktureffekte der Zuwanderung auf der Angebotsseite und Nachfrageseite im Zeitverlauf notwendig, wenn man eine valide Aussage machen möchte.

Auch ist zwischen kurzfristigen und längerfristigen Effekten zu unterscheiden. Langfristig ist der Effekt einer Zuwanderung dem eines allgemeinen Bevölkerungswachstums nicht unähnlich (Biffl 2002). Der kurz- und mittelfristige Effekt kann davon jedoch merklich abweichen. Dies vor allem deshalb, weil die demographische und sozio-ökonomische Struktur der ZuwanderInnen kurz- bis mittelfristig vom Durchschnitt der ansässigen Bevölkerung infolge von migrationspolitischen Schwerpunktsetzungen (Selektionsprinzip) sowie unvorhersehbarer Zuwanderung (Flucht und Asyl) meist stark abweicht.

Wesentlich für den Lohn- und Beschäftigungseffekt ist, ob und in welchem Maße die Zuwanderung etwaige absolute oder relative Arbeitskräfteknappheiten beseitigt oder ob sie zu einem Überangebot relativ zur Nachfrage in bestimmten Arbeitsmarktsegmenten kurz- bis mittelfristig beiträgt. Während Zuwanderung in Phasen der Arbeitskräfteknappheit aus einer ökonomischen Perspektive nur positive Effekte hat, gilt das nicht für Phasen hoher Arbeitslosigkeit. Arbeitskräfteknappheiten führen nämlich zu einer positiven Lohndrift und wirken in der Folge inflationär, da Unternehmen beginnen, Arbeitskräfte von anderen Unternehmen durch höhere Löhne und Gehälter abzuwerben, weil sie ihren Ersatzbedarf an Arbeitskräften nicht mehr zur Gänze durch neue Arbeitskräfte auf dem Arbeitsmarkt decken können. Bei dem neuen höheren Lohn- und Gehaltsniveau scheidet dann ein Teil der bisherigen Nachfrage aus, da die Knappheit durch einen höheren Marktlohn verringert bzw. beseitigt wird. Im Gegensatz dazu kann ein Überangebot an Arbeitskräften in bestimmten Bereichen zu einem Verdrängungswettbewerb und damit zur Arbeitslosigkeit bestimmter Personengruppen oder zu einem Lohnwettbewerb und damit zu einem Lohnverfall führen. Ein Mangel an qualifizierten Arbeitskräften relativ zu Personen mit einfachen Qualifikationen, d.h. eine relative Arbeitskräfteknappheit, kann dazu führen, dass die Einkommensunterschiede zwischen den Qualifikationsgruppen größer werden - außer die Gewerkschaft kann dieser Tendenz durch ihre Kollektivvertragspolitik entgegenwirken. Dies ist in Österreich geschehen, weist es doch die höchste Dichte der kollektivvertraglichen Arbeitsmarkregelungen in Europa auf. Während in Österreich mehr als 98% der ArbeitnehmerInnen im Rahmen eines sehr differenzierten Systems von flächendeckenden Kollektivverträgen arbeiten, sind das in Deutschland gerade mal 56% (OECD Statistik 2018). Das bedeutet, dass Arbeitskräfte, die im primären Arbeitsmarkt, der über Kollektivverträge geregelt ist, keinen Job finden, auf den sekundären Arbeitsmarkt, in dem es keine Kollektivverträge gibt, ausweichen können (Kampelmann et al. 2013, S. 17). Deswegen kristallisierte sich in Deutschland ein Niedriglohnbereich heraus, der das „Beschäftigungswunder" relativiert. Kampelmann et al. (2013, S. 81; Knuth 2014, S. 12) weisen nach, dass eine hohe Dichte von Kollektivverträgen, ergänzt um eine effiziente Kontrolle wie das Betriebsrätesystem, signifikant zu einer Verringerung der Lohndifferentiale beiträgt.

Keine klare und eindeutige
Antwort auf die Frage

Für die ökonomische Wirkungsweise der Zuwanderung auf Beschäftigung und Löhne sind somit Strukturmerkmale der ZuwanderInnen, insbesondere die Qualifikation und das Erwerbsverhalten, ebenso ausschlaggebend wie die Aufnahmefähigkeit des Arbeitsmarktes in den diversen Arbeitsmarktsegmenten. Letztere hängt u.a. vom technologischen Entwicklungsstand eines Landes, der Einbindung in die globale Wirtschaft und in Wertschöpfungsketten und der Anpassungsgeschwindigkeit des Kapitalstocks an die Arbeitskräfteangebotsausweitung ab. Darüber hinaus haben institutionelle Faktoren, insbesondere die Arbeitsorganisation und die Regeldichte des Aufnahmelandes, einen Einfluss auf die Anpassungsgeschwindigkeit des Arbeitsmarktes an neue Gegebenheiten. So schlägt sich etwa die Zuwanderung in stark regulierten Arbeitsmärkten wie dem österreichischen in einer stärkeren Segmentierung, zum Teil auch Arbeitslosigkeit, von ZuwanderInnen nieder, und weniger im Lohnverfall, während es in flexibleren Arbeitsmärkten, wie in den angelsächsischen Ländern, zu stärkeren Lohnreaktionen kommt (Pollan 2000, S. 105; Friedberg und Hunt 1995).

Wesentlich für das Ausmaß des Arbeitsmarkteffektes der Zuwanderung ist, ob die Tätigkeiten der ZuwanderInnen komplementär oder substitutiv in Relation zur Stammbevölkerung oder, besser gesagt, zu bestimmten Tätigkeitsfeldern der ansässigen Erwerbsbevölkerung sind. Wenn die Qualifikationen der ZuwanderInnen komplementär zu bestimmten Tätigkeiten der Einheimischen sind, profitieren die Ansässigen in diesen Tätigkeiten davon – etwa Berufe der Sozialarbeit, Rechtsanwälte und andere Tätigkeiten im Umfeld der Betreuung von Flüchtlingen und der Regelung des Asyl- und Flüchtlingswesens, oder hochqualifizierte Fachkräfte, die um migrantische Hilfs- und Anlernarbeit ergänzt werden, sowie Wohnungseigentümer und Realitätenbüros, die den Wohnungsbedarf der ZuwanderInnen abdecken und ähnliches mehr. Im Gegenzug werden die Beschäftigungschancen derjenigen Personengruppen beeinträchtigt, die im Wettbewerb um Jobs mit ZuwanderInnen stehen. Das sind in Österreich in hohem Maße Personen mit einfachen Qualifikationen, die nicht leicht auf andere Tätigkeiten umsatteln können bzw. in andere Regionen mit geringem Anteil von ZuwanderInnen ausweichen können (geringe berufliche und regionale Mobilität). Es ist also der strukturelle Lohn- und Beschäftigungsaspekt zu berücksichtigen, d.h. der Effekt der Zuwanderung auf die Lohnspreizung zwischen Berufen, Qualifikationen und Tätigkeitsfeldern.

Das Pendant zum Lohneffekt ist der Beschäftigungseffekt der Zuwanderung. Hier gibt es ebenfalls keine klare und stets gültige Antwort. Ein Angebotsüberhang an Arbeitskräften in bestimmten Arbeitsmarktsegmenten muss sich nämlich nicht immer in einem Anstieg der Arbeitslosigkeit niederschlagen. Die Wirkung hängt stark von institutionellen Faktoren ab, etwa der Regelung des Zugangs zum Arbeitsmarkt, dem Zugang zu Arbeitslosengeld, zu Eingliederungsmaßnahmen, Aus- und Weiterbildung oder sonstigen Unterstützungen. In der Folge kann sich ein Überangebot in unfreiwilliger Teilzeitbeschäftigung ebenso niederschlagen wie in einer subsistenzorientierten selbständigen Tätigkeit, in einer Arbeitsaufnahme im informellen Sektor, oder in einem sich vergrößernden Pool sogenannter peripherer Arbeitskräfte. Periphere Arbeitskräfte finden einmal einen Job, dann sind sie wieder für eine Weile ohne einen. Sie unterscheiden sich als Gruppe von Kernbelegschaften, die stabile Beschäftigungsverhältnisse und Einkommen haben.

Unter dem Strich gibt es also GewinnerInnen und VerliererInnen im Zuwanderungs- und Integrationsprozess – ähnlich einem technologischen Wandel, dessen negativer Effekt auf gewisse Berufe und Qualifikationsgruppen durch institutionelle Regelungen, etwa Aus- und Weiterbildung, mittel- bis langfristig gemildert oder aufgehoben werden kann. In welchem Maße eine Ausweitung eines spezifischen Arbeitskräfteangebots zu Lohnanpassungen und/oder Arbeitslosigkeit führt, hängt somit auch von Regelungen auf dem Arbeitsmarkt ab.

Flexible Löhne, Verdrängung oder Mobilität?

Wenn sich das Arbeitsangebot vor allem in Segmenten mit hoher Lohnflexibilität erhöht, kommt es kaum zu einem Verdrängungswettbewerb und damit verbunden steigender Arbeitslosigkeit. Wenn sich jedoch die Zuwanderung auf Segmente mit geringer Lohnflexibilität konzentriert, kann sich die Arbeitslosigkeit erhöhen. Aber diese Aussage gilt nur dann, wenn es in diesen Segmenten zu keiner Anpassung des Kapitalstocks an das steigende Arbeitskräfteangebot kommt oder wenn es in diesen Branchen keine Arbeitskräfteknappheit gibt. Darüber hinaus kann die Verlagerungen von Kapital und Betrieben in die Regionen mit starker Zuwanderung das zusätzliche Angebot an Arbeitskräften aufsaugen und damit etwaigen Lohn- und Beschäftigungsschwankungen entgegenwirken. Aber auch die Binnenwanderungen, also die Abwanderung von Einheimischen aus Gebieten mit starker Zuwanderung in Regionen mit einer geringen Zuwanderung, kann etwaige negative Auswirkungen der Zuwanderung auf lokale Löhne und/

oder die Beschäftigung verringern. So weist etwa Card (1990) nach, dass die Massenflucht von rund 125.000 meist gering qualifizierten KubanerInnen aus Kuba nach Florida zwischen dem 15. April und 31. Oktober 1980 (*The Mariel Boatlift*) das Arbeitsangebot in Miami um 7% anhob, ohne dass es zu einem Anstieg der Arbeitslosigkeit und einer Senkung der Löhne von ansässigen Arbeitskräften mit einfachen Qualifikationen gekommen ist. Ein Grund ist, dass viele weibliche Flüchtlinge als Haushaltshilfen tätig wurden und damit ansässigen, meist höher qualifizierten weiblichen Erwerbswilligen den Einstieg in den Arbeitsmarkt ermöglichten. Das wiederum hatte einen Wachstumsschub zur Folge, der die Beschäftigung aller Qualifikationsgruppen verbesserte. Zu ähnlichen Ergebnissen kommen Clemens und Hunt (2017) im Fall der post-sowjetischen Flüchtlingszuwanderung nach Israel. Diese Ausführungen zeigen, dass für die Feststellung des Effekts der Zuwanderung auf Löhne und Arbeitslosigkeit nach Qualifikationen differenzierte empirische Forschung erforderlich ist.

Empirische Forschungserkenntnisse in Bewegung

Spätestens seit den 1990er Jahren hat sich auch in Europa, nicht zuletzt infolge der verstärkten Integration der EU und ihrer Erweiterung und der damit verbundenen steigenden Mobilität von Arbeitskräften, eine umfangreiche empirische Forschungsliteratur zum Effekt der Migrationen auf Löhne und Beschäftigung entwickelt (für einen Literaturüberblick siehe Pollan 2000; Brücker 2010). Die Studien finden, ähnlich wie in den USA, meist nur geringe Lohn- und Beschäftigungseffekte der Zuwanderung: So hat eine einprozentige Erhöhung der Beschäftigung von MigrantInnen in einer Region im Schnitt eine Senkung der Löhne der ansässigen Arbeitskräfte um 0,1 Prozent zur Folge und eine Verringerung ihrer Beschäftigungsquote um weniger als 0,026 Prozentpunkte (vgl. Longhi et al. 2005; 2008). Diese geringen Werte werden allerdings ähnlich wie in den USA zunehmend als methodisch bedingtes Artefakt angesehen, da gewisse Faktoren in den Berechnungen nicht berücksichtigt werden, womit der Arbeitsmarkteffekt unterschätzt wird (Borjas et al. 1997; Borjas 2003; 2016). Hierzu zählen im Wesentlichen zwei Aspekte: Der erste betrifft die Konzentration der Zuwanderung auf in der Regel prosperierende Regionen (Stienen 2006; Geisen et al. 2017), in denen die Löhne überdurchschnittlich hoch und die Wachstumschancen günstig sind; damit fällt der regionale Arbeitsmarkteffekt gering aus. Der zweite Aspekt betrifft die mögliche Abwanderung von Einheimischen aus den Zuwanderungsregionen, um dem verstärkten lokalen Wettbewerb zu entgehen. Borjas et al. haben schon 1997 darauf hingewiesen, dass Regionalanalysen, die der Mobilität der Einheimischen nicht Rechnung tragen, ebenso wie Faktor-Proportionen-Analysen[1], die die Dynamik der Branchen- und Berufskonstellationen und die Mobilität der Arbeitskräfte zwischen den Sektoren nicht berücksichtigen, der Komplexität der Wirkungsweise der Zuwanderung nicht gerecht werden. Was daraus auf keinen Fall abgeleitet werden kann, ist ein gesamtwirtschaftlicher Effekt, da regionale und branchenspezifische Arbeitsmärkte nicht voneinander abgeschottet sind, sondern sich gegenseitig beeinflussen. Zuwanderungen lösen vielfältige Reaktionen aus, die sich wie Wellen auf die gesamte Volkswirtschaft verteilen.

Forschungsmethode
beeinflusst Ergebnisse

Als Reaktion auf die Methoden-Kritik der Wissenschaft kommen zunehmend komplexere Forschungsmethoden zur Anwendung, die den Lohn- und Beschäftigungseffekt der Zuwanderung besser abschätzen (Ottaviano und Peri 2012; Felbermayr et al. 2010; Biffl 2000). Obschon die Differenzierung der Forschungsmethoden unsere Erkenntnisse zur Wirkungsweise von Zuwanderung auf Löhne und Beschäftigung verbessert hat, bleiben doch noch viele Fragen offen. So ist es für die Ergebnisse nicht unwesentlich, ob angenommen wird, dass MigrantInnen und einheimische Arbeitskräfte bei gleicher Qualifikation und Berufserfahrung vollkommen austauschbar sind, d.h. vollkommene Substitute auf dem Arbeitsmarkt sind. Diese Einschätzung hat weitreichende Konsequenzen für die Arbeitsmarktwirkung der Zuwanderung auf bestimmte Personengruppen. Wenn nämlich MigrantInnen und einheimische Arbeitskräfte auch bei gleicher Qualifikation nicht ohne weiteres austauschbar sind, etwa weil es Arbeitsmarktregelungen gibt, die besagen, dass bei Kündigungen zuerst AusländerInnen und erst in weiterer Folge Einheimische zu kündigen sind – so etwa in Österreich und der Schweiz bis in die späten 1990er Jahre (Biffl et al. 2011; Berger et al. 2016) – oder weil es sprachliche oder kulturelle Hindernisse sowie Diskriminierung gibt, dann konzentrieren sich die Effekte auf eine vergleichsweise kleine Gruppe auf dem Arbeitsmarkt, nämlich die bereits im Land lebenden MigrantInnen und nicht die große Gruppe der Einheimischen.

---

1   Angebot-Nachfrage-Analysen, die sich auf relative Knappheiten der Produktionsfaktoren beziehen, werden häufig als Faktor-Proportionen-Analysen bezeichnet.

Effekt der Zuwanderung auf Löhne und Beschäftigung in Österreich

Die Zuwanderung nach Österreich nach dem zweiten Weltkrieg hat ihre Wurzeln in der Arbeitsmigration und in der Fluchtmigration aus dem vormaligen Ostblock. Die Sozialpartner, die in den 1960er und 1970er Jahren die wesentlichen institutionellen und politischen Akteure der Migrationspolitik waren, wollten mit der Zuwanderung sicherstellen, dass es zu keinen Arbeitskräfteengpässen kommt und dass die Flexibilität des Arbeitsmarktes angehoben wird. Das ist in den 1960er und frühen 1970er Jahren auch gelungen; die ZuwanderInnen haben eine extreme Verknappung des Arbeitskräfteangebots verhindert und damit sichergestellt, dass das wirtschaftliche Wachstumspotenzial wahrgenommen werden konnte. Gleichzeitig konnte die Arbeitslosigkeit weiter abgebaut werden, ohne dass es zu einem Lohnanstieg verbunden mit inflationären Tendenzen gekommen ist. Die soziale Akzeptanz des AusländerInnenzustroms war ebenfalls hoch, da zusätzliche ausländische Arbeitskräfte fast allen Vorteile brachten. MigrantInnen übernahmen Aufgaben, die InländerInnen nicht mehr ausführen wollten, und ermöglichten damit einem großen Teil der InländerInnen den Übertritt in besser bezahlte Tätigkeiten bei gleichzeitiger Beibehaltung der traditionellen Produktions- und Lebensweisen. Gewinne aus der Komplementarität überdeckten die Probleme, die sich in Substitutionsbereichen durch eine Ausweitung der Lohnspreizung nach Qualifikationen schon abzeichneten (Pollan 2005, S. 11).

Abbildung 1: Entwicklung der Arbeitslosigkeit und der AusländerInnenbeschäftigung 1961-2017 (Arbeitslosenquote: Arbeitslose in % des Arbeitskräfteangebots der Unselbständigen; AusländerInnenbeschäftigungsquote: Anteil der ausländischen Beschäftigten an allen unselbständig Beschäftigten in %).

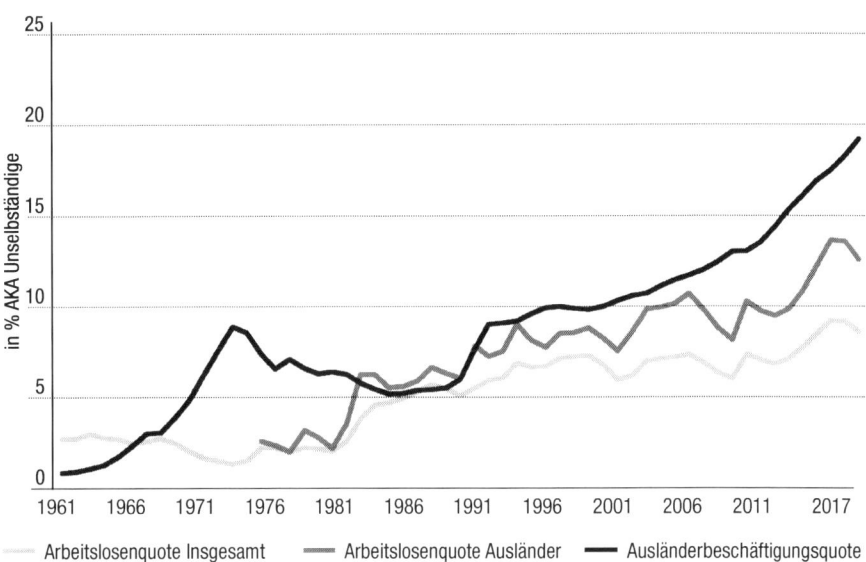

Quelle: WIFO-Datenbank, BALI Web.

Die Arbeitslosigkeit stieg nicht einmal in den Jahren der wirtschaftlichen Krise 1973/74, da vor allem ausländische Arbeitskräfte ihre Jobs verloren. Indem ihre einjährigen Beschäftigungsverträge nicht verlängert wurden, konnten sie auch keinen Anspruch auf Arbeitslosengeld erwerben. Daher blieb ihre Arbeitslosigkeit unsichtbar, was aus Abbildung 1 ersichtlich ist und was Kurt Rothschild (1978) zur ironischen Frage verleitete: Arbeitslose, gibt's die?

An die Stelle der ausländischen Arbeitskräfte traten verstärkt Jugendliche, die Babyboom-Generation, sowie Frauen. In der Folge veränderte sich die demographische und berufliche Zusammensetzung des Arbeitskräfteangebots. Gleichzeitig kam es zu einem massiven Strukturwandel der sektoralen und beruflichen Nachfrage nach Arbeitskräften, der das Ende einer langen Phase der Vollbeschäftigung einleitete (Biffl 1985, S. 772; Biffl 1989, S. 139). Um den Anstieg der Arbeitslosigkeit einzuschränken, wurden angebotsreduzierende Maßnahmen gesetzt, insbesondere Erwerbsunfähigkeits- und Frühpensionen, und die Zuwanderung wurde gestoppt, obschon es weiterhin eine humanitäre Zuwanderung gab, etwa die Solidarnoſź-Flüchtlinge aus Polen (Biffl 1984, S. 651).

Ende der an den Bedürfnissen des Arbeitsmarktes ausgerichteten Migrationspolitik

Erst mit dem Fall des Eisernen Vorhangs und dem Zerfall Jugoslawiens setzte gegen Ende der 1980er Jahre und in den frühen 1990er Jahren eine neue Zuwanderungswelle ein. Um die Zuwanderung einzudämmen, wurden die Migrationsgesetze reformiert und an die von traditionellen Einwanderungsländern herangeführt (Biffl 2011). Das hatte einen Bedeutungsverlust der Sozialpartner in der Migrationspolitik zur Folge. An ihre Stelle trat das Parlament und im Gefolge der EU-Mitgliedschaft die Verpflichtung zur Freizügigkeit innerhalb der EU. Die Änderung der institutionellen Rahmenbedingungen ging mit einem stetigen Anstieg und einer ethnisch-kulturellen Diversifizierung der Zuwanderung Hand in Hand. Mittlerweile haben 19% der unselbständig Beschäftigten eine nicht-österreichische Staatsangehörigkeit, davon kommen 60% aus dem europäischen Wirtschaftsraum (EWR).

Im Gefolge der zunehmenden Heterogenität der ZuwanderInnen stieg der Anteil ausländischer Arbeitskräfte nicht nur in Niedriglohnbranchen, sondern auch in Mittel- und Hochlohnbereichen. Dies war nicht zuletzt die Folge der Deregulierung und Privatisierung von vormals gegen Wettbewerb von außen geschützten, halbstaatlichen Bereichen, wie etwa dem Banken- und Versicherungssektor, dem Verkehr und der Nachrichtenübermittlung. Dies geht aus den Beschäftigungsdaten des Hauptverbands der österreichischen Sozialversicherungsträger ergänzt um den jedes zweite Jahr erscheinenden allgemeinen Einkommensbericht hervor. Diesen Daten zufolge lag der AusländerInnenanteil an der Beschäftigung in den sonstigen Wirtschaftsdiensten im Juni 2017 bei 41,7% - trotzdem lag diese Branche mit einem Netto-Medianeinkommen von 12.810 im Jahresdurchschnitt 2015, den letztverfügbaren Einkommensdaten nach Branchen (RH 2016), im mittleren Lohnsegment. Das ist auf die polarisierte Qualifikations- und Lohnstruktur zurückzuführen. Im Niedriglohnbereich sind einfache Qualifikationen angesiedelt, etwa Reinigungsdienste, im Hochlohnbereich SpezialistInnen, die im Gefolge der EU-Integration und -Deregulierung zusehends in Österreich Beschäftigung finden. Auch die Bauwirtschaft hat in den letzten 20 Jahren weiterhin ausländische Arbeitskräfte beschäftigt - im Juni 2017 lag ihr Anteil an der Beschäftigung bei 28%, ohne dadurch vom mittleren Einkommenssegment in das Niedriglohnsegment abzurutschen. Dafür dürfte vor allem der starke gewerkschaftliche Organisationsgrad verantwortlich sein, der diesen Sektor in gewissem Maße vor Wettbewerb abschirmt und dadurch den Beschäftigten eine Insider-Macht einräumt. Jedoch ist auch hier festzustellen, dass es zu einer Ausweitung der Lohnunterschiede zwischen Angestellten und ArbeiterInnen, viele davon ZuwanderInnen, gekommen ist. Pollan (1993, S. 344) meint daher: „Was den Arbeitsmarkt und die Lohnbildung betrifft, empfiehlt es sich, … zwischen geschützten und exponierten Arbeitnehmergruppen zu unterscheiden."

Der Anteil der ZuwanderInnen ist allerdings in Niedriglohnbranchen weiterhin am höchsten. Dies gilt insbesondere für die Textil-, Leder- und Bekleidungsindustrie (Juni 2017: 30%), die Land- und Forstwirtschaft (Juni 2017: 58%) und den Tourismus (Juni 2017: 48%). Bei den letzten beiden Branchen ist zu bedenken, dass es aufgrund der Saisonalität kaum eine durchgehende Jahresbeschäftigung gibt, was sich negativ auf das Jahreseinkommen auswirkt.

Tabelle 1: Unselbständig Beschäftigte, AusländerInnenanteil in % und Nettojahreseinkommen: 2015-2017

Branche (ÖNACE 2008)	Unselbständig Beschäftigte Insgesamt		Ausländische Arbeitskräfte		Ausländische Arbeitskräfte in %	Netto Jahreseinkommen Unselbst. Beschäftigte
	Juni 2015	Juni 2017	Juni 2015	Juni 2017	in %	2015, Medianeinkommen
A Land- & Forstwirtschaft	29 697	29 336	17 287	17 0111	58,0	2 939
B Bergbau	5 870	6 120	571	655	10,7	26 733
C Güterproduktion	578 940	598 946	94 596	106 651	17,8	25 149
D Energie	26 717	25 786	981	993	3,9	34 946
E Wasser	15 544	16 489	2 711	3 060	18,6	21 923
F Bau	260 678	267 328	65 353	73 994	27,7	20 660
G Handel	530 206	537 947	87 276	96 239	17,9	17 285
H Verkehr	185 223	191 772	37 194	43 836	22,9	22 370
I Tourismus	210 266	219 811	95 872	106 320	48,4	8 502
J Informatios-, Kommunikatiostechnologie	85 846	91 303	10 606	13 057	14,3	27 207
K Banken & Versicherungen	115 338	112 974	8 778	9 666	8,6	29 267
L Realitäten	40 806	41 582	8 116	8 257	19,9	17 466
M Freiberufliche Wissenschaft	163 715	170 214	24 868	27 199	16,0	20 005
N Sonst. wirtsch. Dienste	195 484	222 277	74 228	92 588	41,7	12 810
O öffentliche Verwaltung	552 227	567 345	22 893	25 600	4,5	26 304
P Unterricht	101 630	106 734	19 770	22 248	20,8	15 459
Q Gesundheit	246 429	264 022	34 160	39 632	15,0	17 305
R Kunst	37 695	38 862	9 188	9 999	25,7	11 780
S Sonstige Dienste	88 961	87 232	14 427	15 619	17,9	15 092
T Hauspersonal	3 291	2 876	1 261	1 145	39,8	9 603
U Exteritoriale Organisationen	706	761	319	374	49,1	21 042
Unbekannt		1 002	301	316	31,5	1 566
Summe Wirtschaftsbranchen	3 475 269	3 600 719	630 756	714 459	19,8	
Karenz & Präsenzdienst	87 839	83 321				
Insgesamt	3 563 108	3 684 040	18,1	19,8		19 558

Quelle: BALI Web, Statistik Austria Lohnsteuer- und HV-Daten ohne Lehrlinge.

Zuwanderung trotz Diversifizierung weiterhin in Niedriglohnbereichen am höchsten

Überall dort, wo ein hohes Maß an Wettbewerb auf dem Arbeitsmarkt (etwa unter Reinigungskräften) oder dem Gütermarkt (etwa unter kleinen Tourismusbetrieben) vorherrscht, sind ZuwanderInnen überdurchschnittlich stark vertreten. Großbetriebe haben einen größeren Spielraum für die Preisgestaltung sowohl auf den Gütermärkten als auch den Arbeitsmärkten. In der Folge liegen die Lohnzahlungen in größeren Betrieben im Schnitt über den Kollektivvertragslöhnen, während Kollektivvertragslöhne in Kleinbetrieben eher die Norm sind. Es ist daher nicht überraschend, dass ZuwanderInnen häufiger in Kleinbetrieben Arbeit finden als in Großbetrieben.

Diese Ausführungen zeigen, dass Löhne und Beschäftigungschancen von InländerInnen und ZuwanderInnen von vielen Faktoren beeinflusst werden, die sich einer einfachen Antwort auf die Frage, ob ZuwanderInnen einheimische Arbeitskräfte verdrängen und Löhne im untersten Lohnsegment drücken, entziehen.

Verdrängung und Lohndämpfung trifft vor allem ZuwanderInnen

Eine differenzierte ökonometrische Analyse des Effekts der Zuwanderungswelle der späten 1980er und frühen 1990er Jahre weist einen beachtlichen Verdrängungseffekt auf dem Arbeitsmarkt aus, der Großteils ansässige MigrantInnen und ältere einheimische Arbeitskräfte traf (Brandel et al. 1994). In der Folge stieg die Arbeitslosenquote von 5% im Jahr 1989 (ausländische Arbeitskräfte: 5,9%) auf 7,2% im Jahr 1998 (ausländische Arbeitskräfte: 8,7%). Darüber hinaus hat die starke Ausweitung des Angebots ausländischer Arbeitskräfte zum Auseinanderlaufen der Lohnunterschiede zwischen In- und AusländerInnen geführt. Während der durchschnittliche Einkommensabschlag der AusländerInnen gegenüber InländerInnen, gemessen am monatlichen Medianeinkommen, im Jahr 1988 bei 11,4% lag, erhöhte er sich im Gefolge der starken Zuwanderung auf 23,3% im Jahr 1991. Im Laufe der Zeit verringerte sich der Lohnunterschied zwischen In- und AusländerInnen wieder und erreichte mit 13,1% im Jahr 1999 einen Wert, der für die 1980er Jahre typisch war (Biffl 2000). Simulationen von Pollan (2000) zeigen, dass bei einem völlig flexiblen Arbeitsmarkt der Zustrom von minderqualifizierten Arbeitskräften in Österreich eine durchschnittliche Verringerung der Lohneinkommen von 0,7% zur Folge hätte, wobei die Lohneinkommen der minderqualifizierten heimischen Arbeitskräfte um 13,2% sinken, während die der hochqualifizierten um 2,3% steigen würden. Da Österreich aber eine hohe Lohnrigidität nach unten infolge von Kollektivverträgen, die Mindestlöhne festlegen, hat, ist der Lohneffekt wesentlich geringer, dafür aber der Effekt auf die Arbeitslosigkeit ausgeprägter. Unter der Annahme, dass das Kollektivvertragssystem in Österreich nicht aufgeweicht wird, sind ähnliche Ergebnisse auch für die Zukunft zu erwarten, wie Eppel et al. (2017) ausführen.

Conclusio

Diese Ausführungen zeigen, dass die Anpassungsprozesse auf dem Arbeitsmarkt, die zum Teil durch Zuwanderung ausgelöst werden, von der Gruppe der ZuwanderInnen selbst in hohem Maße zu schultern sind und weniger von den einheimischen Arbeitskräften. Dafür verantwortlich sind Marktprozesse ebenso wie Arbeitsmarktregelungen und Insider-Outsider Prozesse, die es ZuwanderInnen erschweren, in Kernbelegschaften aufzusteigen. Besonders schwierig ist die Situation für Menschen mit einfachen Qualifikationen, nicht zuletzt, weil die Nachfrage nach diesen Qualifikationen stärker und rascher schrumpft als das Angebot.

Literatur

APA. 2018. Kurz wirft SPÖ „Angstmache" vor. https://www.news.at/a/
mangelberufe---kurz-wirft-spoe-angstmache-vor-8628739 (Zugegriffen: 1. März 2018).

Berger, Johannes et al. 2016. Ökonomische Analyse der Zuwanderung
von Flüchtlingen nach Österreich. Schriftenreihe Migration und
Globalisierung. Krems: Donau-Universität Krems.

Biffl, Gudrun. 2011. Entwicklung der Migrationen in Österreich aus
historischer Perspektive. In: Migrationsmanagement, Band 1. Hrsg.
Gudrun Biffl und Nikolaus Dimmel, 33-50. Bad Vöslau: omninum.

Biffl, Gudrun. 2002. Ausländische Arbeitskräfte auf dem österreichischen
Arbeitsmarkt. WIFO-Monatsberichte 8/2002:537-550.

Biffl, Gudrun. 2000. Zuwanderung und Segmentierung des österreichischen Arbeitsmarktes. Ein Beitrag zur Insider-Outsider-Diskussion.
In: Internationale Migration, die globale Herausforderung des 21.
Jahrhunderts? Hrsg. Karl Husa, Christof Parnreiter und Irene Stacher,
207-227. Wien: Brandes & Apsel/Südwind.

Biffl, Gudrun. 1989. Schwerpunkte der Arbeitsmarktentwicklung in den
achtziger Jahren. WIFO-Monatsberichte 3/1989:137-142.

Biffl, Gudrun. 1985. Aspekte des Strukturwandels der Arbeitslosigkeit in
Österreich. WIFO-Monatsberichte 12/1985:761-773.

Biffl, Gudrun. 1984. Der Strukturwandel der Ausländerbeschäftigung in
Österreich. WIFO-Monatsberichte 11-12/1984:649-664.

Biffl, Gudrun, Lea Rennert und Petra Aigner. 2011. Migrant Workers in
Austria and Europe. Challenges for Industrial Relations, in particular
Trade Unions. Krems: Department für Migration und Globalisierung,
Universität Krems.

Borjas, George J. 2016. We wanted Workers. Unraveling the Immigration
Narrative. New York und London: W. W. Norton & Company.

Borjas, George J. 2003. The Labour Demand Curve is Downward-Sloping: Reexamining the Impact of Immigration on the Labour Market.
Quarterly Journal of Economics 118:1335-1374.

Borjas, George J., Richard Freeman und Lawrence Katz. 1997. How much do immigration and trade affect labor market forces? Brookings Papers on Economic Activity 1/1997:1-85.

Brandel, Franz, Helmut Hofer und Karl Pichelmann. 1994. Verdrängungsprozesse am Arbeitsmarkt. Research Memorandum 345. Wien: Institut für Höhere Studien.

Brücker, Herbert. 2010. Neue Erkenntnisse zu den Arbeitsmarktwirkungen internationaler Migration: Ein kritischer Überblick über vorliegende Befunde. WSI-Mitteilungen 63:499-507.

Card, David. 1990. The impact of the Mariel boatlift on the Miami labor market. Industrial and Labor Relations Review 43:245-257.

Clemens, Michael A. und Jennifer Hunt. 2017. The Labor Market Effects of Refugee Waves: Reconciling Conflicting Results. Cambridge, MA: NBER Working Paper No. 23433.

Eppel, Rainer, Thomas Leoni und Helmut Mahringer. 2017. Österreich 2025 – Segmentierung des Arbeitsmarktes und schwache Lohnentwicklung in Österreich. WIFO-Studie. Wien.

Felbermayr, Gabriel, Wido Geis und Wilhelm Kohler. 2010. Restrictive Immigration Policy in Germany: Pains and Gains Foregone? Review of World Economics 146:1-21.

FPÖ-TV-Magazin 18.12.2014. Ausländer nehmen unsere Jobs weg. https://www.youtube.com/watch?v=7Yditj-DnaI (Zugegriffen: 1. März 2018).

Friedberg, Rachel M. und Jennifer Hunt. 1995. The Impact of Immigrants on Host Country Wages, Employment and Growth. Journal of Economic Perspectives 9:23-44.

Geisen, Thomas, Christine Riegel und Erol Yildiz (Hrsg.). 2017. Migration, Stadt und Urbanität. Perspektiven auf die Heterogenität migrantischer Lebenswelten. Berlin und Heidelberg: Springer VS.

Kampelmann, Stephan, Andrea Garnero und Francois Rycx. 2013. Minimum wages in Europe: does the diversity of systems lead to a diversity of outcomes? European Trade Union Institute (etui), Report 128. Brüssel.

Knuth, Mathias. 2014. Arbeitsmarktreformen und „Beschäftigungswunder" in Deutschland. Europäischer Wirtschafts- und Sozialausschuss,

Gruppe Arbeitnehmer. Konferenzbeitrag.

Longhi, Simonetta, Peter Nijkamp und Jacques Poot. 2008. Meta-Analysis of Empirical Evidence on the Labor Market Impacts of Immigration. Région et Développement 27:161-191.

Longhi, Simonetta, Peter Nijkamp und Jacques Poot. 2005. A Meta-Analytic Assessment of the Effects of Immigration on Wages. Journal of Economic Surveys 19:451-477.

OECD Statistik. 2018. https://jodi.graphics/2018/03/26/collective-bargaining-coverage/ (Zugegriffen: 1. März 2018).

Ottaviano, Gianmarco und Giovanni Peri. 2012. Rethinking the Effects of Immigration on Wages. Journal of the European Economic Association 10(1):152-197.

Pollan, Wolfgang. 2005. How Large are Wage Differentials in Austria? WIFO Working Papers No. 265, December 2005. Wien.

Pollan, Wolfgang. 2000. Die Volkswirtschaftlichen Auswirkungen der Zuwanderung von Arbeitskräften. Ein Literaturüberblick. WIFO-Monatsberichte 2/2000:95-112.

Pollan, Wolfgang. 1993. Flexible Löhne in der Bauwirtschaft. WIFO-Monatsberichte 6/1993:335-344.

Rechnungshof (RH). 2016. Bericht des Rechnungshofes. Allgemeiner Einkommensbericht 2016. Wien.

Resch, Christian. 2015. Arbeitsmarkt: wer verdrängt wen? Salzburger Nachrichten, 7. Februar 2015.

Rothschild, Kurt W. 1978. Arbeitslose,gibt'sdie? Kyklos 31(1):21-35.

Stienen, Angela (Hrsg.). 2006. Integrationsmaschine Stadt? Interkulturelle Beziehungsdynamiken am Beispiel von Bern. Bern u.a.: Haupt Verlag.

Jörn Kleinert und Daniel Reiter

„Österreich kann keine weiteren ZuwanderInnen mehr aufnehmen"

Die bis Sommer 2015 scheinbar unvorhergesehen hohe Zuwanderung von 2015/2016 rückte den fernen Bürgerkrieg in Syrien in unmittelbare Nähe. Tausende Menschen standen an der Grenze und hofften all das Elend und die Verzweiflung in ihrer Heimat hinter sich zu lassen, um für sich und ihre Familien eine neue Zukunft zu schaffen. Rund 89.000 Asylanträge wurden im Jahr 2015 in Österreich gestellt und weitere 36.000 folgten im Jahr 2016. Zuwanderung dieser Größenordnung führt zu Sorgen in der Bevölkerung über Arbeitsplatzsicherheit und Kosten für die sozialen Sicherungssysteme, vor allem, wenn die Zuwanderung alles andere als geordnet, strukturiert oder planvoll verläuft. Migration stieg mit diesen Sorgen zu dem zentralen Thema des politischen Diskurses auf und beherrschte diesen bis zur Nationalratswahl im Oktober 2017. Schnell wurden Stimmen lauter, dass *Österreich keine ZuwanderInnen mehr aufnehmen könne*, dass *wir zu viele MigrantInnen haben*[1] bzw. dass *das Boot voll sei*[2] oder, wie es Bundeskanzler Sebastian Kurz während des Wahlkampfes immer wieder forderte: *„Wir müssen die Zuwanderung in das Sozialsystem stoppen"*[3]. Das sind natürlich wahlkampfbedingte Zuspitzungen und Vereinfachungen. Natürlich kann Österreich weitere ZuwanderInnen aufnehmen, tut das auch und wird das auch weiterhin tun.

Seit 2008 verzeichnet die österreichische Bevölkerungsstatistik einen deutlichen Anstieg der Bevölkerung mit nicht-österreichischer Staatsangehörigkeit um etwas über fünf Prozentpunkte von 10 Prozent auf 15,3 Prozent der Gesamtbevölkerung zum 1.1.2017. Unter den nicht-österrei-

---

1 Kurier.at (2014), https://kurier.at/chronik/oberoesterreich/manfred-haimbuchner-wir-haben-zu-viele-migranten/85.389.404 (Zugegriffen: 1. April 2018).
2 Ots.at (2015), https://www.ots.at/presseaussendung/OTS_20150613_OTS0017/asyl-strache-das-boot-ist-voll-ziehen-wir-die-gangway-ein (Zugegriffen: 1. April 2018).
3 derStandard.at (2017), https://derstandard.at/2000061317804/Was-an-Kurz-These-von-der-Zuwanderung-in-den-Sozialstaat (Zugegriffen: 1. April 2018).

chischen Staatsangehörigen stammen etwa die Hälfte aus EU-und EF-TA-Staaten. Die größte Gruppe von Personen mit ausländischer Staatsangehörigkeit bilden die Deutschen mit einem Anteil von 13,5 Prozent, gefolgt von SerbInnen (8,8 Prozent) und TürkInnen (8,7 Prozent) (Statistik Austria 2018). Den etwa 180.000 Deutschen in Österreich standen 2015 etwa genauso viele ÖsterreicherInnen in Deutschland gegenüber.[4] Diese Art Zu- und Abwanderung wird es natürlich weiterhin geben, aber die ist vermutlich in der obigen These ja auch gar nicht gemeint.

Drei Aspekte der These wollen wir uns in diesem kurzen Beitrag näher anschauen. Erstens, was heißt „kann" oder „kann nicht"? Was ist das Kriterium dafür? Zweitens, von welcher Art von Zuwanderung ist hier die Rede? Handelt es sich bei den ZuwanderInnen vor allem um EU-BürgerInnen, um Flüchtlinge oder um Schlüsselarbeitskräfte? Und drittens, über welchen Zeitraum sprechen wir?

Kann Österreich weitere ZuwanderInnen aufnehmen?

Die Behauptung „Österreich kann keine ZuwanderInnen mehr aufnehmen" ist offensichtlich nicht richtig. Dies gilt auch für Flüchtlinge. Der kleine Libanon hat seit 2012 deutlich mehr Flüchtlinge aufgenommen (1,5 Millionen) als Österreich. Die Flüchtlingszahl übersteigt auch deutlich die Zahl der ZuwanderInnen nach Österreich, selbst die inklusive der MigrantInnen zweiter Generation. Nun können Flüchtlinge in Österreich aber nicht zu libanesischen Bedingungen aufgenommen werden und werden es auch nicht. Österreich stellt einem Flüchtling deutlich mehr Ressourcen zur Verfügung als der Libanon. Aber die Ressourcenrestriktion ist hier in Österreich beim Thema Zuwanderung (oder Flüchtlingsaufnahme) nicht ausschlaggebend. „Können" muss sich an einem anderen Kriterium als dem der Verfügbarkeit ökonomischer Ressourcen orientieren.

Ein naheliegendes Kriterium ist das des gesellschaftlichen Zusammenhalts. In einer Zeit größerer Verunsicherung über die zukünftige Rolle Europas, weiterer Anpassungen, die von der Globalisierung gefordert werden, und zunehmender Risse in der Gesellschaft bezüglich der Prioritäten in der Politik, ist es besonders schwer mit einem Migrationsschock der Größenordnung, wie wir ihn 2015/2016 erlebt haben, umzugehen. Dazu kam, dass es sich wirklich um einen Schock handelte mit fehlender

---

4   DiePresse.com (2016), https://diepresse.com/home/wirtschaft/economist/4927463/Oes-terreichische-Migranten_Deutschland-am-beliebtesten (Zugegriffen: 1. April 2018).

Vorbereitung und fehlender Exitstrategie. „Wir schaffen das" klärte nie, was „das" ist. Die Flüchtlinge wurden in Österreich sehr gut aufgenommen, wenn auch nicht *von allen* freudig willkommen geheißen. In einer pluralistischen Gesellschaft ist das auch nicht zu erwarten.

Immigration ist ein so sensibles Thema, weil der Zuzug von Fremden in Lebens- und Arbeitsgewohnheiten eingreift und damit deutlich spürbarer ist als andere Formen der internationalen Integration wie Handel oder grenzüberschreitender Kapitalverkehr. So war die Immigration nach Großbritannien der Anstoß zum Brexit, auch wenn dieser tieferliegende Ursachen hatte. Die erste Globalisierungswelle, die mit dem ersten Weltkrieg endete, hatte ebenfalls großes Konfliktpotential in der Massenmigration (O'Rourke und Williamson 1999; Williamson 1998). Williamson (1998) weist darauf hin, dass die Zunahme der Ungleichheit und dabei besonders die Verschlechterung der relativen Position der untersten Perzentile einen erheblichen Erklärungsgehalt für die Änderung der Handels- und Einwanderungspolitik Richtung weniger Offenheit haben. Der Druck auf die Politik, Zollschranken zu erhöhen und die Einwanderung zu drosseln, war besonders in Zeiten hoher Arbeitslosigkeit sehr groß. Der Arbeitsmarkt und nicht die Höhe des MigrantInnenanteils war ausschlaggebend für die politische Reaktion. Die Migration war nicht unmöglich geworden, die Immigrationsländer *konnten* sehr wohl noch ZuwanderInnen aufnehmen, es gab nur keine gesellschaftliche Mehrheit mehr, die diese Politik unterstützte.

Interessant an Williamsons Untersuchung ist der Vergleich mit der aktuellen Situation. Er verweist darauf, dass die Situation in den OECD-Ländern seit den 1980er Jahren der Situation in den Immigrationsländern zwischen den 1870er Jahren und dem ersten Weltkrieg ähnelt. Die Globalisierung bringt im Durchschnitt Wohlfahrtsgewinne mit sich, aber auch eine aufgehende Schere in der Einkommensverteilung, bei der sich die Schwächsten zunehmend abgehängt fühlen. Williamson führt mehrere Gründe an, warum es nicht zu einem Zurückdrehen der Globalisierung durch Protektion und einem Ende der Personenfreizügigkeit (die derzeit ohnehin weit geringer ist als in der ersten Globalisierungswelle) kommen muss. Er kann aber nicht umhin, davor zu warnen, eine ähnliche Entwicklung aufkommen zu lassen.

Es gibt also gute Gründe dafür, die These dahingehend zu verstehen, dass eine weitere Zuwanderung die Anpassungsfähigkeit oder -willigkeit eines Teils der Bevölkerung überfordern würde. Es wären die ökonomischen Konsequenzen der Zuwanderung, die sich in der Einkommensverteilung widerspiegeln, die die Restriktion darstellten. Ob diese Argumentation gerade für die Flüchtlingswelle 2015/2016 zutrifft, wäre als nächstes zu hinterfragen. Es ist einerseits für den Arbeitsmarkt nicht unerheblich, wer aus welchen Gründen kommt. Andererseits gilt es zu fragen, ob es sich bei dieser Migration überhaupt um Arbeitsmigration handelte.

Wer sind die ZuwanderInnen?

Die ZuwanderInnen, von denen in der obigen These die Rede ist, teilen sich auf drei größere Gruppen auf. Da ist erstens die Migration im europäischen Binnenmarkt, die gewollt und gefördert und für eine funktionierende Europäische Union unerlässlich ist. Mit den meisten westlichen Partnerländern ist die Zuwanderungs- und die Abwanderungsbilanz in etwa ausgeglichen, die Nettobilanz nicht sehr groß. Mit den meisten neuen Mitgliedsstaaten besteht ein teils beträchtlicher Nettozuzug. Zweitens gibt es signifikante MigratInnenanteile aus Ländern außerhalb der EU, vor allem aus Ex-Jugoslawien und der Türkei, deren Grundstock schon in den 1960er Jahren aufgebaut wurde. Aus dieser Gruppe resultiert auch der Großteil der MigrantInnen zweiter Generation. Die dritte Gruppe bilden AsylwerberInnen und subsidiär Schutzbedürftige. Diese drei Gruppen auseinanderzuhalten erleichtert die Diskussion sehr.

Die meisten ZuwanderInnen kamen in den vergangenen Jahren aus der EU, und zwar vor allem aus Deutschland und besonders auch aus den seit 2004 beigetretenen Staaten (Statistik Austria 2018). Diese Personenfreizügigkeit innerhalb der EU einzuschränken ist kaum möglich, ohne die Funktionsfähigkeit der EU zu untergraben. An diese Gruppe ist in der These wahrscheinlich weniger gedacht. Im Jahr der großen Flüchtlingswelle sind aber erstmals wieder mehr Nicht-EU-BürgerInnen nach Österreich zugezogen. Um diese Gruppe muss es gehen, da der Zuzug von Schlüsselarbeitskräften weiterhin vergleichsweise gering ausfällt. Nur rund 1200 Rot-Weiß-Rot-Karten wurden im Jahr 2016 verteilt (Statistik Austria 2017); sie sollten die Hochqualifizierten anlocken bzw. dem Abwandern von hochqualifizierten Arbeitskräften entgegenwirken. Diese Zuzüge sind gewollt und gefördert. Nur scheinen die Mittel vielleicht nicht so geeignet, einen Zuzug in größerer Zahl zu bewerkstelligen.

Im Hinblick auf den vorherrschenden und in den Medien oft zitierten Fachkräftemangel[5] (siehe hierzu unter anderem Heschl 2009) kann die These, dass Österreich keine ZuwanderInnen mehr aufnehmen könne,

---

5   derStandard.at (2017), https://derstandard.at/2000065197447/Fachkraefte-Zahl-der-Mangel-berufe-fast-verdoppelt (Zugegriffen: 1. April 2018).

also schnell zurückgewiesen werden, sofern es sich um Schlüsselarbeitskräfte handelt. Eine genauere Analyse der Erwerbsquoten nach Bildungsabschlüssen der ZuwanderInnen aus EU-, EWR-Staaten und der Schweiz kann die These auch nicht stützen, da deren Bildungsabschlüsse jenen der ÖsterreicherInnen ähnlich sind und diese MigrantInnen einen substanziellen Beitrag zum Erhalt unseres Sozialsystems leisten. Ergo muss es sich bei den in der These attestierten „ZuwanderInnen" um Flüchtlinge handeln. Deshalb wird im Folgenden der Frage nachgegangen, welche Effekte von einem weiteren Zuzug von Flüchtlingen zu erwarten wären. Um diese Frage zu beantworten, wird die Zuwanderungswelle von 1991/1992, ausgelöst durch die Jugoslawienkrise, mit jener von 2015/2016 verglichen. Damit sollen mögliche Sollbruchstellen der Integration in den Bereichen Bildung und Arbeit aufgedeckt werden.

Vergleich der Zuwanderungswellen von 1991/1992 und 2015/2016

Aufgrund der kriegerischen Auseinandersetzungen im ehemaligen Jugoslawien überquerten im Jahr 1991 rund 128.000 Personen die österreichischen Grenzen (Biffl 1992). Ähnliches ereignete sich im Jahr 2015, als mehr als 100.000 Personen infolge der Syrienkrise die österreichischen Grenzen passierten. Während 1991 in Österreich 27.306 Asylanträge gestellt wurden (Demokratiezentrum Wien 2001), waren es im Jahr 2015 insgesamt 88.430. Der Anteil von Frauen und Männern bei den Asylanträgen war 1991 beinahe gleich hoch (52,3 Prozent stammten von Männern, 47,7 Prozent von Frauen), wohingegen sich im Jahr 2015 ein bezogen auf die Geschlechterproportion sehr einseitiges Bild zeigte. Von insgesamt 88.430 Anträgen wurden 72 Prozent von Männern und nur 28 Prozent von Frauen eingereicht (BMI 2016). In beiden Perioden war der Anteil an jungen Menschen überproportional hoch. Sowohl bei der Migrationswelle von 1991/1992 als auch bei jener von 2015/2016 waren rund zwei Drittel der Personen unter 40 Jahre. Ein wesentlicher Unterschied lässt sich jedoch in der Verteilung innerhalb dieser Altersgruppe beobachten. Während der Anteil von Personen unter 18 Jahren 1991/1992 bei etwa 10 Prozent lag (Bock-Schappelwein et al. 2009), betrug dieser 2015/2016 knapp 30 Prozent (Berger et al. 2016).

Ein Vergleich der Bildungsniveaus der beiden Migrationswellen zeigt, dass diese sehr ähnlich sind. In beiden Perioden verfügten beinahe die Hälfte der ZuwanderInnen nur über ein geringes Bildungsniveau. Unterschiede lassen sich bei der Verteilung der mittleren und hohen Bildungsniveaus feststellen. So ist der Anteil von Menschen mit hohem Bildungsstatus in der Periode 2015/2016 etwas größer als in der Periode 1991/1992. Hier sei jedoch angemerkt, dass die Erhebungen der Bildungsniveaus ungenau sind. Für die Jahre 1991/1992 gibt es nur Schätzungen, da die Regierung keine exakten Evaluierungen durchführen ließ. Bock-Schappelwein et al. (2009) errechneten, dass rund 51 Prozent der Flüchtlinge aus dem ehemaligen Jugoslawien nur geringe Bildung besaßen, 40 Prozent einen Abschluss einer weiterführenden Schule und rund 9 Prozent eine Hochschule absolviert hatten. 2015/2016 wurden anhand der Kompetenzchecks[6] genauere Analysen durchgeführt, jedoch variieren die Angaben. Die nachfolgend dargestellten Ergebnisse beziehen sich auf eine Veröffentlichung des Österreichischen Integrationsfonds in Zusammenarbeit mit dem AMS. Die Analyse zeigt, dass Flüchtlinge aus Syrien, dem Iran und dem Irak die höchste Qualifikation aufweisen. Rund 67 Prozent der Kompetenzcheck-TeilnehmerInnen aus Syrien, sogar 90 Prozent der TeilnehmerInnen aus dem Iran und 73 Prozent der TeilnehmerInnen aus dem Irak weisen eine über die Pflichtschule hinausgehende Ausbildung auf, das heißt, sie haben entweder Studium, Matura oder eine Berufsausbildung absolviert. Am schlechtesten qualifiziert sind Kompetenzcheck-TeilnehmerInnen aus Afghanistan. Nur 26 Prozent haben eine über die Pflichtschule hinausgehende Ausbildung, 25 Prozent haben eine Pflichtschule absolviert, 20 Prozent die Grundschule besucht und 30 Prozent besitzen keine formale Schulbildung (AMS 2016).

Was die Auswirkung der Migrationswelle von 1991/1992 auf den österreichischen Arbeitsmarkt betrifft wird in einer Arbeit von Biffl (1992) gezeigt, dass die Zuwanderung die Arbeitslosenrate nicht negativ beeinflusst. Biffl argumentiert, dass schon seit den 1960er Jahren ausländische Arbeitskräfte auf dem heimischen Arbeitsmarkt tätig sind und auch gebraucht werden. Sie übernehmen zumeist ergänzende Arbeiten und unterstützen heimische Arbeitskräfte. Des Weiteren führt Biffl aus, dass einige Sektoren ohne ausländische Arbeitskräfte auf dem internationalen Markt gar nicht konkurrenzfähig wären. Da es sich bei ausländischen Arbeitskräften zu einem erheblichen Teil um geringqualifizierte ArbeiterInnen handelt, ist deren Bindung an ein Unternehmen nicht so stark ausgeprägt. Vor allem Branchen, die starken Schwankungen im Arbeitskräftebedarf unterliegen, wie die Baubranche oder auch der Tourismussektor, können davon stark profitieren. Bei geringer Auslastung bzw. schlechter Auftragsla-

---

6   Das Tool „Kompetenzcheck" wird unter anderem dafür eingesetzt, um den Bildungsgrad von Personen festzustellen.

ge können ausländische Arbeitskräfte schneller gekündigt und umgekehrt bei steigender Nachfrage wieder leichter eingestellt werden. Dies erklärt auch, warum gerade in diesen beiden Sektoren der Anteil an ausländischen Arbeitskräften so hoch ist.

Im Jahr 2009 wurde von einer Arbeitsgruppe des Österreichischen Instituts für Wirtschaftsforschung (Bock-Schappelwein et al. 2009) eine umfassende Studie zu den langfristigen ökonomischen Effekten der Immigration von 1989-2007 in Österreich veröffentlicht. Die AutorInnen zeigen, dass zwar Personen aus dem ehemaligen Jugoslawien im Vergleich zu anderen Herkunftsregionen ein niedrigeres Bildungsniveau aufweisen, dieses Defizit im Laufe der Zeit aber durch Weiterbildung wettmachen konnten. Der Anteil der Arbeitskräfte mit Lehrabschluss verdreifachte sich zwischen 1989 und 2001. Besonders hervorzuheben sind dabei die Frauen aus dem ehemaligen Jugoslawien, bei denen der Anteil von 4,7 Prozent auf 17,7 Prozent stieg. Diese langfristige Betrachtung zeigt, dass das Streben nach besserer Qualifikation zwar ein langwieriger, aber erfolgreicher Prozess ist.

Zudem konnten die AutorInnen der Studie eine Segmentierung des Arbeitsmarktes beobachten, und zwar sowohl zwischen inländischen und ausländischen Arbeitskräften als auch sektoral und regional. Aufgrund der unterschiedlichen Beschäftigungsstruktur von ausländischen und inländischen Beschäftigten entsteht keine Konkurrenzsituation für heimische Arbeitskräfte. Konkurriert wird vor allem zwischen verschiedenen ausländischen Bevölkerungsgruppen wie beispielsweise zwischen türkischen Arbeitskräften und Personen aus dem ehemaligen Jugoslawien; bedingt ist dies vor allem durch ähnliche Ausbildungsstrukturen und Einsatzmuster. Des Weiteren konnten minimal negative Konsequenzen von Zuwanderung auf die Beschäftigungschancen von Frauen beobachtet werden. Eine vermehrte Zuwanderung von einem Prozentpunkt innerhalb von drei Jahren reduziert die Chancen für Arbeiterinnen eine Anstellung zu finden um 0,6 und die von Arbeitern um 0,1 Prozentpunkte. Jedoch sind diese Effekte statistisch nicht signifikant (Bock-Schappelwein et al. 2009).

Für die letzte große Migrationswelle von 2015/2016 wurden von Berger et al. (2016) sowie von Holler und Schuster (2016) Versuche unternommen, langfristige ökonomische Effekte zu prognostizieren. Mit Blick auf das Ziel dieses Beitrags werden nachfolgend einige Teilergebnisse dieser Studien diskutiert.

Berger et al. (2016) zeigen in ihrer Simulationsstudie, dass bis zum Jahr 2020 mit einem Arbeitskräftezuwachs von 69.000 Personen zu rechnen ist. Sie gingen davon aus, dass in den Jahren 2016, 2017 und 2018 mit je 100.000 Asylanträgen zu rechnen sei und sich die Anerkennungsquote konstant zu jener aus 2015 verhält. Dies hat sich ja bekanntermaßen nicht bewahrheitet. Der größte Anteil dieses Arbeitskräftezuwachses entfällt auf Personen mit geringer Bildung. Durch das steigende Angebot an gering-qualifizierten Arbeitskräften ist zu erwarten, dass in diesem Segment der Konkurrenzkampf um Arbeitsplätze zunimmt und es zu einer erhöhten Arbeitslosigkeit kommt. Berger et al. (2016) prognostizieren, dass bis zum Jahr 2020 die Anzahl an arbeitslosen einheimischen Personen um rund 9000 ansteigen wird. Für hochqualifizierte Arbeitskräfte wird kein Effekt erwartet, jedoch ein positiver für Arbeitskräfte mittlerer Qualifikation – in diesem Segment wird mit einem Anstieg von 9.000 Beschäftigten gerech-net. Die negativen Effekte könnten also durch die positiven aufgehoben werden, sofern geringqualifizierte Arbeitskräfte ihr Ausbildungsniveau er-höhen und so von den zusätzlichen Arbeitsplätzen im mittleren Qualifika-tionsbereich profitieren (Berger et al. 2016).

Zudem untersuchten Holler und Schuster (2016) in ihrer Studie die fiskalischen Auswirkungen der Zuwanderungswelle von 2015/2016 für den Zeitraum 2015-2060. Dabei verwendeten sie ein „Lebenszyklus"-Mo-dell, das drei Phasen umfasst: Ausbildung, Erwerbstätigkeit und Ruhe-stand. Die erste und letzte Phase des Lebenszyklus generieren negative fiskalische Effekte, da die Personen in diesen Etappen zumeist nicht aktiv am Arbeitsmarkt partizipieren, während die zweite Phase positive Effekte auf die Staatsfinanzen erzeugt. Durch die niedrige Ausbildung und die hohe Anzahl an minderjährigen Flüchtlingen erwarten die Autoren erst langfristig einen positiven makroökonomischen Effekt. Die hohen Ausbil-dungskosten und die lange Dauer vor allem zu Beginn des Beobachtungs-zeitraums verursachen sehr starke negative Effekte, welche nur langsam ausgeglichen werden können.

Zusammenfassung und Ausblick

Die These, dass Österreich keine weiteren ZuwanderInnen mehr auf-nehmen könne, kann, wie hier gezeigt wurde, in ihrer Generalisierung als durchaus widerlegt angesehen werden. Natürlich kann Österreich weitere ZuwanderInnen aufnehmen und sollte das auch tun. Ein strikter Einwan-derungsstopp von AusländerInnen brächte das österreichische Wohl-fahrtssystem in ernsthafte Schwierigkeiten. Kurzfristig käme es zu Rekru-tierungsproblemen in all jenen Sektoren, wo MigrantInnen bisher arbeiteten (Baugewerbe, Stahlindustrie, Krankenhäuser, Tourismus). Län-gerfristig ist mit einer schneller vergreisenden Gesellschaft mit hohem

Altenanteil zu rechnen und einer stetig wachsenden Abgabenlast für die aktive Erwerbsbevölkerung. Eine Politik der offenen Grenzen kann jedoch auch nicht die Patentlösung sein. Hier wäre schnell mit *„einem Stück Dritte Welt in der Ersten"* (Fassmann und Münz 1995, S. 83) zu rechnen. Die Arbeitslosigkeit würde ansteigen und die Löhne sinken, was mit steigender sozialer Ungleichheit einhergeht. Diese wiederrum kann ein Auslöser für gewalttätige Konflikte zwischen Einheimischen und Zugewanderten sein – also auch kein erstrebenswertes Szenario. Vielmehr müsste eine zukunftsorientierte Migrationspolitik dahingehend ausgerichtet sein, dass ein gewisses Maß an grenzüberschreitender Zuwanderung vor allem gesellschaftliche Akzeptanz erfährt. Sie sollte nicht als eine Belastung oder Gefahr angesehen werden, sondern als ein für das ökonomische und gesellschaftliche Leben in Österreich notwendiger Prozess (Fassmann und Münz 1995).

Was den Umgang mit der jüngsten Migrationswelle von 2015/2016 betrifft, kann die Entwicklung in den Jahren nach der Migrationswelle von 1991/1992 essentielle Anhaltspunkte liefern. Besonders wichtig erscheint es, sowohl einheimische als auch ausländische Arbeitskräfte mit geringer Bildung zu unterstützen. Aus- und Weiterbildungsmaßnahmen sollten vor allem jungen Menschen helfen, durch Anhebung des Bildungsniveaus ein besseres Standing am Arbeitsmarkt zu erreichen. Um den Druck auf den niedrigqualifizierten Bereich des Arbeitsmarktes zu verringern ist es zudem substanziell, dass die Qualifikationen der ZuwanderInnen anerkannt und dadurch höher qualifizierte Personen auch ihren Fähigkeiten entsprechend angestellt werden.

Dies alles wird im Falle kulturell heterogener Migration, die die Zuwanderungswelle von 2015/2016 kennzeichnet, von Problemen der langfristigen gesellschaftlichen Integration überlagert: Letztlich werden nicht atomistische Individuen integriert, sondern Menschen mit kulturell überformten familiären Beziehungen, die durch Integrationsprozesse nicht einfach annulliert werden. Diese Personen lassen sich durch ihre Migration auf soziokulturelle Lernprozesse ein und setzen sich einem gewissen Lernstress aus. Einem gewissen Lernstress ist aber auch die einheimische Bevölkerung ausgesetzt, da interkulturelles Lernen keine Einbahnstraße ist. Beiderseitiger Lernstress ist die Quelle von Blockierungen und birgt immense ökonomische und politische Gefahren. Familien- und Bildungspolitik müssen deren Ursachen gezielt adressieren. Familienpolitik sollte im Idealfall jedenfalls keine Strukturen und Verhaltensweisen stützen, von denen klar ist, dass sie Erwerbshemmnisse darstellen oder interkulturelles Lernen, welches Voraussetzung für produktive Kooperationen aller Art ist,

blockieren. Das Bildungssystem wiederum sollte diesen Austausch fördern. Die im Bildungssystem unvermeidlichen Selektionsprozesse sollen
nicht als Mechanismus der Segregation wirken.

Zur Eindämmung der Segregation hilft es auch MigrantInnen der
zweiten Generation, die ja gar nicht immigriert sind, als in Österreich geborene Personen anzusehen. Inzwischen gibt es MigrantInnen der dritten
Generation und 60-jährige Familienmigrationsgeschichten. Wie weit soll
sich das denn fortsetzen? Bei der vierten Generation sind wir dann bei
knapp einem Jahrhundert. Mit einer derartigen Klassifizierung, die beinahe einem Stigma gleicht, ist ein Ankommen in der Gesellschaft sehr
schwer. Gleichzeitig erfasst die Statistik einen AusländerInnenanteil, der
nur deshalb steigt, weil MigrantInnen eine höhere durchschnittliche Kinderzahl aufweisen. In der langen Sicht macht die Unterteilung in Einheimische und Zugewanderte der zweiten und dritten Generation gar keinen
Sinn, weil die österreichische Bevölkerung auch nicht aus einer homogenen Gruppe der immer gleichen Familien gebildet wurde. Migration innerhalb des weit größeren Österreich-Ungarn hat es immer gegeben und
vielfältige Migration von außerhalb ebenfalls. Die Zählung der MigrantIn-
nengenerationen ist hingegen neu. Es ist sehr unwahrscheinlich, dass die
Kinder und EnkelInnen von EinwanderInnen der 1960er und 1970er Jahre
Österreich in überproportionaler Anzahl verlassen werden. Sie sind hier
durch das Schulsystem gegangen, haben hier ihr soziales Netzwerk. Wenn
wir aufhören sie als ZuwanderInnen zu begreifen, gibt das nicht nur die
Realität wieder, wie sie in vielen Ländern üblich ist, es erzeugt auch das
Gefühl der Überfremdung in geringerem Maß. Dies würde es der österreichischen Gesellschaft erleichtern ihrer eigenen Verpflichtung nachzukommen, Menschen ein Recht auf Asyl einzuräumen und Bürgerkriegsflücht-
lingen subsidiären Schutz zu gewähren, und es würde die Bevölkerung
mit weniger großen Ängsten erfüllen.

Literatur

AMS. 2016. Asylberechtigte auf Jobsuche: Kompetenzcheck-Ergebnisse und Integrationsmaßnahmen im Jahr 2016. Pressekonferenz, Wien: 12. Jänner 2016. http://www.ams.at/ueber-ams/medien/ams-oester-reich-news/asylberechtigte-auf-jobsuche (Zugegriffen: 27. Feb. 2018).

Berger, Johannes et al. 2016. Ökonomische Analyse der Zuwanderung von Flüchtlingen nach Österreich. Schriftenreihe Migration und Globalisierung. Krems: Donau-Universität Krems.

Biffl, Gudrun. 1992. Auswirkungen des Ausländerzustroms auf den Arbeitsmarkt. WIFO-Monatsberichte 10:526-535.

BMI. 2016. Vorläufige Asylstatistik – Dezember 2016. Wien: Bundesministerium für Inneres.

Bock-Schappelwein, Julia et al. 2009. Die ökonomischen Wirkungen der Immigration in Österreich 1989-2007. Wien: Österreichisches Institut für Wirtschaftsforschung.

Demokratiezentrum Wien. 2001. Macondo – Zuflucht in Österreich. http://www.demokratiezentrum.org/fileadmin/media/data/macon-do_tabellen.pdf (Zugegriffen: 26. Feb. 2018).

Fassmann, Heinz und Rainer Münz. 1995. Einwanderungsland Österreich? Historische Migrationsmuster, aktuelle Trends und politische Maßnahmen. Wien: Jugend & Volk.

Heschl, Franz. 2009. Shortage of skilled workers: myths and realities. In: Migration and Mobility in Europe. Trends, Patterns and Control. Hrsg. Heinz Fassmann, Max Haller und David Lane, 31-51. Cheltenham (UK) und Northhampton, MA: Edward Elgar.

Holler, Johannes und Philip Schuster. 2016. Langfristeffekte der Flüchtlingszuwanderung 2015 bis 2019 nach Österreich. Studie im Auftrag des Fiskalrates.

O'Rourke, Kevin H. und Jeffrey G. Williamson. 1999. Globalization and History: The Evolution of a Nineteenth-Century Atlantic Economy. Cambridge, MA: MIT Press.

Statistik Austria. 2018. Bevölkerung nach Staatsangehörigkeit und Geburtsland. https://www.statistik.at/web_de/statistiken/menschen_

und_gesellschaft/bevoelkerung/bevoelkerungsstruktur/bevoelke-rung_nach_staatsangehoerigkeit_geburtsland/index.html (Zugegrif-fen: 28. Feb. 2018).

Statistik Austria. 2017. migration & integration. zahlen. daten. indikatoren 2017. https://www.oeaw.ac.at/fileadmin/kommissionen/KMI/Doku-mente/Migration_und_Integration._Zahlen_Daten_Indikatoren/migration_und_integration_2017.pdf (Zugegriffen: 21. Feb. 2018).

Williamson, Jeffrey G. 1998. Globalization, Labor Markets and Policy Backlash in the Past. Journal of Economic Perspectives 12:51-72.

Johannes Peyrl

„Österreich kann Zuwanderung steuern und soll sie auf das wirtschaftlich sinnvolle und gesellschaftlich akzeptable Maß begrenzen"

Einleitung

Die These, Österreich könne und müsse die Zuwanderung steuern, ist wohlbekannt und weit verbreitet. Sie wird nicht nur in Publikationen einschlägiger Institutionen bzw. von Interessenverbänden (Migrationsrat Österreich 2016, S. 13f.; Industriellenvereinigung et al. 2008, S. 5) als erklärtes Ziel angegeben, sondern findet sich auch im aktuellen Regierungsprogramm („[…] qualifizierte Zuwanderung [soll] am Bedarf Österreichs ausgerichtet werden" (ÖVP/FPÖ 2017, S. 29). Die These gründet sich auf die Annahme, dass eine solche Steuerung rechtlich und faktisch möglich ist. Aber ist diese Annahme zutreffend? Kann bzw. darf Österreich Zuwanderung nach eigenem Gutdünken steuern und gegebenenfalls auch begrenzen? Dieser Frage widmet sich – in der gebotenen Kürze – dieser Beitrag. Dabei geht es vor allem um die rechtlichen Rahmenbedingungen, wie sie in Österreich als Mitglied der Europäischen Union heute gegeben sind.

Menschen kommen aus sehr unterschiedlichen Motiven und aus unterschiedlichen Regionen der Welt nach Österreich: Die drei wesentlichsten Gründe freiwilliger Migration sind Familie, Arbeit und Ausbildung. Außerdem kommen Menschen aus Fluchtgründen nach Österreich – dabei verlassen sie ihr Herkunftsland, weil sie sich dazu gezwungen sehen. Eine weitere wesentliche Unterscheidung bezüglich der Herkunft der zuwandernden Personen ist die Frage, ob sie aus der EU[1] oder aus „Drittstaaten" (= Staaten, die nicht dem EWR angehören) kommen. Es liegt auf der Hand, dass die Regeln für Zuwanderung daher sehr heterogen sind – für EU-BürgerInnen gelten andere Regeln als etwa für asylsuchende

---

1 Genauer: Aus dem EWR bzw. der Schweiz (aus Gründen der Lesbarkeit wird hier der Begriff „EU-BürgerInnen" verwendet).

Personen. In diesem Beitrag soll die Steuerbarkeit von Zuwanderung bzw. Migration nach Österreich daher bezüglich der wesentlichsten Personengruppen (bezogen auf ihren rechtlichen Status) dargestellt werden.

Weiters macht es einen gravierenden Unterschied, nach welchen Kriterien eine Steuerbarkeit untersucht wird. So kann z.B. bei Familiennachzug in einigen Fällen durch eine Quote die Anzahl der Köpfe begrenzt und daher gesteuert werden, die in einem bestimmten Jahr nach Österreich zuziehen dürfen. Nicht bzw. kaum möglich ist aber im Bereich der Familienzusammenführung eine Steuerung nach mitgebrachten Qualifikationen. Dieser Artikel fokussiert auf die rechtlichen Möglichkeiten, soweit sie nach in der Regel internationalem Recht vorgegeben sind: In den Fällen, in denen Österreich durch eine Änderung der eigenen Gesetze eine Zuwanderungssteuerung betreiben kann, ist diese ja tatsächlich möglich – ob und in welcher Form diese auch passiert, ist dann eine (innen)politische Entscheidung. Dieser Beitrag geht davon aus, dass Österreich einen Austritt aus der EU nicht in Erwägung zieht.

Steuerungsmöglichkeiten der Zuwanderung von EWR-BürgerInnen sowie deren Familienangehörigen

EU-BürgerInnen benötigen für ihren Aufenthalt in Österreich keinen Aufenthaltstitel und genießen ArbeitnehmerInnenfreizügigkeit; sie dürfen daher ohne weiteres eine Erwerbstätigkeit in Österreich aufnehmen.[2] Dies ergibt sich unmittelbar aus den europarechtlichen Vorschriften.

Entgegen einer weit verbreiteten Ansicht ist das Aufenthaltsrecht von UnionsbürgerInnen aber nicht völlig schrankenlos. Gemäß Art. 6 UnionsbürgerInnen RL (RL 2004/38/EG) dürfen sie sich zwar drei Monate ohne weiteres in Österreich aufhalten (sie müssen lediglich im Besitz eines gültigen Reisedokumentes sein). Für einen Aufenthalt von über drei Monaten müssen sie aber entweder erwerbstätig sein, sich in Ausbildung befinden[3] oder, wenn sie „ökonomisch inaktiv" sind, ausreichende Unterhaltsmittel sowie eine Krankenversicherung vorweisen können. Soweit sie eingereist sind, um Arbeit zu suchen, dürfen sie auch über einen Zeitraum von drei Monaten hinaus nicht ausgewiesen werden, soweit sie

---

2 Kroatische StaatsbürgerInnen benötigen (bis längstens 30.6.2020) eine Beschäftigungsbewilligung, um erstmalig in Österreich arbeiten zu können.

3 Dabei müssen sie glaubhaft machen, dass sie über ausreichende Unterhaltsmittel verfügen und krankenversichert sind (vgl. Art. 7 Abs. 1 1 lit c RL 2004/38/EG bzw. innerstaatlich § 51 Abs. 1 Z 2 NAG).

begründete Aussicht haben, eingestellt zu werden. Trifft keine dieser Voraussetzungen zu, können auch UnionsbürgerInnen in Österreich unrechtmäßig aufhältig sein und (allerdings eher theoretisch) ausgewiesen werden. Natürlich können aber EU-BürgerInnen, selbst wenn sie unrechtmäßig aufhältig sein sollten, jederzeit insbesondere durch Aufnahme einer Erwerbstätigkeit ihren Aufenthalt „legalisieren".[4]

Der Zuzug von EU-BürgerInnen zum Zweck Sozialleistungen zu beziehen ist trotzdem kaum möglich. In den ersten drei Monaten des Aufenthalts muss in der Regel keine Sozialhilfe gewährt werden. Ebenso wenig trifft dies zu, wenn EU-BürgerInnen über drei Monate hinaus in Österreich Arbeit suchen und auch nicht, wenn diese unrechtmäßig in Österreich aufhältig sind. Wenn sie aber erwerbstätig sind, haben sie auch beim Anspruch auf soziale Leistungen ein Recht auf Gleichbehandlung mit ÖsterreicherInnen (Bruckner und Peyrl 2017, S. 3).

Auch Angehörige von aufenthaltsberechtigten UnionsbürgerInnen sind (selbst als Drittstaatsangehörige) zur Niederlassung in Österreich berechtigt (einzige Ausnahme: Gefährdung der öffentlichen Ordnung und Sicherheit[5]) und haben unmittelbar Zugang zum Arbeitsmarkt. Diese begünstigten Angehörigen sind EhegattInnen bzw. eingetragene PartnerInnen, Kinder und Enkel (bei über 21-jährigen Verwandten ist Unterhaltsgewährung nötig) sowie Eltern und Schwiegereltern, wenn diesen Unterhalt gewährt wird.[6]

Bezüglich der Zuwanderung von UnionsbürgerInnen gibt es so gut wie keine Möglichkeit der Steuerung (Ausnahme: KroatInnen benötigen in der Regel noch bis 2020 eine Bewilligung, um in Österreich erstmalig arbeiten zu dürfen). Es ist allerdings nicht möglich, insbesondere als „ökonomisch inaktive/r" UnionsbürgerIn nach Österreich zu ziehen und hier Sozialleistungen (insbesondere bedarfsorientierte Mindestsicherung oder Ausgleichszulage) zu beziehen.

Steuerungsmöglichkeiten der Familienmigration von Drittstaatsangehörigen nach Österreich

Familienmigration ist (sieht man von den Jahren 2015 und 2016 ab) die zahlenmäßig häufigste Form der Zuwanderung von Drittstaatsangehö-

---

4   Das gilt nicht, wenn gegen sie (meist wegen Straffälligkeit) ein „Aufenthaltsverbot" gemäß § 67 FPG erlassen wurde.
5   Siehe Art. 27 RL 2004/38/EG.
6   Zum nötigen Unterhalt siehe EuGH 18.6.1987, C-316/85, Rechtssache Lebon: Kost und Logis sind ausreichend.

rigen nach Österreich.[7] Im Einzelnen ist der Familiennachzug komplex geregelt: Für Familienangehörige von EWR-BürgerInnen, von ÖsterreicherInnen bzw. von Drittstaatsangehörigen kommen jeweils unterschiedliche Regeln zur Anwendung. Bei Letzteren sind die Möglichkeiten zur Familienzusammenführung und der Rechte der nachziehenden Familienangehörigen unterschiedlich ausgestaltet, je nachdem, über welchen Aufenthaltstitel die Zusammenführenden verfügen (Peyrl et al. 2017, S. 125ff.).

Nachzugsberechtigt sind in der Regel EhegattInnen (eingetragene PartnerInnen) und minderjährige, ledige Kinder, wobei im Fall des EhegattInnen- bzw. PartnerInnennachzugs beide EhegattInnen bzw. eingetragene PartnerInnen über 21 Jahre sein müssen. Weiters müssen die nachziehenden Familienangehörigen einen Rechtsanspruch auf eine Unterkunft vorweisen, die für vergleichbar große Familien ortsüblich sein muss, über eine Krankenversicherung und im Familienverband über ausreichende Unterhaltsmittel (in Höhe der Ausgleichszulagenrichtsätze) verfügen. Besonders die letzte Anforderung ist für viele Familien nur schwer zu erfüllen: Abhängig von Wohnkosten und sonstigen regelmäßigen Aufwendungen sind für eine vierköpfige Familie (Eltern und zwei minderjährige Kinder) etwa EUR 2.000,00 pro Monat an Unterhaltsmitteln nötig, um die Aufenthaltstitel erhalten und verlängern zu können.[8] Dazu müssen in der Regel Deutschkenntnisse bei Erstantragstellung nachgewiesen werden. In den meisten Fällen des Familiennachzugs haben die nachziehenden Familienangehörigen unmittelbar mit der Erteilung des Aufenthaltstitels freien Zugang zum Arbeitsmarkt.

Haben ÖsterreicherInnen von ihrem „unionsrechtlichen Aufenthaltsrecht in anderen Mitgliedstaaten" Gebrauch gemacht (d.h. im Wesentlichen nicht nur ganz kurzfristig in einem anderen EU-Mitgliedstaat gearbeitet) und kehren sie in weiterer Folge nach Österreich zurück, gelten für deren Angehörige die – deutlich besseren – Regeln für Angehörige von EWR-BürgerInnen (siehe oben). Da dies nur auf wenige „zurückwandernde" ÖsterreicherInnen zutrifft, sind Angehörige von UnionsbürgerInnen

---

7 Die Gesamtzahl der im Jahr 2017 erteilten Aufenthaltstitel und Dokumentationen für Drittstaatsangehörige betrug 27.560, davon wurden etwa 14.000 zum Zweck der Familiengemeinschaft erteilt; die anderen Aufenthaltstitel verteilen sich auf unterschiedliche Zwecke wie Arbeit, Ausbildung etc. (Bundesministerium für Inneres 2017, S. 27ff.).

8 Der EhegattInnenrichtsatz im Jahr 2018 beträgt EUR 1.363,00 dazu kommen in diesem Beispiel 2 x EUR 140,00 für die minderjährigen Kinder und rund EUR 400,00 für regelmäßige Aufwendungen (unter der Annahme, dass etwa Miet- bzw. Kreditkosten von ungefähr EUR 700,00 anfallen, wovon einmalig der Betrag von EUR 289,00 abgezogen werden darf). Alle Beträge sind auf volle Eurobeträge gerundet.

bezüglich Herstellung der Familieneinheit de facto deutlich bessergestellt als Angehörige von österreichischen StaatsbürgerInnen. Der VfGH hat in dieser Konstruktion – entgegen der überwiegenden Literatur (Akyürek 2010, S. 29; Loos und Zlatojevic 2006, S. 91; Peyrl 2018, S. 193ff.) keine Verfassungswidrigkeit der Regelung erkannt (VfGH 16.12.2009, G 244/09).

Familiennachzug zu Zusammenführenden, die selbst Nicht-EU-BürgerInnen sind, ist aber durch eine Quote begrenzt: Jedes Jahr wird in der sogenannten Niederlassungsverordnung[9] festgelegt, wie viele Familienangehörige von Drittstaatsangehörigen pro Bundesland in diesem Jahr neu zuziehen dürfen. Somit kann Österreich die Zuwanderung in diesen Bereich grundsätzlich zahlenmäßig steuern (gemäß § 1 NLV 2018 dürfen im Jahr 2018 österreichweit insgesamt 5.220 Aufenthaltstitel für EhegattInnen [eingetragene PartnerInnen] und minderjährige Kinder von niedergelassenen Drittstaatsangehörigen erteilt werden: Burgenland: 50, Kärnten: 155, Niederösterreich: 385, Oberösterreich: 720, Salzburg: 355, Steiermark: 480, Tirol: 310, Vorarlberg: 165, Wien: 2600). Naturgemäß ist es aber nicht möglich, Familiennachzug nach mitgebrachten (und auf dem Arbeitsmarkt verwertbaren) Qualifikationen zu steuern. Da der Nachzug von Familienangehörigen großteils durch die sogenannte Familienzusammenführungsrichtlinie (RL 2003/86/EG) geregelt ist, sind die sonstigen Steuerungsmöglichkeiten des Familiennachzugs begrenzt. Allerdings wurde (z.T. durchaus erfolgreich) versucht, faktisch durch höhere Zulassungsvoraussetzungen wie z.B. die Anforderung von Deutschkenntnissen bereits vor Einreise (genauer: vor Erstantragstellung, vgl. § 21a NAG) eine Steuerung zu bewirken.

Aufgrund eines Assoziationsabkommens der EU mit der Türkei haben türkische StaatsbürgerInnen zum Teil eine bessere Rechtsposition als andere drittstaatsangehörige Personen. Seit einigen Jahren judiziert der EuGH aufgrund der in diesem Abkommen (bzw. den aufgrund dieses Abkommens erlassenen „Assoziationsratsbeschlüssen") enthaltenen „Stand-Still-Klauseln", dass die Rechtsstellung von türkischen StaatsbürgerInnen mit Erwerbsabsicht sich nicht verschlechtern darf (EuGH 20.9.2007, C-16/05, Rechtssache „Tum und Dari"; EuGH 25.11.2011, C-256/11, Rechtssache Dereci). Das gilt auch bei Erstzuwanderung von türkischen StaatsbürgerInnen. Für Österreich bedeutet das, dass sich die Rechtslage nach der für TürkInnen vorteilhaftesten Rechtslage seit 1.1.1995 (= EU-Beitritt Österreichs) richten muss; weitgehend ist das die Rechtslage, die in Österreich

---

9   Vgl. exemplarisch NLV 2018, BGBl II 23/2018.

1998 (Geltungsbeginn des FremdenG 1997) gegolten hat. Das heißt konkret, dass Österreich nur sehr eingeschränkt Steuerungsmöglichkeiten bei der dauerhaften Zuwanderung von türkischen StaatsbürgerInnen zur Verfügung stehen.[10]

Steuerungsmöglichkeiten der Arbeitsmigration ("Rot-Weiß-Rot – Karte")

Ist in Medien oder in Diskussionen von Zuwanderung (abseits der Fluchtmigration) die Rede, ist damit in der Regel die unmittelbare Zuwanderung zu Erwerbszwecken angesprochen. Zahlenmäßig ist diese aber – gemessen an der gesamten Zuwanderung nach Österreich – von untergeordneter Bedeutung.[11] Allerdings sind diese Zahlen für die Frage, ob ein bestimmtes Arbeitsmigrationsmodell sinnvoll bzw. „erfolgreich" ist, auch nicht relevant. Wesentlich ist, dass die Arbeitsplätze, die sonst nicht besetzt werden könnten,[12] in angemessener Zeit und mit dafür qualifizierten Personen besetzt werden. Ob das nun wenige oder viele Menschen sind, hängt von vielen Faktoren ab (Entwicklung der Wirtschaft und des Arbeitsmarktes, der Zuwanderung aus dem EWR etc.), die durch ein Arbeitsmigrationsmodell per se nicht beeinflusst werden können. Ob die „Rot-Weiß-Rot – Karte" ihren Zweck erfüllt, sollte daher qualitativ, aber nicht quantitativ bewertet werden.

Die „Rot-Weiß-Rot – Karte" (das bestimmende Instrument für die Zuwanderung von qualifizierten Erwerbstätigen nach Österreich) besteht aus drei Säulen: Besonders Hochqualifizierte können ein Visum für bis zu sechs Monate zur Arbeitsuche erhalten, wenn sie eine Mindestpunkteanzahl erreichen (Punkte werden für die besonderen Qualifikationen bzw. Fähigkeiten, Berufserfahrung, Sprachkenntnisse, Alter bzw. Studium in Österreich vergeben). Findet diese Person in dieser Zeit einen Arbeitsplatz, der ihrer Qualifikation entspricht, kann sie ohne Arbeitsmarktprüfung eine „Rot-Weiß-Rot – Karte" erhalten. Als Fachkräfte in Mangelberufen gelten Personen, deren Beruf in der „Fachkräfteverordnung" angeführt ist. In dieser werden im Fall eines längerfristigen Arbeitskräftebedarfs, der im Inland

---

10 Für die kurzfristige Einreise (für bis zu drei Monate) benötigen türkische StaatsbürgerInnen dennoch ein Visum (Anhang 1 VO 539/01 [Visumpflichtverordnung]).

11 Im Jahr 2017 wurden 1.804 „Rot-Weiß-Rot – Karten" und 168 „Blaue Karten EU" erteilt (jeweils inklusive „Zweckänderungen"). Insgesamt wanderten in diesem Jahr 174.310 Personen zu (Bundesministerium für Inneres 2017, S. 27, 38 bzw. Statistik Austria 2017, S. 35).

12 Ausnahme: AbsolventInnen von österreichischen Universitäten.

nicht abgedeckt werden kann, Berufe festgelegt, in denen MigrantInnen als Fachkräfte zuwandern dürfen.[13] Auch Fachkräfte müssen eine Mindestpunkteanzahl vorweisen.[14] Sonstige Schlüsselkräfte können eine „Rot-Weiß-Rot – Karte" erhalten, wenn sie zusätzlich zur nötigen Mindestpunkteanzahl[15] ein Bruttoentgelt von 60% der Höchstbeitragsgrundlage zuzüglich Sonderzahlungen erhalten (2018: EUR 3.078,00); für Personen unter 30 Jahren ist ein Bruttoentgelt von 50% der Höchstbeitragsgrundlage ausreichend (2018: EUR 2.565,00). In dieser Säule kommt es aber zu einer Arbeitsmarktprüfung: Eine „Rot-Weiß-Rot – Karte" kann daher nur dann erteilt werden, wenn für die zu besetzende offene Stelle weder ÖsterreicherInnen noch am Arbeitsmarkt verfügbare AusländerInnen zur Verfügung stehen, die in den Arbeitsmarkt integriert und bereit und in der Lage sind, die beantragte Beschäftigung auszuüben (siehe zur Arbeitsmarktprüfung Deutsch et al. 2014, Randzahl 169ff.). Zu diesen drei Säulen kommen Bestimmungen für StudienabsolventInnen, die ihre Ausbildung in Österreich absolviert haben[16]: Diese können eine „Rot-Weiß-Rot – Karte" erhalten, wenn sie ein Studium an einer österreichischen Universität, Fachhochschule oder akkreditierten Privatuniversität absolviert und erfolgreich abgeschlossen haben und ein monatliches Bruttoentgelt erhalten, das für inländische StudienabsolventInnen für eine vergleichbare Tätigkeit und mit vergleichbarer Berufserfahrung üblich ist; es muss mindestens aber 45% der Höchstbeitragsgrundlage (2018: EUR 2.308,50) betragen. Nach Beendigung des Studiums können AbsolventInnen, wenn sie in Österreich bleiben möchten, einmalig die „Aufenthaltsbewilligung – Student" verlängern und so in Österreich für bis zu einem Jahr Arbeit suchen. In allen Fällen ist in der Regel nach zwei Jahren Niederlassung mit „Rot-Weiß-Rot – Karte" eine sogenannte „Rot-Weiß-Rot – Karte plus" möglich, mit der jede Erwerbstätigkeit ausgeübt werden kann.

Zuwanderung zum (unmittelbaren) Zweck der Erwerbstätigkeit ist daher (z.B. nach arbeitsmarktpolitischen Gesichtspunkten) steuerbar. Zwar gibt es eine EU-Richtlinie zur Arbeitsmigration („Blue Card RL"), diese hat

---

13 In der aktuellen Fachkräfteverordnung 2018 (BGBl II 377/2017) sind insgesamt 27 Berufe aufgezählt.

14 Punkte werden für die Qualifikationen, ausbildungsadäquate Berufserfahrung, Sprachkenntnisse, bzw. Alter vergeben.

15   Nach einem Erkenntnis des VfGH muss das Punkteschema bis 31.12.2018 neu gefasst werden (VfGH 13.12.2017, 281/2017).

16 Die „Blaue Karte EU" sowie andere Formen der Erwerbszuwanderung (z.B. WissenschafterInnen) werden hier aus Platzgründen nicht behandelt.

aber (derzeit) in Österreich kaum Bedeutung, da die Voraussetzungen für eine „Blaue Karte EU" deutlich höher als jene für eine „Rot-Weiß-Rot – Karte" sind. Allerdings hat die Europäische Kommission 2016 einen Vorschlag für eine Neufassung der Blue Card RL vorgelegt (Europäische Kommission 2016, S. 24ff.): Neben einigen inhaltlichen Neuerungen (insbesondere Herabsetzung des Mindestentgelts) soll die „Blaue Karte EU" das einzig zulässige Migrationsmodell für qualifizierte Erwerbsmigration von Drittstaatsangehörigen sein, und es soll keine parallelen Systeme der Mitgliedstaaten geben. Das hätte zur Folge, dass die „Rot-Weiß-Rot – Karte" gänzlich abgeschafft werden müsste. Das hätte naturgemäß Auswirkungen auf die Steuerbarkeit der Arbeitsmigration nach Österreich. Es ist aber nicht absehbar, wie der endgültige Text der neuen Richtlinie aussehen wird.

Damit ist aber noch keine Aussage darüber getroffen, wieviel Arbeitsmigration nun wirtschaftlich sinnvoll und gesellschaftlich akzeptabel ist (siehe Eingangsthese). Das hängt zum einen von der aktuellen wirtschaftlichen Entwicklung ab (dem trägt z.T. die oben angeführte „Fachkräfteverordnung" Rechnung), zum anderen aber vom Blickwinkel (z.B. werden UnternehmerInnen oft eine andere Sicht haben als ArbeitnehmerInnen) und von der jeweiligen politischen Meinung. Eine allgemeingültige Einschätzung ist daher schlicht nicht möglich.

Steuerungsmöglichkeiten der Ausbildungsmigration

StudentInnen, die in Österreich studieren wollen, können eine „Aufenthaltsbewilligung – Student" erhalten, wenn sie die „allgemeinen Voraussetzungen" (insbesondere ausreichende Unterhaltsmittel, Rechtsanspruch auf eine Wohnung, Krankenversicherung) erfüllen und Zugang zu einem Studium haben (allgemeine oder besondere Universitätsreife). Erwerbstätigkeit ist in der Regel mit einer Beschäftigungsbewilligung, die ArbeitgeberInnen beantragen müssen und die auch diesen erteilt wird, für bis zu 20 Wochenstunden möglich. Auf jeden Fall muss das Studium ernsthaft mit entsprechendem Studienerfolg betrieben werden.

Nach Beendigung des Studiums können AbsolventInnen, wenn diese das möchten, einmalig die „Aufenthaltsbewilligung – Student" verlängern und so in Österreich für bis zu einem Jahr Arbeit suchen und in weiterer Folge eine „Rot-Weiß-Rot – Karte" (siehe oben) erhalten.

Auch bezüglich Migration von auszubildenden Personen in die EU gibt es eine EU-Richtlinie (RL 2016/801). Eine nationale Steuerung ist daher in diesem Bereich nur eingeschränkt möglich.

Steuerungsmöglichkeiten der Fluchtmigration (Asyl) nach Österreich

In der öffentlichen und medialen Diskussion über „MigrantInnen" bzw. über das Migrationsrecht ist das Asylrecht omnipräsent und extrem dominant. Sieht man aber von den beiden Jahren 2015 und 2016 ab, kamen deutlich mehr Menschen aus anderen Gründen (insbesondere Familie, Arbeit, Ausbildung) als wegen Flucht vor Verfolgung nach Österreich.[17]

Völker- und europarechtlich gibt es viele Rechtsnormen, die das Asylrecht definieren. Die wichtigste Norm ist die Genfer Flüchtlingskonvention. Das sogenannte „Gemeinsame Europäische Asylsystem" besteht mittlerweile aus einem z.T. schwer durchschaubaren Dickicht an unterschiedlichen Verordnungen und Richtlinien. Diese Normen kann Österreich (einseitig) nicht verändern.

Jede Person hat grundsätzlich das Recht, in Österreich einen Asylantrag zu stellen. Nicht in allen Fällen ist Österreich aber auch verpflichtet, diesen inhaltlich zu prüfen. Innerhalb der EU bestimmt die sogenannte Dublin-III-Verordnung (VO 604/2013), welcher Mitgliedstaat für einen Antrag auf internationalen Schutz zuständig ist. Die Dublin-III-VO kennt ein komplexes Bündel an Regelungen zur Bestimmung, welcher Mitgliedstaat nun den konkreten Antrag zu prüfen hat. Die in der Praxis wichtigste Regel besagt, dass jener Mitgliedstaat zuständig ist, in den die/der Asylsuchende als erstes eingereist ist.[18] Kann aber nach diesen Regeln nicht ermittelt werden, welcher Staat zuständig ist, ist es jener, in dem der Antrag gestellt wurde. Das heißt konkret, dass Österreich inhaltlich das Asylverfahren dann führen muss, wenn nicht mit hinreichender Sicherheit nachgewiesen werden kann, über welchen Staat die AsylwerberInnen eingereist sind. Europarechtlich gibt es daher ein „Tool" zur Steuerung der Asylanträge. Dies kann aber zum einen (im Einzelfall) von den Mitgliedstaaten nur schwer beeinflusst werden, zum anderen steuert die Dublin-III-VO (derzeit) explizit nicht nach der Anzahl der zu prüfenden Asylverfahren.

Wenn Österreich aber für das Asylverfahren materiell zuständig ist, muss geprüft werden, ob einer der Fluchtgründe nach der Genfer Flücht-

---

17 2012: 29.896 Erstaufenthaltstitel (inkl. Aufenthaltskarte), 17.412 Asylanträge; 2013: 28.258 Aufenthaltstitel, 17.503 Asylanträge, 2014: 28.935 Aufenthaltstitel, 28.064 Asylanträge; Quelle: Asyl- bzw. Fremdenstatistiken des BMI, abrufbar unter www.bmi.gv.at.

18 Anderes gilt etwa, wenn ein Visum zuvor erteilt wurde; ebenso abweichende Regelungen gelten für unbegleitete minderjährige Flüchtlinge (vgl. Art. 7ff. VO 604/2013).

lingskonvention vorliegt (zum Flüchtlingsbegriff siehe Putzer 2011, S. 28ff.). Ist das der Fall, ist Flüchtlingseigenschaft gegeben und es wird Asyl zuerkannt. Liegt kein solcher Fluchtgrund vor, muss weiters geprüft werden, ob eine Rückkehr in den Herkunftsstaat möglich ist. Das ist insbesondere dann nicht der Fall, wenn dort aufgrund eines bewaffneten Konflikts unmittelbar eine Gefahr für Leib und Leben vorliegt oder wenn in diesem Staat unmenschliche Behandlung droht. Zudem muss bei jeder negativen Entscheidung geprüft werden, ob es noch möglich ist, eine „Rückkehrentscheidung" (früher: Ausweisung) zu verhängen oder ob die betreffenden Personen in Österreich schon so verwurzelt sind, dass eine solche gegen das Recht auf Achtung des Privat- und Familienlebens verstoßen würde (Art. 8 EMRK). Grundsätzlich aber haben die Staaten nach der Judikatur des Europäischen Gerichtshofes für Menschenrechte (EGMR) keine allgemeine Pflicht, die Begründung eines Familienlebens auf ihrem Territorium zuzulassen. In Ausnahmefällen (insbesondere bei langem Aufenthalt, z.B. aufgrund eines sehr langen Asylverfahrens, und bei bestehendem Privat- und Familienleben in Österreich) kann eine Rückkehrentscheidung aber unzulässig sein.

Die mögliche Steuerbarkeit von Zuwanderung aus Fluchtgründen ist daher durch Europarecht und Völkerrecht begrenzt.

Der Gesetzgeber versucht seit Jahren, die faktische Steuerbarkeit der Asylmigration durch immer komplexere und restriktivere Verwaltungsanordnungen zu erhöhen. Einige Beispiele dafür sind: Aufenthaltsberechtigung von Asylberechtigten für (vorerst lediglich) drei Jahre („Asyl auf Zeit"); Aberkennung des faktischen Abschiebeschutzes bei Folgeanträgen (mittlerweile wieder abgeschafften) Aufenthaltspflicht in der Erstaufnahmestelle zu Beginn des Asylverfahrens; diverse Gebietsbeschränkungen oder die Einleitung von aufenthaltsbeendenden Maßnahmen vor Abschluss des Asylverfahrens.[19] Zudem ist es für AsylwerberInnen (großteils bedingt durch einen Erlass des Sozialministeriums) kaum möglich, einer Erwerbstätigkeit nachzugehen. Hier bestehen nach meiner Meinung berechtigte Zweifeln an der innerstaatlichen und europarechtlichen Rechtskonformität (Brandt 2017, S. 78; grundlegender Ammer 2013, S. 28; Peyrl 2018, S. 302ff.). Einige Bundesländer haben in letzter Zeit zudem die sozialen Leistungen für Asylberechtigte reduziert. Allerdings hat der Verfassungsgerichtshof jüngst die niederösterreichische Regelung aufgehoben (VfGH 7.3.2018, G136/2017), womit klargestellt ist, dass eine geringere

---

19   Siehe dazu §§ 3 Abs. 4, 12a, 15b, 15c und 17 AsylG §§ 52 und 57 FPG sowie § 15 Abs. 3a bis Juli 2015.

Leistung für Asylberechtigte im Vergleich zu anderen anspruchsberechtigten Personen nicht zulässig ist.[20]

2016 wurde die Möglichkeit geschaffen, das gesamte Asylverfahren durch eine Verordnung (!) nahezu gänzlich außer Kraft zu setzen. Wenn es für die Aufrechterhaltung der öffentlichen Ordnung bzw. für den Schutz der inneren Sicherheit notwendig ist, darf die Bundesregierung eine Verordnung erlassen, mit der im Wesentlichen verunmöglicht werden soll, dass Asylverfahren in Österreich geführt werden müssen.[21] Nähere Indikatoren, wann die öffentliche Ordnung und der Schutz der inneren Sicherheit gefährdet sind, enthält das Asylgesetz nicht. Ist eine solche Verordnung in Kraft, ist die inhaltliche Behandlung eines gestellten Asylantrags nur noch sehr eingeschränkt möglich. In der Regel soll dann eine Zurückweisung erfolgen, ohne dass der Asylantrag inhaltlich geprüft wird.[22] Bislang wurde eine entsprechende Verordnung nicht erlassen. Sollte eine solche in Kraft treten, wäre diese m.E. gleich aus mehreren Gründen europa- und völkerrechtswidrig. Bis zu einer Aufhebung würde aber Österreich de facto die Steuerungsmöglichkeit auch im Bereich der Fluchtmigration erhöhen – allerdings um den Preis der Verletzung internationalen Rechts.

Natürlich wird in vielen Fällen ein Asylantrag zur Gänze abgewiesen. In diesen Fällen wird in der Regel eine Rückkehrentscheidung erlassen und es besteht eine Ausreiseverpflichtung. Erfolgt keine freiwillige Ausreise, kann diese grundsätzlich gemäß § 46 FPG durch Abschiebung erzwungen werden. In der Praxis ist dies aber oft nicht der Fall, wobei die Gründe dafür vielfältig sein können. Vielfach ist eine Abschiebung aus tatsächlichen Gründen (die oft im Herkunftsstaat der Betroffenen zu suchen sind) nicht möglich.[23] Wenn die Gründe für diese Unmöglichkeit der Abschiebung nicht von den Fremden zu vertreten sind, ist der Aufenthalt der Fremden gemäß § 46a FPG zu „dulden". In weiterer Folge kann ein Aufenthaltstitel möglich sein. In diesen Fällen entzieht sich die Durchsetzung einer bestehenden Ausreiseverpflichtung einer Steuerungsmöglichkeit.

---

20 Der VfGH hatte allerdings zuvor keine Verfassungswidrigkeit erkannt, wenn subsidiär Schutzberechtigte lediglich deutlich niedrigere Grundversorgungsleistungen (im Wesentlichen Kost und Logis sowie EUR 40,00 „Taschengeld" pro Monat) erhalten, VfGH 28.6.2017, E3297/2016.

21 Auf die sehr gravierenden rechtlichen Bedenken gegen die Zulässigkeit einer solchen Regelung (Verstoß gegen Europarecht, Verstoß gegen die Genfer Flüchtlingskonvention) kann hier nicht eingegangen werden.

22 Ausnahme: Im Wesentlichen nur Kindeswohl und Art. 8 EMRK.

23   Die EU versucht daher, mit Herkunftsstaaten Rückübernahmeabkommen zu schließen, vgl. Europäische Kommission 2015, S. 12.

Fazit

Eine generelle Antwort auf die im Titel dieses Beitrags formulierte These („Österreich kann Zuwanderung steuern und soll sie auf das wirtschaftlich sinnvolle und gesellschaftlich akzeptable Maß begrenzen") ist nicht möglich, sondern kann nur jeweils für einen bestimmten Bereich gegeben werden. Während die reine Arbeitsmigration zwar (noch) steuerbar ist, ist dies im Bereich der Familienzusammenführung sowie der Ausbildungsmigration nur eingeschränkt möglich. Insbesondere die Familienmigration entzieht sich einer Steuerung nach Qualifikationen. Menschen, die in Österreich Schutz vor Verfolgung suchen, haben Anspruch auf ein Verfahren. Möglich ist (neben den ständigen Verschärfungen insbesondere im Verfahrensrecht) in diesem Bereich allenfalls, negative Entscheidungen nach einem fairen Asylverfahren umzusetzen. Die Praxis zeigt, dass dies faktisch und vor allem menschlich oft schwierig ist. Migration (nach EU-Diktion: Mobilität) von EU-BürgerInnen zum Zweck der Erwerbstätigkeit kann (von Übergangsfristen abgesehen) in rechtlicher Hinsicht keinen Beschränkungen unterworfen werden. Selbst in Bereichen, in denen (z.T.) Steuerung der Zuwanderung rechtlich möglich ist, ist es nicht möglich, eine allgemein gültige Aussage über das „wirtschaftlich sinnvolle und gesellschaftlich akzeptable Maß" zu treffen: Dieses ist erstens von der aktuellen wirtschaftlichen Entwicklung, zweitens aber von der jeweiligen politischen Meinung der BetrachterInnen bzw. den Mehrheitsverhältnissen im Parlament abhängig. Dabei kommt es auf den Blickwinkel an: ArbeitnehmerInnen werden naturgemäß oft eine andere Meinung vertreten als ArbeitgeberInnen. Vielleicht würde es zu weit gehen, zu sagen, die in diesem Beitrag untersuchte These sei falsifiziert. Eine mögliche Steuerung der Zuwanderung nach Österreich kann nur nach Bereichen diskutiert werden, wobei die nationalen Gestaltungsmöglichkeiten unterschiedlich ausgeprägt sind. Als allgemeine Aussage stimmt die These jedenfalls nicht.

Literatur

Akyürek, Metin. 2010. Zum Gestaltungsspielraum bei der Regelung von reinen „Inlandssachverhalten" im Fremdenrecht. Fremden- und asylrechtliche Blätter 2/2010, 29.

Ammer, Margit. 2013. Zugang zum Arbeitsmarkt für Asylsuchende aus menschenrechtlicher Perspektive. juridikum 28:28-36.

Brandt, Achim. 2017. Unselbstständige Beschäftigung von AsylwerberInnen, migraLex 3:78.

Bruckner, Sarah und Johannes Peyrl. 2017. Die soziale Gleichbehandlung von EU-BürgerInnen – ein Eckpfeiler eines gemeinsamen Europas. http://oegfe.at/2017/10/die-soziale-gleichbehandlung-von-eu-buergerinnen-ein-eckpfeiler-eines-gemeinsamen-europas/ (Zugegriffen: 17. April 2018).

Bundesministerium für Inneres. 2017. Niederlassungs- und Aufenthaltsstatistik. http://bmi.gv.at/302/Statistik/files/Jahresstatistiken/Niederlassungs_und_Aufenthaltsstatistik_2017.pdf (Zugegriffen: 20. April 2018).

Deutsch, Hermann, Ingrid Nowotny und Reinhard Seitz. 2014. Ausländerbeschäftigungsgesetz. Wien: ÖGB Verlag.

Europäische Kommission. 2015. Europäische Migrationsagenda. KOM (2015)240 final.

Europäische Kommission. 2016. Vorschlag für eine Richtlinie über die Bedingungen für die Einreise und den Aufenthalt von Drittstaatsangehörigen zur Ausübung einer umfassende Qualifikationen voraussetzenden Beschäftigung. KOM(2016)378 final.

Industriellenvereinigung, International Organisation for Migration und Wirtschaftskammer Österreich. 2008. Zuwanderung gestalten. Diskussionspapier. https://www.wko.at/site/Migration/Zuwanderung_gestalten.pdf (Zugegriffen: 17. April 2018).

Loos, Thomas und Ljiljana Zlatojevic. 2006. Familienangehörige von Österreichern, EWR-Bürgern und Schweizern im FPG und NAG – verfassungswidrige Inländerdiskriminierung? migraLex 3:91.

Migrationsrat Österreich. 2016. Bericht des Migrationsrates. Wien: Bundesministerium für Inneres.

ÖVP/FPÖ. 2017. Regierungsprogramm „Zusammen. Für unser Österreich" https://www.oevp.at/download/Regierungsprogramm.pdf (Zugegriffen: 22. April 2018).

Peyrl, Johannes, Thomas Neugschwendtner und Christian Schmaus. 2017. Fremdenrecht. Wien: ÖGB Verlag.

Peyrl, Johannes. 2018. Zuwanderung und Zugang zum Arbeitsmarkt von Drittstaatsangehörigen in Österreich. Wien: Verlag Österreich.

Putzer, Judith. 2011. Asylrecht. Wien: Manz.

Statistik Austria. 2017. migration & integration. zahlen. daten. indikatoren 2017. Wien: Statistik Austria.

Wolfgang Aschauer, Florian Gann und Lena Stöllinger

„Die meisten MigrantInnen sind MuslimInnen"

Der aktuelle Diskurs zu MuslimInnen, Zuwanderung und Integration

Die seit Jahren intensiv geführte Debatte zur Integration von MuslimInnen in Österreich hat vor allem seit der Flüchtlingswelle 2015 nochmals an Brisanz gewonnen und prägt aktuell den politischen, medialen und vielfach auch öffentlichen Diskurs. Nicht nur an den Stammtischen sondern in breiten Teilen der Bevölkerung scheint – insbesondere seit dem Eintreffen tausender junger geflüchteter Männer aus dem afrikanischen, arabischen und asiatischen Raum – die Frage beständig wiederzukehren: Kommen da nur MuslimInnen? Wird Österreich durch MuslimInnen zunehmend kulturell unterwandert? Eine sachliche Auseinandersetzung über die wirklichen Dynamiken der Zuwanderung in Österreich scheint kaum noch möglich, da die Migrationsfrage aktuell stets in Verbindung mit der Flüchtlingsfrage und islamkritischen Haltungen diskutiert wird.

Der 11. September 2001 gilt vielfach als Signalereignis (z.B. Heitmeyer 2012) einer weltweit aufkommenden Kritik am Islam (vgl. dazu auch Aschauer 2011). In den vergangenen zwei Jahrzehnten wurden weltweit und auch in Europa immer wieder Gewalttaten im Namen dieser Religion verübt und vor allem in den letzten Jahren fand sich wiederum eine Häufung terroristischer Attentate, die scheinbar wahllos europäische Metropolen wie Paris, London, Brüssel, Stockholm, Berlin und Barcelona erschütterten. Diese Vorfälle haben sich tief in die Vorstellungswelt der BürgerInnen Europas eingegraben. In Kombination mit der Zuwanderung durch Flucht und der damit einhergehenden wachsenden Zahl an MuslimInnen rufen sie diffuse Ängste vor Fundamentalismus, Terrorismus und vor einer schleichenden Islamisierung der Gesellschaft hervor. Der negative Diskurs über MuslimInnen prägt im Sinne des medialen Agenda-Settings (z.B. McCombs und Shaw 1972) das Stimmungsbild in der Bevölkerung, wobei auch in Qualitätsmedien überwiegend kritische Themen zum Islam aufgegriffen werden.[1] Insbesondere diverse Boulevardblätter und einschlägige Onlineportale[2] bedienen die klassischen Stereotype und Mythen zu MuslimInnen. Die Berichte kreisen um Themen wie die muslimische Einwanderungswelle[3], das dramatische Wachstum der muslimischen Population in Österreich[4] und ein Überhandnehmen der muslimischen Population in naher Zukunft[5] verbunden mit der damit einhergehenden Islamisierung[6] und der Verdrängung des Christentums.[7]

Wir wollen in diesem Beitrag versuchen, die Komplexität der Migrationsdynamik angemessen wiederzugeben und verzerrte Sichtweisen durch Zahlen und Fakten zu korrigieren. Migration muss generell als Folge von Globalisierungsprozessen interpretiert werden. Sie zeigt sich in vielschichtigen Wanderungsmustern und wird sich auch künftig nicht auf Fluchtmigration beschränken, wie die medialen und politischen Diskurse suggerieren. Vielmehr ist Flucht nur eine Form der Migration, die auf der

---

1   Hafez und Richter (2007) zeigen beispielsweise in einer Medienanalyse zum Islambild im deutschen Fernsehen (ARD und ZDF), dass auch in den beiden öffentlich-rechtlichen Sendern 81% aller Thematisierungen negative Aspekte aufgreifen. Besonders häufig wird der Islam mit Terrorismus und internationalen Konflikten (23%), Integrationsproblemen (16%), religiöser Intoleranz (10%), Fundamentalismus (7%) und Frauenunterdrückung (4%) in Verbindung gebracht. Nur 21% der analysierten Inhalte umfassten positive oder neutrale Themen wie beispielsweise kulturell-religiöse Eigenheiten (11%) oder Analysen des Alltags von MuslimInnen (8%).

2   Siehe beispielsweise www.unzensuriert.at.

3   Krone.at (2017), http://www.krone.at/oesterreich/kurz-muessen-migration-jetzt-massiv-reduzieren-nach-muslime-studie-story-582985 (Zugegriffen: 1. April 2018).

4   derStandard.at (2017), http://derstandard.at/2000055891947/Zahl-der-Muslime-in-Oesterreich-waechst (Zugegriffen: 1. März 2018).

5   Oberösterreichische Nachrichten.at (2015), http://www.nachrichten.at/oberoesterreich/Wird-Mitteleuropa-muslimisch;art4,1990442 (Zugegriffen: 16. August 2017).

6   DiePresse.com (2011), http://diepresse.com/home/meinung/gastkommentar/646246/Europas-Islamisierung-ist-keine-Wahnvorstellung (Zugegriffen: 16. August 2017).

7   Diese Szenarien des Untergangs des Abendlandes werden auch von SozialwissenschaftlerInnen und IslamkritikerInnen aufgegriffen. Selbst der Politikwissenschaftler Michael Ley beschwört drastische Zukunftsvisionen vom „Selbstmord" Europas (Ley 2015). Etablierte Sozialwissenschaftler wie der Deutsch-Syrer Bassam Tibi (2016) warnen vor der „verdeckten Islamisierung Europas" und die unter dem Pseudonym Bat Ye'or (2013) arbeitende britische Sozialwissenschaftlerin Gisèle Littman gar vor einem möglichen kommenden Kalifat.

Grundunterscheidung freiwillig vs. unfreiwillig basiert. Neben Arbeits-migrantInnen und Flüchtlingen sind aber noch viele weitere Formen der Migration denkbar und aktuell auch stark im Zunehmen begriffen.[8]

Wir beschränken uns hier jedoch auf zentrale öffentliche Behauptungen zu MuslimInnen in Österreich und wollen diese mit statistischen Daten und wissenschaftlich fundierten Prognosen kontrastieren. In einem ersten Schritt ist es hierbei nötig, den Begriff „MigrantIn" zu definieren und die Behauptung *„Die meisten MigrantInnen sind MuslimInnen"* durch einen Überblick über die größten MigrantInnengruppen in Österreich zu relativieren (siehe nächster Abschnitt). Die Stereotype zur muslimischen Zuwanderung gehen jedoch tiefer und verdeutlichen große Bedrohungswahrnehmungen in der Mehrheitsbevölkerung. So ist die Prognose der kulturellen Unterwanderung weit verbreitet und wird auch durch einschlägige BestsellerautorInnen[9] genährt. Die Behauptung *„Die Zahl der MuslimInnen wächst rasant"* weist auf ein spezielles Szenario der künftigen Entwicklung hin. Diese Annahme kann durch vorliegende Studien nicht vollständig entkräftet werden, auch wenn viele Varianten der Entwicklung denkbar und Prognosen stets mit wissenschaftlichen Unsicherheiten behaftet sind. Die dritte Behauptung *„Es findet eine fortschreitende Islamisierung unter MuslimInnen statt"* kann durch aktuelle Studienergebnisse nicht bestätigt werden. Es bleibt aber zu betonen, dass

---

8   Im Zuge der Fluchtmigration kann es zu Kettenmigrationen kommen, die durch Familien- und Bekanntennetzwerke vor Ort entstehen. Das unterschiedlich verfügbare Sozialkapital trägt sicherlich maßgeblich zur unterschiedlichen Verteilung der Flüchtlinge in Europa bei, ist aber in der öffentlichen Diskussion erstaunlich unterbelichtet. Bereits Milton Gordon (1964) sah in seiner Migrationstheorie die ethnischen Gemeinschaften als bedeutende Schutzräume, aus denen heraus sich MigrantInnen schrittweise an die Aufnahmegesellschaft anpassen können. Im Kontext der Arbeitsmigration wird in der aktuellen Forschung zunehmend der Typus der transnationalen MigrantInnen (z.B. einführend Faist, Fauser und Reisenauer 2014) beforscht. Es handelte sich hierbei um zirkulierende MigrantInnen, die sich ständig zwischen Herkunfts- und Aufenthaltsland hin- und herbewegen. Auch TürkInnen und Ex-JugoslawInnen bleiben auf diese Weise sowohl in Aufnahme- und Herkunftsland verwurzelt. Insgesamt kommt die psychologische Akkulturationsforschung (z.B. Zagefka und Brown 2002) relativ übereinstimmend zum Schluss, dass eine Mehrfacheinbindung in den Aufnahme- und Herkunftskontext für MigrantInnen am gewinnbringendsten ist.

9   So betont beispielsweise Sarrazin (2010) in seinem bekannten Bestseller „Deutschland schafft sich ab": „Ich möchte nicht, dass das Land meiner Enkel und Urenkel zu großen Teilen muslimisch ist, dass dort über weite Strecken türkisch und arabisch gesprochen wird, die Frauen ein Kopftuch tragen und der Tagesrhythmus vom Ruf der Muezzine bestimmt wird" (Sarrazin 2010, S. 308).

Versuche der Einflussnahme des politischen Islams in Österreich und die Gefahren der Radikalisierung in dieser Hinsicht durchaus ernstgenommen werden müssen und eine reale Bedrohung für ein friedliches Zusammenleben darstellen. Dennoch ist es in der Kommunikation von Forschungsergebnissen dringend notwendig, der Vielfalt der MuslimInnen in Österreich gerecht zu werden, nach ethnischen Gruppen adäquat zu differenzieren und vorliegende Studien auch methodenkritisch zu reflektieren. Wir werden im Schlusswort (siehe letzter Abschnitt) nochmals auf Lösungswege zurückkommen, die helfen könnten, die gegenwärtigen interkulturellen Spannungen zwischen ÖsterreicherInnen und MuslimInnen zu überwinden.

Wer ist überhaupt ein/e MigrantIn und was sind die größten MigrantInnengruppen in Österreich?

Definition von „Migrationshintergrund"

Zunächst ist es wichtig, Migration an sich und Personen mit Migrationshintergrund angemessen zu definieren, um statistisch überhaupt erfassen zu können, welche Religionszugehörigkeiten bei ZuwanderInnen dominant sind. Eine einheitliche Bestimmung des Terminus „MigrantIn" existiert nicht. Stattdessen bietet die Migrationsforschung Definitionen an, die das „MigrantIn-Sein" anhand unterschiedlicher Aspekte festzulegen versuchen. Ganz allgemein wird „Migration" als der auf Dauer ausgerichtete Wechsel des Wohnsitzes von Menschen in eine andere Region – auch innerhalb eines Nationalstaates – bezeichnet (Treibel 2008, S. 295). Die meisten internationalen Statistiken klassifizieren Migration in Anlehnung an die Definition der UNO als die Verlegung des Lebensmittelpunktes über einen Zeitraum von mindestens einem Jahr. In rechtlicher Hinsicht sind MigrantInnen in Österreich je nach Einwanderungsgrund (Asyl, Arbeitskräftewanderung, Familiennachzug, Ausbildung, sonstige Gründe) unterschiedlichen Gesetzen unterworfen (vgl. Sprung 2011).

Auf Basis des Migrationshintergrunds wird entsprechend der UNECE Empfehlungen (UNECE 2015) in eine erste und zweite Generation von MigrantInnen unterschieden. Die erste Generation hat eigene Migrationserfahrungen gemacht und ist im Ausland geboren, die zweite Generation ist zwar in Österreich geboren, aber beide Elternteile sind nach Österreich zugewandert. Personen mit nur einem Elternteil anderer Herkunft werden nicht als Personen mit Migrationshintergrund berücksichtigt.

Zahlen zur Einwanderung nach Österreich und Einschätzung der Zahl der MuslimInnen

In Österreich lebten 2016 etwa 1,41 Millionen Menschen, die in einem anderen Land geboren und später nach Österreich migriert sind (erste Generation). Zählt man Personen, die selbst in Österreich geboren, aber deren Eltern beide eingewandert sind hinzu, kommt man auf 1.898.000 Menschen mit Migrationshintergrund (Statistik Austria 2017, S. 7f.); das sind rund 20 Prozent der Bevölkerung. Dies ist EU-weit ein überdurchschnittlich hoher Anteil. Der jüngst rekonstruierte Anteil der MuslimInnen in Österreich von rund 700.000 Personen (Goujon et al. 2017) umfasst jedoch weniger als die Hälfte (36%) der Personen mit Migrationshintergrund.

Abb. 1: MigrantInnen nach Staatsangehörigkeit und
Migration/Migrationshintergrund (Statistik Austria 2017, S. 23)
sowie geschätzte Anzahl von MuslimInnen (Goujon et al. 2017)

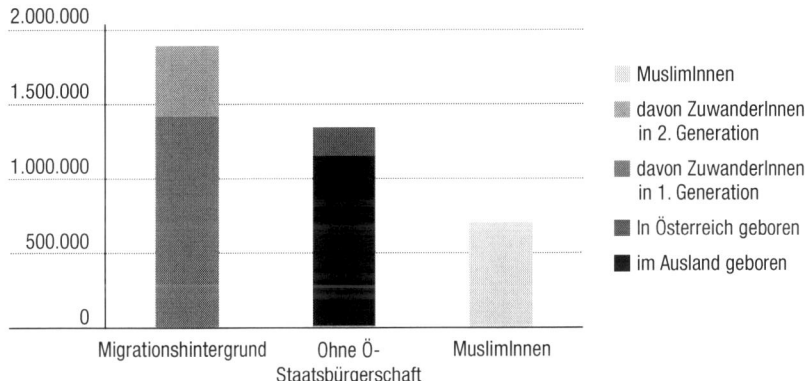

Wichtig hierbei ist auch, dass nach aktuellen Erkenntnissen (basierend auf 2012) bis zu 200.000 MuslimInnen bereits die österreichische Staatsbürgerschaft innehaben könnten (vgl. Aslan und Yildiz 2013, S. 21). Somit ist anzunehmen, dass viele MuslimInnen mit österreichischer Staatsbürgerschaft schon länger in Österreich und vielfach entsprechend eingebunden sind. Es wird sich dabei vermehrt etwa um türkische GastarbeiterInnen ab den 1960er-Jahren oder um bosnische Flüchtlinge während der Balkankriege in den 1990er-Jahren handeln (vgl. Goujon et al. 2017, S. 8). Nachkommen dieser Personen können mitunter schon in dritter Generation in Österreich sein. Noch deutlicher und getrennt nach Herkunftsregionen lässt sich der Anteil muslimischer EinwanderInnen in Österreich schätzen,

wenn wir die zehn stärksten MigrantInnengruppen betrachten. Unter den
ausländischen Staatsangehörigen in Österreich sind weiterhin die Deutschen die mit Abstand größte Gruppe, ein Faktum, das in der Öffentlichkeit wenig diskutiert wird. Am 1. Jänner 2017 lebten mehr als 181.618
Deutsche in Österreich, gefolgt von 118.454 serbischen und 116.838 türkischen Staatsangehörigen. Auf den Plätzen vier und fünf rangieren Bosnien
und Herzegowina (94.611) sowie Rumänien (92.095). Auf den Rängen
sechs bis zehn finden sich die Staatsangehörigen Kroatiens, Ungarns, Polens, Afghanistans und Syriens (vgl. Statistik Austria 2017, S. 27).

**Abb. 2: Die zehn in Österreich am stärksten vertretenen Herkunftsländer
der MigrantInnen nach Staatsangehörigkeit und geschätzte Anteile von
MuslimInnen (auf Basis von Stichs 2016 und CIA World Factbook o. J.)**

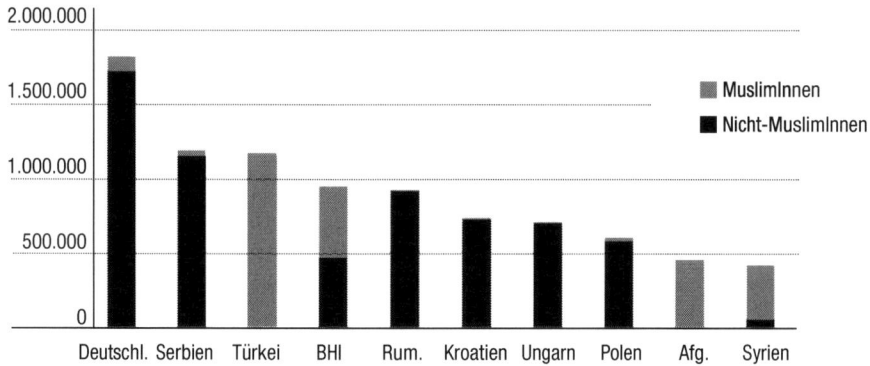

In sechs von zehn der genannten Herkunftsländer sind MuslimInnen
eine kleine Minderheit. In einem Herkunftsland – Bosnien und Herzegowina – ist das Verhältnis ausgeglichen. ZuwanderInnen aus der Türkei,
aus Afghanistan und Syrien sind überwiegend muslimisch geprägt, wobei
in Bezug auf die Türkei derzeit keine starke Zuwanderung mehr erfolgt.
Anders verhält es sich, wenn man ausschließlich Flüchtlinge in Betracht zieht: Zwar gibt es auch hier keine Zahlen, wie viele der AsylwerberInnen MuslimInnen sind. Allerdings lässt ein Blick auf die Hauptherkunftsländer der Flüchtlinge in Österreich und auf Statistiken in
Deutschland eine Einschätzung zu. Mit der Ausnahme von Russland und
Nigeria gehören die meisten geflüchteten Personen mit großer Mehrheit
dem Islam an. Die große Mehrheit der aktuellen Flüchtlinge stammt aus
Syrien und aus Afghanistan. Durch den Familiennachzug ist kurzfristig
eine weitere Steigerung dieser Zahlen zu erwarten, längerfristig dürfte

die Rate der geflüchteten Personen aus diesen Regionen durch die zunehmende Abschottungspolitik Europas eher zurückgehen. Abbildung 3 zeigt, dass die Hauptherkunftsländer der Flüchtlinge überwiegend durch Angehörige islamischen Glaubens zu kennzeichnen sind.

Abb. 3: Hauptherkunftsländer der AsylwerberInnen (ihre Anzahl in Österreich und der aufgrund des Herkunftslandes erwartete muslimische Anteil (CIA o. J.).

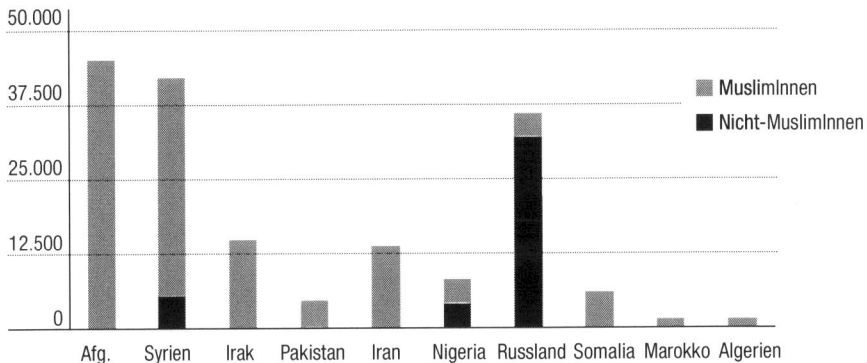

In Deutschland, wo die Zahlen vom Bundesamt für Migration und Flüchtlinge erhoben werden (BAMF 2016), sind knapp 76 Prozent der AsylwerberInnen islamischen Glaubens (Stichs 2016, S. 23). Durch den geringen Anteil an Kosovo-AlbanerInnen in Österreich und durch die Dominanz der Flüchtlingsströme aus muslimischen Ländern dürfte der Anteil der MuslimInnen unter den Flüchtlingen in Österreich deutlich höher ausfallen. Auch Flüchtlinge aus Russland dürften mehrheitlich muslimisch sein, wie aus Statistiken und Berichten hervorgeht (Medienservicestelle 2011 und 2015; Jäger et al. 2016; Halbach 2003), weil sie überwiegend aus dem muslimischen Tschetschenien stammen. Deshalb kann der geringe Anteil der MuslimInnen in Russland hier nicht als Bezugsgröße für Österreich verwendet werden.

Bei Flüchtlingen in Österreich kann man folglich von einer starken Dominanz von MuslimInnen ausgehen. Weil AsylwerberInnen und Asylberechtigte jedoch nur einen Bruchteil der MigrantInnen ausmachen, fällt dieses Verhältnis in Relation zur Gesamtzahl wenig ins Gewicht. Die Zahl der MigrantInnen, die nicht muslimischen Glaubens sind, ist größer als jene, die dem Islam angehören. Auch wenn die Flüchtlinge in Österreich überwiegend MuslimInnen sind und auch MigrantInnen aus der Türkei und aus Bosnien-Herzegowina zahlenmäßig große Gruppen bilden, ist die Behauptung „Die meisten MigrantInnen sind MuslimInnen" eindeutig als falsch einzustufen. Die Überschätzung der Anzahl der MuslimInnen ist insgesamt nicht nur ein österreichisches, sondern ein internationales Phänomen: In Frankreich, Belgien, Deutschland und Schweden schätzten Befragte die Anzahl der MuslimInnen je drei bis vier Mal höher ein, als der tatsächlich festgestellte Wert zeigt (Ipsos 2016, S. 4). In Deutschland wurde die muslimische Population auf 21 Prozent geschätzt, während sie nach aktuellen Erhebungen nur zwischen 5,4 und 5,7 Prozent liegt (Stichs 2016, S. 5). Noch stärker fällt diese Fehlannahme aus, wenn nach einer Einschätzung der zukünftigen Entwicklung gefragt wird.

„Die Zahl der MuslimInnen wächst rasant"

Wie stark die geschätzte Zahl der aktuell 700.000 MuslimInnen in Österreich (siehe Goujon et al. 2017) künftig ansteigen wird, hängt laut dieser Studie, die Zukunftsszenarien auf ihre Plausibilität prüft, von verschiedenen Faktoren ab. Dabei spielt es eine Rolle, ob Zuwanderung aus mehrheitlich muslimischen oder nicht-muslimischen Ländern stattfindet und wie die Geburtenraten bei den zugewanderten Personen einzuschätzen sind. Zusätzlich ist von Belang, ob in Österreich eine Abwanderung anderer Religionsangehöriger oder eine Erhöhung konfessionsloser Personen festzustellen ist. Je nach Szenario wird demnach bis zum Jahr 2046 von einem Bevölkerungsanteil der MuslimInnen von 12 Prozent (bei geringer Zuwanderung) bis 21 Prozent[10] (bei starker Zuwanderung) ausgegangen. Dem stehen jeweils ChristInnen mit 57 bzw. 55 Prozent[11] und Konfessionslose mit 28 bzw. 21 Prozent gegenüber. Das heißt nur im Szenario einer starken Zuwanderung würden MuslimInnen bis 2046 – gleich mit Menschen ohne Religionsbekenntnis – zur zweitgrößten Gruppe anwachsen. Auch in diesem Fall wäre die Bevölkerung der ChristInnen als größte Gruppe noch mehr als zweieinhalb Mal so groß wie jene der MuslimInnen (vgl. Goujon et al. 2017, S. 15-19). Stärkere

---

10 Die ÖIF-Studie (Goujon et al. 2017) differenziert ChristInnen in die Konfessionen römisch-katholisch, protestantisch und orthodox, während MuslimInnen nicht in Glaubensrichtungen (z.B. SchiitInnen, SunnitInnen, AlawitInnen, etc.) unterschieden werden. Weil das einen Vergleich ungleicher Gruppen darstellt, werden ChristInnen hier zusammengefasst.

11 Die Studie berechnet dazu zwei weitere Entwicklungsszenarien, deren Prognose im Wesentlichen zwischen „geringer Zuwanderung" und „starker Zuwanderung" liegen. Sie werden hier im Sinne der Einfachheit nicht dargestellt.

Rückgänge bei KatholikInnen würden innerhalb der Gruppe der ChristInnen in diesem Szenario durch stärkere Zuwächse orthodoxer ChristInnen ausgeglichen.

Abb. 4: Demografische Entwicklungsszenarien der Religionszugehörigkeiten in Österreich (Goujon et al. 2017, S. 15).

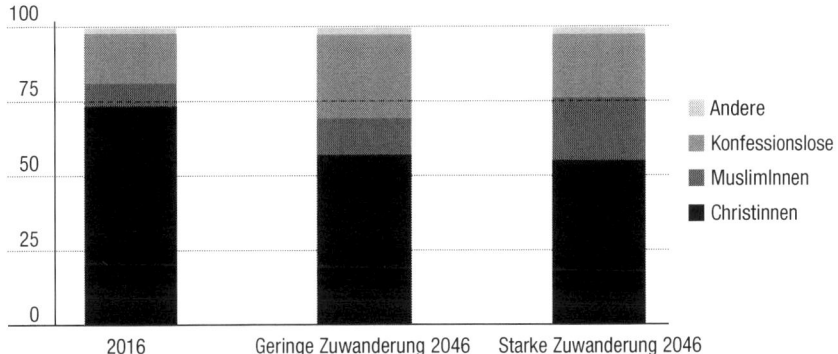

Einen wesentlich größeren Anteil von MuslimInnen an der Gesamtbevölkerung sehen die Prognosen für Wien vor: Bei geringer Zuwanderung geht man für 2046 von einem Anteil von 20 Prozent aus. In diesem Fall würden MuslimInnen auch in Wien die drittgrößte Glaubensgemeinschaft hinter ChristInnen mit 42 Prozent und Konfessionslosen mit 31 Prozent bleiben. Im Falle starker Zuwanderung wären MuslimInnen mit 30 Prozent die zweitgrößte Gruppe vor Konfessionslosen (24 Prozent) und hinter ChristInnen (40 Prozent). KatholikInnen in Wien als Teil der christlichen Glaubensrichtung würden in diesem Szenario mit einem Bevölkerungsanteil von 22 Prozent hinter MuslimInnen und Konfessionslose zurückfallen.

Studien anderer Länder kommen zu vergleichbaren Ergebnissen. In Deutschland lebten Ende 2015 zwischen 4,4 und 4,7 Millionen MuslimInnen und machten damit einen Bevölkerungsanteil von 5,4 bis 5,7 Prozent aus (vgl. Stichs 2016, S. 5). Eine Studie des Pew Research Centers sagt für Deutschland bis 2050 eine muslimische Bevölkerung von 9,4 bis 10 Prozent voraus, bei einem ChristInnen-Anteil von etwa 60 Prozent und knapp 30 Prozent Konfessionslosen (vgl. Hackett et al. 2015, S. 237). Ähnliche Prognosen wurden für die EU berechnet: Hier soll die Zahl der MuslimInnen (von 2010 an gerechnet) von 6 auf 10 Prozent ansteigen, während der ChristInnen-Anteil von 75 Prozent bis 2050 auf knapp weniger als zwei Drittel fallen soll (vgl. Hackett et al. 2015, S. 13, 17). Bei diesen Prognosen ist aber anzumerken, dass sie auf ältere Daten zurückgreifen und Migrationsbewegungen der letzten Jahre nicht berücksichtigen. Weltweit wird erwartet, dass bis zum Ende des Jahrhunderts, also bis 2100, MuslimInnen in der Bevölkerungsanzahl ChristInnen überholt haben (Lipka 2017). Aktuell bezeichnen sich jeweils etwas weniger als ein Viertel der Weltbevölkerung als MuslimInnen und ein Drittel als ChristInnen (Hackett et al. 2015, S. 14).

Insgesamt lässt sich auf Basis der berichteten Zahlen festhalten, dass der Anteil der MuslimInnen sowohl in Österreich als auch in Europa ansteigen wird. Ein rasantes Wachstum ist jedoch nicht zu erwarten und ChristInnen werden weiterhin über viele Jahrzehnte mit Abstand die bevölkerungsstärkste Glaubensgruppe bleiben. Weniger eindeutig dürften sich die Größenverhältnisse in Großstädten wie Wien darstellen, wo die Gesamtzahl der MuslimInnen je nach Szenario jene der KatholikInnen einholen oder übersteigen könnte. Dass der Anteil der muslimischen Bevölkerung von Deutschen und ÖsterreicherInnen tendenziell höher eingeschätzt wird, zeigt sich auch in der Einschätzung zur zukünftigen Entwicklung. Es wird von einem Wachstum der muslimischen Bevölkerung ausgegangen, das weit von tatsächlichen Prognosen abweicht. Befragte in Deutschland schätzten demnach, dass bis 2020 31 Prozent der Bevölkerung in Deutschland MuslimInnen sein werden. Die Prognosen gehen von 6,9 Prozent aus (vgl. Ipsos 2016, S. 6).

„Es findet eine fortschreitende Islamisierung unter MuslimInnen statt"

Die öffentliche Wahrnehmung des Islam in Österreich wird der tatsächlichen Vielfalt, auch im Hinblick darauf, wie MuslimInnen ihre Religion wahrnehmen und leben, nicht gerecht. MuslimInnen sind zwar im Durchschnitt gläubiger als Angehörige anderer Konfessionen. Immerhin 42 Prozent der MuslimInnen stufen sich nach den Daten des Religionsmonitors 2017 in Österreich als religiös ein, während dies nur bei 18 Prozent der Nicht-MuslimInnen der Fall ist (El-Menouar 2017, S. 8). Nach einer Studie von Aslan und Yildiz (2013) weist eine Mehrheit der MuslimInnen in Österreich aber einen pragmatischen Zugang zu ihrer Religion auf. Auch wenn sich die MuslimInnen mehrheitlich zu ihrer Religion bekennen, stellt der Glaube für sie keine Extremposition dar und der Wert der Religion wird nicht über andere Lebensbereiche gestellt.[12] Nur bei 14 Pro-

---

12 Die Publikation von Aslan und Yildiz (2013) stellt einen Zwischenbericht über „Muslimische Milieus in Österreich" dar (siehe http://derstandard.at/2000058976396/Studie-Mus-

zent der MuslimInnen werden demokratiepolitisch fragwürdige Haltungen erkennbar. Sie sind gegen eine Trennung von Politik und Religion und stehen anderen Religionen ablehnend gegenüber. Es gibt klare Hinweise, dass diese Einstellung mit einer Isolation von der Mehrheitsgesellschaft einhergeht bzw. Radikalisierung auch als Folge einer Abkehr zur Aufnahmegesellschaft entstehen kann (z.B. Kaufmann 2005). Die beschädigte Identität muss dann durch die Suche nach Verbündeten kompensiert werden, wodurch eine starke Gruppenidentität nach innen und eine starke Abgrenzung nach Außen die Folge ist. [13]

Detaillierter gehen Filzmaier und Perlot (2017) auf die religiösen Einstellungen und Praktiken der österreichischen MuslimInnen ein. Anhand dieser Studie lässt sich vor allem festhalten, dass es *die MuslimInnen* als einheitliche Gruppe nicht gibt. Während auch Aslan und Yildiz (2013) auf die unterschiedlichen Glaubenspraktiken eingingen, erhoben Filzmaier und Perlot auch demografische Aspekte: Die Stärke des Glaubens und die Ablehnung anderer Religionen ist besonders stark von nationaler Herkunft, Alter und Bildung abhängig. Unter den Befragten neigen SomalierInnen und TschetschenInnen zu höherer Religiosität. Auch AfghanInnen sind mehrheitlich religiös. Ältere Personen sind tendenziell religiöser eingestellt. Bei MuslimInnen mit österreichischer Staatsbürgerschaft ist die Religiosität signifikant geringer (vgl. Filzmaier und Perlot 2017, S. 37). 13 Prozent der bosnischen MuslimInnen sind sehr gläubig. Bei den Gruppen der TürkInnen und bei größeren Flüchtlingsgruppen beläuft sich der Wert auf durchschnittlich ca. ein Drittel – mit starken länderspezifischen Unterschieden. Dennoch teilen die MuslimInnen vielfach die Ansichten der Mehrheitsgesellschaft, wenn es um Demokratie und Rechtsstaatlichkeit geht. Auch die Frage, ob Religion eine große Rolle in der Politik spielen sollte, wird mehrheitlich verneint, wenn auch die Gruppe der SomalierInnen einen Ausreißer darstellt. Diese wünschen sich mehr Religion in der Politik. Bei TschetschenInnen ist die Zustimmungsrate ebenfalls hoch (vgl. Filzmaier und Perlot, S. 26ff.). Befragte aus diesen beiden Herkunftsländern wünschen sich auch mehrheitlich eine stärkere Rolle des Islam in der Gesellschaft insgesamt; alle anderen Gruppen lehnen dies mehrheitlich ab. Auch eine Kopftuchpflicht findet unter den Befragten keine Mehrheit: 30 Prozent der Männer befürworten, eine Muslimin sollte in der Öffentlichkeit ein Kopf-

---

limische-Milieus-in-Oesterreich-Trend-zu-saekularem-Islam).

13 Studien zum islamistischen Fundamentalismus belegen ebenfalls, dass die am meisten gespaltenen und entwurzelten Teile der muslimischen MigrantInnen am ehesten anfällig für eine radikale Ausrichtung sind (z.B. Roy 2003, S. 63-73).

tuch tragen, ein Teil davon schränkt die Aussage auf Erwachsene oder auf die eigene Ehefrau ein. 23 Prozent der Frauen stimmen einer Kopftuchpflicht zu (alle Ergebnisse nach Filzmaier und Perlot 2017). Die berichteten Ergebnisse müssen aber generell in mehrerer Hinsicht als fehleranfällig bewertet werden. Umfragen mit ZuwanderInnen sind generell mit Verzerrungen behaftet, weil es kaum möglich ist, repräsentative (und folglich verallgemeinerbare) Stichproben zu ziehen, einzelne Gruppen mit den westlichen Fragen und Umfragemethoden kaum vertraut sind, Sprachbarrieren und Übersetzungsprobleme bei einzelnen Indikatoren vorliegen können und generell auch Effekte der sozialen Erwünschtheit und der Zustimmungstendenz auftreten können (vgl. zusammenfassend Aschauer 2009).

MuslimInnen fühlen sich mehrheitlich mit Österreich oder sowohl mit dem Herkunftsland als auch mit Österreich verbunden, wie aus verschiedenen Studien hervorgeht (vgl. Filzmaier und Perlot 2017; El-Menouar 2017; Aslan und Yildiz 2013). Sie fühlen sich jedoch von der Mehrheitsgesellschaft nicht ausreichend in ihrer kulturellen und religiösen Identität wertgeschätzt. Im Religionsmonitor der Bertelsmann-Stiftung berichten mehr als zwei Drittel der MuslimInnen in Österreich von Diskriminierungserfahrungen – ein höherer Wert als in anderen untersuchten europäischen Ländern. Das spiegelt sich auch in der Befragung der Mehrheitsgesellschaft wider: 28 Prozent der ÖsterreicherInnen lehnen etwa MuslimInnen als Nachbarn ab (vgl. El-Menouar 2017, S. 6, 9, 12).

Entgegen der Wahrnehmung einer Islamisierung sind MuslimInnen im politischen Leben in Österreich kaum präsent. Vereinzelt gibt es Abgeordnete in Landtagen und im Nationalrat (vgl. Rauscher 2014). Nachprüfen lässt sich das kaum, Zwar stammen einzelne Abgeordnete aus muslimischen Ländern, jedoch bekennen sie sich in der Regel nicht öffentlich zum Islam. Über ihre Religion sprachen nur wenige – etwa Asdin El Habbassi (ÖVP), Nationalratsabgeordneter von 2013 bis 2017, Munar Duzdar (SPÖ), ab 2016 Staatssekretärin im Kanzleramt und ab 2017 Nationalratsabgeordnete und Nurten Yilmaz (SPÖ), Nationalratsabgeordnete seit 2013[14]. Auch wenn die tatsächliche Anzahl der MuslimInnen in Landesregierungen und in der Bundesregierung so nicht erhoben werden kann,[15]

---

14 El Habbassi: https://www.profil.at/oesterreich/parlament-fuenf-jung-abgeordnete-5775139
15 Das einzige Regierungsmitglied der Vorgängerregierung, das sich zum islamischen Glauben bekannte (sich aber gleichzeitig als nicht praktizierend bezeichnete) ist die Generalsekretärin im Bundeskanzleramt, Muna Duzdar (Vgl. DiePresse.com [2016], https://diepresse.com/home/politik/innenpolitik/4990042/Duzdar_FaymannKritikerin-sitzt-nun-im-Kanzleramt).

lässt sich doch feststellen, dass sie dort kaum proportional zu ihrem Bevölkerungsanteil von 8 Prozent vertreten sein werden.

Während die Behauptung der Islamisierung nahelegt, dass MuslimInnen einen immer dominanteren Platz in der österreichischen Kultur einnehmen, zeigt sich beim Blick auf die Daten eher das Gegenteil: Die deutliche Mehrheit der MuslimInnen identifiziert sich mit Österreich, sie stimmt dem politischen System zu und befürwortet die Demokratie. Trotzdem erfahren sie Widerstand, im Aufnahmeland anerkannt zu werden: Angehörige des islamischen Glaubens fühlen sich oft benachteiligt, werden von einem großen Teil der ÖsterreicherInnen abgelehnt (siehe die Ergebnisse des Religionsmonitors der Bertelsmann-Stiftung) und haben kaum RepräsentantInnen in der Politik. Es ist dieser Widerspruch zwischen dem Wunsch nach Teilhabe in Österreich bei gleichzeitig oft erfahrener Ablehnung, der anti-demokratische Tendenzen unter Teilen der MuslimInnen befeuern könnte.

Wege zu einer besseren interkulturellen Verständigung

Nach dieser Darstellung der vielfach verzerrten Vorstellungen über den Islam in der österreichischen Bevölkerung wollen wir uns noch auf Spurensuche begeben, warum derzeit mannigfaltige Vorurteile über den Islam kursieren und ein überwiegend negatives Stimmungsbild vorherrscht, das interkulturelles Zusammenleben beeinträchtigt.

Die im ersten Abschnitt angeführten Diskurse in der medialen Berichterstattung und bei einschlägigen islamkritischen BestsellerautorInnen verdeutlichen eine einseitige Auffassung, die bei der muslimischen Bevölkerung von einer homogenen Gruppe von hochreligiösen Gläubigen ausgeht. Gerade jene MuslimInnen, die an der westlichen Gesellschaft partizipieren möchten, sind dann oft die Leidtragenden der gegenwärtigen Entwicklung. Denn islamistische Strömungen und fundamentalistische Haltungen, die ein reales Problem in westlichen Gesellschaften darstellen, werden oftmals vorschnell und undifferenziert allen MuslimInnen zugeschrieben. Insofern wird ein Teufelskreislauf gegenseitiger Abschottung in Gang gesetzt. Die Erwartungen der westlichen Gesellschaft an die MuslimInnen bilden nämlich nur „unsere" Lebensrealität ab, die sich von denen anderer Gesellschaften eklatant unterscheiden können. Wenn eine Lebensstilanpassung von MuslimInnen schlussendlich nicht gelingt, wird in der westlichen Gesellschaft automatisch davon ausgegangen, dass gescheiterte Integration das Verschulden der MuslimInnen allein ist. Als stigmatisierte Gruppe haben diese im aktuell verschärften gesellschaftlichen Klima kaum noch Möglichkeiten, ihre eigenen Identitätsansprüche zu definieren und durchzusetzen. Umgekehrt werden sie einseitig und pauschal als „signifikante Andere" (Triandafyllidou 1998) gebrandmarkt, die nicht in die westliche Gesellschaft passen.

Nur durch Aufklärung statt Stimmungsmache und durch wechselseitige Anerkennung statt Exklusion können aktuelle Barrieren der Verständigung mit einer kultursensiblen Haltung durchbrochen werden. Gerade bei MuslimInnen zeigt sich nämlich häufig eine Doppelorientierung an der Kultur der Herkunfts- und Aufnahmegesellschaft (z.B. Zagefka und Brown 2002) bei einer oft nicht erfüllten Hoffnung an einer gleichberechtigten Teilhabe am Arbeitsmarkt und im öffentlichen Leben. Diese von MigrantInnen oft selbst bevorzugte Form der Mehrfachintegration in verschiedene kulturelle Kontexte ist zuzulassen und sollte als kulturelle Bereicherung empfunden werden, weil eine einseitige Eingliederung in das Aufnahmeland in einer global vernetzten Welt illusorisch bleibt. Inwiefern Zugehörigkeiten zu unterschiedlichen ethnischen und „konfessionellen" Gruppen die Integrationschancen beeinflussen und das tatsächliche Bild des Islams in Österreich prägen, wird im öffentlichen Diskurs außer Acht gelassen und kaum bis gar nicht berücksichtigt (vgl. Bendel und Hildebrandt 2006, S. 11). Die differenzierte Sicht auf MuslimInnen und der Versuch nicht zu verallgemeinern ist von größter Wichtigkeit, wenn über Fakten und Mythen in Bezug auf „den" Islam und „die" MuslimInnen gesprochen und diskutiert wird. Allgemeine Befürchtungen, dass aus Minderheiten künftig Mehrheiten werden, beruhen auf fragwürdigen Szenarien, weil die demographische Entwicklung in den nächsten Jahrzehnten schwer prognostizierbar bleibt und der Integrationsprozess selbst als beidseitiger Prozess des Gebens und Nehmens einem Wandel unterliegt. Sichtweisen, dass der Islam nicht zu Europa passe, werden der Vielfalt der Lebensrealitäten in der islamischen Welt und der Dynamik der kulturellen Entwicklung in Europa und in der Welt ebenfalls nicht gerecht. Es braucht also im Umgang mit den kulturellen Konfliktlinien der Gegenwart einen Weg der Mitte mit Augenmaß. Intoleranz und Radikalisierung müssen auf beiden Seiten präventiv bekämpft und dürfen nicht einer Gruppe pauschal zugeschrieben werden. Ein intensives und sorgfältiges Studium kultureller und religiöser Differenzen ist notwendig, um auf gleicher Augenhöhe Konflikte miteinander auszuhandeln und erforderliche Freiräume zuzulassen. Nur auf diesem Wege kann die – in Anlehnung an Charles Taylor (1993) – geforderte „Horizontverschmelzung", d.h. eine interkulturelle Verständigung erreicht werden.

Literatur

Aschauer, Wolfgang. 2009. Besonderheiten und Problemlagen der quantitativen Befragung mit MigrantInnen. In: Grenzen und Herausforderungen der Umfrageforschung. Hrsg. Johann Bacher, Martin Weichbold und Christof Wolf, 289-311. Wiesbaden: VS-Verlag.

Aschauer, Wolfgang. 2011. Die terroristische Bedrohung, kulturelle Wandlungsprozesse und Islamophobie in Europa. In: Europa und der 11. September. Hrsg. Margit Reiter und Helga Embacher, 221-249. Wien: Böhlau.

Aslan, Ednan und Erol Yildiz. 2013: Muslimische Alltagspraxis in Österreich. Ein Kompass zur religiösen Diversität. Zwischenbericht für das Projektjahr 2013. Wien: Institut für Islamische Studien. http://muslimische-milieus-in-oesterreich.univie.ac.at/fileadmin/user_upload/p_iis/muslimische_alltagspraxis_in_oesterreich.projektbericht.pdf (Zugegriffen: 18. Aug. 2017).

Bendel, Petra und Mathias Hildebrandt (Hrsg.). 2006. Integration von Muslimen. München: Allitera.

Bundesamt für Migration und Flüchtlinge (BAMF). 2016. Das Bundesamt in Zahlen 2016. Asyl. http://www.bamf.de/SharedDocs/Anlagen/DE/Publikationen/Broschueren/bundesamt-in-zahlen-2016-asyl.pdf?__blob=publicationFile (Zugegriffen: 18. Aug. 2017).

CIA. O. J. The World Factbook. Religions. https://www.cia.gov/library/publications/the-world-factbook/fields/2122.html#af (Zugegriffen: 1. Okt. 2017).

El-Menouar, Yasemin. 2017. Religionsmonitor. Muslime in Europa: Integriert, aber nicht akzeptiert? Ergebnisse und Länderprofile. https://www.bertelsmann-stiftung.de/fileadmin/files/BSt/Publikationen/GrauePublikationen/Studie_LW_Religionsmonitor-2017_Muslime-in-Europa_Ergebnisse-und-Laenderprofile.pdf (Zugegriffen: 1. Okt. 2017).

Faist, Thomas, Margit Fauser und Eveline Reisenauer. 2014. Das Transnationale in der Migration. Eine Einführung. Weinheim: Beltz.

Filzmaier, Peter und Floh Perlot. 2017. Muslimische Gruppen in Österreich. Einstellungen von Flüchtlingen, ZuwanderInnen und in

Österreich geborenen MuslimInnen im Vergleich. Wien: Österreichischer Integrationsfond.

Gordon, Milton. 1964. Assimilation in American Life. The Role of Race, Religion and National Origin. New York: Oxford University Press.

Goujon, Anne et al. 2017: Demographie und Religion in Österreich. Szenarien von 2016 bis 2046. Wien: Österreichischer Integrationsfond.

Hackett, Conrad et al. 2015. The Future of World Religions. Population Growth Projections, 2010 – 2050. Pew Research Center. http://assets. pewresearch.org/wp-content/uploads/sites/11/2015/03/PF_15.04.02_ ProjectionsFullReport.pdf (Zugegriffen: 18. Aug. 2017) (als Übersicht auch hier: http://www.pewresearch.org/fact-tank/2015/04/15/ europe-projected-to-retain-its-christian-majority-but-religious-minorities-will-grow/) (Zugegriffen: 20. Aug. 2017).

Hafez, Kai und Carola Richter. 2007. Das Islambild von ARD und ZDF. Aus Politik und Zeitgeschichte. Beilage zur Wochenzeitung Das Parlament, 26-27, 40-46.

Halbach, Uwe. 2003. Russlands muslimische Ethnien und Nachbarn. http://www.bpb.de/apuz/27682/russlands-muslimische-ethnien-und-nachbarn (Zugegriffen: 23. Aug. 2017).

Heitmeyer, Wilhelm. 2012. Gruppenbezogene Menschenfeindlichkeit in einem entsicherten Jahrzehnt. In: Deutsche Zustände. Hrsg. Wilhelm Heitmeyer, 15-41. Berlin: Suhrkamp.

Ipsos. 2016. Perils of Perception 2016. A 40-Country Study. https://www. ipsos.com/sites/default/files/2016-12/Perils-of-perception-2016.pdf und https://www.ipsos.com/en/perils-perception-perceptions-are-not-reality-what-world-gets-wrong (Zugegriffen: 18. Aug. 2017).

Jäger, Michael et al. 2016. Tschetschenen in Österreich. Die missglückte Integration. https://kurier.at/chronik/oesterreich/tschetschenen-in-oesterreich-die-missglueckte-integration/232.930.003 (Zugegriffen: 18. Aug. 2017).

Kaufmann, Jean-Claude. 2005. Die Erfindung des Ich: eine Theorie der Identität. Konstanz: UVK.

Ley, Michael. 2015. Der Selbstmord des Abendlandes. Die Islamisierung Europas. Osnabrück: Hintergrund-Verlag.

Lipka, Michael. 2017. Muslims and Islam. Key findings in the U.S. and around the world. http://www.pewresearch.org/fact-tank/2017/08/09/muslims-and-islam-key-findings-in-the-u-s-and-around-the-world/ (Zugegriffen: 18. Aug. 2017).

McCombs, Maxwell E. und Donald L. Shaw. 1972. The agenda-setting function of mass media. Public Opinion Quarterly 36:176-187.

Medienservicestelle. 2011. Neuere österreichische Migrationsgeschichte. http://medienservicestelle.at/migration_bewegt/2011/05/25/neue-os-terreichische-migrationsgeschichte/ (Zugegriffen: 20. Aug. 2017).

Medienservicestelle. 2015. Rund 30.000 TschetschenInnen in Österreich. http://medienservicestelle.at/migration_bewegt/2015/02/26/rund-30-000-tschetscheninnen-in-oesterreich/ (Zugegriffen: 18. Aug. 2017).

Roy, Olivier. 2003. EuroIslam: The jihad within? The National Interest 71:63-73.

Sarrazin, Thilo. 2010. Deutschland schafft sich ab. Wie wir unser Land aufs Spiel setzen. München: Deutsche Verlagsanstalt.

Statistik Austria. 2017. migration & integration. zahlen. daten. indikatoren 2017. https://www.integrationsfonds.at/fileadmin/content/AT/Downloads/Publikationen/Statistisches_Jahrbuch_migration_integrati-on_2017.pdf (Zugegriffen: 24. Sep. 2017).

Sprung, Annette. 2011. Zwischen Diskriminierung und Anerkennung. Weiterbildung in der Migrationsgesellschaft. Münster u.a.: Waxmann.

Stichs, Anja. 2016. Wie viele Muslime leben in Deutschland? Eine Hoch-rechnung über die Anzahl der Muslime in Deutschland zum Stand 31. Dezember 2015. Working Paper 71, BAMF.

Taylor, Charles. 1993. Multikulturalismus und die Politik der Anerken-nung. Frankfurt am Main: Fischer.

Tibi, Bassam. 2016. Die verdeckte Islamisierung Europas. http://www.bassamtibi.de/wp-content/plugins/download-attachments/includes/download.php?id=2981 (Zugegriffen: 18. Aug. 2017).

Treibel, Annette. 2008. Migration. In: Handbuch Soziologie. Hrsg. Nina Baur et al., 295-316. Wiesbaden: VS-Verlag.

Triandafyllidou, Anna. 1998. National identity and the "other". Ethnic and Racial Studies 21:593-612.

UNECE. 2015. Conference of European Statisticians. Recommendations for the 2020 Censuses of Population and Housing. http://www.unece.org/fileadmin/DAM/stats/publications/2015/ECECES41_EN.pdf (Zugegriffen: 24. Sep. 2017).

Ye'or, Bat. 2013. Europa und das kommende Kalifat. Berlin: Duncker & Humblot.

Zagefka, Hanna und Rupert Brown. 2002. The Relationship between Acculturation Strategies, Relative Fit and Intergroup Relations: Immigrant-majority Relations in Germany. European Journal of Social Psychology 32:171-188.

Laura Wiesböck

„Die meisten MigrantInnen sind Wirtschaftsflüchtlinge"

2015 betonte der damalige Außenminister Sebastian Kurz (ÖVP) in einem Interview: „Ich halte eine klare Unterscheidung zwischen Wirtschaftsflüchtlingen und Flüchtlingen mit echtem Asylgrund für den richtigen Ansatz."[1] Ein Jahr darauf verkündete Bundeskanzler Werner Faymann (SPÖ), dass man dazu übergehen werde, „gemeinsam mit Deutschland die Politik [zu] verstärken, dass wir die Wirtschaftsflüchtlinge zurückschicken und damit die Gesamtzahl senken", denn „wenn man Kriegsflüchtlingen eine Chance einräumen will, dann muss man bei den Wirtschaftsflüchtlingen konsequent sein."[2] Heinz-Christian Strache, Parteichef der Freiheitlichen Partei Österreichs (FPÖ), machte 2017 deutlich, dass die Leistungen des Sozialsystems „nicht geschaffen worden sind um Wirtschaftsflüchtlinge zu unterstützen"[3].

„Wirtschaftsflüchtlinge" sind im öffentlichen Diskurs also nicht besonders beliebt. Aber was wird unter diesem Begriff eigentlich genau verstanden? Im Asylrecht kommt diese Kategorie nicht vor, sie ist überwiegend eine subjektive, moralische Zuschreibung in der politischen Debatte. Die Bezeichnung wird als „Unterkategorie" von Flüchtlingen verwendet, häufig in einem abwertenden Kontext. Sie impliziert, dass jemand keinen „echten" Asylgrund geltend machen kann und deshalb kein Recht hat zu bleiben. Nach den Germanisten Georg Stötzel und Martin Wengeler ist dieser Begriff eines der wichtigsten sprachlichen Mittel, um „Flüchtlingen

---

1 Tiroler Tageszeitung (2015), „Mit Zäunen, Militär und Polizei" - Kurz fordert mehr Realitätssinn, http://www.tt.com/home/10802786-91/mit-zäunen-militär-und-polizei---kurz-fordert- mehr-realitätssinn.csp (Zugegriffen: 1. Mai 2018).

2 Orf.at. (2016), Kanzler will „Gesamtzahl senken", http://orf.at/stories/2318241/2318243/ (Zugegriffen: 1. Mai 2018).

3 Heute.at. (2017), Keine Mindestsicherung für Flüchtlinge, http://www.heute.at/politik/news/story/Strache-praesentiert-neues-Wirtschaftsprogramm-54003884 (Zugegriffen: 1. Mai 2018).

die Notwendigkeit zur Flucht abzusprechen und ihnen einen Missbrauch des Asylrechts vorzuwerfen" (Stötzel und Wengeler 1995, S. 738). Es liegt also auf der Hand, dass die Verwendung dieses Begriffs tendenziös, von einer bestimmten Werthaltung geprägt und von einem spezifischen Interesse geleitet ist. Menschen, die der Not und dem Elend, wenn nicht gar lebensgefährdenden Kriegsszenarien in ihren Heimatländern entfliehen wollten, werden in den Augen vieler EuropäerInnen zu einer vorsätzlichen Bedrohung ihres eigenen Wohlstandes und der Sozialsysteme.

Neben der moralischen Zuschreibung stellt sich die Frage, wie es zu einer Einordnung in die Kategorie „Wirtschaftsflüchtling" überhaupt kommen kann. Denn Asylanträge allein aufgrund der Nationalität der Flüchtlinge (etwa weil sie aus bestimmten Ländern kommen) abzulehnen, ist rechtlich nicht durchführbar. Zudem sind die Trennlinien der Ursachen für Flucht nicht immer deutlich: Krieg, Elend und Gefahr verstärken einander. Außerdem ist es möglich, dass Flüchtlinge, selbst wenn sie im Herkunftsland primär von wirtschaftlicher Not betroffen waren, dies im Asylprozess nicht angeben, um die Chancen auf die Genehmigung eines Daueraufenthaltes zu erhöhen. Wir müssen daher die formalen Kriterien, die zur Einordnung in unterschiedliche Einwanderungskategorien dienen, näher betrachten.

Migration und Flucht

Flüchtlinge sind Personen, die Anspruch auf Asyl im Sinn der Genfer Flüchtlingskonvention haben. Das Recht auf Asyl ist ein Menschenrecht, das in Österreich im Asylgesetz festgeschrieben ist. Gemäß der Genfer Konvention ist ein Flüchtling eine Person, die nicht in ihr Herkunftsland zurückkehren kann, weil sie eine begründete Angst hat, dort verfolgt zu werden aufgrund ihrer ethnischen Herkunft, Religion, Nationalität, Zugehörigkeit zu einer besonderen sozialen Gruppe oder aufgrund ihrer politischen Meinung.

Migration hingegen ist nicht gezwungenermaßen ein Akt der Not und kann verschiedene Motive haben, wie etwa berufliche Möglichkeiten am Arbeitsmarkt, ein höheres Lohnniveau, Lebensstilgründe, rechtliche Rahmenbedingungen, das politische Klima, aber auch gesamtwirtschaftliche Entwicklungen, wie Finanzkrisen. Sie wird erleichtert bzw. gefördert durch die gleiche Sprache im Zielland oder durch soziale Netzwerke (z.B. FreundInnen oder Familienmitglieder vor Ort).

Allerdings ist anzumerken, dass die starre Unterscheidung zwischen Migration und Flucht den heutigen komplexen Problemlagen nicht mehr gerecht wird. Die Differenzierung zwischen freiwilliger Migration und erzwungener Flucht ist nicht immer eindeutig. Die Gründe für Flucht und Migration sind vielfältig und die Grenze zwischen beiden fließend. So führt der Klimawandel zur Zerstörung der Lebensgrundlage ganzer Bevölkerungsgruppen, Naturkatastrophen und gewaltsame Konflikte erzeugen eine immer größer werdende Kluft zwischen GewinnerInnen und VerliererInnen der Globalisierung (Wöhlcke 1992). Dennoch ist die Unterscheidung zentral, insbesondere im Hinblick auf den rechtlichen Status.

Neben diesen zwei rechtlich legitimen Einwanderungsformen gibt es allerdings auch eine weitere, die im öffentlichen und politischen Diskurs, wie eingangs dargestellt, immer wieder als illegitim dargestellt wird, nämlich die Flucht aus wirtschaftlichen Gründen. Der Begriff „Wirtschaftsflüchtling" impliziert eine Delegitimierung von Menschen, die aus existenziellen Gründen nach Europa kommen. Einige namhafte ExpertInnen lehnen diese Argumentation grundsätzlich ab und betonen, dass auch diese Menschen in gleichem Maße schutzbedürftig sind. Dazu zählt etwa Klaus J. Bade, emeritierter Professor an der Universität Osnabrück. In der deutschen Wochenzeitung Die Zeit stellt er fest, dass es für viele Menschen nur die Alternative „Flucht oder Verelendung" gebe.[4] In diesem Zusammenhang wird auch häufig auf Europas unfairen Handel verwiesen - etwa mit zahlreichen afrikanischen Ländern -, der Fluchtbewegungen fördern kann.

Zusätzlich sei gesagt, dass sich auch im europäischen Raum Personen finden, die ihr Land aufgrund besserer wirtschaftlicher Perspektiven verlassen. Ein Beispiel sind rumänische Altenpflegerinnen, die zu Hause nur etwa 200 Euro Monatslohn verdienen würden und deren Tätigkeit in Österreich dringend gebraucht wird. Die Wanderung nach Österreich aus wirtschaftlicher Not, beruflicher Perspektivenlosigkeit oder Armut ist also nicht auf bestimmte Kontinente beschränkt. Der Unterschied ist allerdings: EU-BürgerInnen können sich im gesamten EU-Raum niederlassen und sind lokalen Arbeitskräften am Arbeitsmarkt rechtlich gleichgestellt.

Die Bezeichnung „Wirtschaftsflüchtling" war allerdings nicht die Einzige, die im öffentlichen Diskurs gefallen ist. Interessanterweise wurden Flüchtlinge auch als „MigrantInnen" bezeichnet, insbesondere im englischsprachigen Kontext. Dies entspricht einem ähnlichen normativen Schema und war insbesondere am Höhepunkt ihrer Wanderung nach Europa im Jahr 2015 der Fall. In diesem Zeitraum waren Schlagzeilen über die „migration crisis" (Legrain 2015), „migrant crisis" (BBC 2016) oder den „migrant influx" (New York Times 2015) omnipräsent. Auch bei diesen

---

4   Die Zeit (2013), Die Angst vor den Armen, https://www.zeit.de/politik/deutschland/ 2013-10/armutsfluechtlinge (Zugegriffen: 1.Mai 2018).

Begriffen schwingt die Deutung mit, dass diese Menschen ihre Heimat nicht aus existenziell bedrohlichen Gründen verlassen haben, denn Migration gilt im Vergleich zu Flucht als freiwillige Wanderung.

Insgesamt zeigt sich: Die kritische Betrachtung der verwendeten Begrifflichkeiten ist von hoher Relevanz. Sprachsensibilität und -bewusstsein sind in Bezug auf Anerkennungs- und Abwertungsverhältnisse von großer Bedeutung. Denn durch derartige Diskurse und medial erzeugte Bilder werden bestimmte Deutungen und Vorstellungen forciert. Das betrifft nicht nur den Begriff „Wirtschaftsflüchtling", sondern beginnt bereits bei „Flüchtling". So hat die Bezeichnung „Geflüchtete" im Unterschied zu „Flüchtling" den Vorzug, dass auf eine bereits abgeschlossene Erfahrung verwiesen wird. Flüchtling ist man hingegen auf Dauer. Damit kann die sprachliche Differenzierung als politischer Deutungsakt gesehen werden.

Wie sieht es nun aber mit konkreten Zahlen zu den Ursachen von Flucht aus? Ist die verbreitete Wahrnehmung, dass die Mehrheit der zuletzt nach Österreich gekommenen Menschen aufgrund der wirtschaftlichen Situation aus ihrem Heimatland geflüchtet sind, empirisch überhaupt tragbar?

Fluchtgründe und Herkunftsländer

Die Datenlage im Forschungsfeld Flucht und internationale Migration weist eine Vielzahl an Einschränkungen auf. So ist die Auswahl der Stichproben und die Repräsentativität der Zahlen eine große Herausforderung. Zudem stellt sich der Feldzugang nicht immer als problemlos dar. Auch sprachliche Barrieren und Fragen der Alphabetisierung sind bei der Datenerhebung nicht zu unterschätzen.

Vor kurzem führten die Institute für Soziologie und Wirtschaftssoziologie an der Universität Wien eine breit angelegte Studie über die Arbeitsmarktintegration von Geflüchteten durch.[5] In einer Wien-weiten Erhebung in verschiedenen Grundversorgungsquartieren und im Caritas Asylzentrum füllten im Zeitraum von Mai bis August 2017 etwa 1600 Personen – überwiegend aus Syrien, Afghanistan, Irak und Iran - einen Fragebogen aus; mehr als die Hälfte davon schloss die Befragung vollständig ab (Verwiebe et al. 2018). Die Ergebnisse verdeutlichen, dass knapp jede/r zweite Befragte aus Angst vor gewaltsamen Konflikten oder Krieg geflüchtet ist (siehe Tabelle 1). Nur 12%, also knapp jede achte Person, gab als Hauptursache die allgemeine wirtschaftliche Situation im Land an.

---

5   Die Studie wurde aus Mitteln des Jubiläumsfonds der Österreichischen Nationalbank, Projektnummer 17176, Laufzeit November 2016 bis April 2019, finanziert.

Tabelle 1: Fluchtgründe von Flüchtlingen in Wien (in Prozent, Mehrfachantworten möglich; N=957)

	Gründe das Heimatland zu verlassen	Prozent
1	Angst vor gewaltsamen Konflikten oder Krieg	47
2	Angst vor Zwangsrekrutierung zum Militär oder bewaffneten Gruppen	25
3	Verfolgung aufgrund von religiöser Zugehörigkeit	22
4	Verfolgung aufgrund von politischem Engagement	19
5	Schlechte persönliche Lebensbedingungen	16
6	Allgemeine wirtschaftliche Situation im Land	12

Quelle: Verwiebe et al. (2018).

Ein Blick auf die Fluchtgründe je nach Herkunftsland liefert interessante Einsichten. So gab die Mehrheit der Personen aus dem Iran (53%) als Fluchtursache an, aufgrund von religiöser Zugehörigkeit verfolgt zu werden. Demnach wird die binäre Unterscheidung zwischen „Kriegsflüchtlingen" und „Wirtschaftsflüchtlingen", die im öffentlichen Diskurs mehrfach betont wurde, der Komplexität der Lage nicht gerecht. Im Gegensatz dazu gaben Befragte aus Syrien zu 71% Angst vor gewaltsamen Konflikten oder Krieg als Fluchtgrund an, während 20% gleichzeitig auf die allgemeine wirtschaftliche Situation im Land verwiesen. Hier zeigt sich besonders deutlich die enge Verstrickung zwischen politischer und wirtschaftlicher Instabilität.

Betrachtet man die statistischen Daten des Bundesministeriums für Inneres (2017), so zeigt der Blick auf die Nationen, aus denen die meisten Asylanträge kommen, dass zwischen Jänner und August 2017 Personen aus Syrien die höchsten Zahlen aufweisen (5.419), gefolgt von Afghanistan (2.620), Pakistan (1.036), Nigeria (1.026) und dem Irak (973). Während lediglich drei Prozent der syrischen Anträge eine negative Entscheidung erhalten haben, liegt die Rate bei afghanischen (34%), pakistanischen (54%), nigerianischen (84%) und irakischen (38%) BürgerInnen in diesem Zeitraum deutlich höher (BMI 2017, S. 6).

Die Zahlen verdeutlichen, dass die meisten Flüchtlinge aus Ländern kommen, in denen Krieg, Angst vor Verfolgung oder massive Unsicherheit herrscht. Diese Tendenz zeigt sich auch auf der globalen Ebene. Laut des UNHCR-Reports „Global Trends: Forced Displacement in 2016" (UNHCR 2017) sind 2016 weltweit 65,6 Millionen Menschen aufgrund von Konflikten, Gewalt oder Menschenrechtsverletzungen vertrieben worden, darunter 40 Millionen innerhalb des Landes und 22,5 Millionen über Landesgrenzen hinweg. Im Vergleich zum vorangegangenen Jahr stellte das eine Zunahme von 300.000 Personen dar.

Aufbauend auf der empirischen Datenlage zu den Fluchtursachen stellt sich nun die Frage, wie sich das Verhältnis von Geflüchteten zu allen zugewanderten Gruppen in Österreich gestaltet. Zählen die genannten Länder zu jenen Nationen, aus denen die höchsten Zuzüge nach Österreich stattfinden? Und aus welchen Staaten kommen die meisten ausländischen StaatsbürgerInnen?

Zahlen zu Flucht und Zuwanderung

Ein aktueller Bericht der Statistik Austria (2017) belegt, dass 2017 Rumänien den größten Anteil an Zuzügen nach Österreich hatte (16.700), knapp gefolgt von Deutschland (16.100) und Ungarn (13.300). Damit wird deutlich, dass die drei Gruppen mit den höchsten Zuzügen in Österreich aus dem EU-Raum kommen, wobei zwei davon direkte Nachbarländer sind. Zuzüge aus Drittstaaten kamen durch die Wanderung von Geflüchteten insbesondere aus Afghanistan (11.700), Syrien (9.000) und dem Iran (4.700) zustande.

Sieht man sich nun die Gesamtzahl der ausländischen Bevölkerung in Österreich nach Herkunftsnationalitäten an, so spiegeln auch hier die drei größten Gruppen nicht die aktuellen Fluchtbewegungen wider, sondern die Migrationsgeschichte der 1960er und 1970er Jahre. Unter den ausländischen Staatsangehörigen in Österreich sind 2017 weiterhin Deutsche die mit Abstand größte Gruppe. Am 1. Jänner 2017 lebten mehr als 181.600 deutsche StaatsbürgerInnen in Österreich[6], gefolgt von 118.500 serbischen und 116.800 türkischen Staatsangehörigen.

---

6   In diesem Kontext wird unter anderem von „Numerus-Clausus-Flüchtlingen" gesprochen.

Grafik 1: Ausländische Staatsangehörige in Österreich
(die 20 Länder mit den größten Zahlen; Stand 1.1.2017)

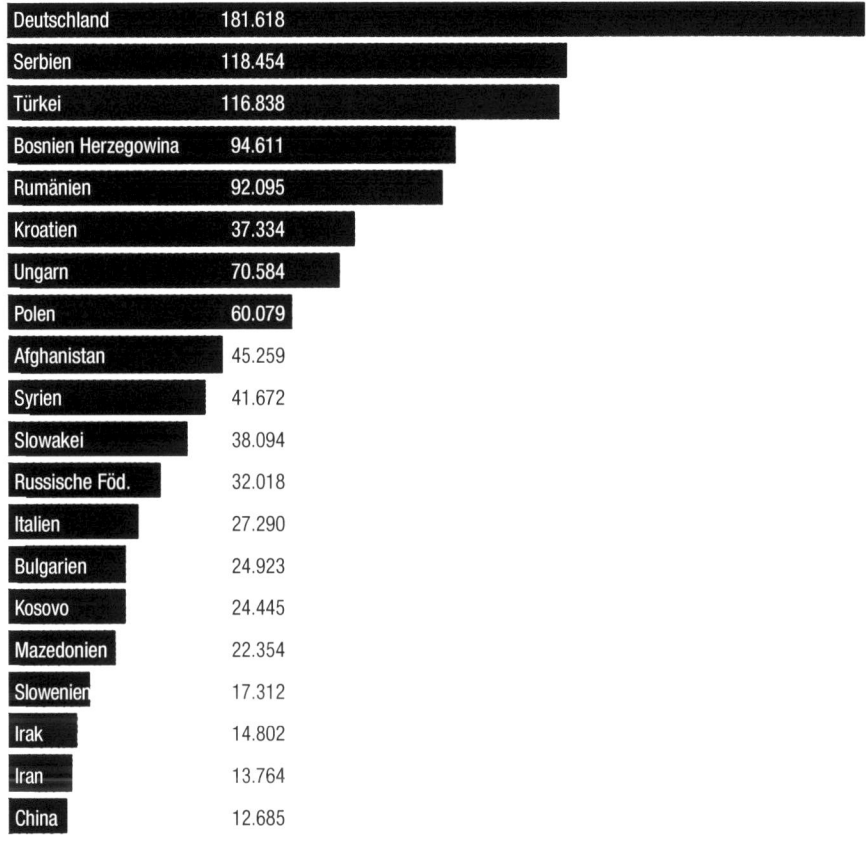

Deutschland	181.618
Serbien	118.454
Türkei	116.838
Bosnien Herzegowina	94.611
Rumänien	92.095
Kroatien	37.334
Ungarn	70.584
Polen	60.079
Afghanistan	45.259
Syrien	41.672
Slowakei	38.094
Russische Föd.	32.018
Italien	27.290
Bulgarien	24.923
Kosovo	24.445
Mazedonien	22.354
Slowenien	17.312
Irak	14.802
Iran	13.764
China	12.685

Quelle: Statistik Austria 2017, S. 27.

Serbien und die Türkei zählen zu jenen Ländern, aus denen Österreich vor rund 50 Jahren so genannte „GastarbeiterInnen" angeworben hat. Die ausländischen Arbeitskräfte sind aus wirtschaftlichen Gründen gekommen und wurden auf dem österreichischen Arbeitsmarkt mit offenen Händen empfangen. Die langfristige Immigration dieser Gruppen war von staatlicher Seite nicht vorgesehen, dennoch blieben viele davon nach dem Anwerbestopp in Österreich und holten ihre Familienangehörigen nach. Bis heute umfassen zwei der drei größten Einwanderungsgruppen in Österreich türkische und serbische ArbeitsmigrantInnen und ihre NachfahrInnen.

Auf Platz vier und fünf folgen Bosnien und Herzegowina (94.600) und Rumänien (92.100). Danach finden sich die Staatsangehörigen Kroatiens,

Ungarns, Polens, Afghanistans, Syriens und der Slowakei. Insgesamt kann anhand der Statistik widerlegt werden, dass die meisten MigrantInnen Flüchtlinge sind, wie auch, dass die meisten Flüchtlinge primär aus wirtschaftlichen Gründen nach Österreich kommen.

Fazit

Der Begriff „Wirtschaftsflüchtlinge" ist im öffentlichen Diskurs stark präsent und dient dazu, einen gravierenden Problemherd anzudeuten. Die vorliegenden Daten können diese These nicht stützen. Sie zeigen eindeutig, dass Geflüchtete nur einen geringen Teil aller ausländischen Angehörigen in Österreich ausmachen. Die überwiegende Anzahl der hier wohnhaften StaatsbürgerInnen aus dem Ausland kommen aus Deutschland, Serbien und der Türkei. Hingegen verweisen die Herkunftsländer der Geflüchteten in Österreich auf Regionen, in denen massive Konflikte, Kriege und politische Unsicherheiten herrschen. Die Wahrscheinlichkeit, dass bei diesen Personen im Heimatland eine Lebens- und Existenzbedrohung vorliegt, ist dementsprechend hoch. Geflüchtete kamen bzw. kommen ohne Frage auch aus wirtschaftlichen Gründen nach Österreich. Denn wenn ein Land von Krieg betroffen ist oder Menschen aufgrund ihrer religiösen oder ethnischen Zugehörigkeit verfolgt werden, gehen damit auch wirtschaftlich-finanzielle Notlagen und Armut einher. Doch diese Motivation ist keineswegs die primäre, wie auch anhand empirischer Daten gezeigt werden konnte.

Literatur

Bade, Klaus. 2013. Wirtschaftsflüchtlinge. Die Angst vor den Armen. https://www.zeit.de/politik/deutschland/2013-10/armutsfluechtlinge (Zugegriffen: 20. April 2018).
BBC. 2016. Migrant crisis: Migration to Europe explained in seven charts. http://www.bbc.com/news/world-europe-34131911 (Zugegriffen: 20. Apr. 2018).

Bundesministerium für Inneres. 2017. Vorläufige Asylstatistik August 2017. http://www.bmi.gv.at/301/Statistiken/files/2017/Asylstatistik_August_2017.pdf (Zugegriffen: 20. April 2018).

Legrain, Philippe. 2015. The Migration Crisis Is an Opportunity for Europe. http://www.brusselstimes.com/opinion/4258/the-migration-crisis-is-an-opportunity-for-europe (Zugegriffen: 20. April 2018).

New York Times. 2015. Migrant Influx May Give Europe's Far Right a Lift. https://www.nytimes.com/2015/09/08/world/europe/right-wing-european-parties-may-benefit-from-migrant-crisis.html (Zugegriffen: 18. April 2018).

Statistik Austria. 2017. migration & integration. zahlen. daten. indikatoren 2017. https://www.integrationsfonds.at/fileadmin/content/AT/Downloads/Publikationen/Statistisches_Jahrbuch_migration_integration_2017.pdf (Zugegriffen: 18. April 2018).

Stötzel, Georg und Martin Wengeler. 1995. Kontroverse Begriffe. Geschichte des öffentlichen Sprachgebrauchs in der Bundesrepublik Deutschland. Berlin: Walter de Gruyter.

UNHCR. 2017. Global Trends: Forced Displacement in 2016. http://www.unhcr.org/5943e8a34.pdf (Zugegriffen: 22. April 2018).

Verwiebe, Roland et al. 2018. Vorläufiger Bericht über die Umfrage zur Arbeitsmarktintegration von Geflüchteten in Wien. Wien: Institut für Soziologie und Institut für Wirtschaftssoziologie.

Wöhlcke, Manfred. 1992. Umweltflüchtlinge. Ursachen und Folgen. München: C.H. Beck.

Isabella Buber-Ennser und Judith Kohlenberger

„Die AsylwerberInnen der letzten Jahre sind meist AnalphabetInnen"

Die Schlagzeilen

„Hälfte der Syrien-Flüchtlinge schlecht ausgebildet"[1]; „Zwei Drittel können kaum lesen und schreiben"[2]; „Viele Flüchtlinge im Grund Analphabeten"[3] – Schlagzeilen dieser Art erschienen in den letzten Jahren immer wieder in den Medien.

Basierend auf einer Erhebung Ende 2015 unter Geflüchteten, die im Jahr 2015 nach Österreich kamen, wollen wir in diesem Kapitel vorrangig auf die Bildung von Geflüchteten eingehen. Diese Befragung – genannt DiPAS (Displaced Persons in Austria Survey) – war die europaweit erste empirische Sozialerhebung unter den Geflüchteten des Rekordjahres 2015. Sie nimmt damit eine Vorreiterrolle in der aktuellen Migrations- und Flüchtlingsforschung ein. In diesem Beitrag werden die Ergebnisse zum Humankapital von Geflüchteten präsentiert (Buber-Ennser et al. 2016), gemeinsam mit weiteren aktuellen Befunden aus Deutschland und Österreich. Aus den oben dargelegten Gründen liegt der Schwerpunkt auf Geflüchteten mit syrischer, irakischer und afghanischer Staatsbürgerschaft.

Diese drei Länder waren durch die Konsequenzen des Arabischen Frühlings, der 2010 begann, mitunter am stärksten von gewaltsamen Konflikten und in der Folge von starken Fluchtbewegungen betroffen. Während die meisten Menschen innerhalb ihres eigenen Landes auf der Flucht waren oder in Nachbarländer flüchteten, z.B. aus Syrien nach Jordanien, in den Libanon oder in die Türkei, haben sich andere auf den Weg nach Europa gemacht (Fargues 2015). Rund eine Million Flüchtlinge kamen allein zwischen Sommer und Ende Dezember 2015 nach Europa (IOM

---

1   Kronen Zeitung, 28.10.2015.
2   Die Zeit, 3.12.2015.
3   Die Welt, 13.3.2016.

2016). Zu den Geflüchteten aus dem Nahen Osten kamen noch Menschen anderer Nationen, die auf die de-facto-Liberalisierung der Einwanderungspolitik in vielen Ländern Europas reagierten. Diese Flüchtlinge prägten die mediale Berichterstattung und den gesellschaftlichen sowie politischen Diskurs. Während die überwiegende Mehrheit der im Jahr 2015 nach Europa Geflüchteten Asyl in Deutschland beantragen wollte (BAMF 2016a), kam ein beträchtlicher Anteil auch nach Österreich, wo knapp 90.000 Personen einen Asylantrag stellten (BMI 2016). Diese Zahl entspricht etwa einem Prozent der österreichischen Bevölkerung und knapp 7% aller AsylwerberInnen in der EU im Jahr 2015. Österreich war das viertgrößte Zielland von Asylsuchenden 2015 (Eurostat 2016).

Angesichts der gesellschaftlichen Bedeutung der großen Flüchtlingsbewegungen im Herbst 2015 für den gesamten europäischen Raum ist es wichtig, nicht nur festzustellen, wie viele Menschen um Asyl ansuchen, sondern auch zu erforschen, wer diese Menschen sind. Mit anderen Worten geht es darum, nicht nur Köpfe zu zählen, sondern auch zu erfahren, was in diesen Köpfen steckt – im Sinne von Werten, Identitäten, Fertigkeiten und Hoffnungen – und was sie den Gesellschaften ihrer Gastländer an Humankapital anbieten können. Hier ist vor allem die Ausbildung der ZuwanderInnen relevant, denn Bildung ist zentral für Selbstbestimmung, aber auch für die Möglichkeiten auf dem Arbeitsmarkt (Lutz et al. 2014).

Mehr und mehr werden die wirtschaftlichen Konsequenzen für die Aufnahmeländer untersucht, wie Auswirkungen auf die Wirtschaft und den Arbeitsmarkt der Gastländer (z.B. Aiyar et al. 2016; Bock-Schappelwein und Huber 2016; Ceritoglu et al. 2015; OECD 2016; Prettenthaler et al. 2017). Dabei wird betont, dass die Geflüchteten sich in Bezug auf Familienkontext, Bildung, berufliche Qualifikationen und Nationalitäten teils stark unterscheiden. Dies wurde in jüngster Zeit auf nationaler Ebene für Österreich und Deutschland beschrieben (Berger et al. 2016; Bock-Schappelwein und Huber 2016; Worbs et al. 2016).

AsylwerberInnen des Jahres 2015 in Europa

Die meisten Asylantragstellenden in Österreich im Jahr 2015 kamen aus Syrien, Afghanistan und dem Irak[4] (BMI 2016). Im Jahr 2014 waren dies 28% SyrerInnen, 4% IrakerInnen und 18% AfghanInnen, während die Hälfte aus anderen Ländern kamen (BMI 2015). Das heißt, dass sich die

---

4   Afghanistan: 29%; Syrien: 28%; Irak: 15%.

nationale Zusammensetzung der Asylantragstellenden der Jahre 2014 und 2015 erheblich unterscheidet. Welche Herkunftsländer zu den antragsstärksten zählten, hängt nicht nur vom Zeitpunkt der Ankunft in Europa, sondern auch vom jeweiligen Aufnahmeland ab: So variierten die Herkunftsländer der Asylsuchenden selbst in den geographisch und kulturell nahestehenden Nachbarländern Österreich, Deutschland und Schweiz stark (BAMF 2016b; BMI 2016; EJPD 2016). Demnach waren in Deutschland im Jahr 2015 Personen aus Syrien mit 34% die größte Gruppe. Als zweit- und drittgrößte Nationalitäten folgten allerdings Albanien (11%) und Kosovo (8%), während die AfghanInnen anteilsmäßig eine relativ kleine Gruppe bildeten (7%). In der Schweiz führten Personen aus Eritrea die Liste an (25%), gefolgt von AfghanInnen (20%). Die Zusammensetzung der AsylwerberInnen in Schweden und Norwegen hingegen glich im Jahr 2015 jener in Österreich.

Wie viele Familienangehörige werden nachkommen?

Immer wieder werden Mutmaßungen zum Familiennachzug der Geflüchteten angestellt und in den Medien mögliche Maßnahmen für ihre Beschränkung diskutiert.[5] Insgesamt 514 Erwachsene wurden in DiPAS befragt, wobei auch Angaben zu den EhepartnerInnen und zu den Kindern erhoben wurden. Damit wurden einerseits knapp 1.000 Geflüchtete in Österreich erfasst und andererseits nahe Verwandte (d.h. EhepartnerInnen oder Kinder), die zur Zeit der Befragung im Ausland waren. Daraus kann das Potential für einen Familiennachzug berechnet werden: Bezogen auf die bereits in Österreich lebenden Personen ergibt dies ein geschätztes Potential für Familienzusammenführungen von 38 Individuen pro 100 Asylsuchenden. Die Aufsplitterung der 38 Individuen pro 100 Asylsuchenden setzt sich im Durchschnitt wie folgt zusammen: zwei Frauen (Gattinnen), zwölf Männer (Gatten) und 24 minderjährige Kinder. Erwachsene Kinder sind eine kleinere Gruppe und zudem nicht zu formaler Familienzusammenführung berechtigt. Diese Schätzung, die auf empirischem Datenmaterial beruht, ist nicht unwesentlich für den gesellschaftli-

---

5   „Familien: Nachzug soll vor allem für Afghanen erschwert werden" (Kurier, 5.10.2015); „Asylrecht verschärft: Österreich erschwert Flüchtlingen Familiennachzug" (Handelsblatt, 3.11.2015); „D: Syrer könnten 500.000 Angehörige nachholen" (Kronen Zeitung, 8.6.2016); „Debatte um Familiennachzug: Flüchtlinge mal x = Panikmache" (Der Spiegel, 7.10.2015); „Familiennachzug: Wie viele kommen, ist nicht klar. Drei Angehörige pro Flüchtling?" (Deutschlandfunk, 11.11.2015).

chen und politischen Diskurs im Land. Für Deutschland konnte kürzlich gezeigt werden, dass die zehn Hauptherkunftsländer im Familiennachzug 2015 von Syrien angeführt wurden, gefolgt von der Türkei und der Russischen Föderation (Grote 2017).

Bildung der Geflüchteten 2015

Das Potenzial der Geflüchteten für die Eingliederung in den Arbeitsmarkt ergibt sich aus zwei Hauptkomponenten: dem Bildungsgrad und den beruflichen Qualifikationen (Niessen 2001). An dieser Stelle ist zu erwähnen, dass in der Migrationsforschung die positive Selektion von MigrantInnen mit höherer Bildung umfassend belegt ist und auch für die Einwanderungsströme in EU- und OECD-Länder gilt (z.B. Grogger und Hanson 2011). Obwohl sich Flüchtlinge und Asylsuchende von legalen ZuwanderInnen unterscheiden, ist trotzdem zu erwarten, dass Menschen, die mehrere Grenzen überwinden, indem sie oft Schlepperorganisationen für ihre Flucht bezahlen, in ihren Heimatländern zur Mittelschicht gehörten und somit Zugang zu Bildung hatten. Personen mit geringem Einkommen und vermutlich die am wenigsten Gebildeten könnten sich eine solche Reise nicht leisten und würden stattdessen innerhalb ihres Heimatlandes oder in ein Nachbarland flüchten. Darüber hinaus könnten weniger Gebildete eher geneigt sein, zum Militär zu gehen als Männer mit besserer Bildung. Diese haben auch Zugang zu Alternativen, einschließlich der Wehrdienstverweigerung, die in Syrien seit Beginn des Bürgerkriegs sehr häufig stattfindet.

Unter den Geflüchteten gibt es nur einen geringen Anteil, der keinerlei schulische Bildung genossen oder nur wenige Jahre in einer Primarschule verbracht hat, ohne dort einen Abschluss zu erzielen (15%) (Abbildung 1). Knapp die Hälfte verfügt zumindest über höhere Sekundarbildung (in Österreich zählen dazu Lehre, BMS, BHS, AHS, Fachmatura, FH, Akademie oder Studium). Die Unterschiede zwischen den Nationalitäten sind markant: Während rund die Hälfte der syrischen und irakischen erwachsenen Geflüchteten zumindest höhere Sekundarbildung aufweisen, liegt dieser Anteil bei den AfghanInnen unter 30%. Geflüchtete aus Afghanistan verfügten wesentlich öfter über keine formale Bildung oder waren nur einige Jahre zur Schule gegangen und hatten höchstens einen Abschluss der Sekundarstufe I (in Österreich Volksschule, NMS oder AHS Unterstufe). Geschlechtsspezifische Unterschiede in der Bildung sind relativ gering. Ein deutlicher Unterschied zeigt sich lediglich bei Personen ohne Schulbildung, wo Frauen mit 10% einen höheren Anteil stellen als Männer (4%).

Die oben dargestellte Zusammensetzung ist für die im Ausland lebenden nahen Angehörigen ähnlich; Letztere verfügen sogar im Schnitt über eine etwas höhere Bildung. Obwohl die Informationen zu den EhepartnerInnen und Kindern von den Befragten stammen und verzerrt sein könnten, ist es wichtig, auch die im Herkunftsland gebliebenen Mitglieder der Kernfamilie zu betrachten, da sie in den kommenden Jahren durch Familiennachzug nach Österreich kommen könnten.

Weiters ist auffällig, dass Personen, die zwischen Januar und August 2015 ankamen, weniger gut gebildet waren als jene, die später eintrafen: Gut ein Drittel der ersten Gruppe hatten obere Sekundarschul- oder noch höhere Bildung, verglichen mit der Hälfte derjenigen, die Österreich von September bis Dezember 2015 erreichten. Unter den früheren Ankömmlingen fanden sich allerdings auch mehr Menschen mit maximal Primarbildung.

Die Ergebnisse der DiPAS-Studie sind in gewisser Weise eine Momentaufnahme der Geflüchteten, die Ende 2015 in und um Wien untergebracht waren. Zum Zeitpunkt der Befragung befanden sich die meisten von ihnen noch im Asylverfahren, somit war unklar, wer Flüchtlingsstatus oder subsidiären Schutz in Österreich erhalten würde. Es zeigt sich aber, dass sämtliche 2016 oder 2017 in Österreich veröffentlichten Berichte auf ein sehr ähnliches Bildungsprofil unter Flüchtlingen aus Syrien, dem Irak und Afghanistan schließen lassen (Tabelle 1).

Tabelle 1: Bildungsabschlüsse in aktuellen Befragungen unter Flüchtlingen in Österreich und Deutschland

DiPAS							
	Keine formale Bildung (ISCED 0)	Nicht abgeschlossene Primarstufe (ISCED 0)	Primar- oder Sekundarstufe (ISCED 1-2)	Sekundarstufe II (ISCED 3)	Postsekundar (ISCED 4+)	Summe	Anzahl der Befragten
Syrien	2 %	5 %	40 %	26 %	27 %	100 %	211
Irak	1 %	8 %	46 %	15 %	31 %	100 %	240
Afghanist.	25 %	21 %	24 %	19 %	10 %	100 %	107

AMS Kompetenzchecks						
	Keine Schulbildung	Grundschule	Pflichtschule	Matura	Studium	Summe	Anzahl der Befragten
Syrien	2 %	12 %	24 %	37 %	25 %	100 %	2.728
Irak	4 %	13 %	26 %	24 %	33 %	100 %	331
Afghanist.	25 %	23 %	30 %	15 %	5 %	100 %	1.401

Gesamterhebung 2016 in Salzburg						
	Keine Schulbildung	1 – 4 Jahre Schulbildung	5 – 8 Jahre Schulbildung	9 – 12 Jahre Schulbildung	Universitäts-abschluss	Summe	Anzahl der Befragten
Syrien	8 %	2 %	20 %	45 %	25 %	100 %	665
Irak	5 %	3 %	21 %	44 %	27 %	100 %	499
Afghanist.	29 %	17 %	27 %	24 %	4 %	100 %	1.013

Erhebung 2016 in W, NÖ, OÖ, B							
	Kein Grundschul-abschluss	Grund-schule	Sekundar-stufe	Höherer Abschluss	Uni. studium (nicht abgeschl.)	Universi-täts-abschluss	Summe	Anzahl der Befragten
Syrien	6 %	11 %	31 %	22 %	10 %	21 %	100 %	397
Irak	5 %	9 %	35 %	24 %	5 %	22 %	100 %	176
Afghanist.	28 %	9 %	23 %	24 %	10 %	5 %	100 %	296

Erhebung 2016 in OÖ							
	Kein Abschluss	Grund-schule	Pflicht-schule	Matura	Universität	Keine Angabe	Summe	Anzahl der Befragten
Syrien	12 %	16 %	28 %	20 %	13 %	11 %	100 %	880
Irak	10 %	19 %	32 %	16 %	19 %	5 %	100 %	717
Afghanist.	17 %	19 %	22 %	8 %	3 %	31 %	100 %	2.182

IAB-BAMF-SOEP Befragung 2016							
	Keine Schule besucht	Kein Schulab-schluss	Mittelschul-abschluss	Weiter-führender Schulab-schluss	Sonstiger Schul-abschluss	Keine Angabe	Summe	Anzahl der Befragten
Syrien	5 %	21 %	22 %	40 %	4 %	9 %	100 %	1.165
Irak	15 %	31 %	25 %	19 %	2 %	8 %	100 %	248
Afghanist.	26 %	31 %	11 %	17 %	4 %	11 %	100 %	263

SoKo-„Datenbank", alle volljährigen AsylantragstellerInnen 2016						
	Keine Schulbildung	Grundschule	Mittelschule	Gymnasium	Hochschule	Summe	Anzahl der Befragten
Syrien	5 %	19 %	30 %	25 %	21 %	100 %	135.470
Irak	16 %	26 %	29 %	16 %	13 %	100 %	48.358
Afghanist.	28 %	24 %	22 %	20 %	7 %	100 %	55.782

Quellen: AMS 2017; Brücker et al. 2016; Buber-Ennser et al. 2016; Kohlbacher et al. 2017; Mitterndorfer 2017; Neske 2017; OÖ Landesregierung 2017.

Vergleich mit Österreich

In der gleichaltrigen österreichischen Bevölkerung ist der Anteil hochgebildeter Personen ähnlich wie in DiPAS, vor allem unter den syrischen und irakischen Befragten (Buber-Ennser et al. 2016). Aber während in Österreich jede/r Zweite eine abgeschlossene höhere Sekundarbildung hat, ist diese Bildungsgruppe unter den Geflüchteten weniger als halb so groß. Am unteren Ende der Bildungsskala ist der Anteil der Befragten mit maximal Primarbildung unter den Zugewanderten weitaus höher (30%) als in der österreichischen Bevölkerung (2%). Zur Vergleichbarkeit der Bildungsabschlüsse kommen wir am Ende dieses Beitrags zu sprechen.

Vergleich mit den Heimatländern der Geflüchteten

Wie zuvor erwähnt ist zu erwarten, dass Geflüchtete besser gebildet sind als die Gesamtbevölkerung in ihrem Heimatland. Dies bestätigen unsere Befunde. Der hohe Anteil von Geflüchteten mit post-sekundärer Bildung zeigt deutliche Unterschiede zur Gesamtbevölkerung in den Herkunftsländern. Die syrischen und afghanischen Befragten und ihre PartnerInnen und erwachsenen Kinder sind weitaus höher gebildet als die Gesamtbevölkerung ihrer Heimatländer. Obwohl die afghanischen Geflüchteten ein niedrigeres Bildungsniveau aufweisen als die syrischen und irakischen Befragten, sind sie dennoch besser gebildet als Erwachsene in Afghanistan. Wie weiter oben gezeigt, besitzen die irakischen Befragten den höchsten Bildungsgrad; immerhin 31% verfügen über einen post-sekundären Abschluss.

Dies deutet auch darauf hin, dass es sich um eine in hohem Maße selbstselektierte Gruppe handelt, die nicht repräsentativ für die irakische Gesamtbevölkerung ist. Dort verfügt – laut UNICEF (MICS 2012) – die Mehrheit höchstens über eine Primarschulbildung (51% unter den Haushaltsvorständen und 57% unter den Frauen). Da Geflüchtete im Durchschnitt jünger sind als die Herkunftsbevölkerung (alte Menschen wollen und können nicht mehr eine beschwerliche Reise auf sich nehmen), wurde, soweit möglich, mit der gleichaltrigen Altersgruppe im Herkunftsland verglichen (Syrien: 20-59 Jahre; Afghanistan: 25+ Jahre; siehe Abbildung 1). Für Syrien haben wir den Vergleich nur auf die Altersgruppe 25-45 beschränkt und ähnliche Ergebnisse erhalten wie für 20- bis 59-Jährige (siehe Buber-Ennser et al. 2016)

Abbildung 1: Bildungsabschlüsse der Geflüchteten und der vergleichbaren Personen in ihren Heimatländern

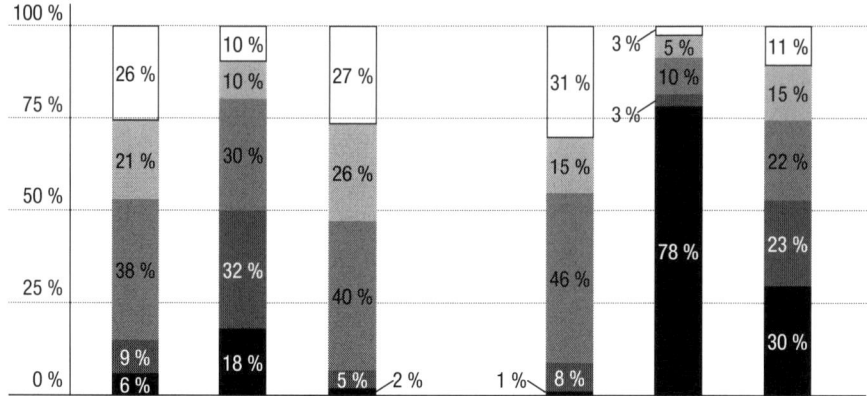

■ Keine formale Bildung, ■ nicht abgeschlossene Primarstufe (ISCED 0), ■ Primar- oder Sekundarstufe (ISCED 1-2),
■ Sekundarstufe II (ISCED 3), ☐ Postsekundar (ISCED 4+)

Quellen: DiPAS (Buber-Ennser et al. 2016), Central Bureau of Statistics (2004) für Syrien, Central Statistics Organisation (2014) für Afghanistan. Anmerkung: Für die irakische Bevölkerung ist keine repräsentative Umfrage aus der näheren Vergangenheit verfügbar. Das Altersspektrum spiegelt die Datenverfügbarkeit wider.

Weitere Indizien für AsylwerberInnen
aus der Mittelschicht

Vor ihrer Flucht nach Österreich lebten vier Fünftel im eigenen Haus oder dem ihrer Familie, während nur 20% zur Miete wohnten. Haus- oder Wohnungseigentum war besonders häufig bei syrischen und irakischen Befragten, etwas seltener bei den AfghanInnen. Etwa ein Viertel schätzten ihre Reisekosten pro Person auf weniger als USD 2.000 und ein weiteres Viertel zahlte zwischen USD 2.000 und 2.999. Rund 20% hatten USD 3.000-3.999 gezahlt und 30% nannten Kosten von über USD 4.000 pro Person. Angesichts der Tatsache, dass das jährliche Pro-Kopf-Einkommen in Syrien im Jahr 2010 ca. USD 3.000 betrug, entsprechen derartige Kosten einem Jahreseinkommen vor Kriegsbeginn in Syrien (Statistical Office of the Republic of Syria; UN 2016). Wenn ganze Familien reisten, mussten sie ein Vielfaches hiervon zahlen. Da sich der Wechselkurs zwischen 2011 und 2015 noch drastisch verschlechterte, bedeuten derartige Kosten der Flucht in Realität eine noch weitaus größere finanzielle Belastung.

Glaubwürdigkeit der Angaben und Zusammenschau mit anderen Befunden

Die vorliegende Studie bezieht die Qualität der Schulbildung nicht mit ein, sondern konzentriert sich auf Angaben über die erreichten Bildungsabschlüsse. Jedoch wurden bei der Erfassung des Bildungsgrads keine Zeugnisse verlangt. Allerdings zeigen Analysen der Kompetenzchecks des AMS (Arbeitsmarktservice Österreich) (2016), dass die Qualifikationsniveaus der Geflüchteten weitgehend mit dem Grad ihrer Schulbildung und/oder beruflichen Ausbildung übereinstimmen. Die Kompetenzchecks verifizieren die fehlenden Zertifikate in gewissem Maße.

Auch jüngste Befunde aus Deutschland kommen zu dem Schluss, dass Asylsuchende verschiedener Herkunft sehr heterogen zusammengesetzt sind und ein breites Spektrum zwischen Gering- und Hochqualifizierten abdecken (Johansson 2016). Sie sprechen ebenfalls von einer positiv selektierten Bevölkerungsgruppe im Vergleich zur Bevölkerung ihrer Herkunftsländer. Dies gilt sogar für Flüchtlinge aus weniger entwickelten Ländern wie Afghanistan (Worbs et al. 2016). Es wird betont, dass das Bildungsniveau der SyrerInnen vergleichsweise hoch ist, weil dort bis zum Ausbruch des Bürgerkriegs im Jahr 2011 ein guter Zugang zu höheren Bildungseinrichtungen gewährleistet war. Ein ähnlich hohes oder höheres Niveau wurde unter den Geflüchteten aus dem Iran und den Nachfolgestaaten der Sowjetunion beobachtet (Brücker et al. 2016).

Ausblick

Die syrischen und irakischen Befragten, die im Sommer und Herbst 2015 nach Österreich kamen, weisen einen relativ hohen Bildungsgrad auf. Dies widerlegt die weit verbreitete öffentliche Annahme, Asylsuchende und Flüchtlinge seien ungebildet oder gar AnalphabetInnen. Auch von Radetzky und Stoewe (2016) sprechen dezidiert kursierende Gerüchte an und kommen für Deutschland zum Schluss, dass viele Annahmen über die Bildung in Syrien nicht oder nur teilweise der Realität entsprechen. Was die Anerkennung von Qualifikationen ausländischer Abschlüsse betrifft, ist eine zeitnahe Nostrifizierung der Dokumente für Geflüchtete und ihren Einstieg im österreichischen und europäischen Arbeitsmarkt sehr wichtig (siehe auch Kirilova et al. 2016). Für die Integration am österreichischen Arbeitsmarkt ist freilich auch die Sprache und nicht nur die Bildung wesentlich, und so ist für die Einbringung des Humankapitals der Geflüchteten das Erlernen der deutschen Sprache ganz wesentlich. Dafür stellt jedoch die allgemein relativ gute Ausbildung eine gute Grundlage dar. Dass die Flüchtlinge und AsylwerberInnen zum Erlernen der deutschen Sprache bereit sind, zeigt der Beitrag von Verena Blaschitz et al. in diesem Band.

Literatur

Aiyar, Shekhar et al. 2016. The Refugee Surge in Europe: Economic Challenges. Washington DC: International Monetary Fund.

AMS. 2016. Asylberechtigte auf Jobsuche. Kompetenzcheck-Ergebnisse und Integrationsmaßnahmen im Jahr 2016. http://www.ams.at/_docs/Pressekonferenz-Asylberechtigte-auf-Jobsuche-12-01-2016.pdf (Zugegriffen: 1. Feb. 2018).

AMS. 2017. Arbeitsmarktintegration geflüchteter Menschen: Bilanz und Ausblick. Pressekonferenz. Wien: AMS.

BAMF. 2016a. Aktuelle Zahlen zu Asyl. Ausgabe März 2016. Nürnberg: Bundesamt für Migration und Flüchtlinge.

BAMF. 2016b. Asylgeschäftsstatistik für den Monat Dezember 2015. Nürnberg: Bundesamt für Migration und Flüchtlinge.

Berger, Johannes et al. 2016. Ökonomische Analyse der Zuwanderung von Flüchtlingen nach Österreich. Schriftenreihe Migration und Globalisierung. Krems: Donau-Universität Krems.

BMI. 2015. Asylstatistik 2014. Wien: Bundesministerium für Inneres.

BMI. 2016. Asylstatistik 2015. Wien: Bundesministerium für Inneres.

Bock-Schappelwein, Julia und Peter Huber. 2016. Zur Arbeitsmarktintegration von Asylsuchenden in Österreich. WIFO Monatsberichte 3/2016. Wien: WIFO.

Brücker, Herbert, Nina Rother und Jürgen Schupp (Hrsg.). 2016. IAB-BAMF-SOEP-Befragung von Geflüchteten: Überblick und erste Ergebnisse. IAB-Forschungsbericht 14/2016. Nürnberg: IAB.

Buber-Ennser, Isabella et al. 2016. Human Capital, Values, and Attitudes of Persons Seeking Refuge in Austria in 2015. PLoS ONE 11(9):e0163481. doi:10.1371/journal.pone.0163481

Central Bureau of Statistics. 2004. Census 2004. Table 20. Damascus: CBS. http://www.cbssyr.sy/General%20census/census%202004/General%20census%20tab2.htm (Zugegriffen: 1. Feb. 2018).

Central Statistics Organisation. 2014. National risk and vulnerability assessment 2011-2012. Afghanistan Living Conditions Survey. Kabul: CSO.

Ceritoglu, Evren et al. 2015. The impact of Syrian refugees on natives' labor market outcomes in Turkey: Evidence from a quasi-experimental design. Discussion Paper No. 9348. Bonn: IZA.

EJPD. 2016. Asylstatistik 2015. Bern-Wabern: Eidgenössisches Justiz- und Polizeidepartement EJPD.

Eurostat. 2016. Eurostat: Your key to European statistics. http://ec.europa.eu/eurostat/web/asylum-and-managed-migration/data/database (Zugegriffen: 1. Feb. 2018).

Fargues, Philippe. 2015. 2015: The year we mistook refugees for invaders. Florenz: Migration Policy Center.

Grogger, Jeffrey und Gordon H. Hanson. 2011. Income maximization and the selection and sorting of international migrants. Journal of Development Economics 95:42-57.

Grote, Janne. 2017. Familiennachzug von Drittstaatsangehörigen nach Deutschland. Nürnberg: BAMF.

IOM. 2016. Mixed migration flows in the Mediterranean and beyond: Compilation of available data and information. Geneva: International Organization for Migration.

Johansson, Susanne. 2016. Was wir über Flüchtlinge (nicht) wissen. Berlin: Sachverständigenrat deutscher Stiftungen für Integration und Migration (SVR).

Kirilova, Sofia et al. 2016. Anerkennung von Qualifikationen. Fakten, Erfahrungen, Perspektiven. ÖIF-Forschungsbericht. Wien: ÖIF.

Kohlbacher, Josef et al. 2017. Wertehaltungen und Erwartungen von Flüchtlingen in Österreich. Endbericht. Wien: BMEIA.

Lutz, Wolfgang, William P. Butz und Samir KC (Hrsg.). 2014. World population and human capital in the twenty-first century. Oxford: Oxford University Press.

MICS. 2012. Iraq multiple indicator cluster survey 2011. Final Report. Baghdad, Irak.

Mitterndorfer, Peter. 2017. Qualifikations-Screening von Asylwerbenden in der Grundversorgung des Landes Salzburg 2016. Salzburg: Landesamtsdirektion.

Neske, Matthias. 2017. Sozialstruktur, Qualifikationsniveau und Berufstätigkeit. Volljährige Asylerstantragsteller in Deutschland im Jahr 2016. Nürnberg: BAMF.

Niessen, Jan. 2001. Diversity and cohesion: New challenges for the integration of immigrants and minorities. Straßburg: Council of Europe.

OECD. 2016. Making integration work: Refugees and others in need of protection. http://dx.doi.org/10.1787/9789264251236-en (Zugegriffen: 1. Feb. 2018).

OÖ Landesregierung. 2017. Qualifikation Asylwerber/innen. Linz: Amt der OÖ Landesregierung.

Prettenthaler, Franz et al. 2017. Ökonomische Effekte von Asylberechtigten in Österreich. Analyse der arbeitsmarktrelevanten Zahlungsströme. Graz: Joanneum Research.

Statistical Office of the Republic of Syria. http://www.cbssyr.sy/index-EN.htm (Zugegriffen: 1. Feb. 2018).

UN. 2016. UN data. World Statistics Pocketbook.

von Radetzky, Marie-Claire und Kristina Stoewe. 2016. Bildungsstand syrischer Flüchtlinge - 5 Gerüchte auf dem Prüfstand. IW-Kurzberichte 20. Köln: Institut der deutschen Wirtschaft Köln.

Worbs, Susanne, Eva Bund und Axel Böhm. 2016. Asyl und dann? Die Lebenssituation von Asylberechtigten und anerkannten Flüchtlingen in Deutschland. BMF-Flüchtlingsstudie 2014. Nürnberg: BAMF.

Franz Prettenthaler, Christoph Neger

„Flüchtlinge kommen um unser Sozialsystem auszunutzen, sie verursachen nur Kosten"

Einleitung

Ein wichtiger Punkt in der Diskussion um Zuwanderung in Österreich ist die Fragestellung, wie sich diese auf das Sozialsystem auswirkt. Im Hinblick auf Zuwanderung von EU-BürgerInnen sowie von StaatsbürgerInnen aus Drittstaaten mit Niederlassungsbewilligung, „Rot-Weiß-Rot-Karte" oder sonstiger Aufenthaltserlaubnis, sind die Effekte auf den Staatshaushalt eindeutig positiv, da diese Menschen in der Mehrheit nach Österreich kommen, um hier zu arbeiten; sie sind somit was das Sozialsystem anbelangt zum Großteil „Netto-ZahlerInnen". Das Sozialministerium gab zum Beispiel 2016 an, dass ausländische StaatsbürgerInnen im Jahr davor 4,5 Milliarden Euro ins Sozialsystem einzahlten, während sie im Gegenzug 2,1 Milliarden Euro an Pensionen, Kranken- und Arbeitslosengeld erhielten (Austria Presse Agentur, zitiert in Die Presse, 23.11.2016). Diese Tendenz wird auch durch wissenschaftliche Studien, die längere Zeiträume betrachten, wie beispielsweise Mazal et al. (2017), bestätigt.

Anders ist es jedoch bei der Zuwanderung von Flüchtlingen. Hier besteht vielfach die Befürchtung, dass diese hohe Kosten verursacht, welche das Sozialsystem übermäßig belasten könnten. Besonders aufgrund der stark angestiegenen Zahl von Flüchtlingen im Jahr 2015 hat sich dies in den vergangenen Jahren zu einem wichtigen Thema in den politischen Debatten entwickelt. So erklärte beispielsweise 2017 Sebastian Kurz, zu diesem Zeitpunkt Bundesminister für Europa, Integration und Äußeres, er spreche sich gegen die unbeschränkte Aufnahme von Flüchtlingen aus, da er überzeugt sei, „... dass wir in Österreich dringend die Zuwanderung in unser Sozialsystem beenden müssen" (meinbezirk.at, 15.09.2017). Im Jahr davor hatte es eine Sondersitzung des Nationalrats gegeben, welche von der Parlamentskorrespondenz mit „Stößt Flüchtlingskrise an die Grenzen der Belastbarkeit?" betitelt wurde (Parlament, 13.09.2016). Die Thematik

Flüchtlinge und Sozialsystem nimmt auch bedeutenden Raum im Programm der am 18.12.2017 neu angelobten österreichischen Regierung ein.

Die politische Debatte widmet sich nicht nur der Frage, wieviele Flüchtlinge aufgenommen werden. Sie thematisiert auch, wieviel der Staat für jeden einzelnen Flüchtling ausgibt und ob bereits anerkannten Asylberechtigten dieselben Sozialleistungen zuerkannt werden sollten wie InländerInnen. Dabei wird argumentiert, dass in einem Sozialstaat, der auf relativ hohe solidarische Beiträge der SteuerzahlerInnen angewiesen ist, die Ausgaben im Großen und Ganzen als gerecht angesehen werden müssen und nicht jahrelange BeitragszahlerInnen beispielsweise unter dem Strich den neuen Bevölkerungsgruppen gegenüber schlechter gestellt werden dürfen. Auf der anderen Seite wird aber auch darauf hingewiesen, dass die Wirtschaft durch die Aufnahme der Flüchtlinge profitiere. Grundlage dieser Annahme ist die These, dass auf lange Sicht die Ausgaben, die der Staat für die Aufnahme der Flüchtlinge tätigt, über Steuereinnahmen und die Beiträge ins Sozialsystem von arbeitenden Asylberechtigten wieder hereinkommen. Dies gelte insbesondere deshalb, weil die Bevölkerungszahl ohne Wanderungsgewinne stagnieren würde und kaum wirtschaftliches Wachstum möglich wäre.

Diese und ähnliche Diskussionen werden oftmals sehr emotional geführt, geprägt durch ideologische Ansichten, kaum aber auf Basis klarer Zahlen und Fakten. Es gibt jedoch wissenschaftliche Studien, die der Frage nachgehen, wie sich die Aufnahme von Flüchtlingen tatsächlich auf das österreichische Sozialsystem auswirkt. Dieser Beitrag geht in einem ersten Abschnitt darauf ein, welche Sozialleistungen von Flüchtlingen je nach dem ihnen zuerkannten Status in Anspruch genommen werden können. Danach werden zwei im Jahr 2017 veröffentlichte Studien zu dem Thema vorgestellt, welche auf den ersten Blick widersprüchliche Ergebnisse zu den Auswirkungen der Flüchtlingsmigration auf das Sozialsystem liefern. Schließlich wird diskutiert, wie es zu diesen unterschiedlichen Resultaten kommt und was als Fazit aus diesen herausgelesen werden kann.

Sozialleistungen für Flüchtlinge

Flüchtlinge kommen in Österreich am Anfang zu einer Erstaufnahmestelle, wo in einem Zulassungsverfahren geklärt wird, ob ein Asylantrag gestellt werden kann. Danach läuft das Asylverfahren, welches mitunter mehrere Jahre dauert. In dieser Zeit erhalten die Asylwerbenden vom Staat eine Grundversorgung, welche noch bis zu vier Monate nach Erhalt des positiven Asylbescheides in Anspruch genommen werden kann. Die

Höhe der Grundversorgung hängt von unterschiedlichen Faktoren, wie zum Beispiel der Art der Unterkunft, ab. Für das Jahr 2016 schätzte der Fiskalrat (zitiert in Mazal et al. 2017) die durchschnittliche jährliche Höhe pro Person auf EUR 11.800,00, während das Bundesministerium für Finanzen (zitiert in Prettenthaler et al. 2017) von einer durchschnittlichen jährlichen Höhe von EUR 10.700,00 ausging.

Nach positiver Erledigung des Asylverfahrens haben Asylberechtigte einen mit österreichischen StaatsbürgerInnen gleichwertigen Zugang zum österreichischen Arbeitsmarkt. Sie müssen, wenn sie beschäftigt sind, Lohnsteuer und Sozialversicherungsbeiträge zahlen und haben Anspruch auf Transferleistungen wie Familienbeihilfe und Kinderbetreuungsgeld. In eingeschränkter Weise gilt das auch für subsidiär Schutzbedürftige. Dabei handelt es sich um Personen, deren Asylantrag zwar abgewiesen wurde, deren Leben oder Gesundheit aber im Herkunftsland bedroht wäre und die deshalb vor Abschiebung geschützt sind (zur Vereinfachung wird im vorliegenden Text in der Folge nicht weiter zwischen Asylberechtigten und subsidiär Schutzbedürftigen unterschieden).

Asylberechtigte, die keiner Beschäftigung nachgehen, erhielten bislang die bedarfsorientierte Mindestsicherung oder, wenn sie zuvor im entsprechenden Ausmaß beschäftigt waren, Arbeitslosengeld. Dieses wird grundsätzlich für 20 Wochen zuerkannt, danach besteht ein Anspruch auf Notstandshilfe. Falls die Höhe des zustehenden Arbeitslosengeldes oder der Notstandshilfe unter dem Mindeststandard liegt, kommt es zu einer Aufstockung durch die bedarfsorientierte Mindestsicherung. In Hinblick auf die Mindestsicherung ist es in den vergangenen Jahren zu Änderungen gekommen. In Oberösterreich beispielsweise gilt seit 2016 eine Regelung, wonach AsylwerberInnen statt der Mindestsicherung (2018: EUR 921,30 im Monat für alleinstehende Erwachsene) nur noch eine Basisleistung (405,00 Euro) sowie bei Einhaltung einer Integrationserklärung einen Steigerungsbetrag (155,00 Euro) erhalten (AK Oberösterreich 2018). Im Folgenden werden zwei neuere Studien vorgestellt, die sich mit der Frage der Leistungen bzw. Einnahmen des Sozialsystems durch ZuwanderInnen und AsylwerberInnen befassten.

Flüchtlinge als Belastung für das Sozialsystem

Die erste Studie, die hier vorgestellt werden soll, trägt den Titel „Fiskalische Effekte verschiedener Migrationsformen: Analyse der Migrationsströme der Jahre 2013-2018" (Mazal et al. 2017) und wurde von EcoAustria und dem Österreichischen Institut für Familienforschung im Auftrag des Österreichischen Integrationsfonds durchgeführt. Ziel dieser Studie war die Analyse der ökonomischen und fiskalischen Auswirkungen der Migration nach Österreich, aufbauend auf einer vorherigen Studie von Berger et al. (2016), jedoch auf Basis aktuellerer Zahlen. Dabei wurden neben der Migration von Flüchtlingen auch andere Formen der Zuwanderung berücksichtigt, etwa von EU-BürgerInnen und StaatsbürgerInnen aus Drittstaaten mit Niederlassungsbewilligung, „Rot-Weiß-Rot-Karte" oder sonstiger Aufenthaltserlaubnis. Diese übrigen Zuwanderungsformen haben, wie die Studie zeigt, alle eindeutig positive Effekte auf den Staatshaushalt. Hier soll jedoch nur darauf eingegangen werden, wie diese Untersuchung die Effekte von Asyl einschätzt, da auch die zweite Studie sich auf das Thema Asylberechtigte/subsidiär Schutzberechtigte beschränkt.

Der von der Studie betrachtete Zeitraum betrifft die Jahre 2013 bis 2018, wobei die Zahlen zu Migration für 2013 bis 2016 auf der Wanderungsstatistik und jene für 2017 und 2018 auf der Bevölkerungsprognose der Statistik Austria basieren. Demnach kommen in diesem Zeitraum 194.201 neue AsylwerberInnen in Österreich an, während 62.578 das Land wieder verlassen, was einen Saldo von 131.623 zusätzlichen AsylwerberInnen ergibt. Neben Daten der Statistik Austria wird auch die EU-Statistik über Einkommen und Lebensbedingungen und die EU-Arbeitskräfteerhebung herangezogen, sowie einige Vergleichsdaten aus anderen europäischen Ländern, Daten des Arbeitsmarktservice (AMS) und der Asylstatistik des Bundesministeriums für Inneres (BMI).

Berücksichtigt werden dabei sowohl Einnahmen als auch Ausgaben für den Staatshaushalt. Als Einnahmen werden die Konsum- (insbesondere Umsatz- und Verbrauchs-) und Einkommenssteuern in die Berechnung miteinbezogen, des Weiteren auch Steuern auf unternehmerische Tätigkeit wie Körperschaftssteuer und Kapitalertragssteuer sowie Sozialversicherungsabgaben. Weitaus komplexer ist die Betrachtung der Ausgaben, denn neben Grundversorgung, Arbeitslosengeld, Notstandshilfe und bedarfsorientierter Mindestsicherung werden auch Bildungsausgaben, Kinderbetreuung, Familienförderung, aktive Arbeitsmarktpolitik, Asylverfahrens-Kosten, Kosten des Transports von Flüchtlingen in und durch Österreich, Beiträge zur Türkei-Fazilität (und sonstige internationale Hilfen), Kosten des Grenzmanagements und andere allgemeine öffentliche Aufwendungen miteinbezogen. Das heißt, es werden in dieser Untersuchung auch Ausgaben berücksichtigt, die nicht direkt mit der Aufnahme von AsylwerberInnen in Österreich, sondern generell mit dem Phänomen der Flucht in Zusammenhang gebracht werden.

Die Berechnung erfolgt mithilfe eines makroökonomischen Modells, um das Zusammenspiel dieser verschiedenen Faktoren zu erfassen. Dabei wird ein Basisszenario erstellt, nach dem es keine Migration gäbe. Dieses wird mit dem Analyseszenario mit der geschätzten Zuwanderung verglichen, um so deren Effekte abzuschätzen.

Die Ergebnisse der Studie können folgendermaßen zusammengefasst werden; der budgetäre Saldo der Asylmigration 2013 bis 2018 ist in allen Jahren des betrachteten Zeitraums sowie auch weiterführend für die Jahre 2019 und 2020 negativ (siehe Abbildung 2). Für den Gesamtzeitraum konnten Einnahmen im Wert von 4,6 Milliarden Euro und Ausgaben im Wert von 12,7 Milliarden Euro berechnet werden. In der Differenz ergeben sich daraus Mehrausgaben für den Staatshaushalt im Wert von 8,1 Milliarden Euro, 0.28 % des kumulativen Bruttoinlandsprodukts der Jahre 2013 bis 2020.

Als Gründe für dieses negative Ergebnis, vor allem im Vergleich zu anderen Zuwanderungsformen (bei diesen ergibt sich als Resultat von 2013 bis 2020 ein positiver Saldo von 9,5 Milliarden Euro) werden die hohen Aufwendungen für die Grundversorgung während des Asylverfahrens sowie danach für die Mindestsicherung genannt. AsylwerberInnen sind verhältnismäßig schlecht in den Arbeitsmarkt integriert, unter anderem aufgrund einer unvorteilhaften Bildungsstruktur. Gegen Ende des Beobachtungszeitraums kommt es wie in der Abbildung ersichtlich zu einer Besserung, wegen zunehmender Integration in den Arbeitsmarkt und wegen der abnehmenden Zahl von AsylwerberInnen, die auf die Grundversorgung angewiesen sind.

Abbildung 2: Budgetärer Saldo (Einnahmen minus Ausgaben) der Asylmigration in % des BIP

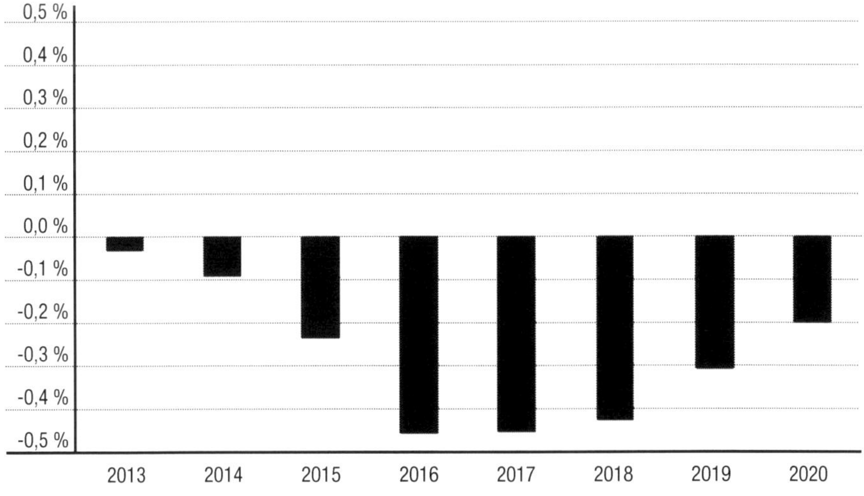

Quelle: Mazal et al. 2017, S. 12.

Flüchtlinge als „Netto-ZahlerInnen"

Den Ergebnissen der vorangegangenen Untersuchung soll nun die von Joanneum Research im Auftrag von Rotem Kreuz und Caritas durchgeführte Studie „Ökonomische Effekte von Asylberechtigten in Österreich" (Prettent-haler et al. 2017) gegenübergestellt werden. Ziel dieser Studie war es, die Erwerbskarrieren der Asylberechtigten über einen Zeitraum von bis zu 10 Jahren nachzuzeichnen und ökonomisch zu bewerten. Dadurch sollte im Sinne einer makroökonomischen Analyse der volkswirtschaftliche Gesamtef-fekt von Asylberechtigten auf die öffentlichen Haushalte analysiert werden.

Der Beobachtungszeitraum der Studie ist mit den Jahren 2000 bis 2015 länger, es werden zudem ausschließlich tatsächlich beobachtete Zahlen verwendet, keine Prognosen. Hauptquelle ist hierbei die Arbeitsmarktda-tenbank, basierend auf den Rohdaten des Hauptverbandes der Sozialver-sicherungsträger und des AMS, in der für den betreffenden Zeitraum in Summe 65.149 Asylberechtigte identifiziert wurden. Diese Zahl stimmt recht gut mit den Zahlen des Innenministeriums überein. Der Datensatz enthält also nicht nur Personen im erwerbsfähigen Alter, sondern bei-spielsweise auch Kinder und Personen über 60/65. Dies ermöglicht es, die Erwerbskarrieren (Beschäftigung, Arbeitslosigkeit, etc.) aller betreffenden Personen – gegliedert nach Alter, Geschlecht und Herkunftsregion – ano-nymisiert nachzuzeichnen. Der Vorteil dieser Datengrundlage liegt darin, dass sie nicht auf Schätzungen basiert, sondern quasi eine Vollerhebung darstellt. Als Nachteil lässt sich bemerken, dass es für die beschäftigten Personen keine genaue Information zur Höhe des Einkommens gibt. Da-rauf wurde in der Studie von Prettenthaler et al. (2017) dadurch reagiert, dass vier Szenarien zum Einkommensniveau erstellt wurden:

- P 10: das unterste Niveau, es wird angenommen, dass lediglich 10 % der in Österreich beschäftigten Personen weniger verdienen als der/die durchschnittliche asylberechtigte Erwerbstätige, während 90 % mehr verdienen.

- P 25: unteres Niveau, es wird angenommen, dass lediglich 25 % der in Österreich beschäftigten Personen weniger verdienen als der/die durchschnittliche asylberechtigte Erwerbstätige.

- P 50: mittleres Niveau, es wird angenommen, dass genau 50 % der in Österreich beschäftigten Personen weniger verdienen als der/die durchschnittliche asylberechtigte Erwerbstätige.

- AM: arithmetisches Mittel der Einkommen in Österreich. Es wird angenommen, dass alle in Österreich beschäftigten Personen im Durchschnitt gleich viel verdienen wie der Durchschnitt aller asylberechtigten Erwerbstätigen.

Auch hier werden die Kosten der Integration dem mittel- bis langfristigen Nutzen aus zusätzlichem Konsum, Steuern, Beiträgen zu Sozialversicherungen etc. einander gegenübergestellt. Die makroökonomischen Gesamteffekte werden über das von Joanneum Research und dem Österreichischen Institut für Wirtschaftsforschung (WIFO) entwickelte Wirtschaftsmodell AUSTR-IO berechnet, bei dem auch indirekte und durch die gesteigerte Nachfrage privater Haushalte induzierte Multiplikatoreffekte berücksichtigt werden.

Abbildung 3 zeigt die Gesamtwirkung auf die Nettoströme (Steueraufkommen abzüglich Transfers) inklusive der bewerteten indirekten und induzierten makroökonomischen Effekte. Die Berechnungen der Studie ergeben, dass sogar im pessimistischen Fall (P10-Szenario) ein positiver Beitrag der Asylberechtigten in das Steuer- und Transfersystem resultiert. Das Nettosteueraufkommen beläuft sich pro Asylberechtigte/n im Schnitt auf zumindest rund EUR 3.050,00 pro Jahr. Gemein haben die Szenarien, dass mit längerer Erwerbsdauer die Höhe des erzielten Einkommens je asylberechtigter Person bis zum 6. Jahr nach positiver Erledigung des Asylverfahrens steigt. Ab dem 6. Jahr allerdings stagnieren die erzielten Einkommen (aufgrund der stagnierenden Arbeitsleistung) bzw. auch die daraus für das Steuersystem generierten Einnahmen, während der Bezug der Transfers (z.B. für Arbeitslosigkeit) ansteigt. Diese empirische Beobachtung gibt Anlass zur Sorge und stellt die in der zuvor dargestellten Studie (Mazal et al. 2017) getroffene Annahme, dass die Arbeitsmarktpartizipation über die Jahre ansteigt, infrage. Die Studie sagt auch ganz klar aus, dass sich die Erwerbsbeteiligung der Asylberechtigten noch steigern muss, damit der derzeit beobachtete Nettobeitrag dieser Personengruppe nicht dann, wenn Asylberechtigte zunehmend ins Pensionsalter kommen, ins Negative dreht und zu einer Nettobelastung für die öffentlichen Haushalte wird. Es besteht also die Möglichkeit, dass wenn sich das Durchschnittsalter aller asylberechtigten Personen jenem der Gesamtbevölkerung annähert, der positive Nettoeffekt verloren geht.

Abbildung 3: Gesamtwirkung Nettoströme Steuern/Transfers
inkl. indirekter und induzierter Effekte

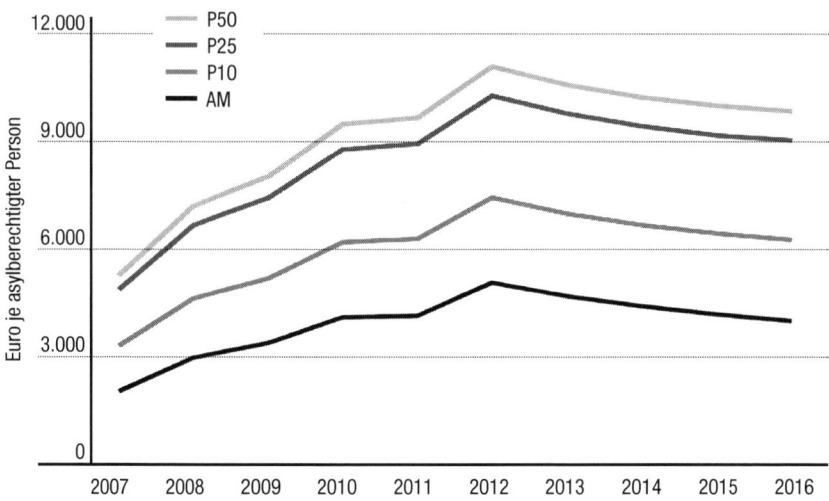

Quelle: Prettenthaler et al. (2017).

Die Studie von Joanneum Research geht auch detailliert auf die Situation der Asylberechtigten am Arbeitsmarkt ein. Dabei zeigt sich, dass weibliche Asylberechtigte eine vergleichsweise geringe Erwerbsbeteiligung aufweisen. 10 Jahre nach der Asylberechtigung liegt diese mit rund 34 % noch immer unter der durchschnittlichen Erwerbsbeteiligung von Frauen in Österreich, welche 44 % beträgt. Bei männlichen Asylberechtigten wird dagegen im 7. Jahr nach dem Vorliegen der Asylberechtigung mit rund 50 % Erwerbsbeteiligung fast das durchschnittliche Niveau von Männern in Österreich erreicht, danach kommt es zu einem Rückgang. Allerdings ist auch der Wert von rund 50 % vergleichsweise gering, wenn man bedenkt, dass unter asylberechtigten Männern der Anteil derer, die sich im erwerbsfähigen Alter befinden weitaus höher ist als in der Gesamtbevölkerung. Auch die Jugendarbeitslosigkeit ist bei AsylwerberInnen bedenklich hoch.

Zusammenfassung und Konklusionen

Die erste der beiden dargestellten Studien (Mazal et al. 2017) kommt zum Ergebnis, dass Asylzuwanderung im Vergleich zu normaler Zuwanderung erhebliche Belastungen für den Staatshaushalt mit sich bringt. Die zweite (Prettenthaler et al. 2017) kommt dagegen zum Schluss, dass es sogar einen positiven Beitrag der Asylberechtigten in das Steuer- und Sozialsystem gibt. Die Unterschiede der beiden Studien erklären sich aus den verschiedenen verwendeten Basisdaten und den unterschiedlichen Berechnungsansätzen. Bei Mazal et al. wurde der Gesamtwert der Ausgaben und Einnahmen im Zusammenhang mit allen sich zum betreffenden Zeitpunkt in Österreich aufhaltenden AsylwerberInnen berechnet. Bei der Berechnung von Prettenthaler et al. standen hingegen die Erwerbskarrieren jedes/r einzelnen Asylberechtigten im Vordergrund. Auch die verwendeten makroökonomischen Modelle weisen Unterschiede auf. Vor allem aber ist der unterschiedliche Beobachtungszeitraum von Bedeutung. Hierbei kann sich die Situation von Jahr zu Jahr ändern, was eindeutige Aussagen erschwert.

Auch andere, in den Jahren zuvor veröffentlichte Untersuchungen weisen unterschiedliche Ergebnisse auf. Nach Berechnungen des internationalen Währungsfonds führt etwa die rezente Zunahme an AsylwerberInnen in Österreich kurzfristig zu einer höheren Belastung auf das Sozialsystem, nach acht bis zehn Jahren werden die Steuereinnahmen dann aber höher sein als die staatlichen Ausgaben (Batini und Stepanyan 2016). Nach einer Studie des österreichischen Fiskalrats werden hingegen höhere Kosten und geringere Einnahmen erwartet, es kommt den Berechnungen zufolge zwar schlussendlich auch zu einem Nettoertrag durch Steuern und Sozialbeträge, allerdings nur sehr langfristig, ab dem Jahr 2060 (Holler und Schuster 2016). Ähnliche Studien etwa im Nachbarland Deutschland oder auch in der Schweiz kommen ebenso zu keinem eindeutigen Ergebnis, wie eine vergleichende Metastudie von Spahl und Weiss (2017) zeigt.

Grundsätzlich kann man als Fazit aus diesen Studien zunächst herauslesen, dass der Effekt der Zuwanderung von Flüchtlingen ins Sozialsystem weniger dramatisch ist als oft angenommen, da ein bedeutender Teil der Ausgaben auf mittel- und langfristige Sicht wieder hereinkommt – auch wenn keine eindeutige Aussage getroffen werden kann, ob nun die Einnahmen die Ausgaben übersteigen oder umgekehrt. Das ist aber beim Thema Asyl – im Gegensatz zur geplanten Zuwanderung (z.B. durch Österreich-Card etc.) – nicht die zentrale Fragestellung. Es geht ja in erster Linie darum, Menschen in Not zu helfen und den internationalen Verpflichtungen des Landes nachzukommen. Dennoch ist es in diesem Zusammenhang angeraten, die Aufnahme der Flüchtlinge möglichst kostengünstig und wirtschaftlich auf lange Sicht nachhaltig zu gestalten, und die Anzahl der letztlich zu versorgenden Menschen hat auch mit der relativen Attraktivität bzw. dem Engagement der anderen Länder wesentlich zu tun. Ein Land, dass sich weniger gut um Asylberechtigte kümmert, wird nicht nur weniger Ausgaben pro Kopf haben, sondern auch weniger Köpfe zu betreuen haben, die Kosten werden in andere Länder verschoben.

Als Hauptergebnis aller vorgestellten Studien kann man jedoch die Erkenntnis festhalten, dass es sehr wichtig ist, die ZuwanderInnen so bald und so gut wie möglich ins Erwerbsleben zu integrieren. Aus der genauen Analyse der bisherigen Situation der Asylberechtigten am Arbeitsmarkt lassen sich auch konkrete Handlungsempfehlungen (vgl. auch Prettenthaler et al. 2017) ableiten:

- Bekämpfung der Jugendarbeitslosigkeit: Junge Asylberechtigte sollten bestmöglich auf den Arbeitsmarkt vorbereitet werden. Als Maßnahme dafür ist unter anderem eine Qualitätsoffensive an Pflichtschulen gefordert. Es muss gelingen, den Übergang in die Sekundarstufe II (weiterführende Bildung inklusive Lehre) zu schaffen.

- Ein generelles Skilling-up der Erwerbsbevölkerung: Dies erlaubt, ungenutzte Potenziale bei Geringqualifizierten zu heben, wobei auch hier junge Menschen die zentrale Zielgruppe darstellen.

- Verhinderung häufiger und zu langer Unterbrechungen der Erwerbskarrieren durch betriebliche Bildungs-, Ausbildungs- und Qualifizierungsmaßnahmen: Dabei sind öffentliche Investitionen dringend erforderlich, da die Kosten auf Unternehmensebene zu hoch sind.

- Eine frühestmögliche Integration in den Arbeitsmarkt: Der zentrale Hebel ist dabei die Bewilligung eines Arbeitsmarktzugangs für Asylsuchende, gleichzeitig müssen Aktivierungs- und Integrationsmaßnahmen verstärkt eingesetzt werden.

- Ein zweiter (bzw. dritter) Arbeitsmarkt (wie z.B. geförderte Beschäftigungsprojekte für Langzeitarbeitslose) zur Aktivierung für Asylsuchende und Asylberechtigte kann die Integration in den Arbeitsmarkt erleichtern.

- Maßnahmen gegen die ungleiche regionale Verteilung der Asylberechtigten: Damit soll der Arbeitsmarkt in urbanen Agglomerationen und vor allem in Wien entlastet werden. Zu den möglichen Maßnahmen zählen eine zeitlich begrenzte Residenzpflicht mit entsprechenden Begleitmaßnahmen, ein Anreizsystem und vereinheitlichte Sozialtransfers (inkl. Mindestsicherung) in den Bundesländern.

- Weitere Ursachenforschung sowie eine kontinuierliche (begleitende) Evaluierung von Maßnahmen: So ist in weiteren Untersuchungen zu klären, ob das Absinken der Arbeitsmarktbeteiligung nach sechs Jahren ein allgemeines Phänomen im Zusammenhang mit der Einführung der Mindestsicherung oder spezifisch für Asylberechtigte ist. Auch bessere Maßnahmen gegen Diskriminierung am Arbeitsmarkt müssten untersucht werden.

Diese Maßnahmen verursachen natürlich auch Kosten. Sicher ist aber, dass eine Nicht-Integration von Asylberechtigten mit deutlich höheren Kosten verbunden sein dürfte, als es bei Investitionen in Integrationsmaßnahmen der Fall ist. Was kann also als Schlussfolgerung auf den titelgebenden Mythos für diesen Beitrag: „Flüchtlinge kommen um unser Sozialsystem auszunutzen, sie verursachen nur Kosten" aus wissenschaftlicher Sicht geantwortet werden? Erstens: Nichts zu den Intentionen der Flüchtlinge. Der Beitrag hat keine Erhellungen zur Motivlage, zu Fluchtgründen bzw. zur Frage, warum Flüchtlinge sich Österreich als Zielland aussuchen beigetragen, das war nicht Gegenstand der zitierten Untersuchungen. Zweitens: die These, dass Flüchtlinge „nur Kosten" verursachen muss klar zurückgewiesen werden, denn beide näher betrachteten Studien weisen - wenn auch mit unterschiedlichem Netto-Ergebnis - auch Rückflüsse in die öffentlichen Haushalte nach. Sollte mit der Aussage jedoch „überwiegend Kosten" gemeint sein, so sind sich die beiden Studien nicht einig. Diese Differenz ist auf unterschiedliche Untersuchungsmethoden und empirische Grundlagen zurückzuführen. Man könnte es so formulieren: Der empirische Nachweis, dass die Kosten gegenüber den Rückflüssen „überwiegen", ist für die Gegenwart bzw. die Vergangenheit nicht erbracht worden. Der Mythos, dass Flüchtlinge überwiegend Kosten verursachen, überlebt den Zusammenstoß mit den empirischen Fakten also nicht. Beide Untersuchungen sind sich aber einig, dass es Maßnahmen bedarf, um zu verhindern, dass sich die in der Behauptung ausgedrückte Befürchtung, die Kosten könnten schließlich überwiegen, doch noch bewahrheitet.

Literatur

AK Oberösterreich. 2018. Bedarfsorientierte Mindestsicherung. https://ooe.arbeiterkammer.at/beratung/arbeitundrecht/arbeitslosigkeit/Bedarfsorientierte_Mindestsicherung.html (Zugegriffen: 21. Feb. 2018).

Batini, Nicoletta und Ara Stepanyan. 2016. Austria: selected issues. IMF Country Report No. 16/51. Hrsg. International Monetary Fund. Washington, D.C..

Berger, Johannes et al. 2016. Ökonomische Analyse der Zuwanderung von Flüchtlingen nach Österreich. Schriftenreihe Migration und Globalisierung. Krems: Edition Donau-Universität Krems.

Holler, Johannes und Philip Schuster. 2016. Langfristeffekte der Flüchtlingszuwanderung 2015 bis 2019 nach Österreich. Hrsg. Fiskalrat. Wien.

Mazal, Wolfgang et al. 2017. Fiskalische und ökonomische Effekte verschiedener Migrationsformen: Analyse der Migrationsströme der Jahre 2013-2018. Wien: Österreichischer Integrationsfonds.

Prettenthaler, Franz et al. 2017. Ökonomische Effekte von Asylberechtigten in Österreich: Analyse der arbeitsmarktrelevanten Zahlungsströme. Graz: Joanneum Research.

Spahl, Wanda und Sabine Weiss. 2017. Immigration und der soziale Wohlfahrtsstaat in Österreich, Deutschland und der Schweiz: Eine komparative Metastudie. https://www.addendum.org/files/uploads/2017/11/Immigration-und-der-soziale-Wohlfahrts-staat-in-O%CC%88sterreich-Deutschland-und-der-Schweiz-Eine-komparative-Metastudie-2017-DE.pdf (Zugegriffen: 25. Jan. 2018).

Medienberichte

Die Presse. 23.11.2016. Ausländer zahlten 4,5 Milliarden Euro in Sozialversicherung ein. https://diepresse.com/home/politik/innenpolitik/5122927/Auslaender-zahlten-45-Milliarden-Euro-in-Sozialversicherung-ein (Zugegriffen: 7. April 2018).

meinbezirk.at. 15.09.2017. Sebastian Kurz im Interview: „Wir müssen die Zuwanderung in unser Sozialsystem beenden." – mit Video. https://www.meinbezirk.at/land-oesterreich/politik/sebastian-kurz-im-interview-wir-muessen-die-zuwanderung-in-unser-sozialsystem-beenden-mit-video-d2232196.html (Zugegriffen: 15. März 2018).

Parlament. 13.09.2016. NR-Sondersitzung: Stößt Flüchtlingskrise an die Grenzen der Belastbarkeit? Parlamentskorrespondenz Nr. 928. https://www.parlament.gv.at/PAKT/PR/JAHR_2016/PK0928/ (Zugegriffen: 7. April 2018).

Johannes Berger und Ludwig Strohner

„Die Politik unterstützt ZuwanderInnen mehr als Einheimische"

Einleitung

Migration ist zweifelsohne eines der bestimmenden Themen der politischen und medialen Diskussion der letzten Jahre. Dies ist insbesondere auf die starke Zuwanderung von AsylwerberInnen nach Europa und Österreich zurückzuführen. In der öffentlichen Diskussion wurde häufig erörtert, wie stark „die Politik" Zuwandernde unterstützt. So wurden Vergleiche zwischen den sozialen Leistungen für MigrantInnen, insbesondere Flüchtlinge, und für Einheimische gezogen, welche zu dem Bild geführt haben, dass MigrantInnen besonders hohe Sozialleistungen erhalten würden. Dies impliziert bei knappen öffentlichen Mitteln möglicherweise auch, dass für einheimische EmpfängerInnen von Sozialleistungen weniger Mittel verfügbar wären. Dementsprechend stellte sich etwa auch die Tageszeitung „Der Standard"[1] in einem Artikel der Frage: „Was ist dran an diesem Vergleich, dass Flüchtlinge mehr Sozialleistungen erhalten?".

Festzuhalten ist, dass die Migration von AsylwerberInnen nur einen Teil des Zu- und Wegzugs von Personen ausmacht. Betrachtet man die Nettomigration nach Österreich, also die Differenz aus Zuzügen aus dem Ausland und Wegzügen ins Ausland seit 1985, so werden aus Abbildung 1 drei Phasen stärkerer Nettozuwanderung deutlich: Die erste Phase Anfang der 1990er Jahre steht im Zusammenhang mit der Jugoslawien-Krise; im Jahr 1991 wanderten netto 77.000 Personen zu. Die zweite Periode nach der Jahrtausendwende ist auf einen Anstieg von Asylanträgen und auf die verstärkte Ost-Integration der Europäischen Union zurückzuführen. Schließlich zeigt sich in den letzten fünf Jahren ein sehr deutlicher Anstieg, der zunächst durch die Arbeitsmarktöffnung

---

1 Siehe derStandard.at (2017), https://derstandard.at/2000063217603/Mindestsicherung-Wenn-Fluechtlinge-mehr-als-Einheimische-bekommen (Zugegriffen: 1. März 2018).

für die Neuen Mitgliedstaaten (NMS) der EU ausgelöst und in der Folge durch die starke Zuwanderung von Flüchtlingen verstärkt bzw. abgelöst wurde. Im Jahr 2015 ergibt sich eine Nettomigration von 113.000 Personen nach Österreich. Im Vergleich dazu nahm die Nettomigration 2016 ab, lag aber mit 65.000 Personen immer noch deutlich über dem langjährigen Durchschnitt.

Abbildung 1: Internationale Wanderungen Österreichs 1985-2016

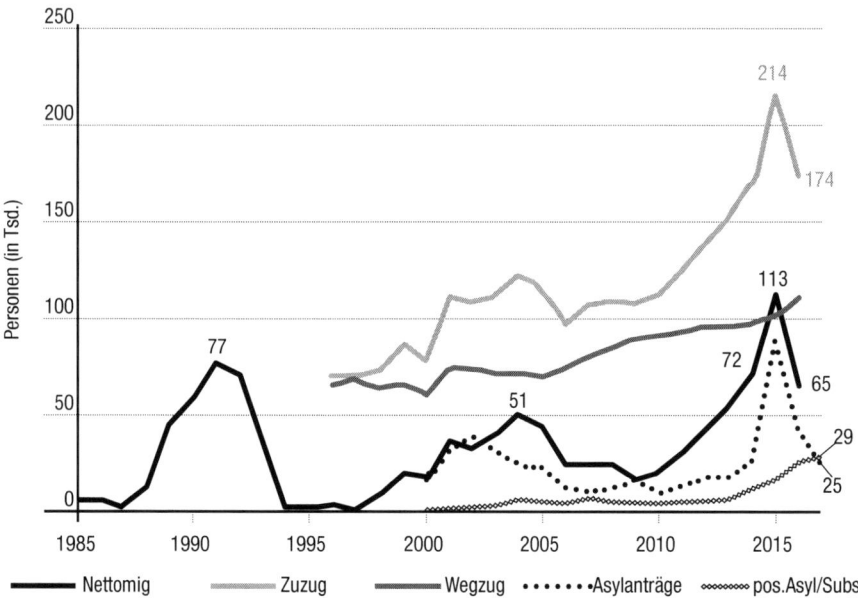

Quelle: Statistik Austria, Asylstatistik BMI.

Beachtlich ist dabei die starke Dynamik der Wanderungsbewegungen: Auch die Zahl der Wegzüge aus Österreich lag seit 1995 immer höher als 60.000 Personen jährlich und erreichte zuletzt sogar mehr als 100.000 Personen. So setzte sich im Jahr 2015 die Nettomigration von 113.000 Personen aus 214.000 Zuzügen aus dem Ausland und 101.000 Wegzügen ins Ausland zusammen.

Vor dem Hintergrund der Situation u.a. in Syrien und Afghanistan hat die Zuwanderung von Asylwerbenden seit 2014 beträchtlich zugenommen. Die Zahl der Asylanträge erreichte im Jahr 2015 mit 88.300 Personen einen Höhepunkt und nahm danach wieder auf 42.300 (2016) bzw. 24.700 Personen (2017) ab. Seit 2000 stellen Asylwerbende rund 20 %

aller Zuzüge nach Österreich. Schließlich sind in Abbildung 2 die positiven Asylentscheidungen inklusive Gewährungen von subsidiärem Schutz dargestellt. Diese Zahl liegt bis 2013 bei ca. 5.000 Personen jährlich und ist in den Jahren 2016 und 2017 auf rund 30.000 Personen angestiegen.

Unterscheidet man die Nettomigration nach Staatsangehörigkeit, so zeigt sich zum einen eine Nettoabwanderung von ÖsterreicherInnen im Ausmaß von rund 5.000 bis 10.000 Personen jährlich. Aus der EU wanderten im Schnitt seit 2002 25.600 Personen netto zu, wobei sich seit 2009 insbesondere im Zusammenhang mit der Arbeitsmarktöffnung für die Neuen Mitgliedstaaten ein deutlicher Anstieg zeigt. Im Jahresschnitt liegt die Nettomigration aus Drittstaaten bei 24.600 Personen, höhere Werte zeigen sich Anfang der 2000er Jahre sowie seit 2014.

Abbildung 2: Internationale Wanderungen nach Nationalität, 2002-2016

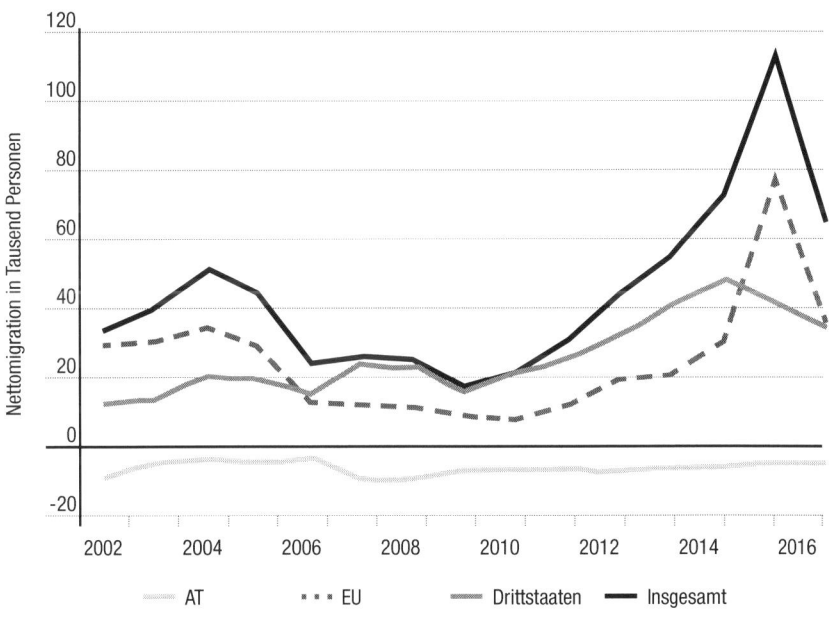

Quelle: Statistik Austria.

Vor dem Hintergrund der starken Migration der letzten Jahre analysiert der vorliegende Beitrag die fiskalischen Effekte der Migration der zuwanderungsstarken Jahre 2013 bis 2018 in Österreich und geht der Frage nach, wie kräftig der österreichische Staat MigrantInnen *finanziell* unterstützt. Im Folgenden werden die methodische Herangehensweise und Datengrundlagen sowie die ökonomischen bzw. fiskalischen Effekte von Migration in Österreich diskutiert.[2]

Methodische Herangehensweise und Datengrundlagen

Basis der Analyse der fiskalischen und ökonomischen Effekte von Migration sind detaillierte Abschätzungen der internationalen Zu- und Abwanderung der Jahre 2013 bis 2018 nach Migrationsform, Geschlecht, Alter, Bundesland und Zeitpunkt der Migration. Für die bereits realisierten Jahre wird auf die Wanderungsstatistik zurückgegriffen, die noch nicht realisierten Jahre basieren auf der Hauptvariante der Bevölkerungsprognose[3] von Statistik Austria.

Auf dieser Basis ergeben sich für die Jahre 2013 bis 2018 insgesamt 1,05 Millionen Personen, die nach Österreich zuwandern. Im selben Zeitraum wandern 615.000 Personen aus Österreich ab, womit sich ein Wanderungssaldo von 435.000 Personen ergibt. Berücksichtigt man zusätzlich, dass es durch diese Migration zu mehr Geburten kommt, dann nimmt die Bevölkerung im Jahr 2020 durch die Nettomigration der Jahre 2013-2018 um rund 490.000 Personen zu, was knapp 6 % der Wohnbevölkerung 2013 entspricht.

Der Zuwachs setzt sich aus einer Reduktion bei ÖsterreicherInnen (-35.000), aber einem Zuwachs bei Personen aus der EU15 (+66.000), EU13 (+171.000), Personen mit Asylaufenthalt[4] (+152.000) sowie sonstigen Drittstaaten (+134.000) zusammen. Mit 268.400 Männern gegenüber 220.600 Frauen ist der Anteil von Männern höher. Zusätzlich sind Zuwandernde im Schnitt sehr jung, die Gruppe der 20-34-Jährigen macht mit einem Plus von 225.000 Personen fast die Hälfte des migrationsbedingten Bevölkerungswachstums aus.

---

2 Der Beitrag ist eine Kurzdarstellung der Studie „Fiskalische und ökonomische Effekte verschiedener Migrationsformen", die EcoAustria und das Österreichische Institut für Familienforschung im Auftrag des Österreichischen Integrationsfonds erstellt haben, siehe Mazal et al. (2017). Die Studie enthält detailliertere Darstellungen der methodischen Herangehensweise und Studienergebnisse.

3 Siehe etwa Statistik Austria (2016). Eine Abweichung wird bei Asylwerbenden vorgenommen, indem in der vorliegenden Analyse Abwanderungen auf Basis von Annahmen über negative Asylentscheidungen abgeschätzt werden.

4 Personen mit Asylanerkennung sowie Gewährung von subsidiärem Schutz und humanitärem Aufenthaltstitel.

Die folgende Analyse der fiskalischen Effekte von (Netto-)Migration nach Österreich erfolgt auf Basis des makroökonomischen Modells PuMA (Public Policy Model for Austria) von EcoAustria. Mit der detaillierten Abbildung der Bevölkerungsstruktur, des Arbeitsmarktes und des öffentlichen Sektors eignet sich das Modell besonders für die vorliegende Forschungsfrage.[5] Dabei wird zunächst in einem Basisszenario unterstellt, dass keine (Netto-)Migration nach Österreich erfolgt. Im darauf aufbauenden Analyseszenario wird dann Migration berücksichtigt und deren Auswirkung als Differenz zwischen Basis- und Analyseszenario ermittelt.

Die Bildungsstruktur der Zuwandernden ist eine wesentliche Determinante der ökonomischen und fiskalischen Effekte von Migration. Für Zuwandernde aus den EU15, EU13 und aus Drittstaaten (exkl. Asylwerbende) werden Informationen aus dem Labour Force Survey (LFS) herangezogen. Für die Bildungsstruktur von Flüchtlingen wird auf Befragungen des deutschen Bundesamts für Migration und Flüchtlinge (BAMF 2016a und 2016b) zurückgegriffen, weil die Stichprobe dieser Befragungen besonders groß ist. Im Vergleich zur österreichischen Wohnbevölkerung weisen Zuwandernde aus den EU15-Staaten eine deutlich und jene aus EU13-Staaten eine etwas überdurchschnittliche Bildungsstruktur auf. Zuwandernde aus Drittstaaten haben im Vergleich zu ÖsterreicherInnen eine *bipolare* Bildungsstruktur in dem Sinn, dass der Anteil von gering- und hochqualifizierten Personen höher ist als bei ÖsterreicherInnen (und entsprechend der Anteil mit mittlerer Qualifikation geringer). Im Einklang mit einer Reihe anderer Analysen weist das BAMF eine unterdurchschnittliche Bildungsstruktur von Asylwerbenden aus.

Darüber hinaus spielt die Arbeitsmarktintegration (etwa in Bezug auf die Partizipation am Arbeitsmarkt, Arbeitslosenquoten und Einkommenshöhen) eine wesentliche Rolle. Diese wird auf Basis von Daten des LFS und des EU-SILC (Statistics on Income and Living Conditions) abgebildet.[6] Da Schweden schon in der Vergangenheit eine hohe Zahl von Zuwandernden aus dem Nahen und Mittleren Osten aufwies, sind schwedische

---

5   Siehe auch Analysen der Auswirkungen der Migration von Flüchtlingen für Österreich (Berger et al. 2016a) und Deutschland im Auftrag der Europäischen Kommission (Berger et al. 2016b). Mit Vorgängerversionen dieses Modells wurden unter anderem bereits langfristige Auswirkungen von Migration (Berger et al. 2016c), die Arbeitsmarktöffnung Österreichs für Angehörige aus den NMS (Berger et al. 2011) oder die Einführung einer kriteriengeleiteten Zuwanderung (Biffl et al. 2010) analysiert.

6   Durch diese datenbasierte Herangehensweise werden nicht nur personenrelevante Charakteristika berücksichtigt, sondern auch andere Aspekte und (z.B. institutionelle) Rahmenbedingungen, die die Arbeitsmarktintegration beeinflussen.

Informationen ein guter Ansatzpunkt für die Arbeitsmarktintegration von Asylberechtigten, während die Arbeitsmarktintegration der anderen Migrationsgruppen auf Basis österreichischer Daten abgeschätzt wird. Dabei lässt sich feststellen, dass Zuwandernde aus den EU15-Staaten im Schnitt eine ähnlich gute, jene aus den EU13-Staaten eine etwas schlechtere Arbeitsmarktintegration aufweisen als ÖsterreicherInnen. Bei MigrantInnen aus Drittstaaten und insbesondere bei Asylberechtigten ist von einer doch signifikant schlechteren Arbeitsmarktintegration auszugehen, die sich im Laufe der Jahre jedoch verbessert.

Fiskalische Effekte

MigrantInnen hinterlassen Spuren in den Budgets der öffentlichen Gebietskörperschaften und Sozialversicherungsträger, ebenso wie österreichische StaatsbürgerInnen. Die öffentliche Hand bietet eine Vielzahl von Dienstleistungen an, von der Kinderbetreuung, Bildung, Gesundheitsdienstleistungen, Familienleistungen bis hin zu sozialer Absicherung, beispielsweise bei Pensionen bzw. im Falle der Arbeitslosigkeit und im Rahmen der sozialen Wohlfahrt.

Die Leistungsbereitstellung verursacht Kosten im öffentlichen Haushalt. Zur Finanzierung dienen in Österreich vorrangig Steuern und Sozialversicherungsbeiträge, welche wiederum in engem Zusammenhang mit der Erwerbsbeteiligung stehen. Da Leistungen auch MigrantInnen zur Verfügung stehen, Zuwandernde aber ebenso die Einnahmen der öffentlichen Hand stärken, schlägt sich Migration sowohl bei den Ausgaben, als auch bei den Einnahmen nieder. Um die fiskalischen Auswirkungen von Migration zu bewerten, ist es notwendig, die Einnahmen den Ausgaben gegenüberzustellen. Nachfolgend werden die Auswirkungen der Migration auf die öffentlichen Finanzen für den Zeitraum 2013 bis 2020 analysiert. Festzuhalten ist, dass die Analyse wegen der Vielfalt der öffentlichen Leistungen nicht umfassend sein kann. Jedoch werden die wesentlichen Ausgabenbereiche in die Betrachtung aufgenommen. Des Weiteren ist zu berücksichtigen, dass für einen Teil der unberücksichtigten Leistungen Gebühren oder Beiträge eingehoben werden, die ebenfalls unberücksichtigt bleiben.

Die öffentlichen Einnahmen in Österreich basieren zu einem überwiegenden Teil auf Steuern und Sozialversicherungsbeiträgen, die wiederum in engem Zusammenhang mit der Beschäftigung stehen. Somit ist die Einnahmenseite in erheblichem Maße von der Erwerbsbeteiligung der Bevölkerung abhängig. MigrantInnen wandern, wie erwähnt, in überwiegendem Maße in sehr jungen Jahren zu, sodass der Anteil der erwerbsfähigen Bevölkerung entsprechend hoch ist.

Aus ökonomischer Sicht stellt Migration insbesondere eine Ausweitung des Arbeitsangebots dar. Dementsprechend zeigen wissenschaftliche Analysen, dass Migration die Beschäftigung im Zielland erhöht. Dieser Beschäftigungsanstieg verstärkt Investitionsanreize und erhöht die Wirtschaftsleistung des Ziellandes, weshalb Migration als Mittel gesehen werden kann, die wirtschaftliche Leistungsfähigkeit eines Landes zu steigern. Studien belegen außerdem, dass (qualifizierte) Zuwanderung die Nachhaltigkeit der öffentlichen Finanzen verbessern kann.[7] Die wissenschaftliche Literatur legt aber auch nahe, dass der Anstieg des Arbeitsangebots kurzfristig gewisse Verdrängungseffekte am Arbeitsmarkt und eine gewisse Lohnzurückhaltung zur Folge haben kann (vgl. dazu den Beitrag von Gudrun Biffl in diesem Band).[8]

Die Simulationsergebnisse mit dem PuMA-Modell sind in Einklang mit dieser wissenschaftlichen Literatur. Durch die Migration der Jahre 2013-2018 steigt die Beschäftigung in Österreich deutlich an, im Jahr 2020 liegt sie um insgesamt rund 7 % höher als im Basisszenario ohne Migration. Dieser Anstieg ist jedoch nicht ausreichend, um das zusätzliche Arbeitskräfteangebot vollständig in Beschäftigung zu bringen, sodass kurz- und mittelfristig die Arbeitslosenquote um rund 0,5 Prozentpunkte zunimmt. Analog dazu ergibt die Modellsimulation eine gewisse Dämpfung der Lohnentwicklung. Diese Effekte zeigen sich vor allem bei Zuwandernden selbst, die Auswirkungen auf die ansässige Bevölkerung sind deutlich geringer, die Arbeitslosenquote der heimischen Bevölkerung nimmt um weniger als 0,1 Prozentpunkt zu.[9] Durch die Zuwanderung legen auch die makroökonomischen Aggregate Bruttoinlandsprodukt, privater Konsum und Investitionen deutlich zu. Aufgrund der im Durchschnitt unvorteilhaften Arbeitsmarktintegration von Zuwandernden zeigt die Modellsimulation jedoch eine etwas gedämpfte Entwicklung des BIP pro Kopf.

Für die Abschätzung der Kosten für konsumierte öffentliche Leistun-

---

7   Siehe etwa Borjas (1994) oder Berger et al. (2016c).

8   Biffl bietet in diesem Sammelband eine ausführlichere Darstellung der wissenschaftlichen Literatur.

9   Geringe Auswirkungen von Migration auf die Lohnentwicklung und die Beschäftigungswahrscheinlichkeit, insbesondere bei der heimischen Bevölkerung, finden sich etwa auch in Levine (1999), Barrell et al. (2006) oder Baas und Brücker (2007). Ben-Gad (2008) zeigt jedoch, dass die Wohlfahrtseffekte von qualifizierter Zuwanderung deutlich stärker sind als jene von geringqualifizierter Migration. Selbiges Ergebnis erhalten Biffl et al. (2010) für die Effekte einer kriteriengeleiteten Zuwanderung.

gen wird auf die bedeutsamen öffentlichen Sach- und Transferleistungen abgestellt, die insbesondere gemäß der Altersstruktur der MigrantInnen relevant und individuell zuordenbar sind. Öffentliche Pensionsleistungen, der bedeutendste öffentliche Ausgabeposten, werden hier nicht weiter analysiert, da einerseits die Zuwanderung überwiegend in sehr jungen Jahren stattfindet und andererseits zum Zeitpunkt der Zuwanderung noch keine Ansprüche gegenüber dem öffentlichen Pensionssystem bestehen und Pensionen demnach bis 2020 keine Rolle spielen.

Auf der Einnahmenseite führt die Migration der letzten Jahre im Zeitraum 2013 bis zum Jahr 2020 gemäß der Modellanalyse zu zusätzlichen Aufkommen von insgesamt rund 25,7 Mrd. Euro. Dies beinhaltet geringere Einnahmen von bereits ansässigen Personen infolge der moderateren Lohnentwicklung. Die Ergebnisse sind in Tabelle 1 zusammengefasst. Insbesondere bei der Sozialversicherung und bei den lohnsummenabhängigen Abgaben (wie dem Beitrag zum Familienlastenausgleichsfonds oder der Kommunalsteuer) fallen die zusätzlichen Einnahmen kräftig aus. Im betrachteten Zeitraum ist bei diesen Abgaben mit einem zusätzlichen Aufkommen von knapp 13,8 Mrd. Euro von MigrantInnen zu rechnen. Für das Jahr 2020 dürfte sich der Betrag auf rund 3,2 Mrd. Euro belaufen. Die Steuern auf den privaten Verbrauch (wie Umsatzsteuer, Verbrauchsabgaben und Steuern auf einzelne Produkte und Dienstleistungen) sind die zweite wesentliche Einnahmenquelle. Im gesamten Zeitraum ist hier von einem zusätzlichen Aufkommen von 8,3 Mrd. Euro auszugehen. Die Einnahmen aus der Lohn- und Einkommensteuer sowie sonstige Abgaben dürften dagegen in geringerem Ausmaß um jeweils etwa 4,1 Mrd. Euro zulegen. Für die Einnahmenseite des Gesamtstaats bedeutet die Migration für das Jahr 2018 zusätzliche Abgaben in Höhe von 4,5 Mrd. Euro oder 1,2% des Bruttoinlandsprodukts. Dementsprechend findet die Zuwanderung budgetär bei den Einnahmen einen erheblichen Niederschlag.

Tabelle 1: Auswirkungen der Migration auf fiskalische Einnahmen

Fiskalische Einnahmen	Steuern auf den privaten Verbrauch	Lohn- und Einkommenssteuer	Sozialvers. beiträge/ Lohnsummenabg.	Andere Steuern	Abgaben von Ansässigen	Summe	Summe in % BIP
2013	111	55	185	56	89	495	0,15 %
2014	337	173	576	190	-144	1.133	0,34 %
2015	593	305	1.020	327	-296	1.949	0,57 %
2016	873	439	1.479	464	-389	2.867	0,82 %
2017	1.187	583	1.975	607	-657	3.695	1,02 %
2018	1.518	731	2.486	752	-954	4.533	1,22 %
2019	1.777	850	2.901	838	-1.130	5.236	1,36 %
2020	1.918	928	3.158	855	-1.077	5.782	1,45 %
Summe	8.314	4.065	13.777	4.090	-4.558	25.689	0,90 %

Quelle: Eigene Berechnungen, Modellsimulation mit PuMA.
Anm.: Untersucht werden Migrationsströme 2013-2018 und ihre Auswirkungen auf fiskalische und ökonomische Größen für 2013-2020. Ergebnisse als Niveauunterschied zum Basisszenario ohne Migration.

Auf der Ausgabenseite fallen als Folge der Migration die größten Ausgaben für öffentliche Gesundheitsdienstleistungen, Bildung, Familien und soziale Wohlfahrt an. Letzteres ist insbesondere von Ausgaben für die Grundversorgung von AsylwerberInnen sowie von Aufwendungen für die Bedarfsorientierte Mindestsicherung (BMS) getrieben, wobei die Mindestsicherung nach Anerkennung des Aufenthaltsstatus die Grundversorgung während der Zeit des Asylverfahrens ablöst. Mit der über die Zeit verbesserten Integration in den Arbeitsmarkt werden aber auch hierfür die Ausgaben schrittweise zurückgehen. Für die Grundversorgung und die Mindestsicherung werden über den gesamten Zeitraum zwischen 2013 und 2020 etwa 8,4 Mrd. Euro aufgewendet, wobei der größere Teil auf die Grundversorgung zurückzuführen ist. Diese Ausgaben erreichten den Höhepunkt in den Jahren 2016 und 2017 und dürften in den weiteren Jahren deutlich zurückgehen. Im Jahr 2020 ist noch mit Ausgaben von etwa 200 Mio. Euro zu rechnen.

Im Bereich der Gesundheit ist im betrachteten Zeitraum von zusätzlichen kumulierten Ausgaben in Höhe von 4,4 Mrd. Euro auszugehen. Dabei ist zu berücksichtigen, dass insbesondere die junge Altersstruktur, gegenüber der bereits ansässigen Bevölkerung, unterdurchschnittliche Kosten verursacht. Dies ist eine Folge des deutlichen Anstiegs der öffentlichen Ausgaben für Gesundheit mit dem Alter. Für den Bereich Bildung und Kinderbetreuung ergibt sich ein Aufwand von 6,6 Mrd. Euro. Im Vergleich zur bereits ansässigen Bevölkerung ist für Bildung und Kinderbetreuung von einem überdurchschnittlichen Kostenaufwand auszugehen. Dies ergibt sich aus dem hohen Anteil von Kindern und Jugendlichen. So beläuft sich der Anteil der unter 19-jährigen MigrantInnen auf über 25%, während der Anteil der unter 19-Jährigen in der ansässigen Bevölkerung nur rund 18,5% beträgt. Des Weiteren sind auch noch öffentliche Ausgaben für ausländische Studierende an österreichischen Hochschulen integriert.

Der vergleichsweise hohe Anteil von Kindern und Jugendlichen schlägt sich auch bei den öffentlichen Familienleistungen, insbesondere der Familienbeihilfe, nieder. Dies umfasst neben der Familienbeihilfe insbesondere noch die Leistungen für das Kinderbetreuungsgeld und das Wochengeld. Ebenso sind die Aufwendungen für die Familienbeihilfe, die in andere EU-Mitgliedstaaten geleistet werden, inkludiert. Für die aktive und passive Arbeitsmarktpolitik ist mit zusätzlichen Kosten von kumulativ knapp 2 Mrd. Euro auszugehen. Die leichte Verdrängung der ansässigen Bevölkerung auf dem Arbeitsmarkt erhöht zwar die öffentlichen Ausgaben, aber im überschaubaren Rahmen.

Tabelle 2: Auswirkungen der Migration auf fiskalische Ausgaben

Fiskalische Ausgaben	Gesundheit	Bildung	Kinderbetreuung	Familien	Arbeitsmarktpolitik (AMP)	Bedarfsor. Mindest. (BMS)	Grundvers. sonstiges	Ansässige AMP + BMS	Summe	Summe in % BIP
2013	52	92	8	29	23	10	133	2	348	0,11 %
2014	172	220	28	98	72	51	321	15	977	0,30 %
2015	325	411	56	184	123	145	765	21	2.031	0,60 %
2016	516	703	95	278	183	259	1.407	22	3.465	0,99 %
2017	668	914	138	372	270	374	1.272	38	4.047	1,12 %
2018	821	1.065	188	471	366	490	1.102	55	4.556	1,22 %
2019	899	1.133	237	547	440	594	595	68	4.512	1,17 %
2020	951	1.080	278	589	479	636	237	64	4.315	1,08 %
Summe	4.405	5.618	1.028	2.569	1.955	2.558	5.832	285	24.250	0,85 %

Quelle: Eigene Berechnungen, Modellsimulation mit PuMA.
Anm.: Untersucht werden Migrationsströme 2013-2018 und ihre Auswirkungen auf fiskalische und ökonomische Größen für 2013-2020. Ergebnisse als Niveauunterschied zum Basisszenario ohne Migration.

Zusammenfassend kann man festhalten, dass auf Basis der Modellanalyse auf der Ausgabenseite der öffentlichen Budgets ein Betrag von 24,3 Mrd. Euro anfällt, etwa vergleichbar mit den zusätzlichen Einnahmen. Die Ausgaben für die einzelnen betrachteten Bereiche sind in Tabelle 2 dargestellt. Wie in Abbildung 3 dargestellt ergibt sich nach Abzug der Ausgaben von den Einnahmen der öffentlichen Hand über den betrachteten Zeitraum ein leicht positiver Betrag für den Budgetsaldo von etwa 1 Mrd. Euro bzw. 0,05 % des (kumulativen) BIP der Jahre 2013-2020. Für die verschiedenen Migrationsformen spielt zusätzlich zur Zahl an Zuwandernden die Arbeitsmarktintegration eine entscheidende Rolle. Je besser diese Integration in einer Gruppe, desto positiver die fiskalischen Auswirkungen. In der vorgenommenen kurz- und mittelfristigen Betrachtung ist der Beitrag zum Budgetsaldo für die verschiedenen Gruppen – mit Ausnahme der Asylmigration – positiv. Auch für diese Gruppe verbessert sich jedoch mit dem Zugang zum Arbeitsmarkt und verbesserter Integration der Beitrag über die Zeit.[10] Umgekehrt sind in einer längerfristigen Betrachtung zusätzliche Ausgaben insbesondere bei Pensionen bzw. Gesundheit und Pflege zu beachten.

---

10 Holler und Schuster (2016) ermitteln in einer Studie im Auftrag des Fiskalrates vergleichbare fiskalische Auswirkungen der Asylmigration.

Abbildung 3: Auswirkungen verschiedener Migrationsformen auf den Budgetsaldo
Anm.: Untersucht werden Migrationsströme 2013-2018 und ihre Auswirkungen auf fiskalische und ökonomische Größen für 2013-2020. Ergebnisse als Niveauunterschied zum Basisszenario ohne Migration.

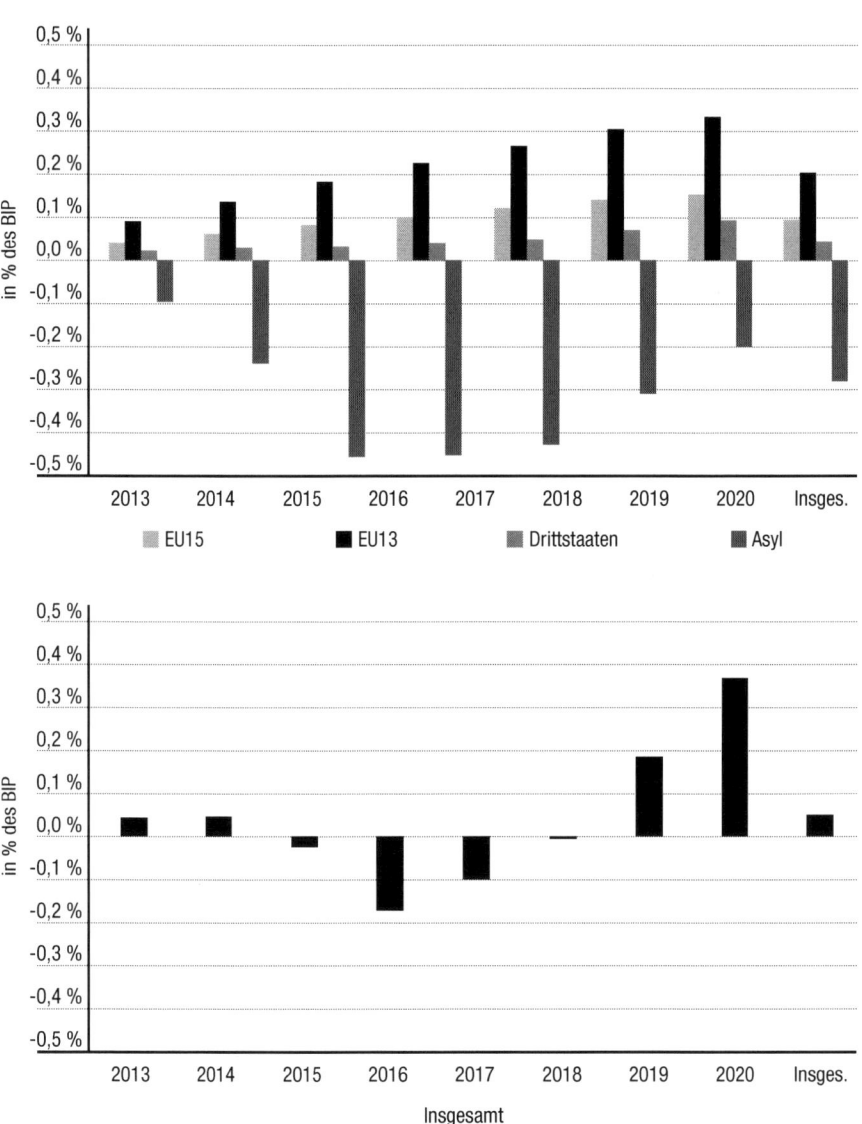

Quelle: Eigene Berechnungen, Modellsimulation mit PuMA.

Sind Flüchtlinge ein Sonderfall mit Bedarf an besonders hohen Sozialleistungen?

Basierend auf der Analyse der fiskalischen Wirkungen von AsylwerberInnen stellt sich die Frage, inwiefern sich diese Gruppe von MigrantInnen anderer Herkunftsregionen unterscheidet bzw. inwiefern diese Gruppe in besonderem Maße finanziell unterstützt wird. So wurde in der medialen Berichterstattung und politischen Auseinandersetzung häufig der Vergleich zwischen der finanziellen Unterstützung von AsylwerberInnen aus der BMS und heimischer Gruppen von bedürftigen Personen gezogen.

Dazu ist festzuhalten, dass für asylberechtigte MigrantInnen keine höheren rechtlichen Ansprüche bestehen als für die heimische Bevölkerung. Im Gegenteil: Mit den Veränderungen bei der BMS in einigen Bundesländern bestehen Regelungen, die zu geringeren Ansprüchen auf Sozialleistungen im Vergleich zu ÖsterreicherInnen führen. So sieht beispielsweise die oberösterreichische Regelung zur BMS niedrigere Mindeststandards für Asylberechtigte mit befristeter Aufenthaltsberechtigung und subsidiär Schutzberechtigte vor. In der öffentlichen Diskussion werden häufig Einkommen miteinander in Beziehung gesetzt, die zu verzerrten Vergleichen führen, wie beispielsweise das Einkommen einer vierköpfigen Familie von Asylberechtigten mit BezieherInnen von Ausgleichszulagen, ohne dass auf die Anzahl von Personen Rücksicht genommen wird bzw. besondere Regelungen, wie die Häufigkeit der Leistung. So wird beispielsweise die Ausgleichszulage 14-mal pro Jahr ausbezahlt, während die BMS nur in Ausnahmefällen öfters als 12-mal ausbezahlt wird.

Dennoch fallen für asylberechtigte Personen derzeit und in den kommenden Jahren höhere Aufwendungen für die BMS an als für eine/n durchschnittliche/n ÖsterreicherIn bzw. MigrantIn aus den EU-Mitgliedstaaten. Dabei ist natürlich die Situation von asylberechtigten Personen zu berücksichtigen. Während Personen aus EU-Staaten oder Personen mit einer Rot-Weiss-Rot Karte sich auf die Migration nach Österreich vorbereiten (Erlernen von notwendigen Fähigkeiten, wie insbesondere der deutschen Sprache) bzw. Fähigkeiten bereits gegeben sind (Deutschkenntnisse von ZuwanderInnen aus Deutschland), verlassen asylberechtigte Personen ihr Heimatland aufgrund von kriegerischen Auseinandersetzungen oder politischer Verfolgung regelmäßig überhastet, ohne besondere Pläne und Vorbereitungen getroffen zu haben. Dies erfordert selbstverständlich eine längere Zeit, um die notwendigen Fähigkeiten zu erlernen und sich in die Gesellschaft und in den Arbeitsmarkt zu integrieren. Somit ist für diese zeitliche Frist die BMS die wesentliche Stütze, um die grundlegenden Bedürfnisse erfüllen zu können. Insbesondere sind auch die Integration und die Unterstützung von Kindern von wesentlicher Bedeutung, damit zukünftig sowohl diese als auch die Gesellschaft im Gesamten das Potenzial, welches in der Zuwanderung von jungen Personen liegt, nutzen können.

Schlussfolgerungen

Migration ist eines der bestimmenden Themen der politischen und medialen Diskussion der letzten Jahre, was insbesondere auf die starke Zuwanderung von Asylwerbenden zurückzuführen ist. Vor diesem Hintergrund und der Diskussion über die budgetären Auswirkungen analysiert der vorliegende Beitrag die fiskalischen Effekte der Migration der zuwanderungsstarken Jahre 2013 bis 2018 in Österreich, wobei die verschiedenen Gruppen von Zuwanderung (EU, Drittstaaten und Asylwerbende) berücksichtigt werden.

Die Analyse basiert auf dem makroökonomischen Modell PuMA von EcoAustria, das sich aufgrund seiner detaillierten Abbildung der Bevölkerungsstruktur, des Arbeitsmarktes und des öffentlichen Sektors besonders gut für die vorliegende Forschungsfrage eignet. Auf Basis der Modellanalyse ergeben sich durch die Migration zusätzliche öffentliche Einnahmen von über die Jahre 2013 bis 2020 kumuliert 25,7 Mrd. Euro. Die zusätzlichen öffentlichen Ausgaben fallen mit kumuliert 24,3 Mrd. Euro etwas geringer aus, sodass Migration über den betrachteten Zeitraum insgesamt einen leicht positiven Beitrag für die öffentlichen Budgets im Ausmaß von 0,05 % des BIP liefert. Österreich weist im Zeitraum 2013-2020 insgesamt einen Primär-Überschuss von durchschnittlich knapp 1 % des BIP auf. Dementsprechend tragen auch ÖsterreicherInnen im Schnitt positiv zu den öffentlichen Finanzen bei. Bezogen auf den Beitrag pro Kopf ergibt die Modellanalyse für die berücksichtigten öffentlichen Einnahmen und Ausgaben jedoch einen etwas kräftigeren Beitrag von Zuwandernden. In Bezug auf die öffentlichen Finanzen unterstützt demnach die Politik Zuwandernde nicht kräftiger als Einheimische. Des Weiteren sind nach den Ergebnissen auch die verfügbaren öffentlichen Mittel für die Finanzierung von sozialen Leistungen für ÖsterreicherInnen von der Migration nicht betroffen. Höhere Unterstützung für Flüchtlinge ist nicht in vorteilhafteren individuellen Ansprüchen begründet, sondern die Folge der nachteiligen Arbeitsmarktintegration. Für die Aneignung der notwendigen Fähigkeiten für den österreichischen Arbeitsmarkt und die bessere Eingliederung in die Gesellschaft ist eine gewisse Zeitspanne notwendig. Um den fiskalischen Beitrag weiter zu erhöhen und die Situation der privaten Haushalte zu verbessern, sollte eine laufende Evaluierung arbeitsmarktpolitischer Maßnahmen vorgenommen werden.

Literatur

Baas, Timo und Herwig Brücker. 2007. Macroeconomic consequences of migration diversion: A CGE simulation for Germany and the UK. IAB Discussion Paper 3/2008.

Barrell, Ray, Catherine Guillemineau und Iana Liadze. 2006. Migration in Europe. National Institute Economic Review 198:36-39.

Ben-Gad, Michael. 2008. Capital-skill complementarity and the immigration surplus. Review of Economic Dynamics 11:335-365.

Berger, Johannes et al. 2016a. Ökonomische Analyse der Zuwanderung von Flüchtlingen nach Österreich. EcoAustria und DUK Bericht im Auftrag von WKO und BMEIA. DUK Schriftenreihe Migration und Globalisierung. Krems.

Berger, Johannes et al. 2016b. Updating of the Labour Market Model. EcoAustria und DUK Studie im Auftrag von DG EMPL der Europäischen Kommission.

Berger, Johannes et al. 2016c. Cross-country differences in the contribution of future migration to old-age financing. International Tax and Public Finance 23:1160-1184.

Berger, Johannes et al. 2011. Auswirkungen der Arbeitsmarktöffnung am 1. Mai auf den Wirtschafts- und Arbeitsstandort Österreich. IHS und DUK Studie im Auftrag des BMWFJ.

Biffl, Gudrun et al. 2010. Potentielle Auswirkungen einer Änderung der österreichischen Migrationspolitik in Richtung qualifizierte Zuwanderung auf das mittel- bis langfristige Wirtschaftswachstum (Prognosehorizont 2050). DUK und IHS Projektbericht im Auftrag der WKO.

Borjas, George J. 1994. The economics of immigration. Journal of Economic Literature 32:1667-1717.

Bundesamt für Migration und Flüchtlinge (BAMF). 2016a. Asylantragsteller in Deutschland im ersten Halbjahr 2016 – Sozialstruktur, Qualifikationsniveau und Berufstätigkeit. BAMF-Kurzanalyse 4/2016.

Bundesamt für Migration und Flüchtlinge (BAMF). 2016b. Asylantragsteller in Deutschland im Jahr 2015 – Sozialstruktur, Qualifikationsniveau und Berufstätigkeit. BAMF-Kurzanalyse 3/2016.

Holler, Johannes und Philip Schuster. 2016. Langfristeffekte der Flücht-lingszuwanderung 2015 bis 2019 nach Österreich. Studie im Auftrag des Fiskalrates.

Levine, Paul. 1999. The welfare economics of migration control. Journal of Population Economics 1:23-43.

Mazal, Wolfgang et al. 2017. Fiskalische und Ökonomische Effekte verschiedener Migrationsformen – Analyse der Migrationsströme der Jahre 2013-2018. EcoAustria und Österreichisches Institut für Familienforschung Projektbericht im Auftrag des Österreichischen Integrationsfonds.

Statistik Austria. 2016. Zukünftige Bevölkerungsentwicklung der Bundesländer 2016 bis 2080 (2100). Statistische Nachrichten Dezember 2016, 901-925.

Max Haller

„Millionen AfrikanerInnen werden nach Europa kommen"[1]

Behauptungen und Thesen

Schlagzeilen der folgenden Art kann man laufend in den Medien lesen: „Migration aus Afrika große Herausforderung für EU"[2]; „Bundesregierung warnt vor ,dramatischer' Migration aus Afrika"[3]; „Wenn wir es laufen lassen, werden zu viele kommen"[4]; „Geheimbericht: 200.000 Afrikaner wollen noch heuer nach Europa"[5]; „Afrika-Flüchtling: ,Meine Freunde stellen sich EU als Paradies vor"[6]; „Flüchtlingswelle: Kurz warnt vor ,Millionen von Menschen aus Afrika'"[7]; „Dramatische Migration aus Afrika"[8]; „Migration aus Afrika: ,Wir erwarten eine riesige Wanderung'"[9]; „Flüchtlinge: Italien erwartet Exodus von ,biblischem Ausmaß' aus Afrika"[10]; „Wie soll Europa 800 Millionen Afrikaner versorgen?"[11] Ganz selten gibt es auch positive Berichte: „Mehr reguläre Migration aus Afrika hätte nur Vorteile".[12]

Was kann man zu diesen Behauptungen über die zu erwartende, bedrohliche Migration aus Afrika sagen? Eine eindeutige Antwort auf die

---

1   Für wertvolle Kommentare zur ersten Fassung danke ich Heinz Fassmann, Markus Hadler und Bernadette Müller-Kmet.

2   Orf.at (2016), http://orf.at/stories/2366222/ (Zugegriffen: 1. April 2018).

3   Deutsche Wirtschafts-Nachrichten, 6.10.2016.

4   Die Welt, 14.10.2016.

5   Krone.at (2016), www.krone.at/527432 (Zugegriffen: 1. April 2018).

6   Krone.at (2016), http://www.krone.at/530449 (Zugegriffen: 1.April 2018).

7   Krone.at (2016), http://www.krone.at/494135 (Zugegriffen: 1. April 2018).

8   Handelsblatt, 6.10.2016.

9   Badische Zeitung, 11.11.2015.

10 Deutsche-Wirtschafts-Nachrichten.de (2016), https://deutsche-wirtschafts-nachrichten. de/2016/06/07/italien-erwartet-exodus-von-biblischem-ausmass-aus-afrika/ (Zugegriffen: 1. April 2018).

11 Artikel des deutschen Sozialwissenschaftlers Gunnar Heinsohn; Die Welt, 4.11.2016.

12 Die Welt, 16.11.2016.

Frage, wie viele Menschen in absehbarer Zeit tatsächlich von Afrika nach Europa auswandern werden, kann nicht gegeben werden. Sie hängt auch von Faktoren ab, die wir heute nicht oder nur begrenzt vorhersehen können: von der wirtschaftlichen Entwicklung in Afrika; von möglichen katastrophenartigen Ereignissen wie blutigen Unruhen und Kriegen, in den letzten Jahrzehnten eine Hauptursache für Millionen von Flüchtlingen; vom Klimawandel; von der Nachfrage nach ausländischen Arbeitskräften in Europa; von den Migrationspolitiken, welche die afrikanischen Länder und die EU in Zukunft verfolgen werden.

Einige Anhaltspunkte gibt es allerdings doch: Wir können fragen, wodurch internationale Migration generell bestimmt wird; dann können wir untersuchen, inwieweit die empirisch festgestellten, relevanten Faktoren im Falle der Migration zwischen Afrika und Europa gegeben sind; wir können Studien ansehen, welche Migrationsintentionen der AfrikanerInnen untersucht haben; und wir können die Anzahl und Zusammensetzung der bereits in Europa lebenden AfrikanerInnen betrachten.

Determinanten der internationalen Migration

Migration erfolgt in der Regel vor allem dann, wenn zwischen zwei Regionen bzw. Ländern ein demographisches und sozioökonomisches Gefälle besteht. In jedem Land gibt es eine Abwanderung vom Land in die Stadt: Auf dem Land werden mehr Menschen geboren als in der Stadt und dort stehen für die Heranwachsenden meist nicht genügend oder überhaupt keine Arbeitsplätze in qualifizierten Berufen zur Verfügung. Auch interregionale und internationale Mobilität erfolgt vor allem von Regionen mit hoher Fertilität bzw. einem Mangel an Arbeitsplätzen in solche mit Arbeitskräftebedarf, guten Erwerbs- und Einkommenschancen (Han 2006; Castles und Miller 2009; Bahna 2017). Migration erfolgt besonders häufig, wenn neben dem demographischen und sozioökonomischen Gefälle keine oder nur geringe Barrieren – wie strenge Einreise- und Aufenthaltsregelungen – im Hinblick auf Einwanderung bestehen. Aus diesem Grunde ist die Migration innerhalb von Ländern in der Regel viel höher als zwischen Ländern (Hadler 2006). Deshalb hat auch der Beitritt der mittelosteuropäischen Länder zur EU und die damit eröffnete Freizügigkeit der Arbeitskräftemobilität zu starken Migrationsprozessen aus Osteuropa in den Westen und Südwesten Europas geführt (Haller und Verwiebe 2017). Das Gefälle zwischen Afrika und Europa im Hinblick auf die demographische Entwicklung und die sozioökonomische Struktur weist in der Tat darauf hin, dass hier ein enormes Migrationspotential besteht.

Bevölkerungswachstum und sozioökonomische Entwicklung in Afrika

Betrachten wir als erstes die Fakten zur Bevölkerung und ihrer Entwicklung in Afrika. Man kann diesen Kontinent in drei Subregionen einteilen: das arabisch-islamische Nordafrika (die fünf Länder Ägypten, Libyen, Tunesien, Algerien und Marokko); „Schwarzafrika" oder Afrika südlich der Sahara, der größte und ärmste Teil (alle Länder dieser Region weisen auch eine sehr hohe interne ethnische Heterogenität auf); und die Republik Südafrika mit einem jahrhundertelang bestimmenden Anteil von Weißen, die einen deutlich höheren Entwicklungsstand und nahezu drei Millionen kontinental-interne ZuwandererInnen aufweist. Auch Nordafrika ist etwas höher entwickelt als das Zentrum; hier war Libyen ein Zuwanderungsland. Afrika insgesamt hat heute rund 1,2 Milliarden EinwohnerInnen, 16% der Weltbevölkerung; bis 2050 wird diese Zahl auf 2,4 Milliarden (25%) wachsen, bis 2100 auf 4,4 Milliarden (40% der Weltbevölkerung). Dieses extrem hohe Wachstum kommt vor allem durch hohe Geburtenraten zustande (5 bis 6 Kinder pro Frau in vielen Ländern), aber auch durch die in den letzten Jahrzehnten erfreulicherweise stark gesunkenen Raten der Kindersterblichkeit; seit 1990 ist diese pro 1000 in den ersten fünf Lebensjahren Lebendgeburten von 179 auf 92 Todesfälle zurückgegangen, hat sich also fast halbiert (UNICEF 2014). Die Folge ist eine sehr junge Bevölkerung. Tabelle 1 zeigt, dass der Anteil der bis 24-jährigen Kinder und jungen Menschen in Sub-Sahara Afrika rund 63% beträgt und in Nord- und Südafrika rund 49%; dies sind weit höhere Anteile als in allen anderen Weltregionen – im Vergleich zu Europa sind sie fast dreimal so hoch. Die *child dependency rate* (Anteil der abhängigen Kinder auf 100 erwerbsfähige Personen) ist mit 73 die höchste der Welt (UNICEF 2014). Es ist evident, dass dadurch ein massives Problem für die Beschäftigung junger Menschen entsteht.

Die offiziellen Daten zur Arbeitslosigkeit geben keinen wirklichen Hinweis auf die Problemsituation in Afrika, da der Großteil der Erwerbstätigen keine formelle Beschäftigung innehat, sondern von Subsistenz-Landwirtschaft, informellem Kleingewerbe und Kleinhandel lebt. Die formelle Arbeitslosenrate 2014 beträgt aus diesem Grunde in Sub-Sahara Afrika „nur" 8,7% (was aber immer noch gut 100 Millionen sind); in der besser entwickelten Region Naher Osten/Nordafrika liegt sie jedoch bei 21% oder mehr; hier leben 85 Millionen junge Menschen zwischen 15 und 24 Jahren, davon sind 25% arbeitslos (bei AkademikerInnen sogar bis zu 35%) (Esipova et al. 2010-11; Angenendt und Popp 2012; Bommes et al. 2014).

Tabelle 1: Bevölkerung 2015, prognostizierte Bevölkerung 2025 und Anteil junger Menschen nach Regionen innerhalb Afrikas und nach Kontinenten

Fiskalische Ausgaben		Bevölkerung in Mio.		Anteil der 0-24-Jährigen 2015 (in %)
		2015	2025	
Afrika	insgesamt	1.186	1.509	60,3
	Nordafrika	223	265	49,7
	Zentralafrika	151	202	65,1
	Ostafrika	394	514	63,7
	Westafrika	353	459	63,1
	Südafrika	62	67	49,6
Asien		4.393	4.790	40,8
Europa		738	728	26,1
Lateinamerika		634	699	43,0
Nordamerika		357	370	32,2
Australien, Ozeanien		39	44	
Weltweit		7.349	8.141	

Quelle: UN, Population Division, Department of Economic and Social Affairs; Tabellen-File POP/1-1 und File POP/9-1; verfügbar auf https://esa.un.org/unpd/wpp/Download/Standard/Population/ (Zugegriffen: 21. Jan. 2017).

Die Daten zur Beschäftigung zeigt Tabelle 2. Wir sehen hier, dass nahezu zwei Drittel der Bevölkerung in Afrika südlich der Sahara über keine formelle Beschäftigung und abgesicherte Altersversorgung verfügen; ähnlich hohe Werte gibt es nur in Südasien (Bangla Desh, Indien, Pakistan). Das Bruttoinlandsprodukt (BIP) pro Kopf beträgt in der EU mehr als das Zwanzigfache des BIP pro Kopf in Afrika südlich der Sahara. Selbst beim Vergleich zu den etwas höher entwickelten Ländern Nordafrikas ist das Pro-Kopf-BIP in der EU dreimal so hoch. Das Gefälle in Beschäftigung, sozialer Absicherung und Lebensstandard zwischen Afrika und Europa ist also enorm. Während die Bevölkerungszahlen in Afrika in den nächsten Jahrzehnten weiter stark steigen werden, stagnieren sie in Europa. Aufgrund dieser Zahlen scheint die These in der Tat nicht abwegig, dass sehr viele AfrikanerInnen interessiert sein müssten, in die EU bzw. andere wohlhabende Länder im globalen Norden auszuwandern.

Tabelle 2: Indikatoren für Beschäftigung und Armut in den Regionen der Welt (2014)

	Anteil von armen Erwerbstätigen*)	Pensionslücke**) (in %)	BIP/Kopf (USD 2014)
Nordamerika	7,0		53.371
EU	7,2***)		37.463
Lateinamerika und Karibik	5,3	44,5	??
Ostasien	11,4	56,3 (Asien insg.)	8,133 (Asien insg.)
Südasien, Pazifik	54,4		
Naher/mittlerer Osten/Nordafrika	10,5	67,3	11.123
Afrika südlich der Sahara	61,1	83,4	1.571

*) In %; weniger als 2 USD pro Tag zur Verfügung (internationale Armutsdefinition)
**) Keine abgesicherte Alterspension
***) Nach nationalen Armutsdefinitionen

Quellen: ILO (2015), World Employment Social Outlook, Genf: International Labour Organisation; BIP/Kopf: Bundeszentrale für politische Bildung, UNCTAD.

Tatsächlich legen auch die illegalen Flucht- und Migrationsbewegungen von Afrika nach Europa nahe, dass der Wunsch vieler AfrikanerInnen nach Europa zu gelangen sehr stark sein muss. Insbesondere junge Menschen aus Sub-Sahara Afrika sind bereit dafür enorme Schwierigkeiten und Gefahren auf sich zu nehmen. Allerdings muss man hierbei sehen, dass der Hauptanlass vieler davon nicht der Wunsch nach besseren Lebensverhältnissen war, sondern die lebensgefährliche Bedrohung durch Terror und Bürgerkriege.

Wer will aus Afrika auswandern? Ergebnisse von Studien zu Migrationsabsichten

Wodurch wird bestimmt, dass ein Mensch findet, es sei besser auszuwandern als sich im eigenen Land Beschäftigung zu suchen? Wie viele Menschen in Afrika sind es, die eine solche Absicht hegen? Die Beantwortung dieser Frage ist extrem schwierig, wie sich schon bei der Diskussion über den Beitritt der postkommunistischen Länder Mittelosteuropas zur EU gezeigt hat. Man kann aus Antworten in repräsentativen Umfragen zu Migrationsintentionen nicht wirklich auf tatsächliche entsprechende Entscheidungen und Verhaltensweisen schließen. Dennoch geben sie Hinweise auf solche und sind auch ein indirekter Hinweis auf das Vertrauen, das Menschen in die Entwicklungsperspektiven ihres Landes setzen. Es gibt auch plausible theoretische Überlegungen für die Relevanz von Intentionen für Verhaltensweisen. Menschen versuchen ihr Handeln meist auch rational zu begründen und Fragen nach Intentionen prognostizieren das Handeln umso besser, je konkreter die Intentionen sind, nach denen man fragt. Es gibt mehrere empirische Studien, welche solche Intentionen erfasst haben und damit zumindest grobe Hinweise zur Beantwortung der Frage geben, wie hoch das Potential der Migration aus Afrika ist.

Großangelegte Umfragen über Migrationsabsichten wurden vom US-Meinungsforschungsinstitut Gallup zwischen 2007 und 2010 in 148 Ländern der Erde durchgeführt. Dabei wurden jeweils zwischen 1000 und 4000 Personen befragt, insgesamt waren dies 347.717 Personen ab 15 Jahren (Esipova et al. 2010-11). Die Frage lautete: *„Idealerweise, wenn sie die Möglichkeit hätten, würden Sie auf Dauer in ein anderes Land auswandern oder würden Sie es bevorzugen, in diesem Land zu bleiben?"* Auf diese Frage, die offensichtlich sehr allgemein gestellt ist und keinerlei Probleme und Restriktionen im Zusammenhang mit Migration erwähnt, ergaben sich enorme Anteile von Migrationswilligen: weltweit nahezu 700 Millionen; dies sind fast viermal so viel wie die Zahl der von den Vereinten Nationen geschätzten tatsächlichen MigrantInnen. Die Hauptmerkmale für Migrationswilligkeit waren Alter und Bildung: Vor allem Jüngere und besser Gebildete möchten auswandern. Dies gilt auch für Unterbeschäftigte und Arbeitslose, jedoch war dieser Aspekt in manchen Regionen (etwa auch in Afrika) wenig relevant. Würden all diese Menschen tatsächlich auswandern, hätte dies nach Gallup eine wirkliche Überschwemmung der nördlichen Zielländer zur Folge und einen massiven Verlust an Humankapital im Süden. Europa – die zweitgrößte potentielle Zuwanderungsdestination nach Nordamerika – nennen rund 200 Millionen der befragten Personen weltweit als Zielregion. Am höchsten ist das Auswanderungspotential aus Sub-Sahara Afrika: 36% aller Erwachsenen und 46% der 15-bis-23-Jährigen möchten auswandern, wenn es leicht möglich wäre. Diese extrem hohen Zahlen an Migrationswilligen sind sicherlich zu relativieren vor dem Hintergrund der, wie bereits erwähnt, sehr unverbindlichen Fragestellung.

Ein hohes theoretisches Migrationspotential zeigte sich auch in anderen, spezielleren Untersuchungen. Eine recht umfassende Studie über Intentionen zur Migration wurde 1997/98 in vier afrikanischen Ländern durchgeführt, koordiniert durch das niederländische interdisziplinäre Institut für Demographie (NIDI; van Dalen et al. 2003)[13]. Auf der Basis mehr-

---

13 Erhebungen wurden auch in der Türkei, in Italien und in Spanien durchgeführt.

stufiger Clusterstichproben von Individuen und Haushalten in ausgewählten Regionen dieser Länder wurden in Ghana 1569, in Senegal 2267, in Marokko 583 und in Ägypten 2940 Personen befragt. Die zentrale Frage- und Antwortkategorie lautete: *„Haben Sie die Absicht ins Ausland auszuwandern? Ja/ nein/ weiß nicht.“* Wer mit Ja antwortete, wurde weiter gefragt: *„Wollen Sie innerhalb der nächsten zwei Jahre emigrieren? Haben Sie schon aktuelle Schritte dafür unternommen?“* Die Befunde ergaben: In Ghana beabsichtigten 41% auszuwandern, im Senegal 38%, in Marokko 20% und in Ägypten 12%; innerhalb der nächsten zwei Jahre wollten 13% der GhanaerInnen, 4-5% der SenegalesInnen und MarokkanerInnen und nur 1% der ÄgypterInnen auswandern; bereits konkrete Schritte unternommen hatten 8% der GhanaerInnen, 2-3% der SenegalesInnen und MarokkanerInnen und niemand in Ägypten. Zwischen Intentionen und aktuellen Vorbereitungen zur Emigration bestand also eine große Kluft. Als Hauptgrund für die Auswanderung wurden am häufigsten finanzielle Gründe genannt (weit vor familiären; diese wurden von Frauen häufiger angegeben), als Hauptgründe zum Bleiben familiäre Gründe, viel seltener mangelnde Mittel. Als wichtigste Zielländer wurden genannt die USA (vor allem von GhanaerInnen und SenegalesInnen), Europa und erdölproduzierende Länder des Nahen Ostens (dies vor allem von ÄgypterInnen). Männer zeigten eine höhere Bereitschaft zur Auswanderung. Keine eindeutigen, in allen Ländern gleichermaßen wirksamen Effekte zeigten sich hinsichtlich des Bildungsniveaus und des Heiratsstatus, aber auch hinsichtlich bestehender Beziehungen zu MigrantInnennetzwerken im Ausland. Als generell gültig erschien lediglich die höhere Bereitschaft zur Auswanderung bei jungen Männern und die Erwartung besserer ökonomisch-finanzieller Umstände. Zwei Worte schienen den Auswanderungsdruck zu bestimmen: *„great expectations“*. Ähnliche Befunde zeigten sich in einer kleinen Befragungsstudie, die der Autor dieses Beitrags gemeinsam mit Studierenden im Herbst 2009 unter rund 300 Personen in Äthiopien durchführte (Haller und Müller 2010), wie auch eine Studie über Studierende in Ghana (Dako-Gyeke 2016).

Holländische ForscherInnen führten eine weitere große Studie in Marokko durch, in welcher 1010 Männer und 893 Frauen befragt wurden (Heering et al. 2004). Hier zeigte sich, dass der Migrationswunsch bzw. die Migrationsabsicht deutlich häufiger ist bei Männern als bei Frauen (27% vs. 5,6%) und bei weniger Gebildeten (besonders jenen ohne Ausbildung). Ein Effekt von Migrationsnetzwerken im Ausland konnte nur für Männer nachgewiesen werden. Ein besonders markanter Geschlechtsunterschied zeigte sich beim Effekt einer bezahlten Arbeit: Frauen, welche eine solche Arbeit bereits in Afrika hatten (aber mit dem Einkommen oft unzufrieden waren), tendierten viel häufiger zu Migration. Aus einer Befragung von Krankenschwestern aus Sub-Sahara Afrika in Nordost-England kann man die Gründe dafür ableiten: Ihre Auswanderungsmotive waren niedrige Entlohnung, fehlende Möglichkeiten zu beruflicher Weiterentwicklung, ein schlechtes Gesundheitssystem im Heimatland, sowie die ähnliche Ausbildung und Sprache dort und in England (Likupe 2013).

Eine größere Umfrage wurde 2008 unter 1067 zufällig ausgewählten Personen zwischen 25 und 70 Jahren in Dakar, Senegal, sowie eine kleinere Stichprobe von Emigrierten in EU-Ländern durchgeführt (Baizán und González-Ferrer 2016). Hier ergab sich Ähnliches: Vor allem Jüngere sowie Personen mit einer mittleren Bildung und in einfachen bis mittleren nicht-manuellen Berufen tendierten zu Emigration. Die Migrationsentscheidung stellte sich oft als eine Art von „Familienvertrag" dar: Die Emigration einer Person wurde von den Verwandten unterstützt und diese erwarteten sich im Gegenzug später finanzielle Unterstützung durch Rücküberweisungen. Der Autor dieses Essays hat gemeinsam mit Bernadette Müller-Kmet im Sommer 2009 an der größten privaten Universität von Tansania (SAUT – St. Augustine University of Tanzania) in Mwanza am Viktoriasee 500 Studierende gefragt, ob sie schon einmal an Auswanderung gedacht hätten.[14] Das Ergebnis: 24% hatten schon ernsthaft daran gedacht, weitere 50% meinten, sie könnten sich das vorstellen. Eine Analyse des Zusammenhangs mit den Wertorientierungen ergab, dass der Auswanderungswunsch bei jenen tendenziell etwas stärker war, die als Lebensziele hohes Einkommen oder ein sicheres, komfortables Leben hatten als bei jenen, die eine eigene Familien gründen, einen Beitrag zur Entwicklung des Landes leisten oder ein religiös-spirituelles Leben führen wollten.

Man kann also zusammenfassen: Wenn man nur nach Migrationswünschen fragt, ohne die Restriktionen und Kosten der Migration zu thematisieren, ergibt sich in der Tat ein sehr hohes Potential. Tatsächlich haben schon die bisher referierten Befunde nahegelegt, dass dieses Potential bei weitem nicht realisiert wird. Näheres dazu zeigen auch die Daten zu den tatsächlich aus Afrika Eingewanderten in Europa und Überlegungen zu den neuen Faktoren und Tendenzen im Hinblick auf Migration.

---

14 Die Ergebnisse zu dieser Frage sind enthalten in einem unveröffentlichten Bericht, den wir für die Leitung von SAUT ausarbeiteten (Haller und Müller 2009). Andere Befunde werden auch in dem publizierten Aufsatz von Haller und Müller (2012) dargestellt. Wir führten diese Befragung im Zusammenhang mit einer Lehrtätigkeit bei SAUT im Sommersemester 2009 durch.

AfrikanerInnen in Europa

In den Ländern der EU lebten laut OECD im Jahr 2007 rund 4,6 Millionen Nichtstaatsangehörige afrikanischer Herkunft; dies war weniger als ein Viertel der insgesamt rund 20 Millionen Menschen aus Drittstaaten. Zuwanderung aus Afrika gab es früher vor allem aus den ehemaligen Kolonien von England, Frankreich und Portugal; in diesen und anderen Ländern leben daher vermutlich bis zu 20 Millionen Menschen afrikanischer Herkunft. Im Jahr 2013 wanderten 1,3 Millionen Menschen in die EU ein; unter den 15 wichtigsten Herkunftsländern waren allerdings nur zwei afrikanische Länder (aus Marokko stammten 47.000, aus Somalia 14.700 Personen); in allen vorherigen Jahren waren China und Indien die wichtigsten Herkunftsländer.[15] Die Migration innerhalb Afrikas ist bei weitem umfangreicher als jene zwischen Afrika und Europa; so sind zwischen 2005 und 2010 etwa 277.000 AfrikanerInnen nach Europa gekommen, aber allein in West- und Ostafrika machten sich ca. 1,6 Millionen Menschen auf den Weg (Abel und Sander 2014). Hier scheint auch ein soziokultureller Faktor mit zu spielen. In Westafrika war Migration traditionell auch ein Weg zur Erlangung von Unabhängigkeit und Selbständigkeit (Esipova et al. 2010-11).

Die Zuwanderung aus Afrika wird in den Medien besonders stark thematisiert und oft auch dramatisiert (vgl. auch die Eingangszitate) – dies nicht nur wegen des enormen Bevölkerungswachstums und der wirtschaftlichen Probleme des Kontinents, sondern vor allem auch wegen der unsäglichen Mühen und Gefahren, welche die illegalen ZuwanderInnen auf sich nehmen, um durch die Sahara und in der Folge über das Mittelmeer nach Europa zu gelangen. Allein 2014 kamen laut UNO-Flüchtlingshilfswerk UNHCR 170.000 Personen auf diese Weise illegal nach Italien; seit 1995 sind über 10.000 Personen, meist junge AfrikanerInnen, bei der extrem gefährlichen, durch Schlepper organisierten versuchten Überfahrt ertrunken – eine immense humanitäre Katastrophe. Viele von ihnen hatten bereits eine nicht viel weniger gefährliche Reise durch die Sahara hinter sich.[16] 2016 wurde geschätzt, dass es in der EU 2,1 Millionen illegal lebende Drittstaatsangehörige gab; das war nahezu eine Vervierfachung gegenüber 2013.[17] Die häufigsten Herkunftsländer waren Syrien, Afgha-

---

15 Immigration in the EU, Eurostat 10.6.2015.

16 Salzburger Nachrichten, 24.1.2017; Grenz et al. 2015, S. 10.

17 Vgl. http://medienservicestelle.at/migration_bewegt/2016/11/08/215-millionen-drittstaatsangehoerige-illegal-in-eu/ (Zugegriffen: 1. April 2018).

nistan und der Irak; auch hier lagen die afrikanischen Herkunftsländer Eritrea und Marokko (je 41.000) erst an 7. und 8. Stelle.

Zukunftsperspektiven

Migration ist ein weltweites Phänomen, das im Zuge der Globalisierung und der spektakulären Verbesserung von Informations- und Reisemöglichkeiten enorm zugenommen hat; 2013 gab es nach Schätzung der ILO weltweit 232 Millionen MigrantInnen.[18] Sie ist auch historisch nichts Neues, wie Sylvia Hahn in ihrem Beitrag in diesem Band zeigt. Seit es Menschen auf dieser Erde gibt, haben sie sich auf Wanderschaft begeben, wenn sie in ihren Lebensräumen keine Perspektiven mehr gesehen haben. Die Regionen und Länder, in welche die MigrantInnen zugewandert sind, haben davon in aller Regel profitiert. Dass die *new nations* in Nordamerika und Australien, aber auch Westeuropa heute die wohlhabendsten Regionen der Erde sind, ist zu einem hohen Anteil auf Einwanderung zurückzuführen; sie werden auch weiterhin Zuwanderung brauchen. Es gibt jedoch Trends, welche die Struktur der Migration signifikant verändert haben und welche es auch im Falle Afrikas verbieten, nur von einer „Bedrohung" durch Massenimmigration zu sprechen. So ist Migration heute, wie bereits angedeutet, nicht mehr nur ein Ein-Weg-Prozess, bei welchem man in ein anderes Land aufbricht und dort das ganze Leben bleibt. Viele MigrantInnen ziehen wieder in ihre Heimatländer zurück und bringen wertvolles „soziales Kapital" mit, indem sie Unternehmen gründen, qualifizierte Jobs übernehmen usw.; andere pendeln zwischen Herkunfts- und Ankunftsland; wieder andere ziehen im Alter in die Heimat zurück. Durch die Steigerung des Bildungsniveaus in allen afrikanischen Ländern (vgl. dazu auch Goujon et al. 2017) entsteht dort auch ein großes Potential an qualifizierten jungen Menschen, die für eine Auswanderung in Frage kommen.

Die hier präsentierten Fakten sollten deutlich gemacht haben, dass man trotz des hohen Migrationspotentials nicht prognostizieren kann, dass tatsächlich hunderte Millionen AfrikanerInnen nach Europa kommen werden. Schon der Anteil derer, die das ernsthaft wollen, liegt sicherlich unter fünf Prozent, wenn nicht unter einem Prozent; realistisch ist diese Perspektive für noch viel weniger Menschen. Dies ist auch die Konklusion

---

18   ILO global estimates on migrant workers. Results and methodology, Genf: ILO; http://www.ilo.org/global/topics/labour-migration/publications/WCMS_436343/lang--en/index.htm (Zugegriffen: 1. April 2018).

einer neuen Analyse weltweiter Migrationsströme: Als Folge des starken Bevölkerungswachstums in Afrika hat sich die kontinental-interne Migration verstärkt und nur ein Bruchteil aller MigrantInnen zog in entwickelte Länder im Norden (Ndiaye 2010; Abel und Sander 2014). Studien über schwach entwickelte Regionen in den USA zeigten, dass auch in solchen Gebieten viele Menschen aus Gründen der Ortsverbundenheit und ihrer lokalen sozialen Einbettung es gar nicht in Betracht ziehen, abzuwandern (Heinemann und Hadler 2005). Wir können hier noch einige weitere Überlegungen dazu anstellen, welche Faktoren dieses Migrationspotential in Zukunft beeinflussen werden, welche es aufrechterhalten oder sogar noch erhöhen, welche es reduzieren könnten.

Zum Ersten gilt, dass das eingangs dargestellte dramatische Gefälle im sozioökonomischen Lebensstandard die wirklichen Unterschiede der Lebensqualität weit überschätzt. Viele wirtschaftliche und soziale Leistungen, welche in der Dritten Welt in unbezahlter Selbstversorgung erbracht werden, werden durch die Maßzahl des Bruttoinlandsprodukts nicht erfasst. Wenn man etwa durch ein Land wie Ruanda fährt, das heute (nach dem schrecklichen Völkermord von 1994) zu den am besten verwalteten Ländern in Zentralafrika gehört, ist man erstaunt, wie sauber und ordentlich, ja vielfach sogar hübsch sich auch die einfachen afrikanischen Lehmbauten darstellen. In einem Land wie Tansania, in dem das sozialistische Erbe von J. Nyerere noch lebendig ist, sieht man viel weniger Bettler als anderswo. In unserer vorhin zitierten Studie in Äthiopien stellten wir auch die Frage, was mit Obdachlosen geschehe; diese Frage stieß auf Unverständnis mit dem Hinweis, es gebe solche nicht; wer am Abend ohne Dach über dem Kopf dastehe, werde im nächsten Haus aufgenommen. Dies mag sicherlich eine Idealisierung sein und vor allem für die stark wachsenden Städte nicht mehr zutreffen.

Eine Reduktion der Abwanderungsneigung könnte auch bewirkt werden durch Wirtschaftswachstum und eine positive sozioökonomische Entwicklung. So ist der Anteil der in absoluter Armut lebenden Menschen in Afrika in den vergangenen zwei Jahrzehnten von 56 auf 35 Prozent der Bevölkerung zurückgegangen; trotz hohen Bevölkerungswachstums nimmt die Zahl der Armen auch absolut ab.[19] Eine Reihe von AutorInnen betont in jüngster Zeit, dass Afrika ein enormes Potential für Unternehmen aller Art beinhalte und die Bevölkerung auch in hohem Maße lernbegierig, unternehmungslustig und innovativ sei. Die starke Entwick-

---

19 Vgl. dazu auch Helmut Stoisser, „In Afrika vernetzen", Der Standard 23.1.2017, http://derstandard.at/2000051308639/In-Afrika-vernetzen (Zugegriffen: 1. April 2018).

lungsdynamik vor allem in den Städten führt zur Entstehung neuer Mittelklassen (Sieper 2008; Mutua 2010; Stoisser 2015). Wirtschaftliche Entwicklung führt aber nicht automatisch und in kurzer Zeit zu einer Reduktion der Auswanderung. Ökonomische Studien haben vielmehr gezeigt, dass die Auswanderung eher zunimmt, wenn ein Land sich von der untersten in eine höhere Einkommensgruppe entwickelt; der Grund ist, dass mit Entwicklung auch das Wissen und Informationen über andere Länder, aber auch die Ressourcen für Auswanderung steigen; wir haben auch darauf hingewiesen, dass die AbsolventInnen von Hochschulen vielfach Probleme haben Jobs zu finden (Goujon et al. 2017). Aus dieser Sicht ist daher grundsätzlich zu erwarten, dass die Neigung zur Emigration aus Afrika aufrecht bleibt (Siegel und Kuschminder 2012).

Ein Aspekt, der allerdings eindeutig zu einer Reduktion der Emigration führen könnte, wäre die politische Stabilisierung Afrikas und der Rückgang ethnisch und religiös unterfütterter gewaltsamer Auseinandersetzungen und Konflikte. Der größte Teil der MigrantInnen aus Afrika – wie auch jener aus dem Nahen Osten 2015/2016 – sind Flüchtlinge aus Krisen- und Kriegsgebieten wie Eritrea, Somalia und Äthiopien. Die meisten afrikanischen Staaten haben erhebliche Fortschritte in Richtung demokratischer Strukturen und besserer Regierungsformen gemacht. Mit ihnen kann auch die Europäische Union besser zusammenarbeiten und mithelfen, Bedingungen zu schaffen, welche es den meisten AfrikanerInnen als attraktiv erscheinen lassen, Beschäftigungs- und Lebenschancen in den eigenen Ländern zu suchen und selber mitzuhelfen, sie zu entwickeln. Diese Perspektive sollte auch die Notwendigkeit bzw. Tendenzen zur Verschärfung der Staatsgrenzen innerhalb Afrikas entschärfen. Die EU kann hier darauf hinwirken, dass dabei menschenrechtliche und humanitäre Standards beachtet werden, was insbesondere in Nordafrika auch heute noch ein großes Problem darstellt, indem MigrantInnen aus Sub-Sahara Afrika oft ausgebeutet und menschenunwürdig behandelt werden.[20]

Schließlich könnte – so paradox es auf den ersten Blick klingt – auch eine Erleichterung der Einwanderung nach Europa in gewisser Hinsicht zu einer Reduzierung der permanenten Zuwanderung von AfrikanerInnen nach Europa führen. Kommt man nach einem längeren Aufenthalt in Afrika nach Europa, empfindet man hier nicht nur das Klima, sondern auch die Menschen als „kalt". Für AfrikanerInnen war die „Nordwanderung"

---

20 Dies gilt insbesondere für Libyen; vgl. dazu Die Presse 4.2.2017: „Milizen und Schlepper foltern Flüchtlinge in Internierungslagern".

zwar schon seit jeher ein Traum, ebenso sind viele jedoch im Norden bald von der Sehnsucht erfasst worden, wieder nach Afrika heimzukehren (Haller 2009). Die modernen Verkehrs- und Kommunikationsmittel würden dies viel leichter möglich machen und es würde auch viel häufiger geschehen, wenn die heimkehrenden AfrikanerInnen wüssten, dass sie eventuell auch wieder einmal nach Europa kommen dürfen. Tatsächlich zeigt die internationale Migrationsforschung, dass sich diese heute immer mehr auch zu einer Zirkulationsmobilität in diesem Sinne entwickelt (Castles und Miller 2009; Lennkh und Freudenschuss-Reichl 2010; IOM 2015). Heute ist Nordamerika vor allem für Studierende und qualifizierte AfrikanerInnen ein attraktiveres Auswanderungsland als Europa und viele Menschen aus Sub-Sahara Afrika sind dort im Geschäftsleben und auch in den Wissenszentren, etwa auf Universitäten, sehr präsent (Ndiaye 2010). Europa muss aufpassen, nicht auch hier – wie bei Investitionen in Afrika – den Anschluss zu verpassen. Würde man z.B. zeitlich begrenzte Aufenthaltsgenehmigungen für AfrikanerInnen zu Zwecken der Aus- und Weiterbildung gewähren, könnten die europäischen Länder auch einen signifikanten Beitrag zur Entwicklung Afrikas leisten. Viele dieser Ausgebildeten könnten später aber auch die Lücke ausfüllen, die durch den aufgrund der negativen Bevölkerungsentwicklung dort zu erwartenden Rückgang der Zuwanderung aus Osteuropa entstehen wird.

Literatur

Abel, Guy J. und Nikola Sander. 2014. Quantifying global international migration flows. Science 343:1520-1522.

Angenendt, Steffen und Silvia Popp. 2012. Jugendarbeitslosigkeit in nordafrikanischen Ländern. SWP-Aktuell.

Bahna, Miloslav. 2017. Ten years after the post-accession migration wave from EU 8 to the UK: what can we learn from the largest intra-EU migration experiment? Österreichische Zeitschrift für Soziologie 41:373-389.

Baizán, Pau und Amparo González-Ferrer. 2016. What drives Senegalese migration to Europe? The role of economic restructuring, labour demand, and the multiplier effects of networks. Demographic Research 35:339-380.

Bommes, Michael, Heinz Fassmann und Wiebke Sievers. 2014. Migration from the Middle East and North Africa to Europe. Amsterdam: Amsterdam University Press.

Castles, Stephen und Mark J. Miller. 2009. The Age of Migration. International Population Movements in the Modern World. Houndmills: Palgrave.

Dako-Gyeke, Mavis. 2016. Exploring the migration intentions of Ghanaian youth: A qualitative study. Journal of International Migration and Integration 17:723-744.

Esipova, Neli, Julie Ray und Rajesh Srinivasan. 2010-11. The World's Potential Migrants. Who They Are, Where They Want to Go, and Why It Matters. Washington: Gallup (verfügbar unter https://www.imi.ox.ac.uk/news/presentation-available-from-gallup-seminar-on-worlds-potential-migrants/gallup_whitepaper_migration-1.pdf).

Goujon, Anne, Max Haller und Bernadette Müller Kmet (Hrsg.). 2017. Higher Education in Africa: Challenges for Development, Mobility and Cooperation. Newcastle upon Tyne: Cambridge Scholars Publishing.

Grenz, Wolfgang, Julian Lehmann und Stefan Keßler. 2015. Schiffbruch. Das Versagen der europäischen Flüchtlingspolitik. München: Knaur.

Hadler, Markus. 2006. Intentions to migrate within the European Union. A challenge for simple economic macro-level explanations. European Societies 8:111-140.

Haller, Max. 2009. 2050: Ein Afrikaner reist durch Europa. In: Wir bauen Europa neu. Wer baut mit? Hrsg. Attac, 209-226. St. Pölten und Salzburg: Residenz Verlag.

Haller, Max und Bernadette Müller (Hrsg.). 2010. Europa in Afrika – Afrika in Europa. Eine soziologische Studie am Beispiel von Äthiopien und Österreich. Bericht aus dem Forschungspraktikum des Instituts für Soziologie, Universität Graz.

Haller, Max und Bernadette Müller. 2009. St. Augustine University of Tanzania (SAUT) – How students and foreign teachers see it. Findings and Conclusions from a survey and personal experiences, presented to the directors and scientific staff at SAUT, Mwanza, November 2009.

Haller, Max und Bernadette Müller. 2009. The Situation of Students in Sub-Saharan Africa: A Case Study of St. Augustine University of Tanzania. International Studies in Sociology of Education 22:169-189.

Haller, Max und Roland Verwiebe. 2017. Central Europe as a space of transnational migration. Österreichische Zeitschrift für Soziologie 41(4):361-371.

Han, Petrus. 2006. Theorien zur internationalen Migration. Stuttgart: Lucius & Lucius/UTB.

Heering, Liesbeth, Rob van der Erf und Leo van Wissen. 2004. The role of family networks and migration culture in the continuation of Moroccan emigration: A gender perspective. Journal of Ethnic and Migration Studies. 30:323-337.

Heinemann, Lindsay und Markus Hadler. 2015. Resisting economic opportunities? An inquiry into the reasons and motivations of individuals who stay in a socio-economic deprived area. Journal of Appalachian Studies 21(1):86-104.

IOM. 2015. World Migration Report. Geneva: International Organisation for Migration.

Körner, Heiko. 1992. Immigration aus Afrika: Herausforderung für Europa. Reihe Euro-Kolleg 19. Bonn: Friedrich Ebert Stiftung.

Lennkh, Georg und Irene Freudenschuss-Reichl (Hrsg.). 2010. Nachbar Afrika. Dimensionen eines Kontinents. Wien: Passagen.

Likupe, Gloria. 2013. The skills and brain drain: What nurses say. Journal of Clinical Nursing 22:1372-1381.

Mutua, Alfred. 2010. How to be rich in Africa & other secrets of success. Nairobi: GDC Golden Dreams Company.

Ndiaye, Ndioro. 2010. Migration in und aus Afrika. In: Nachbar Afrika. Dimensionen eines Kontinents. Hrsg. Georg Lennkh und Irene Freudenschuss-Reichl, 263-267. Wien: Passagen.

OECD. 2007. International Migration Outlook 2007. Paris: Organization for Economic Development and Cooperation (http://www.oecd.org/els/mig/internationalmigrationoutlook2007.htm).

Siegel, Melissa und Katherine Kuschminder. 2012. A who's who in Ethiopian migration. United Nations University, vol. 5 (http://collections.unu.edu/vieww/UNUNU:I:2903).

Sieper, Hartmut. 2008. Investieren in Afrika. Profitieren auch Sie vom Reichtum des schwarzen Kontinents. München: FinanzBuch Verlag.

Stoisser, Hans. 2015. Der schwarze Tiger. Was wir von Afrika lernen können. München: Kösel.

UNICEF. 2014. Generation 2030/ Africa. Child demographics in Africa. New York: UNICEF.

Van Dalen, Hendrik P., George Groenewold und Jannette J. Schoorl. 2003. Out of Africa: What drives the pressure to emigrate? Tinbergen: Tinbergen Institute Discussion Paper, TI 2003-059/3.

Schlagworte zum Thema „Integration und Folgen der Zuwanderung"

Christina Schwarzl

„In manchen Bezirken sind ÖsterreicherInnen bereits in der Minderheit"

Einleitung

Glaubt man den ExpertInnen am Stammtisch, so werden ÖsterreicherInnen in ihrer Heimat zur Minderheit. Eine „Überfremdung" nehme überhand und in diesem Land Geborene müssten sich der österreichischen Kultur anpassen. Diese Aussagen speisen sich aus einer stark geladenen Emotionalität, mit sachlicher Information haben sie wenig zu tun. Umso wichtiger erscheint es in diesem Artikel mit nüchternem Blick nicht nur der Frage nachzugehen, wie viele Zugewanderte in Österreich gezählt werden und wo sie wohnen, sondern auch herauszufinden, was die Gründe für die räumliche Konzentration bestimmter Haushalte sind. Dass sich dementsprechend auch verschiedene Niveaus an Lebensqualität zwischen Autochthonen und Zugewanderten ergeben, wird am Beispiel eines ausgewählten Wiener Gemeindebezirkes vorgeführt. Dabei findet sich nicht nur Segregation im öffentlichen Diskurs in facettenreichen Bewertungen wieder, auch die Existenz von Integrationsbarrieren durch räumliche Konzentration von Zugewanderten wird in der Wissenschaft heftig diskutiert, was abschließend gezeigt wird.

Zahlen zur ungleichen räumlichen Verteilung von Zugewanderten

Österreichs Population beläuft sich nach aktuellem Stand auf insgesamt 8.772.865 BewohnerInnen,[1] davon kamen 1,65 Mio. (19%) im Ausland zur Welt. 1,34 Mio. Personen (15%) haben eine andere als die öster-

---

1   Laut Statistik Austria umfasst die Zählung der Wohnbevölkerung Personen „mit einer (den Stichtag einschließenden) Aufenthaltsdauer (Hauptwohnsitzmeldung) von mind. 90 Tagen" (Statistik Austria 2017).

reichische Staatsbürgerschaft.[2] Damit liegt Österreich im Spitzenfeld der EU-Mitgliedsländer (Durchschnittswert: 7% NichtstaatsbürgerInnen), noch deutlich vor großen Ländern wie Deutschland, Frankreich, Italien oder Großbritannien.

Wird die Verteilung von Zugewanderten und Autochthonen in den Blick genommen, zeigt sich: Teile Österreichs weisen eine räumliche Konzentration ausländischer Bevölkerung auf, wiederum andere Gebiete sind relativ homogen, in sich geschlossen und von Migration kaum berührt.

In Wien beläuft sich der Anteil von Menschen mit nichtösterreichischer Staatsbürgerschaft auf 29%, der im Ausland Geborenen auf 35% – das stellt im Bundesvergleich die höchsten Werte dar. Gefolgt wird Wien vom strukturstarken Vorarlberg: 17% der EinwohnerInnen haben keine österreichische Staatsbürgerschaft und 20% wurden nicht in Österreich geboren. Die restlichen Bundesländer liegen unter dem Durchschnitt, davon das Burgenland am weitesten: Nur ein kleiner Anteil von 8% der BewohnerInnen des Burgenlands besitzt einen anderen als den österreichischen Pass und nur 11% wurden nicht in Österreich geboren (Statistik Austria 2017).

Auch bei Betrachtung der politischen Bezirke Österreichs kommt die ungleiche Verteilung zum Vorschein. Der Anteil an Personen mit ausländischer Herkunft beträgt in vier Bezirken 5% oder weniger: Waidhofen an der Thaya, Zwettl, Freistadt und Murau – Bezirke, die strukturschwach sind und durch schlechte Infrastruktur, eine negative Geburtenbilanz[3] und durch niedrige Zahlen von Wirtschaftsbetrieben und somit Arbeitsmöglichkeiten gekennzeichnet sind. Mit insgesamt 37 politischen Bezirken hat der Großteil der Verwaltungseinheiten einen Anteil an Zugewanderten, der sich zwischen 6% und 10% bewegt, gefolgt von 28 politischen Bezirken mit einer Spannweite zwischen 11% und 15%. Die Städte Eisenstadt, Klagenfurt, Villach, St. Pölten, Bludenz und Feldkirch zählen zu den insgesamt 14 politischen Bezirken, in denen zwischen 16% und 20% Zugewanderte zu Hause sind. Zwischen 21% und 25% beträgt der Anteil von

---

2   Zu der Kategorie der nichtösterreichischen Staatsangehörigen zählen auch Staatenlose und Menschen mit ungeklärter Herkunft. Die Kategorie der im Ausland geborenen Personen ist strenger, da sie auch nach einer Einbürgerung bestehen bleibt (Statistik Austria 2017).

3   Die Geburtenbilanz ergibt sich durch die Zahl der Lebendgeborenen minus der Zahl der Sterbefälle. Ist die Geburtenbilanz negativ, so überwiegen die Sterbefälle. Im Allgemeinen weist dies darauf hin, dass diese Bezirke vorwiegend von älteren Personen bewohnt werden.

Zugewanderten in Wiener Neustadt, Steyr, Graz, Reutte, Bregenz und Dornbirn, zwischen 26% und 30% in den Städten Linz, Wels, Salzburg und Innsbruck. Die Bundeshauptstadt führt die Liste an, aber selbst dort ist mit einem Anteil von 35% im Ausland Geborenen die autochthone österreichische Bevölkerung nicht in der Minderheit (Statistik Austria 2017).

Abbildung 1: Anteil der Personen, die im Ausland geboren wurden, nach politischen Bezirken

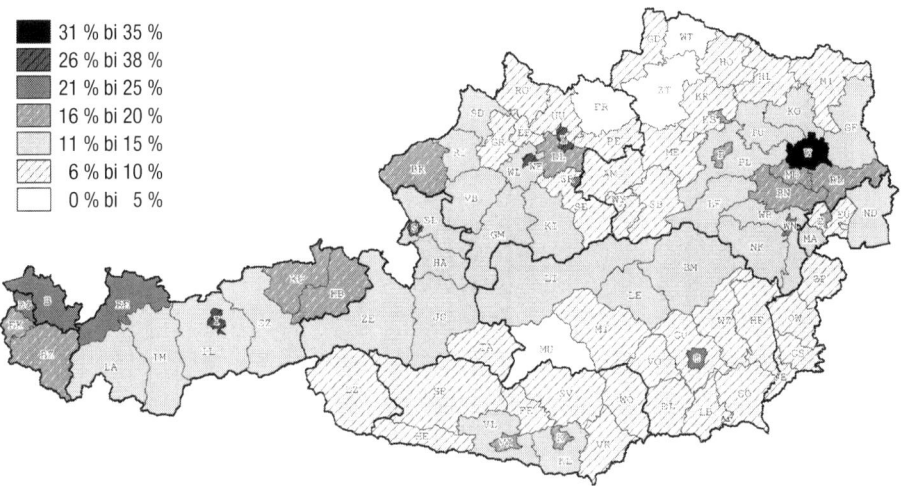

Quelle: Statistik Austria 2017, Aufbereitung der Daten CS.

Insgesamt haben Ballungszentren und strukturstärkere Gebiete einen höheren Anteil von EinwanderInnen. Mit der Abnahme der EinwohnerInnennenzahl in Gemeinden sinkt der Anteil der MigrantInnen. Zum Beispiel beträgt der Anteil der im Ausland Geborenen in Gemeinden mit unter 2.000 EinwohnerInnen nur 8%. In Gemeinden mit einer EinwohnerInnenzahl zwischen 5.000 und 20.000 sind mit 15% beinahe doppelt so viele ZuwanderInnen wohnhaft (Statistik Austria 2015).

Der AusländerInnenanteil kann in diesem Sinn auch als Indikator für Arbeitsplätze in Produktions- und Dienstleistungsbetrieben gesehen werden. Ballungszentren sind nicht zuletzt deshalb attraktiv, weil sie vielfältige Berufschancen bieten. Aber der Wohnungsmarkt bildet den Kern des Erklärungsansatzes, weil die räumliche Konzentration bestimmter Bevölkerungsgruppen vor allem durch ihn bestimmt wird.

Wohlstand bedeutet Wahlfreiheit: die Möglichkeiten einkommensschwächerer Haushalte

Aufgrund des segmentierten Wohnungsmarktes und der differierenden Teilmärkte, die sich daraus ergeben, werden unterschiedliche Zugangsbedingungen und Preisregelungen produziert. Das verschiedenartige Angebot spricht somit unterschiedliche KlientInnen an. Man kann hier zwischen drei Typen unterscheiden.

- Der Großteil der Mietwohnungen wird auf dem privaten Wohnungsmarkt angeboten (Statistik Austria 2001). Dieser steht grundsätzlich allen Personen offen, trennt jedoch nach bestimmten Regularien[4] Haushalte nach ihrer Einkommenslage. Von der gesetzlichen Vorstrukturierung abgesehen, selektieren VermieterInnen bei der Wohnungsvergabe Haushalte mit niedrigem Einkommen aus, da sie versuchen, das Risiko des Mietausfalls zu minimieren und in der Auswahl MieterInnen mit höherem Gehalt bevorzugen.

- Ein kleiner Teil der Mietwohnungen wird gefördert zu einem unterdurchschnittlichen Mietpreis vergeben. Gemeinnützige Bauvereinigungen („Genossenschaften") stellen jedoch insofern eine „Wohnungsmarktbarriere für arme Haushalte" (Gutheil-Knopp-Kirchwald und Kadi 2014, S. 14) dar, weil neben dem geringen Angebot bei Anmietung auch Eigenmittel erforderlich sind. Gemeindewohnungen[5] sind preisgünstig, erschwert wird der Erhalt einer solchen aber durch den starken Nachfrageüberhang und das schrumpfende Angebot.

- Ein starkes Rechtsverhältnis haben BesitzerInnen eines Hauses oder einer Eigentumswohnung. Diese Wohnform ist aufgrund des hohen Eigenkapitalbedarfs dem Hochpreissegment zuzuordnen (Kohlbacher und Reeger 2003, S. 87); ein erheblicher Teil davon beﬁndet sich aber in ruralen und kleinstädtischen Gebieten (Statistik Austria 2001).

---

4   Z.B. durch die unterschiedliche Gesetzessituation über die Höhe der Mietzinsbildung nach Alter des Bauobjektes (Gruber 2017, S. 84-106). Zusätzlich kommt je nach Lage der Wohnung ein Zuschlag hinzu, der den Wert der Wohngegend reflektiert. In Wien bewegt sich der maximal mögliche Zuschlag zwischen EUR 0,00 und EUR 10,93 pro Quadratmeter Nutzungsfläche (Stadt Wien 2018).

5   Hier ist nur die Vergabe mittels Vormerkschein berücksichtigt.

Im Jahr 2016 gaben 55% der befragten Haushaltsreferenzpersonen ohne Migrationshintergrund an, Wohneigentum zu besitzen, während dies bei Menschen mit Migrationshintergrund nur zu 23% der Fall war. Allerdings verfügten Personen in der zweiten Migrationsgeneration deutlich häufiger über Wohneigentum (37%) als jene der ersten (22%). Menschen mit Migrationshintergrund gaben mehr als doppelt so häufig an, in Mietwohnungen zu leben als Autochthone.

Grafik 1: Rechtsverhältnis zum Wohnobjekt nach Migrationshintergrund der Haushaltsreferenzperson

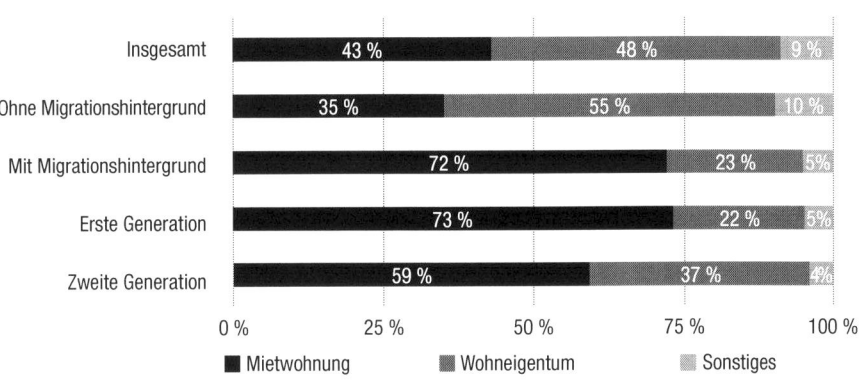

Quelle: Statistik Austria 2016a, S. 79.

Das hochpreisige Segment des Eigenheimes ist überwiegend gebürtigen ÖsterreicherInnen vorbehalten. Es zeigt sich auch als ländliches Phänomen. Im Jahr 2006 betrug der Anteil an Behausungen in Wien, die vom Eigentümer der Liegenschaft oder vom Eigentümer der Wohnung bewohnt werden, 21%; in Graz, Linz, Salzburg und Innsbruck 36%. In Gemeinden mit unter 20.000 EinwohnerInnen steigt der Anteil stark an, wobei er in Gemeinden mit 20.000 bis 100.000 am höchsten ausfällt (75%).

Grafik 2: Rechtsverhältnis zum Wohnobjekt nach Gemeindeklassen

Gemeindeklasse	Mietwohnung	Wohneigentum	Sonstiges
Wien	73 %	21 %	6 %
Graz, Linz, Salzburg, Innsbruck	57 %	36 %	7 %
Gemeinden 20.000 – 100.000 Einw.	13 %	75 %	12 %
Gemeinden 5.000 – 20.000 Einw.	19 %	69 %	11 %
Gemeinden 2.000 – 5.000 Einw.	32 %	59 %	9 %
Gemeinden unter 2.000 Einw.	47 %	45 %	8 %

Quelle: Statistik Austria 2011b.

Mit dem niedrigen Anteil an Wohneigentum gehen hohe Wohnungs-belastungskosten[6] für im Ausland geborene Personen einher. In den Jahren 2014 bis 2016 gaben durchschnittlich 20% der Gesamtbevölkerung, aber 38% der im Ausland geborenen Personen, mehr als ein Viertel des Haushaltseinkommens für Wohnkosten aus. Bei im Inland geborenen Personen lag dieser Wert nur bei 16%.

Hinzu kommt, dass die ausländische Bevölkerung vergleichsweise wenig Wohnfläche zur Verfügung hat. So betrug die durchschnittliche Wohnfläche im Jahr 2015 pro Kopf 45 Quadratmeter. Personen ohne Migrationshintergrund liegen mit vier Quadratmeter über, Personen mit Migrationshintergrund mit 14 Quadratmeter unter dem Mittelwert (Statistik Austria 2016a, S. 78ff.). 36% der Personen in Haushalten mit ausländischen Mitgliedern geben an, überbelegt zu wohnen, während dieser Wert in der Gesamtbevölkerung nur bei 7% liegt (Statistik Austria 2016b).

Gleichzeitig sind Zugewanderte häufiger mit schlechten Wohnstandards konfrontiert. Österreichweit lebte im Durchschnitt der Jahre 2013 bis 2015 ein Anteil von 2% der Bevölkerung in einer Substandardwohnung, demnach ohne WC oder ohne Wasserentnahmestelle im Inneren der Wohnung. Personen mit Migrationshintergrund waren doppelt so häufig betroffen wie Personen ohne Migrationshintergrund (Statistik Austria 2016a, S. 78). 8% der Haushalte mit ausländischem Mitglied[7] haben Schwierigkeiten, die Wohnung angemessen warm zu halten, 18% haben

---

6   Die Wohnungsbelastungskosten geben den Anteil des Haushaltseinkommens an, der für Wohnkosten aufgewendet wird.

7   Ohne EU- bzw. EFTA-Staaten.

Feuchtigkeit bzw. Schimmel als Wohnproblem – Werte, die deutlich über jenen der Gesamtbevölkerung liegen[8] (Statistik Austria 2016b).

Neben dem breiten Spektrum an Arbeitsmöglichkeiten in Ballungsräumen ist für Haushalte mit Niedrigeinkommen also das umfangreiche Angebot an leistbarem Wohnraum attraktiv. Damit einhergehend werden die unterschiedlichen Niveaus hinsichtlich der Lebensqualität deutlich. Der 15. Wiener Gemeindebezirk (Rudolfsheim-Fünfhaus) ist ein Musterbeispiel für die Konzentration nachteiliger Lebensbedingungen. Die Situation in diesem Bezirk, in dem rund 75.000 Menschen leben, soll im Folgenden exemplarisch näher dargestellt werden.

Städtische Segregation: Rudolfsheim-Fünfhaus (Wien 15) als Beispiel für die Konzentration unterdurchschnittlicher Lebensqualität

Der Anteil an Substandardwohnungen ist in Rudolfsheim-Fünfhaus am größten. Das jährliche Nettoeinkommen im Jahr 2014 betrug im Durchschnitt 16.766 Euro, also knapp EUR 1.400,00 monatlich, was den niedrigsten Wert in der Bundeshauptstadt darstellt (Stadt Wien 2016); in keinem anderen Wiener Gemeindebezirk ist die Lebenserwartung mit 78,5 Jahren niedriger. Einhergehend damit lag in der Periode 1996 bis 2000 auch die Mortalität signifikant über dem Wiener Durchschnitt (Bachinger et al. 2003, S. 73).

Innerhalb Wiens ist Rudolfsheim-Fünfhaus auch jener Gemeindebezirk, der den größten Anteil an MigrantInnen aufweist. Gemäß Daten der Statistik Austria sind 42% der EinwohnerInnen im 15. Wiener Gemeindebezirk ausländische StaatsbürgerInnen, 48% wurden nicht in Österreich geboren (Statistik Austria 2017), Berechnungen der Stadt Wien zufolge haben 53,1% eine ausländische Herkunft (Stadt Wien 2017). Neben Rudolfsheim-Fünfhaus weisen die Gemeindebezirke Brigittenau (44%), Margareten (43%), Favoriten (41%) und Ottakring (41%) einen vergleichsweise hohen Anteil an Personen auf, die nicht in Österreich geboren wurden.

---

8   Werte der Gesamtbevölkerung, die Probleme haben, die Wohnung angemessen warm zu halten: 3%; Probleme mit Lärm: 17%; Probleme mit Feuchtigkeit/Schimmel: 11%.

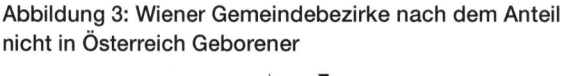

Legende:
- 46 % bi 50 %
- 41 % bi 45 %
- 36 % bi 40 %
- 31 % bi 35 %
- 26 % bi 30 %
- 20 % bi 25 %

Quelle: Statistik Austria 2017, Aufbereitung der Daten CS.

Wie bilden sich Konzentrationspunkte auf der Stadtkarte? Neben der Präferenz von EinwanderInnen, Quartiere zu wählen, die bereits eine gut ausgebaute Infrastruktur der eigenen Ethnie aufweisen (Häußermann und Siebel 2004, S. 173f.), ist der unregulierte Wohnungsmarkt[9] stark mitbestimmend. Dieser produziert die Höhe des Mietpreises sowie damit einhergehende Wahlmöglichkeiten für die BewohnerInnen, da mit der Zahlungsfähigkeit die Freiheit steigt, aus allen Teilen des bestehenden Assortiments auszuwählen. Zugewanderte und andere marginalisierte Gruppen sind demnach abhängig von der Existenz leistbaren Wohnraums, welcher von Stadtteilen mit unterdurchschnittlicher Wohnqualität und preisgünstigeren (Alt-)Bauten realisiert wird. Fassmann (2002, S. 16) be-

---

9   Ein Beispiel für räumliche Konzentration durch sozialpolitische Maßnahmen und regulative Eingriffe in den Wohnungsmarkt sind Zugangsbedingungen für soziale Wohnbauten.

schreibt dies als „akzeptierte Folge eines freien Bodenmarktes und sozialer Ungleichheit".

Nach dem historischen Kern Wiens und den angrenzenden Gemeindebezirken ist der 15. Wiener Gemeindebezirk jener, der mit einem Anteil von 68% einen beachtlichen Anteil an Altbauten aufweist (Statistik Austria 2011a). Diese unterliegen in der privatrechtlichen Vermietung einer Mietzinsregulierung nach dem Mietrechtsgesetz (Gruber 2017, S. 84-106). Gleichzeitig ist der Großteil des Bezirkes von einem Lagezuschlag ausgenommen (Stadt Wien 2018). Die Mietpreise sind demnach vergleichsweise günstig.

Haushalte mit geringem Einkommen sind in diesem Sinn auch weniger mobil als Haushalte mit hohem Einkommen. Segregation entsteht also nicht zuletzt dadurch, weil es für gut Situierte gar nicht erstrebenswert ist dort zu wohnen. Haushalte mit hohem Einkommen können rasch auf unerwünschte Verhältnisse reagieren. Benachteiligte Gruppierungen mit tendenziell schlechteren Zahlungs- und Gestaltungsmöglichkeiten sind jedoch vergleichsweise immobil. Dies kann auch zu Segregation nach Alter führen. Während junge, mobile BewohnerInnen die Möglichkeit haben, wegzuziehen, bleiben Ältere mit tendenziell geringeren Gestaltungsressourcen zurück und „altern in zunehmend alt bebauten Wohngebieten ohne Umzugsmöglichkeit" (Rode et al. 2010, S. 113). In diesem Sinn finden sich auch in Wien Sozialraumtypen mit einer signifikant älteren Bevölkerung.[10]

Segregation im Diskurs: von Problemvierteln zu Tourismusmagneten und von Integrationsbarrieren zum Zankapfel der Wissenschaft

Die Kategorien Alter und Herkunft sind nur einige wenige, entlang derer sich Segregation bewegt. Die soziale Durchmischung ist aber ein normatives Konzept, das sich zumeist auf Gebiete bezieht, die vorwiegend von zugewanderten Haushalten bewohnt werden. Gegenden, die in sich geschlossen von gutbürgerlichen bzw. autochthonen BewohnerIn-

---

[10]   Ältere Bevölkerungsgruppen (+75-Jährige, 65- bis 74-Jährige, kleine Haushaltsstrukturen) sind am Rand des dicht bebauten Stadtgebiets von Wien angesiedelt. In einigen innerstädtischen Bezirken ist der Anteil der älteren Wohnbevölkerung ebenfalls stark zentriert. Bevölkerungsgruppen im mittleren Alter befinden sich in den innerstädtischen und somit dicht bebauten Gebieten sowie in den dicht besiedelten Gebieten der äußeren Stadtteile entlang des Westgürtels (Rode et al. 2010, S. 27).

nen bewohnt werden,[11] sind nur selten mit dem normativen Konzept der sozialen Durchmischung gemeint (Rode et al. 2010, S. 19).

In Bezug auf den öffentlichen Diskurs ist es wichtig, die ganze Breite an Themen wahrzunehmen, in der sich die Thematik der räumlichen Konzentration von Zugewanderten wiederfindet. So werden gewisse Gebiete innerhalb einer Stadt als Enklaven der Authentizität angepriesen und als solche touristisch beworben. Berlin-Kreuzberg zum Beispiel, ein Stadtteil in dem viele EinwanderInnen und insgesamt Haushalte mit niedrigem Einkommen zu finden sind, wurde durch türkische Märkte, Graffitis, eine lebendige Kunstszene, das große Angebot an Clubs und Restaurants und mit seinem multikulturellen und kreativen Image zu einem Tourismusmagneten (Füller und Michel 2014). Die Edgware Road in London ist bekannt für Cafés, die den Namen „Little Beirut" und „Little Kairo" tragen, und sie wird für die authentische Küche des Mittleren Ostens geschätzt. Die China Towns von San Francisco, Melbourne und Bangkok – um nur einige zu nennen – sind weltweit bekannt. Auch Wiens Leopoldstadt wirbt mit der hohen Dichte an koscheren Läden und jüdischer Infrastruktur, wie Synagogen und Thora-Schulen, um TouristInnen (Stadtbekannt 2014). Solch neu aufgewerteten Stadtteile sind jedoch nicht selten von Gentrifizierung betroffen. Dies bedeutet, dass durch die gesteigerte Attraktivität des Stadtteils gut situierte Haushalte angelockt werden. Einhergehend damit steigen nicht nur die Lebenshaltungskosten in diesem Viertel, auch die Infrastruktur (wie Einkaufsmöglichkeiten oder Gastronomiebetriebe) verändert sich. Die weniger zahlungskräftigen BewohnerInnen werden in der Folge abgedrängt (Franz 2015, S. 67ff.).

Meist wird eine hohe räumliche Konzentration von Zugezogenen als Hemmschuh für eine gelingende Integration gesehen. Besonders dann, wenn sich „die sozioökonomischen und die ethnischen Aspekte am unteren Ende der gesellschaftlichen Hierarchie räumlich überlagern" (Dangschat 2016, S. 91) wird von einem „Problemviertel" gesprochen. Selten wird Segregation im öffentlichen Diskurs jedoch mit der gesellschaftlich ungleichen Verteilung materieller und immaterieller Ressourcen in Verbindung gesetzt. In der Forschung ist dieser Ansatz jedenfalls weitverbreitet; sie wird entweder als soziale Ungleichheit, als räumliche Übertragung verstanden (Bourdieu 1991; Friedrichs 1993, 1995; Tammaru et al. 2015)

---

11   Am ehesten wird das Phänomen der „gated community" diskutiert: ein räumlich durch Mauern oder Wachpersonal nach außen abgetrennter und meist luxuriöser Wohnkomplex, der mit seiner Infrastruktur (Schulen, Geschäfte) eine Welt für sich darstellt. Diese Wohnform ist hierzulande jedoch selten.

oder als intensivierender Effekt einer bereits existierenden Schieflage (Dangschat 2007).

Unabhängig davon, ob räumliche Segregation mit sozialer Ungleichheit konnotiert wird oder nicht, ist die Meinung vorherrschend, die räumliche Konzentration führe zu mangelnder Auseinandersetzung mit der autochthonen Bevölkerung und vermindere somit Chancen zur Integration – so auch die These vieler ForscherInnen. Ursprünglich wurde diese Aussage im Bereich der humanökologischen Stadtsoziologie formuliert (Hawley 1944); innerhalb der Wissenschaftsgemeinde gilt der Nachbarschaftseffekt jedenfalls als umstritten.

Gegner behaupten, soziale Netzwerke seien vom physischen Raum abgelöst – eine These, die Park bereits im Jahr 1925 formuliert hat und die im digitalen Zeitalter weitaus zutreffender erscheint als damals. Blasius und Friedrichs (2002, S. 147) stellten in einer Metastudie fest, dass der Großteil der Forschung zu Nachbarschaftseffekten Ergebnisse mit nur sehr schwacher Signifikanz vorweisen könne. Und Pettigrew (1986, S. 281) macht darauf aufmerksam, dass das Entstehen sozialer Kontakte und in weiterer Folge (Des-)Integration von einer Reihe unterschiedlicher Determinanten abhänge. Derselbe Status von zwei Personen, dieselben Zielvorstellungen und auch die Gelegenheit, diese auszutauschen seien mit ausschlaggebend, würden in der Forschung jedoch vernachlässigt. Weiter geschmälert würde die These des Nachbarschaftseffekts durch die heterogene Strukturierung von ethnischen Gruppen. Die innerhalb der Gruppe divergierenden Wertvorstellungen und Lebensstile schließen ein einheitliches Integrationsverhalten aus (McKenzie 1974, S. 110). Eine Analyse empirischer Daten, so wie in dieser Abhandlung vorgenommen, sei deshalb ein „statistischer Blindflug mit sozialwissenschaftlich nahezu sinnlosen Kategorien" (Dangschat 2016, S. 90), weil nicht davon ausgegangen werden kann, dass InländerInnen und AusländerInnen (je nach Definition) in sich homogen geschlossene Gruppen sind und dieselben Einstellungen und Verhaltensweisen an den Tag legen. Die Kategorien AusländerIn und InländerIn stünden somit eher als Scheinvariablen für Entitäten, von denen unbekannt ist, wie sie sich auf Integration bzw. integratives Verhalten auswirken (ebd.). Dass sich räumliche Segregation negativ auf Integration auswirkt, ist in der Wissenschaft somit äußerst umstritten.

Résumé und Konklusion

Aus den Ausführungen in diesem Kapitel lässt sich Folgendes schließen: Zahlen über die Verteilung von Autochthonen und Zugewanderten zeigen eine räumliche Konzentration beider Gruppen auf. In ruralen Gegenden ist das hochpreisige bzw. an Erbschaft gekoppelte Wohnsegment des Eigenheims vorherrschend und es mangelt an Arbeitsplätzen in Produktions- und Dienstleistungsbetrieben – hier finden daher vorwiegend gebürtige ÖsterreicherInnen ihr Zuhause. In Ballungsgebieten mit hohem Anteil an Mietwohnungen, gut ausgebauter Infrastruktur (auch der eigenen Ethnie) und vielfältigen Arbeitschancen steigt der Anteil an Zugewanderten. Dabei sind Menschen mit Migrationshintergrund viel häufiger mit schlechten Wohnstandards konfrontiert, was die Aussage „In manchen Bezirken sind Gutverdienende bereits in der Minderheit" zutreffender macht als die im Titel dieses Beitrags formulierte These. Wohlstand bringt das Potential mit sich, einen Wohnort und eine Behausung frei auswählen zu können. Zugewanderte sind aufgrund der finanziell eingeschränkteren Handlungsmöglichkeiten auf preisgünstigere Gebiete angewiesen. Die Weigerung von einkommensstarken (meist autochthonen) Haushalten in weniger attraktiven Gegenden zu wohnen, ist für die Bildung von Segregation mit auschlaggebend. Trotzdem befindet sich in keinem politischen Bezirk Österreichs die gebürtige österreichische Bevölkerung in der Minderheit. In Wien war der Anteil an Personen mit Migrationshintergrund mit 35% am höchsten. Innerhalb der Bundeshauptstadt gibt es im 15. Gemeindebezirk, Rudolfsheim-Fünfhaus, die stärkste räumliche Verdichtung von Haushalten mit niedrigem Einkommen und somit auch von Zugewanderten. Laut Statistik Austria macht in Rudolfsheim-Fünfhaus der Anteil von Personen, die nicht in Österreich geboren wurden, 48% aus; nach Berechnungen der Stadt Wien haben 53,1% eine ausländische Herkunft. Im öffentlichen Diskurs werden Stadtviertel wie das eben genannte jedenfalls unterschiedlich bewertet. Die Beurteilungsschablone weist Lob für die (touristisch) attraktiven Inseln der Authentizität ebenso auf wie das Stigma des „Problemviertels". Letzteres wird auch in der Wissenschaft heftig diskutiert: Dass eine hohe räumliche Konzentration eine Integrationsbarriere darstellt, ist nämlich alles andere als eindeutig.

Postmoderne Gesellschaften sind sozial hoch differenziert. Ihre Bevölkerung unterscheidet sich nach Herkunft, Alter, Einkommen, Bildung etc. und konzentriert sich nach diesen Merkmalen auch räumlich nach Bezirken, Orten und Regionen. Die Verdichtung dieser verschiedenen Gruppen auf bestimmte Gebiete verdeutlicht die Unterschiede, die innerhalb der Bevölkerung existieren. In diesem Sinn sollte man in das Stammtischgespräch einsteigen und versuchen, dem im Titel dieses Beitrags formulierten Mythos entgegenzutreten.

Literaturverzeichnis

Bachinger, Eleonore et al. 2003. Lebenserwartung und Mortalität in Wien. Hrsg. Stadt Wien. Bereichsleitung für Gesundheitsplanung und Finanzmanagement. Wien: Eigenverlag.

Blasius, Jörg und Jürgen Friedrichs. 2009. Internal Heterogeneity of a Deprived Urban Area and its Impact on Residents' Perception of Deviance. In: Quantifying Neighbourhood Effects. Frontiers and Perspective. Hrsg. Jörg Blasius, Jürgen Friedrichs und George Galster, 124-151. Milton Park und New York: Routledge.

Bourdieu, Pierre. 1991. Physischer, sozialer und angeeigneter physischer Raum. In: Stadt-Räume, Hrsg. Martin Wentz, 25-34. Frankfurt am Main und New York: Campus.

Dangschat, Jens S. 2007. Soziale Ungleichheit, gesellschaftlicher Raum und Segregation. In: Lebensstile, soziale Lagen und Siedlungsstrukturen. Hrsg. Jens S. Dangschat und Alexander Hamedinger, 21-50. Hannover: Akademie für Raumforschung und Landesplanung.

Dangschat, Jens S. 2016. Residentielle Segregation nach Nationalität – ein Diskurs voller Widersprüche. Österreichische Zeitschrift für Soziologie 41:81-101.

Fassmann, Heinz. 2002. Zuwanderung und Segregation. In: Zuwanderung und Segregation. Europäische Metropolen im Vergleich. Hrsg. Heinz Fassmann, Josef Kohlbacher und Ursula Reeger, 13-24. Klagenfurt/Celovec: Drava.

Franz, Yvonne. 2015. Gentrification in Neighbourhood Development Case Studies from New York City, Berlin and Vienna. Göttingen: V&R unipress.

Friedrichs, Jürgen. 1993. Stadtanalyse. Soziale und räumliche Organisation der Gesellschaft. 3. Auflage. Opladen: Westdeutscher Verlag.

Friedrichs, Jürgen. 1995. Stadtsoziologie. Opladen: Leske + Budrich.

Füller, Henning und Boris Michel. 2014. 'Stop Being a Tourist!' New Dynamics of Tourism in Berlin-Kreuzberg. International Journal of Urban and Regional Research 36:1304-1318.

Gruber, Martin. 2017. Mietrecht in Österreich. 7. Auflage. Hrsg. Verein für Konsumenteninformation. Wien: VKI.

Gutheil-Knopp-Kirchwald, Gerlinde und Justin Kadi. 2014. Herausforderungen einer gerechten Wohnungspolitik. IFIP-Jahrestagung 2014: Gerechtigkeit – Instrumente für eine gerechte Stadt. 12.06.2014.

Häußermann, Hartmut und Walter Siebel. 2004. Stadtsoziologie – eine Einführung. Frankfurt und New York: Campus.

Hawley, Amos H. 1944. Dispersion versus segregation. Apropos of a solution of race problems. Papers of the Michigan Academy of Science, Arts and Letters 30:667-674.

Kohlbacher, Josef und Ursula Reeger. 2003. Die Wohnsituation von AusländerInnen in Österreich. In: Österreichischer Migrations- und Integrationsbericht. Hrsg. Heinz Fassmann und Irene Stacher. Wien: Drava.

McKenzie, Roderick D. 1974. Konzepte der Sozialökologie. In: Materialien zur Siedlungssoziologie. Hrsg. Peter Atteslander und Bernd Hamm, 101-112. Köln: Kiepenheuer & Witsch.

Park, Robert E. 1925. The city. Suggestions for the investigation of human behavior in the urban environment. In: The City. Hrsg. Robert E. Park, Ernest W. Burgess und Roderick McKenzie, 1-46. Chicago und London: The University of Chicago Press.

Pettigrew, Thomas F. 1986. The intergroup contact hypothesis reconsidered. In: Contact and conflict in intergroup encounters. Hrsg. Miles Hewstone und Rupert Brown, 169-195. Oxford: Blackwell.

Rode et al. 2010. Soziale Veränderungsprozesse im Stadtraum. Wiener Sozialraumanalyse mit Vertiefung in acht ausgewählten Stadtvierteln. Werkstattbericht Nr. 104. MA18 Stadtentwicklung und Stadtplanung.

Stadt Wien. 2016. Broschüre „Wien – Bezirke im Fokus". 15. Bezirk. https://www.wien.gv.at/statistik/bezirksdaten.html (Zugegriffen: 5. Januar 2018).

Stadt Wien. 2017. Daten und Fakten zur Migration 2017 – Wiener Bevölkerung. https://www.wien.gv.at/menschen/integration/daten-fakten/bevoelkerung-migration.html (Zugegriffen: 5. Januar 2018).

Stadt Wien. 2018. Karte über maximal mögliche Zuschläge 2018. https://www.wien.gv.at/wohnen/wohnbautechnik/ahs-info/lagezuschlagskarte.html (Zugegriffen: 1. März 2018).

Stadtbekannt. 2014. Ein Tag im 2. Bezirk. http://www.stadtbekannt.at/ein-tag-im-2-bezirk/ (Zugegriffen: 12. Dezember 2017).

Statistik Austria. 2001. Wohnungen nach Haushaltsmerkmalen: GWZ-VZ 2001. http://www.statistik.at/web_de/statistiken/menschen_und_gesellschaft/wohnen/index.html (Zugegriffen: 9. Dezember 2017).

Statistik Austria. 2011a. Registerzählung 2011 – GWZ: Gebäude. http://www.statistik.at/web_de/statistiken/menschen_und_gesellschaft/wohnen/index.html (Zugegriffen: 8. Dezember 2017).

Statistik Austria. 2011b. Registerzählung 2011 - GWZ: Wohnung. http://www.statistik.at/web_de/statistiken/menschen_und_gesellschaft/wohnen/index.html (Zugegriffen: 8. Dezember 2017).

Statistik Austria. 2015. Abgestimmte Erwerbsstatistik – Zeitreihe ab 2011. https://www.statistik.at/web_de/statistiken/menschen_und_gesellschaft/bevoelkerung/volkszaehlungen_registerzaehlungen_abgestimmte_erwerbsstatistik/index.html (Zugegriffen: 8. Dezember 2017).

Statistik Austria. 2016a. migration und integration. zahlen. daten. indikatoren 2016. https://www.integrationsfonds.at/fileadmin/content/migrationintegration-2016.pdf (Zugegriffen: 1. März 2018).

Statistik Austria. 2016b. Lebensbedingungen für Personen in Risikohaushalten. http://www.statistik.at/web_de/statistiken/menschen_und_gesellschaft/soziales/armut_und_soziale_eingliederung/022865.html (Zugegriffen: 12. Dezember 2017).

Statistik Austria. 2017. Bevölkerung nach Staatsangehörigkeit und Geburtsland. Bevölkerung zu Jahresbeginn 2002 bis 2017 (einheitlicher Gebietsstand 1.1.2017). http://www.statistik.at/web_de/statistiken/menschen_und_gesellschaft/bevoelkerung/bevoelkerungsstruktur/bevoelkerung_nach_staatsangehoerigkeit_geburtsland/index.html (Zugegriffen: 5. November 2017).

Tammaru, Tiit et al. 2015. A multi-factor approach to understanding socio-economic segregation in European capital cities. In: East meets West. Hrsg. Tiit Tammaru et al., 1-29. London: Routledge.

Johann Bacher und Christoph Weber

„Der hohe Anteil an ZuwanderInnenkindern in den Schulen reduziert die Qualität der Ausbildung"

Einleitung

Am 27. Februar 2007 berichtet die NEWS-Abteilung des ORF Oberösterreich[1] von der Forderung des damaligen Landeshauptmanns Josef Pühringer, den Anteil der Kinder mit erheblichen Sprachproblemen auf ein Drittel pro Klasse zu beschränken. Medial und politisch interpretiert wurde dies als „AusländerInnen"- bzw. „Herkunfts"-Quote. Der Vorstoß löste extrem kontroverse Reaktionen aus.

Am 30. März 2009 berichtet Die Presse über eine parlamentarische Anfragebeantwortung zu den Migrationsanteilen in den Schulklassen durch die damalige Bildungsministerin Claudia Schmied (SPÖ).[2] Für den FPÖ-Generalsekretär präsentierten die Zahlen einen „Super-GAU für Österreicher mit deutscher Muttersprache". Die Presse berichtet weiter, dass „die Einführung reiner Ausländerklassen zum Schutz der Inländer" gefordert wird.[3]

Am 21. September 2017 ist in NEWS vor der Nationalratswahl zu lesen: „Faktencheck: Begrenzung des Ausländeranteils in den Schulen. Die FPÖ will den Ausländeranteil in Klassen begrenzen – doch so einfach ist das nicht".[4]

1   ooev1.orf.at (2007), http://ooev1.orf.at/stories/174860 (Zugegriffen: 12. April 2018).

2   DiePresse.com (2009), https://diepresse.com/home/panorama/oesterreich/465824/Wien_In-manchen-Klassen-sitzen-ausschliesslich-Migranten (Zugegriffen: 12. April 2018).

3   Harald Vilimsky zitiert in DiePresse.com (2009), https://diepresse.com/home/panorama/oesterreich/465842/Reaktionen_Der-echte-Wiener-geht-bald-unter?direct=465824&_vl_backlink=/home/panorama/oesterreich/465824/index.do&selChannel= (Zugegriffen: 12. April 2018).

4   news.at (2017), https://www.news.at/a/faktencheck-fpoe-auslaenderanteil-8321098 (Zugegriffen: 12. April 2018).

Am 21. Jänner 2018 kündigte Bundesminister Faßmann die im Regierungsprogramm[5] vorgesehene Einführung von Deutschförderklassen für Kinder mit Deutschdefiziten an. Die Reaktionen der anderen politischen Parteien fielen gemäßigter aus als vor 11 Jahren.[6] Proteste gegen die Maßnahme traten erst bei der Vorlage des Gesetzestextes im April 2018 auf.

Auch der Wissensstand über den Zusammenhang von Migration und Bildung ist national und international seit 2007 enorm gewachsen. Die OECD berichtet bei jeder PISA-Durchführung ausführlich über den Zusammenhang von Testleistungen und Migrationsanteil. Auch in den nationalen Berichten zu PISA, PIRLS oder zu den Bildungsstandards werden Vergleiche nach dem Migrationshintergrund angestellt.

Die Klassen- oder Schulebene, die mit der oben genannten Drittelgrenze angesprochen wird, wird dagegen in österreichischen Studien noch weniger untersucht. Sie soll hier im Fokus stehen. Es soll untersucht werden, welcher Zusammenhang zwischen dem Anteil an Kindern mit Migrationshintergrund in einer Schule und der Qualität der Ausbildung besteht. Die Qualität der Ausbildung wird outputorientiert erfasst, indem geprüft wird, welche Kompetenzen SchülerInnen erwerben. Zurückgegriffen wird dabei auf die für das österreichische Schulsystem definierten Bildungsstandards (BIFIE 2018) und ihre Überprüfung sowie auf Kompetenzmessungen internationaler Bildungsstudien. Ein Migrationshintergrund wird angenommen, wenn beide Elternteile im Ausland geboren sind (Breit et al. 2016, S. 33).

Als Datenbasis werden die Daten aus den Bildungsstandardüberprüfungen sowie ergänzend Befunde aus den PISA- und PIRLS-Studien verwendet (Abschnitt 2). Daran anschließend stellt Abschnitt 3 dar, wie hoch der Migrationsanteil in den einzelnen Schulformen im Pflichtschulbereich in Österreich ist. Abschnitt 4 untersucht die Testleistungen bei der Bildungsstandardüberprüfung in Abhängigkeit vom Anteil von Kindern mit Migrationshintergrund und diskutiert mögliche Erklärungen für die gefundenen Befunde, bevor Abschnitt 5 die Ergebnisse zusammenfasst und Stellung zu der zur Prüfung vorgegebenen Behauptung bezieht.

Datenbasis

Zur Beantwortung der Fragen werden die Daten der Überprüfung der Bildungsstandards in Deutsch, 4. und 8. Schulstufe (BISTÜ-D4 und

---

5   https://www.oevp.at/download/Regierungsprogramm.pdf (Zugegriffen: 12. April 2018).
6   derStandard.at (2018), https://derstandard.at/2000072741289/Deutschklassen-Bildungs-minister-Fassmann-stellt-Plaene-vor (Zugegriffen: 12. April 2018).

BISTÜD8; vgl. Breit et al. 2017), herangezogen. Die BIST-Überprüfungen sind Vollerhebungen der jeweiligen Jahrgangsstufe. Nicht getestet werden außerordentliche SchülerInnen und SchülerInnen mit einem sonderpädagogischen Förderbedarf. Bei D4 wurden rund 75.000 SchülerInnen aus rund 3.000 Schulen und bei D8 rund 73.000 SchülerInnen aus rund 1.400 Schulen getestet. Die Erhebungen fanden in den Jahren 2015 (D4) und 2016 (D8) statt. Neben der Kompetenzmessung in Deutsch sind Hintergrundvariablen der SchülerInnen (Sozialstatus, Migrationshintergrund, Alltagssprache usw.) verfügbar.

Die von den Standardmessungen getesteten Kompetenzen basieren auf einem fachspezifischen Kompetenzmodell, das aus den jeweiligen Lehrplänen abgeleitet ist. Berücksichtigt werden unterschiedliche Kompetenzbereiche (für Deutsch in der 4. Schulstufe etwa Leseverständnis oder Rechtschreiben), die auf einer Skala mit einem Mittelwert von 500 und einer Standardabweichung von 100 (analog zu PISA) erfasst werden. Neben einem Punktwert für die getesteten SchülerInnen wird anhand von Kompetenzstufen auch festgelegt, ob die SchülerInnen die Bildungsstandards nicht erreicht, teilweise erreicht, erreicht bzw. sogar übertroffen haben. Für die Analysen dieses Beitrags wird der Kompetenzbereich Lesen herangezogen.

Als weitere Datenbasis wird auf die PISA-Studien zurückgegriffen, die von der OECD seit 2000 durchgeführt werden. Ziel von PISA ist die Erfassung von grundlegenden Kompetenzen am Ende der Pflichtschulzeit, die für eine erfolgreiche gesellschaftliche Teilhabe erforderlich sind. Daher werden im Abstand von drei Jahren SchülerInnen im Alter von 15 und 16 Jahren getestet, wobei jeweils ein anderer Kompetenzbereich im Vordergrund steht. Die erfassten Kompetenzen wurden so normiert, dass der Durchschnitt bei der ersten Erfassung des Kompetenzbereichs über alle OECD-Länder bei 500 Punkten liegt und die Standardabweichung 100 Punkte beträgt. Ein Unterschied von 40 Punkten entspricht etwa einem Jahr (OECD 2016, S. 65). Zusätzlich werden Befragungsdaten erhoben. Die Auswahl der Schulen und SchülerInnen erfolgt mittels einer Wahrscheinlichkeitsstichprobe. An der letzten PISA-Erhebung im Jahre 2015 nahmen in Österreich 7007 SchülerInnen aus 269 Schulen teil (Suchan und Breit 2016, S. 28). Der Unterschied zwischen SchülerInnen mit und ohne Migrationshintergrund betrug im Lesen 70 Punkte, also fast 2 Jahre.

PIRLS ist wie PISA eine internationale Vergleichsstudie. Im Unterschied zu PISA konzentriert sich PIRLS auf die Lesefähigkeiten. Zielpopulation sind SchülerInnen der 4. Schulstufe. Getestet wird nicht wie bei PISA ein Jahrgang, sondern SchülerInnen, die sich in der 4. Schulstufe befinden. Österreich nimmt seit 2001 an der PIRLS-Studie teil, die alle fünf

Jahre repliziert wird. Die rezente PIRLS-Studie stammt somit aus dem Jahr 2016.[7] In Österreich (Wallner-Paschon et al. 2017) beteiligten sich 4360 SchülerInnen von 150 Schulen. Der Unterschied zwischen SchülerInnen mit und ohne Migrationshintergrund betrug 51 Punkte.

Obwohl der Beitrag auf einer umfassenden Datenbasis beruht und die umfangreichen und rezenten BISTÜ-Daten nutzt, ist auf seine Limitationen hinzuweisen. Nicht erfasst werden die Schulformen der Sekundarstufe II, also die Berufsschulen, die berufsbildenden mittleren und höheren Schulen und die AHS-Oberstufe. Gerade hier wäre es aber interessant zu untersuchen, wie sich eine zunehmende Konzentration von SchülerInnen mit Migrationshintergrund auf einzelne Schulformen, wie z.B. in der Handelsschule (Herzog-Punzenberger und Schnell 2012, S. 247), auswirkt. Hinzuweisen ist schließlich auch darauf, dass mit der Vermittlung von Kompetenzen nur Teilaufgaben der Schule abgedeckt sind und Schule darüber hinaus allgemeine soziale und humanistische Ziele, wie die Unterstützung bei der Entwicklung zu einer sozial verantwortlichen Persönlichkeit, verfolgt, wie sie auch im Art. 14 Abs. 5a der österreichischen Bundesverfassung (Bruneforth et al. 2012, S. 190) verankert sind. Inwiefern diese weiteren Ziele erreicht wurden, kann diese Studie nicht beantworten.

Aus Platzgründen schließlich kann keine Differenzierung nach Migrationsgeneration und/oder nach Herkunftsländern vorgenommen werden.

Migrationsanteil in österreichischen Schulen

Österreichweit weist rund ein gutes Fünftel der SchülerInnen einen Migrationshintergrund auf. Es bestehen deutliche regionale Unterschiede hinsichtlich des Anteils von SchülerInnen mit Migrationshintergrund. Während rund 40% der 117 politischen Bezirke in Österreich einen Migrationsanteil von weniger als 10% unter den SchülerInnen aufweisen, liegt der Anteil der SchülerInnen mit Migrationshintergrund in einzelnen Wiener Bezirken oder in Städten wie Linz, Wels und Steyr zum Teil deutlich über einem Drittel. Darüber hinaus sind auch SchülerInnen mit Migrationshintergrund innerhalb von Bezirken zum Teil sehr ungleich auf die dortigen Schulen verteilt (Biedermann et al. 2016). Diese ungleiche Verteilung von SchülerInnen mit Migrationshintergrund wird auch sichtbar, wenn man die Verteilung von Schulen entsprechend ihrem Migrationsanteil betrachtet (Tabelle 1).

---

7   Der im internationalen Datensatz nicht erfasste Migrationshintergrund der Eltern wurde dankenswerterweise vom BIFIE zur Verfügung gestellt.

Tabelle 1: Verteilung der Schulen nach Migrationsanteilen und Schultyp

Schulen mit einem Migrationsanteil von	Volkschulen – 4. Schulstufe		Hauptschulen/NMS – 8. Schulstufe		AHS-Unterstufe – 8. Schulstufe	
	absolut	in %	absolut	in %	absolut	in %
0 bis unter 10%	1818	60,8 %	514	45,9 %	119	44,6 %
10 bis unter 20%	513	17,2 %	232	20,7 %	74	27,7 %
20 bis unter 33%	292	9,8 %	133	11,9 %	32	12,0 %
33 bis unter 50%	166	5,5 %	95	8,8 %	23	8,6 %
50 bis unter 75%	147	4,9 %	98	8,8 %	13	4,9 %
75 und mehr %	55	1,8 %	48	4,3 %	6	2,2 %
Gesamt	2991	100,0 %	1120	100,0 %	267	100,0 %

Quellen: BISTÜ-Daten D4 und D8, eigene Berechnungen.
Lesehilfe: 1818 Volkschulen haben einen Migrationsanteil unter 10%. Bezogen auf alle Volkschulen sind dies 60,8%.

In der Volkschule haben etwa 61% der Schulen einen Migrationsanteil von bis zu 10%. Der Anteil der Schulen mit einem Anteil von 33% und mehr beträgt 12,2%. In der NMS/HS sowie in der AHS ergeben sich höhere Anteile für diesen Schwellenwert. 21,6% der Hauptschulen/NMS und 15,7% der Gymnasien weisen Anteile von 33% und höher auf. Dieser Unterschied ist primär dadurch bedingt, dass es im Unterschied zu Volksschulen weniger kleine Hauptschulen/NMS und Gymnasien mit geringen Migrationsanteilen in ländlichen Gebieten gibt. Geht man nämlich zu einer Betrachtung auf SchülerInnenebene über, so weist – wie bereits einleitend erwähnt – die Volksschule (4. Schulstufe) einen Anteil von SchülerInnen mit Migrationshintergrund von 20% auf (Breit et al. 2016, S. 20), in der 8. Schulstufe sind es ebenfalls 20% (AHS: 17%; NMS/HS: 22%) (Breit et al. 2017, S. 35).

Testleistungen in Abhängigkeit vom Migrationsanteil in Schulen

In der internationalen Forschung herrscht weitgehend Konsens darüber, dass neben individuellen und familiären Einflussfaktoren auch die Schul- bzw. Klassenzusammensetzung die Entwicklung der Leistung beeinflusst (Dumont et al. 2013). Effekte der Schul- bzw. Klassenzusammensetzung werden als sogenannte Kompositionseffekte bezeichnet und sind so zu interpretieren, dass zwei SchülerInnen mit gleichen individuellen

Merkmalen unterschiedliche Leistungen erzielen, je nachdem wie ihre Schule bzw. Klasse zusammengesetzt ist. Umgelegt auf das Thema des Beitrags würde ein Kompositionseffekt des Migrationsanteils dann vorliegen, wenn SchülerInnen mit (oder auch ohne) Migrationshintergrund in Schulen bzw. Klassen mit einem höheren Migrationsanteil schlechtere Leistungen erzielen als SchülerInnen mit gleichen individuellen Voraussetzungen in Schulen bzw. Klassen mit einem geringeren Migrationsanteil.

Im Hinblick auf die soziale Komposition (u.a. durchschnittlicher Sozialstatus einer Klasse/Schule) und die Leistungskomposition (u.a. durchschnittliches Leistungsniveau einer Klasse/Schule) liegen weitgehend konsistente Befunde vor: SchülerInnen in Klassen bzw. Schulen mit einem höheren durchschnittlichen Sozialstatus bzw. Fähigkeitsniveau erzielen bessere Leistungen (im Überblick Dumont et al. 2013).

Für den Migrationsanteil ist die Befundlage (z.B. Stanat et al. 2010; Dumont et al. 2013) – vor allem auch im deutschsprachigen Raum – nicht eindeutig. Für Österreich sind die Belege dünn, die vorliegenden Ergebnisse weisen aber auf vorhandene Kompositionseffekte hin. Biedermann et al. (2016) konnten sowohl für die 4. als auch 8. Schulstufe (AHS und auch NMS/HS) leichte, aber statistisch signifikante Effekte des Anteils an SchülerInnen mit nichtdeutscher Alltagssprache auf Schulebene auf die Mathematikleistung feststellen. In einer Sekundärdatenanalyse der PIRLS2006- Daten von Bacher (2010) ergab sich ein Kompositionseffekt für die Kinder mit nichtdeutscher Muttersprache. Ihre Leseleistungen sinken kontinuierlich ab, wenn der Anteil von Kindern mit nichtdeutscher Muttersprache in der Klasse steigt. Bruneforth et al. (2012) ermittelten schließlich einen kombinierten Effekt der sozialen Herkunft und des Migrationshintergrunds auf die Wahrscheinlichkeit, RisikoschülerIn zu werden.

Diese Befunde werden auch durch Analysen mit den jüngsten BISTÜ-Daten bestätigt. Deskriptiv zeigt sich, dass mit steigendem Anteil von SchülerInnen mit Migrationshintergrund die Leseleistungen abnehmen (siehe Tabelle 2). So erzielen etwa VolksschülerInnen aus Schulen mit einem Migrationsanteil von unter 10% durchschnittlich rund 538 Punkte. Dahingegen beträgt die durchschnittliche Leistung bei SchülerInnen aus Schulen mit einem Migrationsanteil von über 75% rund 442 Punkte. Ähnliche Ergebnisse zeigen sich auch für die Schultypen der Sekundarstufe. Diese Ergebnisse sagen per se nichts über die „Wirkung" des Migrationsanteils aus. Die Unterschiede könnten auch dadurch zustande kommen, dass SchülerInnen mit Migrationshintergrund schlechtere Leseleistungen erzielen und sich folglich mit steigenden Anteilen an MigrantInnen geringere Mittelwerte ergeben. Daher wurden in einem nächsten Schritt die

Effekte auf SchülerInnenebene und Schulebene getrennt. Die Ergebnisse zeigen durchwegs bedeutsame Effekte des Migrationsanteils. So ist eine Reduktion der Leseleistung in der Volksschule um 4,7 Punkte zu erwarten, wenn der Migrationsanteil um 10% steigt. In der Hauptschule bzw. NMS fällt der Effekt mit 9,8 Punkten deutlich stärker aus. In der AHS beträgt der Effekt 5,7 Punkte.

Tabelle 2: Testleistungen im Lesen nach Migrationsanteil in Schulen nach Schultyp

Schulen mit einem Migrationsanteil von	Volkschulen – 4. Schulstufe		Hauptschulen/NMS – 8. Schulstufe		AHS-Unterstufe – 8. Schulstufe	
	Mittelwert	SD	Mittelwert	SD	Mittelwert	SD
0 bis unter 10%	537,86	94,06	530,69	89,93	613,13	79,47
10 bis unter 20%	534,58	97,07	511,03	89,43	604,97	81,18
20 bis unter 33%	523,26	101,12	493,75	89,55	596,81	84,59
33 bis unter 50%	500,78	105,46	474,15	84,68	586,70	83,58
50 bis unter 75%	476,28	100,95	442,45	84,32	560,75	77,71
75 und mehr %	441,80	95,11	420,05	79,43	526,51	73,09
Gesamt	522,88	100,48	502,52	94,23	602,63	82,33
Effekte auf Leseleistungen auf …						
Schulebene: Migrationsanteil (0=0%, 1=100%)	-47,338***		-98,221***		-57,024***	
SchülerInnenebene: Migrationshintergr. (0 = nein, 1 = ja)	-53,704***		-46,260***		-44,468***	

Quelle: BISTÜ-Daten D4 und D8, eigene Berechnungen, SD = Standardabweichung, * p<0,05; ** p<0,01; *** p<0,001.
Berechnung: Gewichtete Mittelwerte.
Lesehilfe: In den Volksschulen mit einem Anteil von Kindern mit Migrationshintergrund unter 10% werden von den SchülerInnen im Durchschnitt 538 Punkte erreicht.

Die bivariat gefundenen Zusammenhänge bleiben bestehen, wenn fortgeschrittene statistische Verfahren eingesetzt werden (siehe Tabelle 3). Mit diesen wird geprüft, ob die zuvor berichteten Zusammenhänge durch sogenannte Drittvariablen erklärt werden können. So z.B. können bei den jüngsten Bildungsstandardüberprüfungen Migrationsunterschiede im Lesen und Zuhören in der Sekundarstufe I zu rund einem Drittel und in der Primarstufe zu rund 45% durch den soziökonomischen Status der Herkunftsfamilie erklärt werden (Breit et al. 2016, 2017). In PISA2015 sind es ca. 30% (eigene Berechnungen). In PIRLS2016 können ebenfalls in etwa 30% durch die Zahl der Bücher im Haushalt, der als Indikator für die soziale Schicht verwendet wurde, erklärt werden (Wallner-Paschon et al. 2017, S. 78).

Um diese möglichen Erklärungen zu berücksichtigen, wurde in einer weiteren Analyse auf der Schulebene neben weiteren Faktoren der Einfluss des durchschnittlichen Sozialstatus der Schule statistisch kontrolliert. Auf der Individualebene wurden das Geschlecht, der Sozialstatus der Herkunftsfamilie, der Migrationshintergrund und das Alter einbezogen. Die Berücksichtigung dieser Faktoren führt dazu, dass der Einfluss des Migrationsanteils zwischen einem Fünftel (Volksschule) und gut die Hälfte (Hauptschule, NMS) schrumpft. Auch unter Berücksichtigung des Einflusses dieser Variablen verbleibt aber auf der Schulebene ein signifikanter Effekt des Migrationsanteils. Unter sonst gleichen Bedingungen sinken die durchschnittlichen Testleistungen in der Volksschule im Lesen um 4,5 Punkte, wenn sich der Migrationsanteil um 10% erhöht. Ein ähnlich starker Effekt zeigt sich in der Hauptschule/NMS. In der AHS-Unterstufe fällt der Effekt mit 3,4 Punkten etwas schwächer aus.

Tabelle 3: Effekte der Schulzusammensetzung auf die Leseleistungen

Effekte der Schulzusammen-setzung [a]	Volkschulen – 4. Schulstufe	Hauptschulen/NMS – 8. Schulstufe	AHS-Unterstufe – 8. Schulstufe
Migrationsanteil in der Schule (0 = 0%; 1 = 100%)	-45,13***	-42,80***	-34,16*
Durchschnittlicher Sozialstatus	8,14***	12,40**	12,55
Effekte auf SchülerInnenebene [b]			
Migrationshintergrund (0=nein, 1=ja)	-20,58***	-28,49***	-29,62***
Sozialstatus der Familie [c]	48,23***	30,66***	24,60***

Datenquelle: BISTÜ-Daten D4 und D8, * p<0,05; ** p<0,01; *** p<0,001.
a) Weitere Variablen auf Schulebene: Urbanisierungsgrad, % männliche Schüler, Privatschule.
b) Weitere Variablen auf Individualebene: Alter, Geschlecht.
c) Index aus der höchsten Bildung der Eltern, dem höchsten beruflichen Status der Eltern und der Anzahl der Bücher im Haushalt (siehe Freunberger et al. 2014).

Neben dem Migrationsanteil kommt der sozialen Zusammensetzung in der Volksschule und der Hauptschule/NMS ein signifikanter Effekt zu. Da die Variable anders skaliert ist, sind die Werte nicht vergleichbar. D.h., aus der Tatsache, dass der durchschnittliche Sozialstatus in den Hauptschulen/NMS einen Effekt von 12,40 hat, kann nicht abgeleitet werden, dass er schwächer wirkt als der Migrationsanteil. Der Index ist eine standardisierte Größe mit Mittelwert 0 und Standardabweichung 1 (Freunberger et al. 2014). Die Spannweite der Variablen reicht damit in etwa von –2 bis 2, sodass für einen Vergleich der Wirkungen die Effekte für den Sozialstatus mit 4 zu multiplizieren sind. Damit ergeben sich – in Übereinstimmung mit dem internationalen Forschungsstand – für die soziale Benachteiligung in der Sekundarstufe stärkere Effekte von rund 50 Punkten auf Schulebene.

Interessant für die weiteren Analysen ist eine Trennung der Testleistungen von SchülerInnen mit und ohne Migrationshintergrund. Tabelle 4 zeigt die durchschnittlichen Leistungen von SchülerInnen mit und ohne Migrationshintergrund für Schulen mit unterschiedlichen Migrationsanteilen.

Tabelle 4: Testleistungen von SchülerInnen mit und ohne Migrationshintergrund im Lesen (Mittelwert) nach Migrationsanteil in Schulen nach Schultyp

Schulen mit einem Migrationsanteil von	Volkschulen – 4. Schulstufe			Hauptschulen/NMS – 8. Schulstufe			AHS-Unterstufe – 8. Schulstufe		
	ohne MH[a]	mit MH	Differenz	ohne MH[a]	mit MH	Differenz	ohne MH[a]	in %	Differenz
0 bis unter 10%	540,81	485,63	-55,18	533,57	474,42	-59,15	616,21	570,09	-46,12
10 bis unter 20%	544,53	484,85	-59,68	519,59	464,54	-55,05	611,58	568,78	-42,80
20 bis unter 33%	540,91	478,80	-62,11	507,92	457,12	-50,80	610,40	560,46	-49,94
33 bis unter 50%	526,96	467,63	-59,33	492,30	450,47	-41,83	606,26	557,15	-49,11
50 bis unter 75%	502,50	463,65	-38,85	469,06	428,26	-40,80	- b)	- b)	- b)
75 und mehr %	453,15	441,96	-11,19	444,28	416,36	-27,92	- b)	- b)	- b)

Quelle: BISTÜ-Daten D4 und D8, eigene Berechnungen.
Berechnung: gewichteter Mittelwert.
a)MH = Migrationshintergrund, b)wegen geringer Fallzahlen
(siehe Tabelle 1) nicht berechnet.

Es wird ersichtlich, dass die Unterschiede zwischen SchülerInnen mit und ohne Migrationshintergrund ab einem bestimmten Schwellenwert (in der Volksschule ab 50%, in der NMS/HS ab 33%) abnehmen. Das Ergebnis in Bezug auf die Volksschulen stimmt mit Bacher (2010) überein. International ergibt sich zu diesem Thema ein heterogenes Bild. Jensen (2015) beispielsweise berichtet negative Effekte auf die SchülerInnen ohne Migrationshintergrund für einige von ihm untersuchte Länder, wie z.B.

Dänemark, während in anderen Ländern, wie z.B. in England oder in den Niederlanden, keine negativen Effekte ermittelt wurden. Für den österreichischen Befund ist zu beachten, dass er auf kleinen Fallzahlen von Schulen basiert (siehe Tabelle 1). Nur 7% aller Volksschulen haben Migrationsanteile von über 50%. Bei den HS/NMS ist die Berechnungsbasis etwas größer, bei den AHS-Unterstufen-Schulen wurde wegen geringer Fallzahlen auf eine Berechnung verzichtet.

Abbildung 1: Effekte[a] des Migrationsanteils in der Schule mit und ohne Migrationshintergrund in der Primarstufe

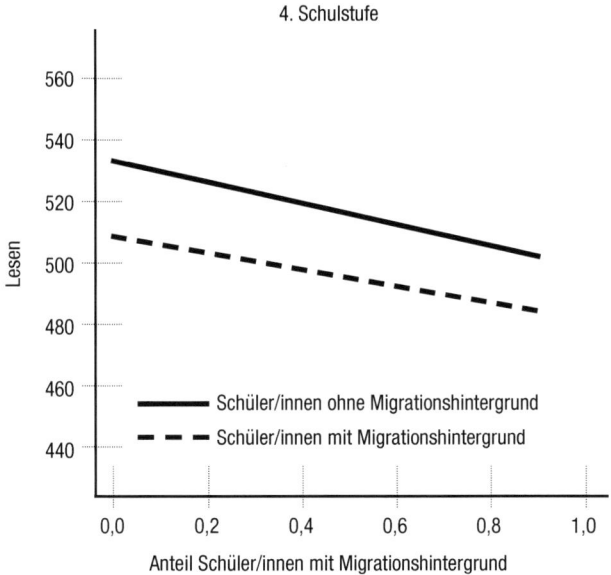

a) Effekte nach Kontrolle der in Tabelle 3 angeführten Variablen.

Eine multivariate Betrachtung unter Berücksichtigung von zusätzlichen Variablen zeigt, dass diese Annäherung der beiden Gruppen statistisch nicht signifikant ist. Somit kann geschlossen werden, dass sich der Migrationsanteil in der 4. und 8. Schulstufe auf SchülerInnen mit und ohne Migrationshintergrund gleichermaßen auswirkt. Erkennbar ist dies in Abbildung 1 durch den weitgehend parallelen Verlauf der beiden Graphen (ähnliche Verläufe ergeben sich für die beiden anderen Schulformen). Ein höherer Migrationsanteil wirkt sich also gleich stark auf SchülerInnen mit und ohne Migrationshintergrund aus, der Abstand zwischen diesen beiden Gruppen von 21 Punkten in der VS und 28 bzw. 30 Punkten in der HS/NMS bzw. AHS bleibt bestehen.

Er verweist darauf, dass SchülerInnen mit Migrationshintergrund allgemein schlechter abschneiden, z.B. da ihnen durch das Elternhaus beim Lernen in der Schule weniger geholfen werden kann. Mangelnde Deutschkenntnisse (Bacher 2010) bzw. nicht ausreichende Kompetenzen im Umgang mit Diversität und Mehrsprachigkeit in Österreichs Schulen sind wichtige Ursachen hierfür (siehe dazu z.B. Herzog-Punzenberger und Schnell 2012).

In der Literatur werden für die oben berichteten Effekte des Migrationsanteils folgende Erklärungen angeführt (Rjosk et al. 2014):

a.) Schulressourcen: Es wird angenommen, dass Schulen mit einem hohen Anteil an MigrantInnen über weniger Ressourcen verfügen und ungünstigere organisationale und strukturelle Merkmale (Klassengrößen, Qualifkation der Lehrkräfte, …) aufweisen.

b.) Unterrichtsqualität: Hier wird angenommen, dass Lehrkräfte geringere Leistungserwartungen an SchülerInnen mit Migrationshintergrund richten, was in der Folge einen weniger fordernden und fördernden Unterricht nach sich zieht.

c.) Sprachgebrauch: Diese – in der Politik aufgegriffene – These geht davon aus, dass mit steigendem Anteil an SchülerInnen mit Migrationshintergrund auch seltener Deutsch gesprochen wird, was dem Erlernen der deutschen Sprache hinderlich ist und somit auch schulleistungsrelevant ist.

d.) Lernkultur: Schließlich kann angenommen werden, dass ein erhöhter Migrationsanteil die Ausbildung von „lernfeindlichen" Einstellungen begünstigt. So etwa können kollektiv wahrgenommene Diskriminierungen und Einschränkungen der Bildungschancen eine weniger förderliche Lernkultur und Motivation nach sich ziehen.

Bisher gibt es kaum Evidenzen für diese Erklärungen. Das liegt einerseits daran, dass Studien zu Effekten der Schulzusammensetzung häufig keine Erklärungsmodelle berücksichtigen. Auf der anderen Seite finden Studien häufig nach Berücksichtigung der leistungsbezogenen bzw. sozialen Komposition keinen Effekt des Migrationsanteils, was durch die kleine Stichprobengröße auf Schulebene bedingt sein könnte.[8] Wieder ande-

---

8   So z.B. wird in PIRLS2016, wo „nur" 150 Volkschulen untersucht werden, der Effekt des Migrationsanteils auf die Leseleistungen nur mehr mit einem Fehlerniveau von $p<10\%$

re Studien können den vermuteten Wirkungspfad nicht bestätigen.

Insgesamt erscheint die Annahme gerechtfertigt, dass alle vier Faktoren mit jeweils unterschiedlichem Gewicht pro Schule für den Kompositionseffekt verantwortlich sind. So z.B. ist es vorstellbar, dass in einer NMS/HS mit hohem Migrationsanteil die SchülerInnen demotiviert sind und eine ungünstige Lernkultur vorliegt, während die anderen Faktoren ein geringes Gewicht haben. In einer anderen NMS/HS können dagegen fehlende Ressourcen die primäre Ursache sein.

Zusammenfassung und Folgerungen

Ziel des vorliegenden Beitrags war die empirische Prüfung der Behauptung, dass der hohe Anteil an ZuwanderInnenkindern in den Schulen die Qualität der Ausbildung reduziert. Dazu wurde die Fachliteratur gesichtet und eine Sekundäranalyse der Daten der Bildungsstandardüberprüfung in Deutsch für die 4. und 8. Schulstufe vorgenommen. Ergänzend wurde auf Befunde von PIRLS und PISA zurückgegriffen. Als Indikator für die Qualität wurden die von den SchülerInnen erworbenen Kompetenzen betrachtet.

Die Analysen erbrachten folgende Befunde:
- Der Anteil der SchülerInnen mit Migrationshintergrund hat einen signifikanten Einfluss auf die Testleistungen der SchülerInnen und damit auf die Ausbildungsqualität. Mit steigendem Anteil sinken die Testleistungen, auch nach Kontrolle weiterer Einflussfaktoren.

- SchülerInnen mit und ohne Migrationshintergrund sind von diesem leistungsmindernden Effekt gleichermaßen betroffen.

- Die Ursachen dafür sind entsprechend der Literatur in einem Zusammenwirken von mehreren Faktoren zu sehen, denen in jeder Schule ein unterschiedliches Gewicht zukommen kann. Diese sind: schlechte Ressourcenausstattung, geringe Unterrichtsqualität, fehlende Deutschkenntnisse und fehlende Lernkultur.

- Neben diesem Effekt auf der Schulebene schneiden – unabhängig vom Migrationsanteil der Schule – SchülerInnen mit Migrationshintergrund durchgehend schlechter ab.

---

tendenziell signifikant, wenn als Kontrollvariable die Zahl der Bücher auf Schul- und SchülerInnenebene einbezogen wird (eigene Berechnungen, hier nicht angeführt).

- Die Effekte des Migrationshintergrunds sind sowohl auf Schul- als auch auf SchülerInnenebene schwächer als jene des sozialen Hintergrunds der Eltern. Die soziale Herkunft wirkt sowohl auf Schul- als auch auf SchülerInnenebene stärker benachteiligend.

Mit Bezug auf die zur Prüfung vorgegebene Behauptung ist somit festzuhalten, dass sie empirisch zutreffend ist. Ursache für den festgestellten Kompositionseffekt ist aber nicht der Migrationsanteil einer Schule, sondern die zuvor genannten Faktoren, wie z.B. fehlende Ressourcen zur ausreichenden Förderung. Analytisch greift damit die Behauptung zu kurz. Sie ist zudem politisch einseitig, da andere Einflussfaktoren und andere zielführendere Maßnahmen aus dem Blick geraten.

Aus den Befunden lässt sich zunächst ableiten, dass eine einzige Maßnahme alleine nicht zielführend ist (zu einem Überblick möglicher Maßnahmen siehe Herzog-Punzenberger und Schnell 2012; Biedermann et al. 2016; Herzog-Punzenberger 2017). Durch eine Quotenregelung, wie sie etwa vom ehemaligen Landeshauptmann Pühringer vorgeschlagen wird, könnte bei erfolgreicher Umsetzung erreicht werden, dass es keine Schulen mehr mit Anteilen von über 33% gibt. Dabei ist fraglich, wie dies innerhalb von Wien mit einem sehr hohen Migrationsanteil in manchen Bezirken umsetzbar sein soll. Bis 33% würde sich aber an der leistungsmindernden Wirkung nichts ändern und der Abstand zwischen SchülerInnen mit und ohne Migrationshintergrund würde bestehen bleiben.

Ein anderer Effekt ist durch die ebenfalls erwähnten Deutschklassen zu erwarten. Wenn sie erst ab einem bestimmten Anteil, z.B. ab 33%, eingeführt werden, könnten im Idealfall die Leistungskurven der beiden Gruppen (SchülerInnen mit und ohne Migrationshintergrund) sprunghaft ansteigen und der Abstand zwischen den beiden Gruppen abnehmen. Wiederum würde sich in Schulen bis zur Einrichtung der Deutschklassen nichts ändern. Ein durchgehender Effekt könnte dagegen durch das Modell einer sozialindizierten Mittelvergabe erreicht werden (Bacher 2015). In dieses fließt neben dem Migrationshintergrund auch die soziale Zusammensetzung der Schule ein. Es sieht vor, dass die konkreten Maßnahmen vor Ort entwickelt werden, damit unterschiedlich wirksamen Faktoren Rechnung getragen werden kann.

Wie alle Maßnahmen hängt aber auch der Erfolg dieses Modells von der Qualität der Umsetzung ab sowie von den gesellschaftlichen Rahmenbedingungen. Hilfreich bei der Umsetzung könnte das von Schober et al. (2012) entwickelte evidenzbasierte Qualitätssicherungsmodell sein. Bezüglich der gesellschaftlichen Rahmenbedingungen ist angesichts des derzeit dominierenden migrationsfeindlichen Diskurses Skepsis angebracht. Aber gerade eine auf Durchmischung ausgerichtete Wohnbaupolitik sowie Integration auf dem Arbeitsmarkt könnten auch einen wichtigen bildungspolitischen Beitrag leisten, da dadurch räumliche Segregation, die immer mit schulischer Segregation einhergeht, reduziert und der Sozialstatus der Eltern erhöht wird.

Literatur

Bacher, J. 2010. Bildungschancen von Kindern mit Migrationshintergrund. Ist-Situation, Ursachen und Maßnahmen. WISO 33(1):30-50.

Bacher, J. 2015. Mehr Bildungsgerechtigkeit durch sozialindexbasierte Finanzierung des österreichischen Bildungssystems? In: Das Vorgefundene und das Mögliche. Hrsg. H. Seckauer, C. Stelzer-Orthofer und B. Keplinger, 142-156. Wien: Mandelbaum.

Biedermann, H. et al. 2016. Auf die Mitschüler/innen kommt es an? Schulische Segregation - Effekte der Schul- und Klassenzusammensetzung in der Primarstufe und der Sekundarstufe I. In: Nationaler Bildungsbericht Österreich 2015, Band 2. Fokussierte Analysen bildungspolitischer Schwerpunktthemen. Hrsg. M. Bruneforth et al., 133-174. Graz: Leykam.

BIFIE (Hrsg.). 2018. Kompetenzmodelle und Deskriptoren. https://www.bifie.at/material/grundlagen-der-bildungsstandards/kompetenzmodelle-und-deskriptoren/ (Zugegriffen: 4. März 2018).

Breit, S., M. Bruneforth und C. Schreiner. 2016. Standardüberprüfung 2015. Deutsch, 4. Schulstufe. Bundesergebnisbericht. Salzburg: BIFIE.

Breit, S., M. Bruneforth und C. Schreiner. 2017. Standardüberprüfung 2016. Deutsch, 8. Schulstufe. Bundesergebnisbericht. Salzburg: BIFIE.

Bruneforth, M., C. Weber und J. Bacher. 2012. Chancengleichheit und garantiertes Bildungsminimum in Österreich. In: Nationaler Bildungsbericht Österreich 2012. Band 2: Fokussierte Analysen bildungspolitischer Schwerpunktthemen. Hrsg. B. Herzog-Punzenberger, 189-228. Graz: Leykam.

Dumont, H. et al. 2013. Die Zusammensetzung der Schülerschaft als Einflussfaktor für Schulleistungen. Psychologie in Erziehung und Unterricht 60(3):163-183. https://doi.org/10.2378/peu2013.art14d (Zugegriffen: 4. März 2018).

Freunberger, R., A. Robitzsch und G. Pham. 2014. Hintergrundvariablen und spezielle Analysen in der BIST-Ü-M4 2013. Technischer Bericht. Salzburg: BIFIE.

Herzog-Punzenberger, B. 2017. Migration und Mehrsprachigkeit. Wie fit sind wir für die Vielfalt? Policy Briefs. Wien: AK Wien.

Herzog-Punzenberger, B. und P. Schnell. 2012. Die Situation mehrspra-
chiger Schüler/innen im österreichischen Schulsystem - Problemlagen, Rahmenbedingungen und internationaler Vergleich. In: Nationaler Bildungsbericht Österreich 2012. Band 2: Fokussierte Analysen
bildungspolitischer Schwerpunktthemen. Hrsg. B. Herzog-Punzenberger, 229-268. Graz: Leykam.

Jensen, P. 2015. Immigrants in the classroom and effects on native
children. IZA World of Labor. https://doi.org/10.15185/izawol.194
(Zugegriffen: 4. März 2018).

OECD. 2016. PISA 2015 Results (Volume I). Excellence and Equity in
Education (PISA). Paris: OECD Publishing.

Rjosk, C. et al. 2014. Socioeconomic and language minority classroom
composition and individual reading achievement. The mediating role
of instructional quality. Learning and Instruction 32:63-72. https://
doi.org/10.1016/j.learninstruc.2014.01.007 (Zugegriffen: 4. März
2018).

Schober, B. et al. 2012. Ergebnisorientierte Qualitätsentwicklung von
Schule: Spezifische Kompetenzen von Lehrkräften, Schulleiterinnen
und Schulleitern. In: Nationaler Bildungsbericht Österreich 2012.
Band 2: Fokussierte Analysen bildungspolitischer Schwerpunktthemen. Hrsg. B. Herzog-Punzenberger, 111-142. Graz: Leykam.

Stanat, P., K. Schwippert und C. Gröhlich. 2010. Der Einfluss des Migran-
tenanteils in Schulklassen auf den Kompetenzerwerb. Längsschnittli-
che Überprüfung eines umstrittenen Effekts. In: Migration, Identität,
Sprache und Bildungserfolg (Zeitschrift für Pädagogik, Beiheft 55).
Hrsg. C. Allemann-Ghionda et al., 147-164. Weinheim: Beltz.

Suchan, B. und S. Breit. 2016. PISA 2015. Grundkompetenzen am Ende
der Pflichtschulzeit im internationalen Vergleich. Graz: Leykam.

Wallner-Paschon, C., U. Itzlinger-Bruneforth und C. Schreiner. 2017.
PIRLS 2016. Die Lesekompetenz am Ende der Volksschule: erste
Ergebnisse (Internationales Bildungsmonitoring). Salzburg: BIFIE.

Markus Kaindl

„Alle MigrantInnen haben Großfamilien"

Behauptungen und Thesen

Die Frage, wie hoch die Fertilität von ZuwanderInnen ist, hat nicht nur große demographische Bedeutung, sie wird auch in der Öffentlichkeit thematisiert. Unmittelbare persönliche Erfahrungen im Wohn- und Arbeitsumfeld sowie indirekte Erfahrungen über Medienberichte können die individuelle Wahrnehmung der Anzahl der Kinder mit Migrationshintergrund beeinflussen. Die Migration nach Österreich und deren Zusammenspiel mit dem Sozialsystem werden in den österreichischen Medien häufig aufgegriffen, ein fokussierter Blickpunkt auf das unmittelbare Fertilitätsverhalten erfolgt hingegen eher selten.

Bei der medialen Berichterstattung zum unmittelbaren Fertilitätsverhalten scheint sich im Laufe der letzten Jahre eine differenzierte Darstellung durchzusetzen. Frühere Zeitungsartikel (z.B. *„Türken bekommen doppelt so viele Kinder"* aus dem Jahr 2009[1]) beschränken sich eher darauf, damals aktuelle Unterschiede bei unmittelbaren ZuwanderInnen der ersten Generation zu beschreiben; mittel- und langfristige Veränderungen wurden aber kaum angesprochen. Neuere Artikel zeigen bereits ein differenzierteres Bild, indem zusätzlich zu den bestehenden Unterschieden auch auf Anpassungsprozesse im Laufe der Jahre oder auf die zweite Generation eingegangen wird. Beispiele sind etwa folgende Thesen: *„Migranten retten die Geburtenrate (nicht). Österreich verdankt seinen Geburtenüberschuss den Ausländern. Doch die positive Rolle der Migranten für die Demografie wird nicht von Dauer sein"* aus dem Jahr 2011[2]; *„Mehr Kinder für Österreicherinnen. Die Zahl der Kinder pro Frau steigt*

---

1   Oe24.at (2009), http://www.oe24.at/oesterreich/politik/Tuerken-bekommen-doppelt-so-viele-Kinder/500167 (Zugegriffen: 4. Juni 2018.)

2   DiePresse.com (2011), https://diepresse.com/home/bildung/erziehung/679594/Migranten-retten-die-Geburtenrate-nicht (Zugegriffen: 4. Juni 2018).

und ist so hoch wie vor 20 Jahren. Zuwanderer sind wider Erwarten nur zum Teil dafür verantwortlich" aus dem Jahr 2015[3]; oder *„Geburtenrate bei Migrantinnen und Musliminnen sinkt"* aus dem Jahr 2017[4].

Zum Teil greifen Medienberichte die Folgen der Zuwanderung und des Fertilitätsverhaltens auf, indem sie auf den Anteil der Kinder mit Migrationshintergrund eingehen. Dies geschieht beispielsweise in Bezug auf SchülerInnen mit nicht-deutscher Umgangssprache. So hieß es: *„Ein Fünftel der Schüler hat nicht Deutsch als Muttersprache. 234.000 Schüler haben eine andere Muttersprache als Deutsch. In Wien sind es sogar zwei Drittel der Haupt- bzw. Mittelschüler"* aus dem Jahr 2015[5] oder *„Aufwachsen in zwei Sprachwelten. Knapp ein Viertel der Schülerinnen und Schüler in Österreich spricht eine andere Umgangssprache als Deutsch. Tirol liegt im Bundesländervergleich mit einem Anteil von rund 16 Prozent im Mittelfeld"* aus dem Jahr 2017[6].

Manche aktuellen Artikel heben Einzelfälle hervor, die dazu beitragen können, das Bild von Großfamilien bei MigrantInnen zu verbreiten. Ein Beispiel dafür aus der Kronen Zeitung: *„Zehntes Kind geplant. Afghanisches Paar kassiert 5682 für Großfamilie"* aus dem Jahr 2016.[7]

Fakten zur Veränderung der Anzahl potenzieller Eltern mit und ohne Migrationshintergrund

Der Anteil der (potenziellen) Mütter und Väter mit Migrationshintergrund[8] ist den Daten der Mikrozensen 2009 bis 2017 zufolge merklich

3   DiePresse.com (2015), https://diepresse.com/home/politik/innenpolitik/4890709/Mehr-Kinder-fuer-Oesterreicherinnen (Zugegriffen: 4. Juni 2018).

4   derStandard.at (2017), https://derstandard.at/2000017551570/Geburtenrate-bei-Migran-tinnen-und-Musliminnen-sinkt (Zugegriffen: 4. Juni 2018).

5   DiePresse.com (2015), https://diepresse.com/home/bildung/schule/4681726/Ein-Fuenf-tel-der-Schueler-hat-nicht-Deutsch-als-Muttersprache (Zugegriffen: 4. Juni 2018).

6   Mobileapps.tt.com (2017), https://mobileapps.tt.com/panorama/12656828-91/aufwach-sen-in-zwei-sprachwelten.csp (Zugegriffen: 4. Juni 2018).

7   Krone.at (2016), http://www.krone.at/506614 (Zugegriffen: 4. Juni 2018).

8   Der Migrationshintergrund wird von der Statistik Austria für den Mikrozensus folgendermaßen definiert: Personen der ersten Generation wurden selbst im Ausland geboren und beide Elternteile wurden im Ausland geboren. Angehörige der zweiten Generation wurden selbst in Österreich geboren, beide Elternteile jedoch im Ausland. Wurde zumindest ein Elternteil in Österreich geboren, liegt in der Definition des Mikrozensus kein Migrationshintergrund vor, auch wenn der andere Elternteil oder man selbst im Ausland geboren wurde. Dies erklärt den relativ niedrigen Anteil der zweiten Generation. Ab der dritten Generation liegt bei dieser Definition somit kein Migrationshintergrund vor.

angestiegen. In der Altersgruppe der 15- bis unter 45-jährigen Frauen in Österreich gehörten im Jahr 2009 18,8 % der ersten MigrantInnengeneration an und 3,8 % der zweiten Generation. 77,4 % hatten keinen Migrationshintergrund. 2017 hatten nur noch 69,5 % der Frauen im fertilen Alter keinen Migrationshintergrund (dies entspricht absolut einem Rückgang um rund 168.000 Frauen), 24,2 % waren Migrantinnen der ersten Generation (+ 78.000 Frauen gegenüber 2009) und 6,3 % Migrantinnen der zweiten Generation (+ 39.000 Frauen). Bei den Männern dieser Altersgruppe ging der Anteil der Personen ohne Migrationshintergrund von 79,3 % auf 71,5 % zurück (- 151.000 Männer), jener der ersten Generation stieg von 16,1 % auf 22,3 % (+ 99.000) und jener der zweiten Generation von 4,5 % auf 6,3 % (+ 28.000).

Fakten zu Unterschieden in der Anzahl der Kinder je Familie

Die Differenzierung zwischen der ersten und der zweiten Generation ist für die Fragestellung, wie viele Kinder eine Familie hat, von zentraler Bedeutung. Mütter und Väter der ersten MigrantInnengeneration leben über alle Herkunftsländer betrachtet mit deutlich mehr Kindern im Haushalt als Eltern der zweiten Generation oder Eltern ohne Migrationshintergrund.

Die aktuelle Kinderzahl in den Familien basiert auf den Daten des Mikrozensus 2017 (vgl. Tabelle 1). Dabei ist zu beachten, dass es sich um eine Stichtagsbetrachtung handelt, nicht aber zwangsweise um die endgültige Kinderzahl der Familien. Es können noch nicht alle Kinder geboren sein oder einige Kinder können bereits ausgezogen sein. Die endgültige Kinderzahl ist somit nicht immer abgebildet. Dennoch lassen sich Vergleiche zwischen den Gruppen ziehen, da alle Gruppen von diesem Stichtagseffekt betroffen sind. Mutter und Vater in derselben Familie können unterschiedliche Migrationshintergründe haben, so kann etwa die Mutter der zweiten Migrationsgeneration angehören, der Vater aber der ersten Generation. Auch die einzelnen Kinder in der Familie können unterschiedliche Mütter oder Väter haben, wenn es sich um Stief- und Patchworkfamilien handelt. In diesen Stief- und Patchworkfamilien leben allerdings 94 % der Kinder unter 18 Jahren mit der leiblichen Mutter zusammen (Statistik Austria 2017a, Tabelle H32; eigene Berechnung). Der Migrationshintergrund der Mutter ist in solchen Fällen somit ein zuverlässiger Ankerpunkt für die Berechnungen.

In Tabelle 1 wird grundsätzlich der Migrationshintergrund der Mutter betrachtet, jener des Vaters nur in Familien von alleinerziehenden Vätern.

Würde man bei den Paar-Familien den Migrationshintergrund des Vaters betrachten, käme man zu sehr ähnlichen Ergebnissen. Es werden auch nur Familien betrachtet, in denen das jüngste Kind noch minderjährig ist. Dadurch wird nur auf das aktuelle Geburtsverhalten fokussiert und es können weitgehend Familien ausgeschlossen werden, bei denen erwachsene Kinder mit pflegebedürftigen Eltern (wieder) im gemeinsamen Haushalt leben.

Betrachtet man alle Kinder im Haushalt unabhängig von deren Alter, haben Eltern der ersten Migrationsgeneration mit 21 % rund doppelt so oft drei oder mehr Kinder im Haushalt als Familien ohne Migrationshintergrund (11 %). MigrantInnen scheinen sich aber rasch an das Fertilitätsverhalten der ansässigen Bevölkerung anzupassen. Bei der zweiten Generation treten kaum noch Unterschiede zu Familien ohne Migrationshintergrund auf. Kinderreiche Familien sind in der zweiten Generation mit nur noch 13 % ähnlich selten wie unter den Familien ohne Migrationshintergrund.

Tabelle 1: Familie mit minderjährigen Kindern nach Migrationshintergrund 2017

	1 Kind	2 Kinder	3 Kinder	4 oder mehr Kinder	gesamt
alle Kinder in der Familie					
Eltern ohne Migrationshintergrund (599.200 Familien)	52,4 %	36,5 %	9,3 %	1,7 %	100,0 %
Eltern der ersten Generation (276.300 Familien)	44,8 %	34,2 %	15,8 %	5,2 %	100,0 %
Eltern der zweiten Generation (31.300 Familien)	50,0 %	36,8 %	10,8 %	2,4 %	100,0 %
Kinder unter 18 Jahren					
Eltern ohne Migrationshintergrund (599.200 Familien)	50,5 %	38,4 %	9,6 %	1,5 %	100,0 %
Eltern der ersten Generation (276.300 Familien)	46,9 %	35,1 %	13,4 %	4,7 %	100,0 %
Eltern der zweiten Generation (31.300 Familien)	51,8 %	36,5 %	9,0 %	2,6 %	100,0 %

Quelle: Mikrozensus 2017, eigene Berechnung.

Auf Basis des Mikrozensus können auch detailliertere Differenzierungen nach den Herkunftsländern durchgeführt werden. Wurden die Mütter oder die alleinerziehenden Väter in einem anderen EWR-Staat (aktuelle Mitgliedschaften) oder in der Schweiz geboren, sind die Familiengrößen bereits in der ersten Generation ähnlich wie bei in Österreich geborenen

Eltern. 13 % unter diesen Familien haben drei oder mehr Kinder. Stammen die Eltern aus dem ehemaligen Jugoslawien (ohne Slowenien und Kroatien), liegt dieser Anteil bereits bei 20 %, bei den übrigen europäischen Staaten (ohne Türkei) bei 25 %. MigrantInnenfamilien aus der Türkei sind vielfach kinderreicher. Mehr als ein Drittel der Familien (35 %) haben zumindest drei Kinder im Haushalt. In der zweiten Generation haben nur noch 10 % der Familien mit jugoslawischer Herkunft drei oder mehr Kinder. Leicht erhöht ist dieser Anteil noch bei türkischstämmigen Familien der zweiten Generation. Mit einem Anteil von 25 % sind Drei-Kind-Familien immer noch deutlich häufiger, es sind aber bereits Angleichungstendenzen erkennbar.

Betrachtet man nur unter 18-jährige Kinder im Haushalt, um eventuelle Verzerrungen durch mögliche Unterschiede beim Auszugsalter der Kinder abfedern zu können, bleiben die Unterschiede tendenziell bestehen. Auch hier unterscheidet sich die zweite Generation kaum von den Familien ohne Migrationshintergrund und Familien der ersten Generation haben deutlich mehr Kinder.

Die Fertilitätsmuster der Herkunftsländer sind demnach bei der ersten MigrantInnengeneration noch stärker verwurzelt als bei den Folgegenerationen. Vergleicht man die Kinderzahl der Familien von Zugewanderten der ersten Generation in Österreich mit den Geburtenraten in den Herkunftsländern (Kaindl und Schipfer 2016, S. 84ff.), zeigen sich deutliche Parallelen. MigrantInnen aus Ländern und Regionen mit hohen Geburtenraten haben in der ersten Generation auch in Österreich größere Familien.

Bei der zweiten Generation treten hingegen deutliche Annäherungen an das österreichische Durchschnittsniveau auf. Die Angehörigen der zweiten Generation wurden bereits in Österreich sozialisiert, wodurch soziokulturelle Lern- und Anpassungsprozesse stattgefunden haben. In Österreich gibt es vor allem Ein- und Zwei-Kind-Familien, hingegen kaum Familien mit drei oder mehr Kindern. Sieht man dieses Umfeld als Vorbild, bekommt man auch selbst seltener drei oder mehr Kinder. Die Erwartungen der Gesellschaft und des unmittelbaren sozialen Umfelds scheinen diese Angleichungstendenzen zu verstärken. Wie eine qualitative Studie des Österreichischen Instituts für Familienforschung zeigt, wird der vereinzelte Wunsch nach drei oder mehr Kindern auch vom unmittelbaren Umfeld solcher Eltern vielfach kritisch bis ablehnend gesehen. Man muss sich den Freunden und Verwandten gegenüber rechtfertigen, wenn man mehr als zwei Kinder haben möchte (Rille-Pfeiffer et al. 2009). Die weit verbreitete Zwei-Kinder-Norm zeigen auch die Ergebnisse des *Genera-*

tions and Gender Survey (GGS) aus dem Jahr 2013. Demnach sehen zwei Drittel der Bevölkerung zwei Kinder als Idealmaß für Familien an.

Entscheidungen für oder gegen weitere Kinder werden von der zweiten Generation weniger traditionalistisch und mehr rational getroffen. Der Wunsch nach mehr Eigenständigkeit und die Vereinbarkeitsproblematiken von Familie und Beruf tragen ebenfalls zu diesem Trend bei. Zudem scheinen Bildungseffekte diese Anpassungen zu beeinflussen. Bei MigrantInnengruppen mit einem besonders deutlichen Rückgang der Kinderzahl von der ersten auf die zweite Generation sind auch Veränderungen bei der Bildung der Frauen erkennbar. Der Anstieg des Anteils der Frauen mit einer Berufsausbildung ist dem Mikrozensus 2017 zufolge in diesen Gruppen besonders deutlich.[9]

Bei den Familien der ersten Generation wurden nicht immer alle Kinder in Österreich geboren, zum Teil sind diese im Kindesalter mit den Eltern nach Österreich zugewandert. Dies trifft sehr stark auf Frauen mit drei oder mehr Kindern aus dem EWR-Raum und der Schweiz zu. Bei 17 % dieser Frauen wurden alle Kinder außerhalb von Österreich geboren, bei einem knappen Viertel zumindest ein Teil der Kinder. Leben maximal zwei Kinder in der Familie, wurden diese großteils (bei drei Viertel der Familien) alle in Österreich geboren. Etwa zwei Drittel der Familien der ersten Generation aus den Nachfolgestaaten Jugoslawiens (ohne Slowenien und Kroatien) mit zumindest drei Kindern haben alle Kinder in Österreich bekommen, bei 10 % sind alle Kinder zugezogen. Bei kinderreichen Familien türkischstämmiger Mütter wurden die Kinder großteils in Österreich geboren. Nur bei 4 % der Familien mit zumindest drei Kindern sind auch alle Kinder nach Österreich zugewandert, bei 21 % nur ein Teil der Kinder. Die restlichen 75 % haben alle im Haushalt lebenden Kinder in Österreich bekommen. Das eigene, bereits realisierte Fertilitätsverhalten türkischstämmiger Migrantinnen vor der Zuwanderung spielt somit eine untergeordnete Rolle, die höheren Kinderzahlen ergeben sich durch das Fertilitätsverhalten nach der Zuwanderung.

---

9   Für Österreich werden in der Literatur zwar oft diese Anpassungsprozesse beschrieben, Erklärungsansätze werden dabei (im Gegensatz zu Studien aus Deutschland) aber eher selten geliefert. Erklärungsansätze für Österreich gibt es nur vereinzelt, zum Beispiel von Wolfgang Lutz (zitiert in dem Artikel der Presse aus dem Jahr 2011, https://diepresse. com/home/bildung/erziehung/679594/Migranten-retten-die-Geburtenrate-nicht; Zugegriffen: 4. Mai 2018).

Fakten zu Unterschieden bei der Gesamtfertilitätsrate

Im Gegensatz zur aktuellen Anzahl der Kinder in den Familien bildet die Gesamtfertilitätsrate einen Indikator für die endgültige Kinderzahl aller Frauen (inkl. der dauerhaft kinderlosen) wider. Nach dem Geburtsland differenziert sind seit 2002 durchgängig deutliche Unterschiede zwischen den in Österreich und den im Ausland geborenen Frauen zu erkennen (vgl. Abbildung 1). Den demographischen Indikatoren der Statistik Austria zufolge weisen Frauen mit einer österreichischen Herkunft durchgängig Fertilitätsraten unter 1,45 auf, Frauen mit einer ausländischen Herkunft eine Gesamtfertilitätsrate von über 1,75. Seit 2013 steigen die Raten sowohl bei den in Österreich als auch bei den im Ausland geborenen Frauen wieder an und lagen 2016 bei 1,40 (Österreich) beziehungsweise bei 1,93 (Ausland).[10]

Abbildung 1: Gesamtfertilitätsrate nach Geburtsland 2002-2016

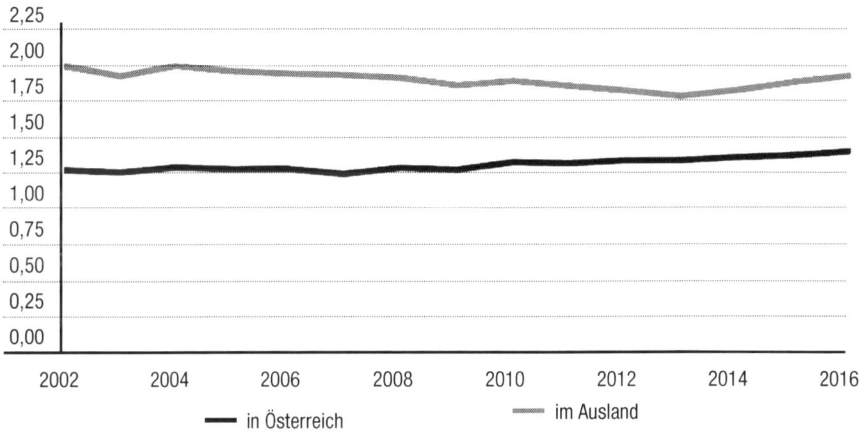

Quelle: Statistik Austria – Demographische Indikatoren.
http://www.statistik.at/web_de/statistiken/menschen_und_gesellschaft/bevoelkerung/index.html (Zugegriffen: 4. Mai 2018).

Genauere Analysen zur aktuellen Situation nach dem Geburtsland ermöglichen eine differenziertere Darstellung nach den Herkunftsländern. Diese Differenzierung zeigt erhebliche Unterschiede nach den Herkunftsre-

---

10 http://www.statistik.at/web_de/statistiken/menschen_und_gesellschaft/bevoelkerung/index.html (Zugegriffen: 4. Mai 2018).

gionen und Herkunftsländern auf. Einen Überblick für das Jahr 2016 liefert das statistische Jahrbuch für Migration und Integration (Statistik Austria 2017b, S. 31). Stammen die Frauen aus anderen EWR-Ländern oder aus der Schweiz, ist die Rate ähnlich niedrig (1,56) wie bei in Österreich geborenen Frauen. Frauen aus dem ehemaligen Jugoslawien (ohne Slowenien und Kroatien) liegen mit einem Wert von 2,05 etwa am Reproduktionsniveau. Frauen aus der Türkei (2,37) oder aus sonstigen Staaten (2,48) bekommen um etwa ein Kind mehr als in Österreich geborene Frauen. Sie liegen somit auch deutlich über dem Reproduktionsniveau. Die zuvor beschriebene höhere Kinderzahl bei ZuwanderInnenfamilien der ersten Generation spiegeln sich bei diesen Fertilitätsraten deutlich wider. Der Unterschied von nur rund einem Kind verdeutlicht, dass Großfamilien mit sehr vielen Kindern auch unter den zugezogenen Müttern eher selten sind.

Abbildung 2: Gesamtfertilitätsraten 2014 nach Geburtsland der Frauen

Quelle: Zeman et al. 2015, S. 10.

Das Institut für Demographie der Österreichischen Akademie der Wissenschaften (VID) hat für das Jahr 2014 die Gesamtfertilitätsraten für die wichtigsten Herkunftsländer berechnet (Zeman et al. 2015, S. 10). Frauen aus dem Kosovo und aus der Türkei wiesen hierbei besonders hohe Gesamtfertilitätsraten auf. Bei Frauen aus dem Kosovo (2,87) war sie sogar mehr als doppelt so hoch als bei in Österreich geborenen Frauen (1,36). Andere Herkunftsländer (Serbien, Rumänien, Bosnien und Herzegowina) liegen demgegenüber im Durchschnitt aller Länder. Frauen aus Deutschland (dies war im Zeitraum 2008 bis 2017 die größte Gruppe der Zuwanderinnen (STATcube – Statistische Datenbank von Statistik Austria) unterscheiden sich mit einer Rate von 1,39 im Fertilitätsverhalten kaum von den in Österreich geborenen Frauen.

Fazit

MigrantInnen sind eine sehr heterogene Gruppe. Ein differenzierter Blick nach Herkunftsort und Aufenthaltsdauer erscheint daher erforderlich, um realitätsbezogene Aussagen treffen zu können.

Dies zeigt sich auch bei der Zahl der Kinder. Kinderreiche Familien gibt es in erster Linie bei ZuwanderInnen von außerhalb des EWR-Raums in der ersten MigrantInnengeneration. MigrantInnen aus dem EWR-Raum oder ab der zweiten Generation passen ihre Kinderzahl vielfach an das Niveau der Familien ohne Migrationshintergrund an. Dass MigrantInnen deutlich mehr Kinder bekommen als Nicht-MigrantInnen, trifft somit nur auf eine Teilgruppe zu. Aber auch bei diesen geht es nicht um Großfamilien mit vier oder mehr Kindern.

Zuwanderung hat somit in erster Linie kurzfristige, jedoch kaum langfristige Effekte auf die Fertilitätsraten. Auswirkungen auf die Gesamtkinderzahl in der Bevölkerung hat die Zuwanderung aber insofern, als zusätzliche (potenzielle) Eltern nach Österreich kommen. Somit sind auch Folgewirkungen auf andere Bereiche nur kurz- bis mittelfristig spürbar, beispielsweise bezüglich der Finanzierung des Pensionssystems. Positive Aspekte für das Pensionssystem sind nur vorübergehend für die jeweils erste Generation (also bei einer anhaltenden Zuwanderung) zu erwarten, jedoch kaum noch ab der zweiten Generation.

Literatur

Kaindl, Markus und Rudolf Karl Schipfer. 2016. Familie in Zahlen 2016. Wien: Österreichisches Institut für Familienforschung.

Rille-Pfeiffer, Christiane et al. 2009. Der Übergang zur Dreikind-Familie. Eine qualitative Untersuchung von Paaren mit zwei und drei Kindern. ÖIF-Forschungsbericht 2. Wien: Österreichisches Institut für Familienforschung.

Statistik Austria. 2017a. Demographisches Jahrbuch 2016. Wien: Verlag Österreich.

Statistik Austria. 2017b. migration & integration. zahlen. daten. indikatoren 2017. Wien: Statistik Austria.

Zeman, Kryštof et al. 2015. Geburtenbarometer 2014. Wien: Wittgenstein Centre, Vienna Institute of Demography.

Online-Quellen

Statistik Austria – STATcube, Statistische Datenbank von Statistik Austria. http://www.statistik.at/web_de/services/statcube/index.html (Zugegriffen: 4. Juni 2018).

https://derstandard.at/2000017551570/Geburtenrate-bei-Migrantinnen-und-Musliminnen-sinkt (Zugegriffen: 4. Juni 2018).

https://diepresse.com/home/bildung/erziehung/679594/Migranten-retten-die-Geburtenrate-nicht (Zugegriffen: 4. Juni 2018).

https://diepresse.com/home/bildung/schule/4681726/Ein-Fuenftel-der-Schueler-hat-nicht-Deutsch-als-Muttersprache (Zugegriffen: 4. Juni 2018).

https://diepresse.com/home/politik/innenpolitik/4890709/Mehr-Kinder-fuer-Oesterreicherinnen (Zugegriffen: 4. Juni 2018).

https://mobileapps.tt.com/panorama/12656828-91/aufwachsen-in-zwei-sprachwelten.csp (Zugegriffen: 4. Juni 2018).

http://www.krone.at/506614 (Zugegriffen: 4. Juni 2018).

http://www.oe24.at/oesterreich/politik/Tuerken-bekommen-dop-
    pelt-so-viele-Kinder/500167 (Zugegriffen: 4. Juni 2018).

http://www.statistik.at/web_de/statistiken/menschen_und_gesellschaft/
    bevoelkerung/demographische_indikatoren/index.html (Zugegriffen:
    4. Mai 2018).

Hilde Weiss

„AusländerInnen, insbesondere MuslimInnen, bekennen sich nicht zu den Werten in Österreich"

Einleitung

Trotz der heutigen Vielfalt von Migrationsformen – sei es europäische Binnenmigration, Arbeitsmigration oder Flucht – und der großen Heterogenität der in Österreich lebenden AusländerInnen, haben sich die Dimensionen des Vorstellungsbildes über AusländerInnen nicht grundlegend verändert. War das Bild der „GastarbeiterInnen" in den 1980er und 90er Jahren von kultureller Fremdheit, vom Unwillen, sich an die österreichische Kultur anzupassen und geringem Leistungswillen geprägt – vermischt mit Ängsten, dass sie „auf unsere Kosten leben" – so sind Werte- und Kulturkonflikte auch heute zentrale Dimensionen in der Alltagsmeinung über AusländerInnen. Nach der Jahrtausendwende hat sich die mediale Berichterstattung über AusländerInnen jedoch stärker in Richtung MuslimInnen bzw. dem Islam (Rohe 2006) verschoben; es treten die Themenbereiche der Radikalisierung, der kulturellen Abschottung und des Entstehens von Parallelgesellschaften in den Mittelpunkt. Der folgende Beitrag bezieht sich auf diese zentralen kulturellen Wahrnehmungen: auf die Einstellungen zu Demokratie und ihren grundlegenden Prinzipien, auf Geschlechtergleichheit und das Entstehen einer „Parallelgesellschaft".

In der Diskussion um die Werteintegration von AusländerInnen kann (schon aufgrund der großen Heterogenität) hier nur auf bestimmte Gruppen bzw. Kategorien eingegangen werden. Dies ist auch durch die Datenlage begründet, da sich Untersuchungen, um einigermaßen verlässliche Aussagen treffen zu können, auf die zahlenmäßig größeren Herkunftsgruppen beschränken. Es liegen tatsächlich nur wenige Forschungen vor, die eingehende Analysen zu Themen der Integration, insbesondere der normativen Anpassung, durchgeführt haben. Die folgenden Ausführungen beziehen sich vorwiegend auf Zugewanderte aus der Türkei und aus

Ex-Jugoslawien bzw. muslimischen Gebieten Ex-Jugoslawiens und schließen zum Vergleich auch einige der wenigen vorliegenden Daten über Flüchtlinge bestimmter Herkunftsländer (mit Asylstatus) ein; es wird der Wandel zwischen der ersten, zugewanderten und der zweiten, in Österreich geborenen Generation muslimischer Zugewanderter in den grundlegenden Dimensionen nachgezeichnet.

Sehen die klassischen Migrationstheorien die Partizipation am Arbeitsmarkt als primäre und weichenstellende Stufe, um auch eine normative Angleichung in Gang zu setzen, stellen heute AutorInnen dieses Modell vor allem hinsichtlich muslimischer Zuwanderung in Europa in Frage (vgl. Koopmans 2016; Bloemraad et al. 2008). Probleme auf dem Bildungs- und Arbeitsmarkt, der ersten wie auch der zweiten Generation, werden zunehmend mit Wertekonflikten zu erklären versucht. Die Diskussionen spitzen sich auf zwei Themenkreise zu: auf die Frage der Stellung der Religion in der liberalen, säkularen Rechtsordnung und auf die Frage der Gleichheit der Geschlechter - zwei Wertebereiche, die als maßgeblich für den Dissens zwischen europäischen Mehrheitsbevölkerungen und den ZuwanderInnen heute gelten (Joppke 2013). Der folgende Überblick stellt daher Prinzipien der Demokratie und liberale Rechtsnormen, Geschlechterbeziehungen und Gleichheitsnormen in den Mittelpunkt.

Demokratie und Toleranz

Das Bild einer Parallelgesellschaft der Zugewanderten und einer missglückten Integration der zweiten Generation, insbesondere muslimischer (türkischstämmiger und bosnischer) Zugewanderter, ist in der Politik wie in der medialen Darstellung seit langem verbreitet. „Statt sich damit zu beschäftigen die Sprache, die Kultur und die Mentalität zu lernen, sind Migranten damit beschäftigt, hier ihre dörfliche Lebensweise fortzusetzen, Moscheen zu bauen und in diesen Moscheen ihre rückständigen und nationalistischen Einstellungen zu vertiefen".[1] Teils werden auch die Vorbehalte der ÖsterreicherInnen angesprochen: „Natürlich gibt es Klein-Anatolien in Wien (oder Linz), wo die Frauen zu Hause bleiben (müssen), und es ihren Männern sehr recht ist, wenn sie die Landessprache nicht sprechen (…). Das zu ändern ist eine Herausforderung, der sich die Politik stellen muss…Natürlich gibt es sie, die Migranten, unter ihnen wahrscheinlich viele Muslime, die sich nicht integrieren. Das ist ein Problem,

---

[1]   Integration oder Missbrauch der Demokratie, Die Presse, 26.05.2006.

wenn ihnen Österreich nicht als Heimat angeboten wird, bleiben sie von der Gesellschaft ausgeschlossen."[2] Neben dem Spracherwerb und dem Einstieg in den Arbeitsmarkt gehe es „natürlich zentral um diese Grundwerte und unseren Zugang zu Rechtsstaat und Demokratie (...). Auch die Gleichstellung von Mann und Frau (ist) ein zentrales Thema", stellte Sebastian Kurz als Integrationsminister 2015 fest.[3] Im oberösterreichischen Landtag wurde 2017 ein Kurswechsel gefordert, um „ideologische Abschottungen oder gar Parallelgesellschaften" von AusländerInnen in Österreich abzuwenden.[4]

Welche Einstellung haben diese ZuwanderInnen tatsächlich zu den säkularen Normen des öffentlich-politischen Lebens und zu den Gleichheitsnormen der Geschlechter?

Bei den türkischstämmigen und bosnischen MuslimInnen stellen die Forschungen übereinstimmend eine grundlegend positive Einstellung zum Prinzip der Demokratie – „besser als jede andere Regierungsform" – fest (Weiss 2016[5]; Ulram und Tributsch 2012[6]). Rund 90% sowohl der ersten als auch der zweiten Generation stimmen dieser Ansicht („sehr" und „eher") zu. Auch die Institutionen und Spielregeln der Demokratie (für Parlament, Freiheit der Medien, Streik- und Demonstrationsrecht) werden mehrheitlich anerkannt. Für einen „starken Mann" anstelle des Parlaments stimmen vorbehaltlos[7] 12% bzw. 14% der ersten und zweiten Generation (Weiss 2016, S. 96). Damit unterscheiden sich die aus der Türkei und aus Ex-Jugoslawien stammenden MuslimInnen hinsichtlich autoritärer Tendenzen allerdings nicht sehr von der Einstellung der ÖsterreicherInnen (Friesl et al. 2009, S. 223; ähnliche Werte zeigten auch eine rezente Befragung 2017[8]). Im Vergleich zwischen den beiden Herkunfts-

---

2   Nix Schnitzel, nix Integration, Der Standard, 16.03.2006.

3   news.ORF.at (2015), http://orf.at/stories/2308387/2308194/ (Zugegriffen: 1. März 2018).

4   DiePresse.com (2017), https://diepresse.com/home/innenpolitik/5205569/Oberoesterreich_Christlichabendlaendische-Werte-in-Leitkultur (Zugegriffen: 1. März 2018).

5   Es wurden 726 MuslimInnen (bzw. 363 Eltern-Kind-Paare) befragt, die aus der Türkei, Bosnien und dem Kosovo stammten (Face-to-Face-Interviews; Feldarbeit 2012-2013).

6   Es wurden 500 MuslimInnen mit türkischem und 500 MuslimInnen mit bosnischem Migrationshintergrund befragt (Face-to-Face-Interviews; Feldarbeit 2012).

7   Statements wurden auf einer 4-stufigen Antwortskala (1 = stimme sehr zu, 2 = stimme eher zu, 3 = stimme eher nicht zu, 4 = stimme gar nicht zu) beantwortet. Wenn nicht anders angegeben werden hier die Zustimmungen (1+2) angeführt.

8   In der 2017 von Günter Ogris (SORA) im Auftrag des Zukunftsfonds der Republik durchgeführten Befragung (n=1000) zeigten sich bei rund 10% der ÖsterreicherInnen durchgängig autoritäre bzw. antidemokratische Einstellungen; der Aussage, man „sollte einen starken Führer haben, der sich nicht um ein Parlament und Wahlen kümmern muss"

gruppen neigen die türkischstämmigen insgesamt um rund 6 % häufiger zu einer autoritären Einstellung.

Findet Demokratie per se also durchaus breite Unterstützung, wird die Trennung von Religion und Politik zwiespältiger gesehen. Die Akzeptanz säkularer Werte hat sich in der zweiten Generation aber verbreitert. Dass „zur Meinungsfreiheit auch Kritik an Religionen gehört", unterstützen 54% bei der zweiten Generation (gegenüber 42% der ersten Generation); dass sich „religiöse Führer nicht in die Politik einmischen" sollen, fordern 48% der jungen MuslimInnen und für die Dominanz demokratischer Grundrechte gegenüber islamischem Recht sprechen sich 58% aus (Weiss 2016, S. 96).

Das österreichische Recht – Ehe-, Familien-, Erbschafts- und Strafrecht – wird überwiegend (78%) auch von religiösen MuslimInnen als „angemessen"[9] erachtet (18% sprechen sich für islamische Rechtsvorstellungen aus); ein Viertel wünscht sich eine tragende Rolle des Islam bzw. die Beachtung islamischer Normen im Alltagsleben (vgl. Ulram und Tributsch 2012, S. 32). Eine Dominanz der Religion gegenüber Staat und Rechtsordnung fordern „sehr stark" nur 5% ein. Hierin finden sich keine großen Unterschiede zwischen türkischstämmigen und bosnischen MuslimInnen. Mehrheitlich werden auch keine Konflikte zwischen den Vorschriften der Religion und den Gesetzen des Staates gesehen (doch ist diese Einstellung auch stark von der Intensität der eigenen Religiosität bestimmt). Extreme islamische Rechtsvorstellungen finden sich damit nur bei einer Minderheit. Strafen nach „islamischem Recht, z.B. schwere körperliche Bestrafungen" würden 7% bzw. 9% der ersten und der zweiten Generation stark unterstützen (Weiss 2016, S. 88).

Dass sich MuslimInnen der zweiten Generation von einem „autoritär geprägten Islam" verabschiedet haben, diagnostiziert Zulehner (2015) im Rückblick auf frühere Forschungen. Er definiert den Autoritarismus als „Unterwerfungsbereitschaft" gegenüber FührerInnen und Autoritäten; diese in der ersten Generation vor allem von Männern geteilte autoritative Haltung ist bei Männern der zweiten Generation stark zurückgegangen; vor allem bei den Frauen ist die Zustimmung zu einer autoritären Form der Religion (von 40 Prozent auf 26 Prozent) stark gesunken.

Eine vom Österreichischen Integrationsfonds (Filzmaier und Perlot

---

stimmten 12% „voll" zu. http://www.sora.at/fileadmin/downloads/projekte/2017_SORA-Praesentation_Demokratiebewusstsein.pdf.

9   Die Frage lautete: „Sind die österreichischen Vorschriften und Gesetze für gläubige MuslimInnen angemessen oder sollten islamische Rechtsvorschriften angewandt werden?"

2017)[10] durchgeführte Studie untermauert das Bild eines markanten Generationenwandels bei der türkischen und bosnischen Herkunftsgruppe. In dieser Befragung waren auch Flüchtlinge (mit Status als Asyl- bzw. subsidiär Schutzberechtigte) einbezogen, die aus Syrien, Afghanistan, dem Irak, dem Iran und Somalia sowie Tschetschenien stammten. Ohne hier auf die spezifischen Probleme bzw. Unterschiede von Flüchtlingen[11] gegenüber ArbeitsmigrantInnen eingehen zu können, sollen einige wichtige Ergebnisse aufgezeigt werden. Zwischen den Flüchtlingen traten bereits bei der Frage nach der persönlichen religiösen Bindung große Unterschiede zutage, doch teilten sie die große Bedeutung, die sie dem Leben in einer Demokratie zumessen; nur sehr wenigen – nur 18% der Flüchtlinge (und 11% bzw. 12% der TürkInnen und BosnierInnen) – wäre dies „egal". Und eine klare Mehrheit widerspricht der Aussage, dass ein religiöser Gelehrter an der Staatsspitze stehen sollte (Filzmaier und Perlot 2017, S. 27). Bei der Frage nach der Angemessenheit österreichischer Gesetze zeigt sich eine starke Variation zwischen den Herkunftsländern (ebd. 2017, S. 25). Die starke Ablehnung eines politischen Islam teilen insbesondere Flüchtlinge aus dem Irak, dem Iran und Syrien, während am ehesten SomalierInnen ein autoritäres Islamverständnis teilen.

Eine Gleichberechtigung aller Religionen steht dennoch für 80% außer Frage; dass sich der Islam an Traditionen und an der Kultur Europas anpassen soll, finden 60% der Flüchtlinge (Filzmaier und Perlot 2017, S. 32). Allerdings besteht auch ein großer Zwiespalt über die Rolle des Islam in der Gesellschaft und zwischen den Gruppen gibt es starke Variationen. Eine starke Bedeutung des Islam in der Gesellschaft wird vor allem von Personen aus Somalia, Tschetschenien und Syrien gewünscht. Diese Gruppen haben eine wesentlich stärkere Religiosität; sie ist auch mit einem traditionellen Frauenbild eng verbunden.

---

10 Die Stichprobe umfasst n=1005 Personen, mit türkischem und bosnischem Hintergrund, sowie Personen mit Status als Asyl- bzw. subsidiär Schutzberechtigte (wobei vor allem Personen aus Syrien, Afghanistan, dem Irak, dem Iran und Somalia befragt wurden); zudem wurde eine Zusatzbefragung mit TschetschenInnen durchgeführt; Feldarbeit 2016-2017).

11 Die Situation des Flüchtlings ist durch längere Perioden der Unsicherheit und Ressourcenknappheit, wie Dauer des Asylverfahrens und dessen Hürden, Probleme des Unterhalts, u.a. stark bestimmt, was sich auf die normative Neuorientierung auswirkt; vgl. dazu die umfangreiche Untersuchung an Flüchtlingen nach 2015 von Kohlbacher et al. (2017).

Geschlechterrollen: Beruf, Familie und religiös-moralische Leitbilder

Trotz der in zahlreichen Studien aufgezeigten großen Bedeutung traditioneller Geschlechterrollen und religiös begründeter Normen im Leben muslimischer Familien unterliegen die Lebensmuster und Leitbilder einem latenten, mehr oder weniger sichtbaren Wandel. Selbst das Bild einer von Kultur- bzw. Wertedichotomien geprägten ersten Generation hält der Wirklichkeit nicht Stand. Zwar fühlt sich die erste Generation dem traditionellen Familienleitbild, das sich an elterlicher Autorität und strengen moralisch-sexuellen Normen der Geschlechterbeziehungen orientiert, stark verpflichtet, doch zeichnet sich auch bei ihr bereits ein verändertes Rollenbild ab (Weiss und Strodl 2016).

In den damaligen „GastarbeiterInnenfamilien" haben Frauen aufgrund der schlechten ökonomischen Lage der Familie häufig eine Berufstätigkeit aufgenommen, obwohl dies nicht dem Familienleitbild entsprach, und Männer haben sich allmählich stärker an Hausarbeiten beteiligt (Fernández de la Hoz 2004). Vor allem aber begannen Mütter aufgrund ihrer Erfahrungen ihre Töchter verstärkt zu besserer Ausbildung und beruflicher Eigenständigkeit zu motivieren (Edthofer und Obermann 2007).

So zeigt sich in den Untersuchungen (Weiss und Strodl 2016; Zulehner 2015), dass die Wichtigkeit einer guten Berufsausbildung der Frau auch in der ersten, zugewanderten Generation stark unterstützt wird, während sich die Einstellungen der jungen Generation deutlich in Richtung einer partnerschaftlichen Rollenauffassung verändert haben. Die Ansicht, „eine gute Berufsausbildung ist für eine Frau nicht so wichtig wie für den Mann", finden in der ersten wie in der zweiten Generation nur 8% bzw. 7% „sehr" richtig. Ebenso geringe Akzeptanz (6% bzw. 5%) findet in beiden Generationen die Entscheidungsvormacht des Mannes („wichtige Entscheidungen in der Familie soll der Mann treffen"). Während die primäre Zuständigkeit der Frau für Kindererziehung in der ersten Generation noch von 28% unbedingt („sehr richtig") unterstützt wird, teilen dies in der zweiten Generation nur noch 16% (Weiss und Strodl 2016, S. 63). Die Beteiligung der Männer an der Hausarbeit findet in beiden Generationen breite Unterstützung. Allerdings treten auch innerhalb der zweiten Generation Unterschiede zwischen den Geschlechtern hervor – Männer hängen wesentlich häufiger den traditionellen Rollenbildern an. Ihre angestammte Rolle verteidigen die Männer, wenn es um ihre Dominanz bei Familienentscheidungen und innerfamiliäre Kontrolle geht. Normen der Kontrolle durch die männlichen Familienmitglieder („Junge Frauen sollen außer Haus von männlichen Familienmitgliedern begleitet und beaufsichtigt werden") werden von mehr als 90% der jungen Musliminnen abgelehnt; gut 20% der jungen Männer befürworteten dies weiterhin (ebd., S. 63). Zulehner (2015) sieht die muslimischen Frauen als die Gewinnerinnen des Wertewandels, der sich im Rahmen eines veränderten, moderneren Islamverständnisses in Europa vollzieht, insbesondere hinsichtlich der traditionellen, innerfamiliären Geschlechterrollen.

Auch die gelernten moralischen Leitbilder werden brüchig: Es zeichnet sich eine deutliche Enttabuisierung der Homosexualität ab; beurteilen 65% der ersten Generation Homosexualität als verwerflich und strafbar, sinkt dies auf 43% bei den jungen MuslimInnen. Die Teilnahme am Sexualkundeunterricht akzeptieren 63% der zweiten Generation (in der ersten sind es 47%; Weiss und Strodl 2016, S. 69). Zwei Drittel sind mit gemischtgeschlechtlichem Schwimm- und Sportunterricht einverstanden (12% lehnen beides ab, 12% nur beim Sportunterricht; Ulram und Tributsch 2012, S. 21). Die Untersuchungen stimmen darin überein, dass das traditionelle Rollenbild im Generationenvergleich stark zurückging, auch wenn es fallweise starke Unterschiede zwischen den beiden Herkunftsgruppen gibt und bei den Männern deutlich langsamer vonstattengeht.

Ein ähnliches Bild zeichnet sich in Untersuchungen über Flüchtlinge ab. Zwiespältige Haltungen treten deutlich stärker bei Themen der Moral, wie dem Zusammenleben eines nicht-verheirateten Paares, gemeinsamem Schwimmunterricht und bei Familiennormen (Senioritätsprinzip, Entscheidungsrecht des Vaters) hervor. Dem Recht der Frau, sich gegen den Willen des Ehemannes von diesem scheiden zu lassen, stimmen 64% bis 66% „sehr zu" (Filzmaier und Perlot 2017, S. 30); dass der Vater über den Ehepartner der Tochter entscheiden soll, lehnen 52% der Flüchtlinge ab, 71% der TürkInnen stimmen „gar nicht" zu (ebd., S. 30). Es bestehen, wie schon weiter oben erwähnt, beträchtliche Variationen zwischen den Herkunftsländern und (damit einhergehender) Religiosität. Starke Unterschiede zeigen sich außerdem zwischen den hier schon länger lebenden TürkInnen und BosnierInnen erster und zweiter Generation und den neu Zugewanderten.

Fasst man die Ergebnisse zusammen, so setzen sich partnerschaftliche Auffassungen in den innerfamiliären Rollenzuordnungen sukzessive durch, gegenüber traditionalen Leitbildern der Geschlechterbeziehungen fordern Frauen zunehmend mehr Handlungsspielräume ein.

Zusammenfassung und abschließende Bemerkungen

In diesem Beitrag standen Demokratie und Akzeptanz säkularer Prinzipien sowie Geschlechtergleichheit im Mittelpunkt. Es sollten nicht nur die Einstellungen relevanter Zuwanderungsgruppen skizziert werden, sondern auch der Wandel zwischen der ersten, zugewanderten muslimischen AusländerInnengeneration und der schon hier geborenen jungen Generation nachgezeichnet werden. Abschließend soll auf einige wichtige Hintergründe und soziale Einflussfaktoren hingewiesen werden, die in den genannten wie auch in international vergleichenden Forschungen aufgezeigt wurden.

Ethnisch gemischte Kontakte und Berufs- bzw. Bildungspartizipation sind wichtige Weichen, um neue Verhaltensformen zu entwickeln. An dieser Stelle kann daher nur auf die Wichtigkeit bildungspolitischer und -pädagogischer Maßnahmen verwiesen werden. Insbesondere Bildungsaufstiege haben positive Folgen für Akkulturation und Werteintegration. Der Wandel der Geschlechterrollen bzw. Geschlechtergleichheit ist hier ebenso anzuführen wie demokratische und säkulare Grundhaltungen. Sozialräumliche Maßnahmen gegen Abschottung und Marginalisierung in den Städten unterstützen Strategien zur Vermeidung von „Parallelgesellschaften".

Die deutlichen Trends in Richtung moderner Werteorientierungen widerlegen das verbreitete Bild einer homogenen muslimischen Bevölkerung und einer sich kaum verändernden religiös-patriarchalischen Lebensweise der österreichischen MuslimInnen. Zwar verharren Männer eher als Frauen in den traditionellen Mustern, die verbreitete Vorstellung eines in die zweite Generation prolongierten Kulturkonflikts, von dem oft angenommen wird, dass er sich unter den jungen MuslimInnen noch vertieft, ist im Spiegel der empirischen Daten nicht zutreffend.

Die präsentierten Daten bzw. Vergleiche mit der zurzeit stark stigmatisierten Gruppe der Flüchtlinge bzw. anerkannter Asyl- bzw. subsidiär Schutzberechtigter zeigen eine starke Differenzierung zwischen den Herkunftsländern. Angesichts des Problems geringer sozialer Anerkennung und negativer Zuschreibungen im öffentlich politischen Diskurs verstärken sich die Schwierigkeiten der Neuorientierung dieser Gruppe. Mit negativen Effekten, wie Abschirmung und nach innen gerichteter normativer Kontrolle, ist zu rechnen, wenn die Einbettung in interethnische soziale Netzwerke nicht gelingt. Nicht zuletzt unterstreichen die Daten, dass Integration letztlich ein generationsumspannendes Projekt ist, wie es bereits in den frühen Forschungen des vorigen Jahrhunderts konzipiert wurde.

Zuwanderung steht in Europa längst im Zeichen demografischer und ökonomischer Überlegungen (Überalterung, Arbeitskräftebedarf). Der Wandel und die Vielfalt von Migrationsformen, zu denen europäische Binnenmigration ebenso wie befristete und zirkuläre Arbeitsmigration, Familiennachzug oder nicht dokumentierte Migration, Armutsmigration, Flucht und Asyl zählen, machen deutlich, dass Migration längst ein Merkmal der modernen, global vernetzten Gesellschaften geworden ist. Je nachdem, welche Kategorien das Vorstellungsbild der MigrantInnen nun primär bestimmen – seien es bestimmte Herkunftsländer oder seien es Armut und Flucht als Zuwanderungsgrund – werden damit auch soziale oder kulturelle Probleme verknüpft sein.

Literatur

Bloemraad, Irene, Anna Korteweg und Gökće Yurdakul. 2008. Citizenship and immigration: Multiculturalisms, assimilations, and challenges to the nation-state. Annual Review of Sociology 34:53-179.

Edthofer, Julia und Judith Obermann. 2007. Familienstrukturen und Geschlechterrollen in der Migration. Eine qualitative Analyse von Müttern und Töchtern türkischer Herkunft. SWS-Rundschau 47(4):453-476.

Fernández de la Hoz, Paloma. 2004. Familienleben, Transnationalität und Diaspora. Heft 21. Wien: Österreichisches Institut für Familienforschung.

Filzmaier, Peter und Floh Perlot. 2017. Muslimische Gruppen in Österreich. Einstellungen von Flüchtlingen, ZuwanderInnen und in Österreich geborenen MuslimInnen im Vergleich. Wien: Österreichischer Integrationsfond.

Friesl, Christian, Regina Polak und Ursula Hamachers-Zuba. 2009. Die Österreicher/-innen. Wertewandel 1990–2008. Wien: Czernin Verlag.

Joppke, Christian. 2013. Islam in Europa – Integration durch Recht und ihre Grenzen. Kölner Zeitschrift für Soziologie und Sozialpsychologie 65(1):409-435.

Kohlbacher, Josef et al. 2017. Wertehaltungen und Erwartungen von Asylberechtigten und subsidiär Schutzberechtigten in Österreich.

https://www.bmeia.gv.at/fileadmin/user_upload/Zentrale/Integration/Studien/Studie_Wertehaltungen_und_Erwartungen.pdf (Zugegriffen: 10. Mai 2017).

Koopmans, Ruud. 2016. Does assimilation work? Sociocultural determinants of labour market participation of European Muslims. Journal of Ethnic and Migration Studies 42(2):197-216.

Ulram, Peter und Svila Tributsch. 2012. Muslime in Österreich. Wien: ECOQUEST Market Research and Consulting GmbH.

Weiss, Hilde. 2016. Bedingungsfaktoren des ‚radikalen' Islamismus. In: Muslimische Milieus im Wandel? Religion, Werte und Lebenslagen im Generationenvergleich. Hrsg. Hilde Weiss, Gülay Ates und Philipp Schnell, 83-111. Wiesbaden: Springer.

Weiss, Hilde und Robert Strodl. 2016. Muslimische Milieus: Religiöse Bindung, Geschlechterbeziehungen und säkulare Orientierung. In: Muslimische Milieus im Wandel? Religion, Werte und Lebenslagen im Generationenvergleich. Hrsg. Hilde Weiss, Gülay Ates und Philipp Schnell, 51-81. Wiesbaden: Springer.

Zulehner, Paul. 2015. Muslimas und Muslime in Österreich im Migrationsstress. Wiesbaden: Springer.

**Verena Blaschitz, Katharina Korecky-Kröll
und Wolfgang U. Dressler**

„MigrantInnen wollen nicht Deutsch lernen"

Immer wieder liest und hört man vom mangelnden Willen „der" MigrantInnen Deutsch zu lernen und zu sprechen sowie ihre Kinder Deutsch lernen zu lassen, was als ein Hauptsymptom von mangelndem Integrationswillen gehandelt wird.

Eine systematische Durchsuchung des elektronischen Austrian Media Corpus (AMC) der Österreichischen Akademie der Wissenschaften[1], welche (dank der APA) sämtliche österreichische Printmedien der letzten 20-30 Jahre enthält, hat viele einschlägige Beispiele erbracht:

«Die wollen nicht Deutsch lernen», lautet ein verbreitetes Vorurteil[2], Frauen mit Kopftüchern grenzen sich absichtlich ab, wollen nicht Deutsch lernen (…) mit diesen Vorurteilen haben Musliminnen in Wien nach wie vor zu kämpfen[3], Die Ausländer wollen nicht Deutsch lernen[4], Dass türkische Jugendliche in Österreich nur schlecht Deutsch lernen, liegt Teczan zufolge übrigens an ihrem Medienkonsum: „Sie schauen nur türkisches Fernsehen."[5], Die Gemeinde (…) bemerkte, dass manche Gastarbeiterfrauen kein Deutsch sprechen, weil sie Jahrzehnte lang nur türkisches Fernsehen konsumierten[6].

---

1   Für die entsprechende Recherche danken wir herzlich Hannes Pirker.
2   Augustin 280/10, 25.08.2010.
3   Wiener Zeitung 026, 06.02.2013.
4   Kronen Zeitung, 15.06.2003.
5   Vorarlberger Nachrichten, 25.03.2010.
6   Der Standard, 15.09.2010.

Deutschkenntnisse von MigrantInnen

Es ist nicht möglich, die Deutschkenntnisse der österreichischen Wohnbevölkerung mit Migrationshintergrund bzw. Deutsch als Zweitsprache vollständig zu erfassen. Daher muss man sich dem Thema über verschiedene Blickwinkel nähern.

Zunächst scheint aber eine Klärung der Begrifflichkeiten „Deutsch als Zweitsprache" bzw. „mit Migrationshintergrund" notwendig. „Deutsch als Zweitsprache" wird im Allgemeinen verwendet, um einerseits einen persönlichen Zugang zur Aneignung des Deutschen, andererseits einen didaktisch-methodischen Zugang zur sprachpädagogischen Unterstützung von SchülerInnen, die sich Deutsch als Zweitsprache aneignen, zu bezeichnen (Dirim 2018). Der Begriff „mit Migrationshintergrund" wird dagegen gemeinhin für Personen verwendet, die entweder selbst im Ausland geboren wurden und in Österreich leben („Erste Generation") oder deren Eltern im Ausland geboren wurden und die ihrerseits in Österreich leben („Zweite Generation").[7]

Im Rahmen der Mikrozensus-Arbeitskräfteerhebung 2014 wurden von der Statistik Austria Angaben zur „Muttersprache" bzw. den Deutschkenntnissen der österreichischen Bevölkerung zwischen 15 und 64 Jahren erfragt (Statistik Austria 2015, S. 15). Laut eigenen Angaben hatten 22% der im Ausland geborenen Personen Deutsch als Erstsprache (ca. 240.000 Personen). Von diesen stammten 79% aus den EU-15-Staaten (ohne Österreich), davon alleine 76% aus Deutschland.[8]

Alle Personen, die nicht Deutsch als Erstsprache nannten (ca. 870.000), wurden um eine Selbsteinschätzung ihrer Deutschkenntnisse gebeten. Insgesamt gaben davon 21% (ca. 170.000 Personen) an, Deutsch so gut wie ihre Erstsprache zu beherrschen, 33% nannten „fortgeschrittene" und 30% „durchschnittliche" Deutschkenntnisse. 17%, also ein Sechstel (ca. 150.000), erklärten, über „keine bzw. geringe" Deutschkenntnisse zu ver-

---

7   Eine neue Begriffsbestimmung stammt von der Wiener Magistratsabteilung für Wirtschaft, Arbeit und Statistik (MA23): Diese besagt, dass jemand nur dann Migrationshintergrund hat, wenn er/sie nicht die österreichische Staatsangehörigkeit besitzt oder mit österreichischer Staatsangehörigkeit im Ausland geboren wurde (Statistisches Jahrbuch der Stadt Wien 2017, S. 57, https://www.wien.gv.at/statistik/pdf/menschen2017.pdf, zugegriffen: 24. April 2018).

8   Diese Zahlen legen den trivialen Schluss nahe, dass jene in Österreich zahlenmäßig am stärksten vertretene Gruppe, die MigrantInnen aus Deutschland nämlich, nicht die Zielgruppe dafür darstellen, was üblicherweise an sprachlichen bzw. sprachbezogenen Integrationsmaßnahmen für „die" MigrantInnen in Österreich vorgesehen ist.

fügen (Statistik Austria 2015, S. 59f.). Diese Zahl ist alleine betrachtet natürlich erheblich. Mögliche Gründe für ihr Zustandekommen liegen in den spezifischen Aneignungszusammenhängen von Deutsch als Zweitsprache sowie in den gesellschaftspolitisch komplexen Wechselbeziehungen zwischen Sprache und Integration.

Zudem muss die Zahl derer, die über geringe oder keine Deutschkenntnisse verfügen, differenziert betrachtet werden: Zunächst zeigt sich ein starker Zusammenhang zwischen dem *Alter bei der Einwanderung* und der Selbsteinschätzung bezüglich der Deutschkenntnisse (Statistik Austria 2015, S. 60). Je jünger die Personen zum Zeitpunkt ihrer Einwanderung nach Österreich waren, desto häufiger gaben sie Deutschkenntnisse auf erstsprachlichem Niveau an (bis 14 Jahre: 62%; 15-24 Jahre: 17%; älter als 35 Jahre: 7%).

Vergleicht man Angehörige der *Ersten* und *Zweiten Generation*, wird deutlich, dass 19% der Personen, die als *Erste Generation* bezeichnet werden, Deutsch als Erstsprache nennen, während dies auf 61% der Angehörigen der *Zweiten Generation* zutrifft. Von denjenigen, die andere Erstsprachen als Deutsch haben, geben in der Ersten Generation 20% (Zweite Generation: 77%) mit erstsprachlichen Kenntnissen vergleichbare und 32% (Zweite Generation: 18%) „fortgeschrittene" Deutschkenntnisse an. Die Selbsteinschätzung „keine oder nur geringe Deutschkenntnisse" fehlt in der Zweiten Generation fast vollständig (Erste Generation: 17%) (Statistik Austria 2015, S. 60).

Ein Zusammenhang zeigt sich auch zwischen der Dauer des Aufenthalts und der Selbsteinschätzung der Deutschkenntnisse (ebd., S. 61): Je länger eine Person in Österreich lebt, desto seltener gibt er oder sie an, Deutsch nicht gut zu sprechen (6% mit mind. 20 Jahren bzw. 30% mit weniger als fünf Jahren Aufenthalt in Österreich).

Hinsichtlich der *Geburtsländer* der Befragten wird deutlich, dass von den in der Türkei geborenen Personen 24% erklären, über keine oder nur geringe Deutschkenntnisse zu verfügen. Frauen geben dies mit 36% häufiger an als Männer (13%). Auch 18% der Personen, die in anderen europäischen Nicht-EU-Ländern bzw. außereuropäischen Ländern geboren wurden, 12% der Personen aus Ex-Jugoslawien (außerhalb der EU) und 15% der Personen aus einem der EU-Beitrittsländer ab 2004 schätzen ihre Deutschkenntnisse gering ein. Insgesamt sind von den Personen, die eine andere Erstsprache als Deutsch und geringe Deutschkenntnisse angeben, 56% Frauen und 44% Männer. Dass offenbar insbesondere Frauen ihre Deutschkenntnisse schlecht beurteilen, wirkt sich natürlich negativ auf Integrationserwartungen von unterschiedlicher Seite aus. Politik und Gesellschaft sind diesbezüglich gefragt, diese geschlechtsbezogene Kluft zu verringern.

Laut Statistik Austria (2015, S. 61) bestehen Wechselbeziehungen zwischen *Erwerbstätigkeit, höchster abgeschlossener Ausbildung* und Deutschkenntnissen: Von den *Erwerbstätigen* unter 65 Jahren hatten 85% Deutsch als Erstsprache, gleichzeitig waren 24% der Personen mit geringen oder nicht vorhandenen Deutschkenntnissen noch nie erwerbstätig. Am häufigsten einer Hilfs- oder angelernten Tätigkeit gingen Personen mit anderen Erstsprachen als Deutsch nach, außerdem gaben diese auch am ehesten geringe/nicht vorhandene Deutschkenntnisse an. Gleichzeitig wurde ein Zusammenhang zwischen geringen Deutschkenntnissen und Überqualifizierung ersichtlich: Je schlechter die Deutschkenntnisse, desto höher das Ausmaß der Überqualifizierung (ebd., S. 19).

22% der Personen mit Pflichtschule als *höchster abgeschlossener Ausbildung* schätzen ihre Deutschkenntnisse sehr gering ein, während dies bei höheren Abschlüssen seltener der Fall ist (Lehre/BMS, AHS/BHS, Universität, FH: 12-15%). Umgekehrt bezeichnen Personen mit höherer Ausbildung häufiger ihre Deutschkenntnisse als sehr gut.

Eine große Zahl an Personen mit anderen Erstsprachen als Deutsch und sehr guten Deutschkenntnissen wurde in einem EU-15-Staat geboren. 37% dieser Personen geben an, hervorragend Deutsch zu sprechen, ebenso 23% aus den EU-Beitrittsländern ab 2004 und 29% der im ehemaligen Jugoslawien (ohne Slowenien und Kroatien) Geborenen. Demgegenüber schätzen nur 11% der in der Türkei Geborenen bzw. 16% der Personen, die aus anderen europäischen Nicht-EU-Staaten bzw. außereuropäischen Staaten stammen, ihre Deutschkenntnisse den erstsprachlichen Kenntnissen vergleichbar ein.

Selbst wenn Befragte ihre eigenen Deutschkenntnisse überschätzen, zeigen diese Daten, wie wichtig sie gute Deutschkenntnisse für ihr Leben in Österreich einschätzen.

Bereitschaft Deutsch zu lernen: Teilnahme an Deutsch(-als-Zweitsprache)-Kursen

Die Bereitschaft Deutsch zu lernen äußert sich etwa darin, Deutsch- bzw. Deutsch-als-Zweitsprache-Kurse[9] zu besuchen. Dass dies österreichweit durchaus der Fall ist, zeigt die folgende Zusammenstellung[10]:

---

9   In den diversen Statistiken und Auflistungen firmieren die Kurse unter der Bezeichnung „Deutschkurse", allerdings richten sie sich an in Österreich lebende Menschen, wodurch sie eigentlich Deutsch-als-Zweitsprache-Kurse sind.

10 Für die zur Verfügung gestellten Informationen danken wir herzlich Stefan Vater sowie Elisabeth Feigl-Bogenreiter (VÖV), Florian Herzele (Wiener VHS) und Theodora Manolakos

Mikrozensus-Arbeitskräfteerhebung

Im Rahmen der bereits genannten Mikrozensus-Arbeitskräfteerhebung wurden Personen mit anderen Erstsprachen als Deutsch nach Deutsch-kursbesuchen gefragt. Von den ca. 1,1 Millionen 15- bis 64-jährigen MigrantInnen in Österreich gaben 62% an, höchstens „fortgeschrittene" Deutschkenntnisse zu haben.[11] Von diesen knapp 690.000 Menschen absolvierte etwas mehr als die Hälfte einen Deutschkurs in Österreich (52%). *Frauen* mit maximal „fortgeschrittenen" Deutschkenntnissen besuchten dabei etwas häufiger einen Kurs (56%) als Männer mit denselben Deutsch-kenntnissen (47%).

Personen, deren *Geburtsland* ein anderes europäisches Nicht-EU-Land bzw. ein außereuropäisches Land ist (gesamt: 74%), nahmen am häufigsten an einem Deutschkurs teil, gefolgt von Menschen, die in der Türkei (57%) bzw. im ehemaligen Jugoslawien (ohne Slowenien und Kroatien) (43%) oder in einem der EU-Beitrittsländer ab 2004 (40%) geboren wurden.[12]

Am häufigsten wurde ein Deutschkurs besucht, wenn die *Aufenthalts-dauer* in Österreich zwischen 5 und 9 Jahren beträgt (66%), am seltensten bei einer Aufenthaltsdauer von mehr als 20 Jahren. Bezogen auf den *Ein-wanderungszeitpunkt* wird deutlich, dass am häufigsten Personen, die zwischen 2004 und 2010 eingewandert sind, einen Deutschkurs absolviert haben (67%).[13]

Personen, deren *höchste abgeschlossene Ausbildung* ein Universitäts- oder vergleichbarer Abschluss ist, besuchten am häufigsten einen Deutsch-kurs in Österreich (70%; AHS/BHS: 58%; Lehre/BMS: 44%; Pflichtschule: 47%). Etwas mehr *Erwerbstätige* als Nicht-Erwerbstätige besuchten einen Deutschkurs (57% vs. 51%).

Besuch einer Kinderbetreuungseinrichtung

Der Besuch einer Kinderbetreuungseinrichtung übt einen wesentli-chen Einfluss auf die Sprachaneignung von Kindern aus und fördert die kindliche Entwicklung erheblich (Herzog-Punzenberger 2017b, S. 3). Ins-

---

(MA17). Für allgemeine Anregungen ergeht herzlicher Dank an Thomas Laimer.

11 In dieser Gruppe sind jene Personen inkludiert, die ihre Deutschkenntnisse selbst als „fortgeschritten", „durchschnittlich" oder „gering bzw. nicht vorhanden" einschätzten.

12 In allen genannten Gruppen besuchten mehr Frauen als Männer einen Kurs.

13 Dieser Umstand ist wohl auf gesetzliche Bestimmungen („Integrationsvereinbarung") zu-rückzuführen.

besondere Kinder mit anderen Erstsprachen als Deutsch bzw. Kinder von Eltern mit niedrigen Bildungsabschlüssen profitieren sehr stark vom Kindergartenbesuch (Herzog-Punzenberger 2017b, S. 4).

Daten der Statistik Austria (2017, S. 44) belegen, dass der Anteil der Kinder mit österreichischer bzw. ausländischer Staatsangehörigkeit hinsichtlich des Krippen- und Kindergartenbesuchs beinahe ausgeglichen ist. So besuchten im Jahr 2015/2016 86% der Dreijährigen bzw. 97% der Vierjährigen mit österreichischer und 83% der Dreijährigen bzw. 91% der Vierjährigen mit nichtösterreichischer Staatsangehörigkeit einen Kindergarten. Auch die Zahlen für die Betreuung von Kindern unter zwei bzw. zwischen sechs und elf Jahren waren annährend gleich (ebd.). Problematisch an der Klassifizierung nach Staatsangehörigkeit ist jedoch, dass sich diese nicht zwangsläufig mit der Erstsprache der jeweiligen Kinder decken muss, sodass Kinder mit ausländischer Staatsangehörigkeit auch erstsprachlich Deutsch sprechen können.[14] Die Staatsangehörigkeit kann ebenso wenig mit dem Geburtsland gleichgesetzt werden, denn Kinder mit ausländischer Staatsangehörigkeit können auch in Österreich geboren sein. Zudem lässt die Angabe der Staatsangehörigkeit keine Rückschlüsse auf eine möglicherweise gegebene Mehrsprachigkeit der Kinder zu.

Im Jahr 2016 befanden sich österreichweit 113.669 Kinder mit „nicht-deutscher Muttersprache" in „Kindertagesheimen"[15], das entspricht 32% aller Kinder. Betrachtet man nur Krippen und Kindergärten, so zeigt sich, dass österreichweit in den Krippen 34% der Kinder „nicht-deutsche Muttersprache" haben. In den Kindergärten befinden sich 28% der Kinder mit „nicht-deutscher Muttersprache". Unklar bleibt dabei jedoch, auf welchen Daten die Angabe „nicht-deutsche Muttersprache" beruht sowie wie groß der Anteil jener Kinder mit anderen Erstsprachen als Deutsch ist, die sich *nicht* in einer Kinderbetreuungseinrichtung befinden. Höchst aufschlussreich wäre es darüber hinaus zu erfahren, welche Erstsprache(n) die Kinder in den verschiedenen Kinderbetreuungseinrichtungen jeweils sprechen.[16]

---

14 Man denke etwa an Kinder mit deutscher Staatsangehörigkeit bzw. deutschen Eltern, Kinder mit binationalen Eltern und Kinder aus Familien, in denen als Familiensprache (auch) Deutsch gebräuchlich ist.

15 „Kindertagesheim" ist die von der Statistik Austria gebrauchte Sammelbezeichnung für Krippen, Kindergärten, Horte und „altersgemischte Betreuungseinrichtungen", s. Statistik Austria, Kindertagesheimstatistik 2015. https://www.statistik.at/web_de/statistiken/menschen_und_gesellschaft/bildung_und_kultur/formales_bildungswesen/kindertagesheime_kinderbetreuung/index.html (Zugegriffen: 2. Aug. 2017).

16 Entsprechende Anfragen an das Integrationsministerium bzw. an die zuständige Wiener

Bei dem häufig geäußerten Vorurteil, dass Kinder „mit Migrationshintergrund" seltener den Kindergarten besuchen als andere Kinder, wird außer Acht gelassen, dass die Gruppe der „Zugewanderten", also der Personen mit dem sog. Migrationshintergrund, durchaus heterogen ist und kein einheitliches soziokulturelles Gebilde darstellt (Herzog-Punzenberger 2017b, S. 7). Das bedeutet, dass diese Personen aus „unterschiedlichen sozialen Schichten, politisch-ideologischen Fraktionen und unterschiedlichen religiösen bzw. säkularisierten Gruppierungen bestehen" (ebd.). Daneben können auch migrationsspezifische Differenzierungen bestehen, zum Beispiel hinsichtlich des Einwanderungs- oder Einbürgerungszeitpunkts, der rechtlichen Stellung und der Aufenthaltsdauer (ebd., S. 7). Unter Berücksichtigung unterschiedlicher Differenzierungen wird deutlich, dass es einerseits Unterschiede bezüglich der Herkunftsländer und andererseits nach Geburtsland des Kindes gibt[17]: Kinder, deren Mütter in Russland geboren wurden, besuchten zu 8% keinen Kindergarten in Österreich, wenn sie selbst in Österreich geboren wurden, aber zu 44%, wenn sie auch im Ausland geboren wurden. Ähnliche Verhältnisse finden sich für andere Herkunftsländer: 40% der Kinder mit türkischer Mutter besuchten keinen Kindergarten in Österreich, wenn sie selbst im Ausland geboren wurden, aber nur 6% der Kinder mit türkischer Mutter, die in Österreich geboren wurden (Bosnien: 34% vs. 3%; Serbien/Montenegro: 28% vs. 9%; Philippinen: 23% vs. 7%; Kroatien: 18% vs. 5%). Kinder, die in Österreich geboren wurden, besuchen wesentlich häufiger den Kindergarten als Kinder, die im Ausland geboren wurden, nämlich mehr als 90% der Zweiten Generation jeder Herkunftsgruppe (ebd., S. 8). Auffällig sind auch große regionale Unterschiede abhängig vom Bundesland: In Niederösterreich und dem Burgenland besuchten wesentlich mehr Kinder bereits Anfang der 2000er Jahre mindestens drei Jahre den Kindergarten – und zwar im Ausmaß von bis zu vierzig Prozentpunkten mehr als in Vorarlberg oder Tirol (ebd., S. 15). Der Kindergartenbesuch von Kindern ist demnach stärker von der Regionalpolitik sowie den örtlichen Gepflogenheiten beeinflusst als von individuellen Einstellungen (ebd.). Allerdings zeigt sich auch, dass Kinder von Müttern mit hohem Bildungsabschluss (Universität) häufiger den Kindergarten besuchten als Kinder von Müttern mit Pflichtschule als höchstem Bildungsabschluss (56% vs. 38%).

Magistratsabteilung blieben entweder unbeantwortet oder wurden abschlägig beantwortet.

17 Die im Folgenden präsentierten Zahlen stammen aus der Überprüfung der Bildungsstandards Mathematik BIST 2012. Die darin befragten SchülerInnen wurden mehrheitlich 1997/1998 geboren.

Auch das Beschäftigungsausmaß der Mütter bzw. der Eltern spielt eine Rolle bei der Betreuungsquote von Kindern in Kinderbetreuungseinrichtungen. Während 2016 fast 80% der „österreichischen" Mütter berufstätig waren, traf dies nur auf 64% der Mütter mit nichtösterreichischer Staatsangehörigkeit zu (Statistik Austria 2017, S. 54). „Österreichische" Mütter weisen zudem eine besonders hohe Teilzeitbeschäftigungsquote auf (60% im Vergleich zu 38% jener Mütter mit Migrationshintergrund), während Mütter mit Migrationshintergrund häufiger gar nicht erwerbstätig waren (39% vs. 15% der Mütter ohne Migrationshintergrund). Insbesondere Frauen mit türkischem Migrationshintergrund weisen mit 42% eine geringe Erwerbsbeteiligung in Österreich auf.[18] Nun ist die Vergabe der öffentlichen Kindergartenplätze – zumindest in Wien – aber an die Berufstätigkeit der Eltern geknüpft. Sind Eltern nur teilzeitbeschäftigt – und dies womöglich nicht zeitlich überschneidend, sodass jederzeit ein Elternteil das Kind beaufsichtigen könnte – ist die Zusage eines Betreuungsplatzes wenn nicht unmöglich, dann zumindest unwahrscheinlich.[19]

Deutschkenntnisse von SchülerInnen

Bei den Bildungsstandards-Erhebungen im Schuljahr 2011/2012 erklärte etwas mehr als die Hälfte der SchülerInnen der 8. Schulstufe, Deutsch auf demselben Niveau wie ihre Familiensprache zu beherrschen. 26% dieser SchülerInnen gaben an, Deutsch besser als die jeweilige Familiensprache zu sprechen (Herzog-Punzenberger 2017a, S. 9). Wie auch die weiter oben zitierte Mikrozensus-Erhebung der Statistik Austria nahelegt, ist das Einwanderungsalter für die Deutschkenntnisse substanziell: Je länger die Kinder in Österreich sind, desto besser sind ihre Deutschkenntnisse.

Unterschiede zeigen sich hinsichtlich der verschiedenen Sprachen: Von jenen Jugendlichen, die erst die Sekundarstufe (Hauptschule, NMS, Gymnasium Unterstufe) in Österreich besuchen (und weniger als 4 Jahre in Österreich sind), geben 47% der türkischsprachigen, aber 70% der serbischsprachigen Jugendlichen an, die Familiensprache besser zu können

---

18 Erwerbstätigenquote der Frauen aus den EU-Staaten vor 2004 und EFTA-Staaten: 72%, Frauen ohne Migrationshintergrund: 71%, Frauen aus sonstigen Drittstaaten: 47%, Frauen aus dem ehemaligen Jugoslawien (außerhalb der EU): 59% (Statistik Austria 2017, S. 54).

19 Hinsichtlich der positiven Effekte des Kindergartenbesuchs ergaben sich keine Vorteile des ganztägigen Besuchs im Vergleich zum halbtätigen Besuch (Herzog-Punzenberger 2017b, S. 3).

als Deutsch. Allerdings erklären auch 40% der erst in der Sekundarstufe nach Österreich eingewanderten SchülerInnen, beide Sprachen auf dem gleichen Niveau zu beherrschen (Herzog-Punzenberger 2017a, S. 10).

Segregationsmaßnahmen, wie der Besuch einer Privatschule oder das Vermeiden bestimmter Schulen, führt zu einer Entmischung unterschiedlicher SchülerInnen.[20] Hinsichtlich der Segregation nach Sprachkenntnissen belegen Studien aber, dass „erst bei sehr hohen Anteilen von SchülerInnen mit einer anderen Familiensprache ein Effekt" festgestellt werden kann, „allerdings auch nur auf jene SchülerInnen, die der größten anderssprachigen Gruppe in der Klasse angehören" (Herzog-Punzenberger 2017c, S. 6). Der Segregationseffekt von Privatschulen zeigt sich im Übrigen primär hinsichtlich der Bildungsabschlüsse der Eltern: „Vergleicht man Privatschulen und öffentliche Schulen, so ist der Unterschied in der Zusammensetzung der Familien hinsichtlich des Merkmals ,Bildungshintergrund' wesentlich größer als hinsichtlich des Migrations- oder Sprachenmerkmals" (ebd., S. 15).

Im Rahmen der Untersuchung „Multilingual Cities"[21] wurden im Jahr 2009 annähernd 20.000 Kinder in den 3. und 4. sowie Mehrstufenklassen an 234 Volksschulen in Wien zu den von ihnen in der Schule und in der Familie gesprochenen Sprachen sowie zu ihren sprachlichen Präferenzen befragt (Brizič und Hufnagl 2011). Bei der Erhebung machten die 4413 Kinder mit familiärem Bezug zum ehemaligen Jugoslawien nach den (monolingual) deutschsprachigen Kindern die zweitgrößte Kindergruppe aus (Serbisch: 2354; Bosnisch: 1167; Kroatisch: 1019; Romanes: 170 SchülerInnen).[22] Die drittgrößte Gruppe war jene der Kinder mit familiärem Bezug zur Türkei (3215 SchülerInnen).

---

20 Schrodt (2014) wiederholt die häufig gestellte Forderung, Schulen finanziell entsprechend eines Sozialindexes auszustatten, sodass Schulen, die eine größere Zahl an SchülerInnen mit erhöhtem Förderbedarf (etwa aufgrund von niedrigem familiären Bildungs- und sozioökonomischen Hintergrund oder aufgrund von Mehrsprachigkeit) aufweisen, mehr Mittel bekommen.

21 Die unveröffentlichte Studie „‚Multilingual Cities' Vienna. Preliminary school report on a home-language survey in Viennese primary schools" von Katharina Brizič und Claudia Lo Hufnagl ist abrufbar unter https://www.google.at/url?sa=t&rct=j&q=&esrc=s&source=web&cd=10&ved=0ahUKEwiuiIuu5qHVAhUHShQKHb6_AKoQFgh0MAk&url=https%3A%2F%2Fec.europa.eu%2Fmigrant-integration%2Findex.cfm%3Faction%3Dmedia.download%26uuid%3DFB-D38E84-0854-9B35-C7367CF1FD90508D&usg=AFQjCNER7fvvIghL85B6cb35Q3Kz_2TsVg (Zugegriffen: 2. Aug. 2017).

22 Für die Region des ehemaligen Jugoslawien wurden noch weitere Sprachen erhoben. Im Folgenden wird aber nur auf die oben genannten eingegangen. Für weitere Informationen siehe Brizič und Hufnagl 2011, S. 144.

Hinsichtlich der Familiensprachen, also den mit Großeltern, Eltern und Geschwistern zuhause verwendeten Sprachen, lieferte die Befragung das interessante Ergebnis, dass sprachgruppenübergreifend „Deutsch (…) die weitaus häufigste weitere Familiensprache" ist (Brizič und Hufnagl 2011, S. 145). 91% bzw. 92% aller serbisch-/bosnisch-/kroatischsprachigen sowie 95% der romanessprachigen Kinder erklärte, zuhause auch Deutsch zu sprechen (ebd., S. 145-147). Die Befragung ergab eine „deutliche Abnahme der Familiensprachen" (ebd., S. 156) über die Generationen hinweg, bei gleichzeitiger Zunahme des Gebrauchs des Deutschen. Auch bei den Kindern mit familiärem Bezug zur Türkei zeigte sich ein solches Bild: Deutsch zusätzlich zu Türkisch sprechen 87% dieser Kinder, und auch 85% der 300 befragten kurdischsprachigen Kinder sprechen zuhause auch Deutsch (ebd., S. 169).

Die Befragung von ca. 20.000 Wiener VolksschülerInnen erbringt den Nachweis, dass entgegen gängiger Vorurteile die überwältigende Mehrheit der Familien mit familiären Bezügen nach Ex-Jugoslawien bzw. in die Türkei durchaus auch Deutsch zuhause spricht.

Bedeutung des Deutschlernens für die Integration – Perspektiven aus der Forschung

Im gegenwärtigen gesellschaftlichen Diskurs wird die Beherrschung der deutschen Sprache mit Integration gleichgesetzt (de Cillia und Dorostkar 2014; Plutzar 2010). Zu beachten ist diesbezüglich aber, dass die „Bedeutungsoffenheit des Begriffs [Integration] durch rhetorische Vereinheitlichung und Einbettung in einen ordnungspolitischen Kontext kompensiert" wird (Mecheril 2011, S. 50). Denn mit „Integration" werden nicht „Strategien der Bewältigung eines von Restriktionen geprägten Alltags, alternative Praktiken der sozialen Selbstinklusion und noch viel weniger subversive Praxen der Zugehörigkeitsaneignung von Migrantinnen und Migranten erfasst" (ebd.). Gemeint sind damit auch keine Maßnahmen zur rechtlichen Integration von MigrantInnen oder Strategien zur sozialen Einbeziehung in bedeutende gesellschaftliche Teilbereiche wie Arbeitsmarkt, Politik, Verwaltung oder Bildung (ebd.). Mit „Integration" ist gemeinhin Assimilation gemeint, „denn von Integration kann nur die Rede sein, wenn anerkannt wird, dass beide Seiten dazu beitragen" (Jeuk 2013, S. 103). Dazu kommt, dass Assimilation die weitgehende Aufgabe einer eigenen Identität der betreffenden Gruppe involviert, Integration aber keineswegs.

Die Aneignung der deutschen Sprache wird als „Schlüssel" zur Integration (Plutzar 2010) angesehen, als „Werkzeug", mit dessen Hilfe der „Soll-Zustand" erreicht werden kann (de Cillia und Dorostkar 2014, S. 147). Unter

Anerkennung der Tatsache, dass eine gemeinsame Sprache eine „wichtige, wenn auch nicht die einzige, Voraussetzung für soziale Interaktion" ist (Ender 2015, S. 91), wird häufig nicht hinterfragt, ob die Gleichung „Deutsch-lernen = Integrationswille" tatsächlich der Realität entspricht (Krumm 2002; Schroeder 2007).[23] Vielmehr scheint es so zu sein, dass von einer gegensei-tigen Abhängigkeit von Sprachkenntnissen und Integration auszugehen ist (vgl. Plutzar 2010; Krumm 2002). Sprachliche Kenntnisse der jeweiligen Landessprache „fördern die Integration und werden durch Integration ge-fördert" (Barkowski 2009, S. 26), zudem sind Deutschkenntnisse mitent-scheidend für den Erfolg in vielen unterschiedlichen Bereichen, besonders Arbeit, Bildung, und soziale Gemeinschaft (Ender 2015, S. 91).

Das Erlernen einer neuen Sprache ist insbesondere im Erwachsenen-alter schwierig und (zeit-)aufwändig, es ist vor allem schwieriger als allge-mein angenommen (Plutzar 2010, S. 137). Entscheidend ist auch der Um-stand, dass der Besuch eines Sprachkurses nicht mit dem Erlernen einer Sprache gleichzusetzen ist (ebd., S. 125).

Wesentlicher Faktor für die Bereitschaft, eine (Zweit-)Sprache zu ler-nen, ist die Motivation (Krumm 2002). Der Zugang zum Arbeitsmarkt bzw. beruflicher Aufstieg etwa stellen eine solche Motivation dar (Haider 2011, S. 114). Letzterer scheint in Österreich aber nicht leicht zu erreichen: Ein Drittel der österreichischen MigrantInnen arbeitet unter seinem/ihrem Ausbildungsniveau, unabhängig davon, dass die Mehrheit der österreichi-schen MigrantInnen (60%) angibt, Deutsch fließend in Wort und Schrift zu beherrschen (de Cillia und Dorostkar 2014, S. 159).

Resümee

Sprache stellt einen „grundlegenden Faktor unter den Integrationsva-riablen" (Barkowski 2009, S. 24) dar. Sie ist aber nicht der einzige und auch nicht der wichtigste Faktor, wenngleich das Beherrschen der jewei-ligen Amtssprache eine Voraussetzung für eine mehr als oberflächliche Integration ist.

Eine Überbewertung des Faktors Sprache (vgl. Plutzar 2010, S. 127) kann dazu führen, dass zu hohe Erwartungen an die Deutschkenntnisse der MigrantInnen gestellt werden bzw. dass diese Erwartungen – ange-sichts der mit der Sprachaneignung verbundenen Schwierigkeiten – nicht reflektiert werden (vgl. Schroeder 2007, S. 6).

---

23 Überdies ist keineswegs davon auszugehen, dass Integrationswille und gelungene Inte-gration gleichzusetzen ist.

Wie die Ausführungen zur Selbsteinschätzung der Deutschkenntnisse von Erwerbstätigen und SchülerInnen gezeigt haben, trifft das Vorurteil, MigrantInnen wollten kein Deutsch lernen, in dieser Allgemeinheit nicht bzw. nur für Teilgruppen der MigrantInnen mit Vorbehalten zu. Insbesondere die Faktoren geringes Alter bei der Einwanderung bzw. Zugehörigkeit zur „Zweiten Generation", lange Aufenthaltsdauer in Österreich, höhere abgeschlossene Ausbildung sowie Erwerbstätigkeit wirken sich positiv auf die Einschätzung der Deutschkenntnisse der Befragten aus.

Die besprochenen Studien und Daten legen den Schluss nahe, dass die Mehrheit der Erwachsenen bereits (gut) Deutsch spricht bzw. es (in Kursen) lernen will. Besonders Eltern wollen für ihre Kinder, dass diese die deutsche Sprache gut beherrschen. Die Kinder eignen sich Deutsch, sei es im Rahmen verschiedener Bildungseinrichtungen, sei es in der Freizeit oder in anderen Zusammenhängen, in jedem Fall an – wenn auch unter Umständen mit Verzögerungen und nicht auf dem Niveau von einsprachigen AltersgenossInnen.

Das Erlernen einer neuen Sprache stellt aber insbesondere ältere und bildungsferne Menschen vor große Herausforderungen, die nur langsam oder womöglich gar nicht bewältigt werden können. Bildungshintergrund bzw. Lerngewohnheit einer Person sind Faktoren, die die erfolgreiche Aneignung einer Zweit- oder Fremdsprache maßgeblich beeinflussen können. Auch linguistische Merkmale unterschiedlicher Sprachen (Zugehörigkeit zu unterschiedlichen Sprachfamilien, verschiedene Schriftsysteme) spielen dabei eine Rolle (vgl. Krumm 2002).

Erhebliche Bedeutung für die Sprachaneignung hat die (individuelle) Motivation bzw. die Schaffung positiver Lernanreize, wie z.B. tatsächliche Teilhabe an der Aufnahmegesellschaft in Form der Gewährung von kommunalem Wahlrecht, freier Zugang zum Arbeitsmarkt und zum geförderten Wohnungsmarkt (Blaschitz und de Cillia 2009, S. 108). Der Zugang zum geförderten Wohnmarkt würde auch einen (intensiven) sprachlichen Kontakt mit der deutschsprachigen Wohnbevölkerung ermöglichen, was wiederum eine überaus positive Wirkung auf die Sprachaneignung hätte (ebd.; Barkowski 2009, S. 21).

Neben der Eigenverantwortung jener Menschen, die nach Österreich kommen und hier leben wollen, Deutsch zu lernen, liegt es natürlich auch an den Behörden, die entsprechenden Voraussetzungen dafür zu schaffen. Dies umfasst neben den genannten Förderungen für Deutschkurse auch die durchgehende Ermöglichung des Besuchs von Kinderbetreuungseinrichtungen sowie ausreichende und professionell durchgeführte, qualitativ hochwertige sprachliche Fördermaßnahmen in Kindergarten und Schule.

Beachtenswert ist, dass die Forderung, familiär verwendete Sprachen aufzugeben, Assimilation gleichkommt. Insbesondere im Sinne des weithin anerkannten Guts der gelebten Mehrsprachigkeit (vgl. Europarat[24]) ist die Beibehaltung und Förderung sprachlicher Diversität als bedeutender gesellschaftlicher Wert anzusehen. Die freie Sprachwahl insbesondere im persönlichen Kontext ist ein unantastbares (Menschen-)Recht.

---

24 https://www.coe.int/t/dg4/linguistic/default_EN.asp (Zugegriffen: 31. Jän. 2018).

Literatur

Barkowski, Hans. 2009. Integration und Sprache – Voraussetzungen und Grenzen der Unterstützung von Integrationsprozessen in Einwanderungsgesellschaften durch Maßnahmen zur Förderung des Zweitspracherwerbs der Immigrant/inn/en. In: Theorie und Praxis 12/2008. Schwerpunkt: Sprache und Integration. Hrsg. Hans-Jürgen Krumm und Paul R. Portmann-Tselikas, 13-28. Innsbruck und Wien: Studien-Verlag.

Blaschitz, Verena und Rudolf de Cillia. 2009. Sprachförderung von MigrantInnen im außerschulischen Bereich. In: Nachhaltige Sprachförderung. Zur veränderten Aufgabe des Bildungswesens in einer Zuwanderergesellschaft. Bestandsaufnahmen und Perspektiven. Hrsg. Verena Plutzar und Nadja Kerschhofer-Puhalo, 99-114. Innsbruck und Wien: Studien-Verlag.

de Cillia, Rudolf und Niku Dorostkar. 2014. Integration und/durch Sprache. In: Migration und Integration – wissenschaftliche Perspektiven aus Österreich: Jahrbuch 2/2013. Hrsg. Julia Dahlvik, Christoph Reinprecht und Wiebke Sievers, 143-162. Göttingen: V&R.

Dirim, İnci. 2018. Lernbereich Deutsch als Zweitsprache. In: Handbuch Interkulturelle Pädagogik. Hrgs. Ingrid Gogolin et al., 489-491. Stuttgart: UTB.

Haider, Barbara. 2011. „Ich brauche Deutsch für guten Beruf lernen." Deutsch am Arbeitsplatz im Kontext der Zweitsprachenförderung. In: „Deutsch über alles?" Sprachförderung für Erwachsene. Hrsg. Barbara Haider, 114-126. Wien: Edition Volkshochschule.

Herzog-Punzenberger, Barbara. 2017a. Policy Brief #02: Die Vielfalt der Familiensprachen. Wien: AK Wien.

Herzog-Punzenberger, Barbara. 2017b. Policy Brief #04: Kindergartenbesuch und Elementarpädagogik. Wien: AK Wien.

Herzog-Punzenberger, Barbara. 2017c. Policy Brief #05: Segregation – oder die Vielfalt in den Schulklassen? Wien: AK Wien.

Jeuk, Stefan. 2013. Deutsch als Zweitsprache in der Schule: Grundlagen – Diagnose – Förderung. Stuttgart: Kohlhammer.

Krumm, Hans-Jürgen. 2002. One sprachen konten wir uns nicht ferstandigen. Ferstendigung ist wichtig. Entwicklungen und Tendenzen in der Sprachlehrforschung im Bereich der Migration und Integration. Deutsch als Zweitsprache 2:32-40.

Mecheril, Paul. 2011. Wirklichkeit schaffen: Integration als Dispositiv – Essay. Aus Politik und Zeitgeschichte 61/43, 49-54.

Plutzar, Verena. 2010. Sprache als „Schlüssel" zur Integration? Eine kritische Annäherung an die österreichische Sprachenpolitik im Kontext von Migration. In: Integration in Österreich. Sozialwissenschaftliche Befunde. Hrsg. Herbert Langthaler, 123-142. Innsbruck: Studien Verlag.

Schrodt, Heidi. 2014. Sehr gut oder Nicht genügend? Schule und Migration in Österreich. Wien: Molden.

Schroeder, Christoph. 2007. Integration und Sprache. Aus Politik und Zeitgeschichte 22-23, 6-12.

Statistik Austria. 2015. Arbeitsmarktsituation von Migrantinnen und Migranten in Österreich. Modul der Arbeitskräfteerhebung 2014. Wien: Verlag Österreich GmbH.

Statistik Austria. 2017. migration & integration. zahlen. daten. indikatoren 2017. Wien: Statistik Austria.

Walter Fuchs und Arno Pilgram

„Zuwanderung erhöht Kriminalität und straft Integrationserwartungen Lügen"

Der vorliegende Beitrag sieht in seinem ersten Abschnitt Mythen in Bezug auf Kriminalität von MigrantInnen nur als Sonderfall allgemeiner Mythenbildung über Kriminalität. Was dagegen Abhilfe schafft, hilft auch der sachlichen Auseinandersetzung mit „Fremdenkriminalität".[1] Im zweiten Abschnitt werden in den Kapitelüberschriften vier in der Öffentlichkeit weit verbreitete irrige Wahrnehmungen der Kriminalität von MigrantInnen paraphrasiert. Diesen „Mythen" wird sowohl mit statistischen Daten als auch mit unorthodoxen Interpretationsweisen begegnet.

Kriminalität als Mythos

Den größten Beitrag zur Aufklärung und gegen Mythenbildung in Bezug auf Kriminalität im Allgemeinen und AusländerInnen-/MigrantInnenkriminalität im Besonderen wird durch Auseinandersetzung mit dem scheinbar Selbstverständlichen geleistet, mit der Suche nach dem Normalen in der Abweichung und der Abweichung im Normalen.

Im Konkreten bedeutet dies einmal, die angenommene Exzeptionalität und Signifikanz der Kriminalität, die öffentlich sichtbar und verhandelt wird, generell zu hinterfragen. Die Kriminologie trägt zwar seit jeher mit jeder ausgemachten oder neu entdeckten Risikogruppe (das gilt auch für „Fremde" und ihre Kriminalität) zu deren Besonderung bei, doch bietet sie ebenso die Ansatzpunkte für Relativierungen. So haben Hochrechnungen aus Strafregistern oder *self-report delinquency studies* zu zeigen vermocht, welch hoher Anteil der gesamten Bevölkerung zumindest gelegentlich

---

1 „Fremdenkriminalität" ist ein stehender Begriff in der polizeilichen Kriminalitätsberichterstattung, der sich auf Straftaten nicht-österreichischer StaatsbürgerInnen bezieht und deshalb hier fallweise übernommen wird. Wir setzen den Begriff unter Anführungszeichen, weil er als solcher eine unausgesprochene problematische Qualifizierung dieser Kriminalität vornimmt.

strafrechtliche Normen bricht.[2] Kriminalität spielt, wie sich kriminologisch zeigen lässt, in Normalbiografien (oft episodenhaft), im Alltag und auch in der nahen sozialen Umgebung der allermeisten Menschen eine Rolle, wird in vertrauten Kontexten jedoch weitgehend „neu- tralisiert", entproblema- tisiert bzw. mit „Bordmitteln" bearbeitet.[3] Die bekannte Tatsache, dass es neben dem offiziellen „Hellfeld" große unscharfe „Dunkelfelder" an Krimi- nalität gibt, verweist nicht zuletzt auf ein großes Ausmaß gesellschaftlich normalisierter Kriminalität hin.

Das Besondere an der durch Anzeige selektiv sichtbar werdenden Kri- minalität sind die fehlenden Voraussetzungen für eine solche Normalisie- rung. Bei punktuellen Interaktionen, sprachlichen und kulturellen Handi- caps für die Kommunikation, Machtasymmetrien zwischen den Beteiligten und gegenüber Dritten – typische Umstände im Zusammenhang mit „Frem- denkriminalität" – mangelt es an günstigen Voraussetzungen dafür und sind die Schwellen für Kriminalisierung tendenziell niedriger.[4] Der Kon- text abweichender Lebensstile, vor allem jener „eigensinnigen" MigrantIn- nen, welche Migrationsregeln bzw. fremdenrechtliche Verwaltungsvor- schriften missachten, erschwert die Erklärung ihrer Handlungsmotive als ehrenhaft und begünstigt prompte Kriminalitätszuschreibungen.

Das Verleugnen der weiten Verbreitung wie auch der alltäglichen Nor- malisierung von Normübertretungen sowie die praktische Hervorhebung von Kriminalität im Zuge eines einmal eingeleiteten Verfolgungsprozesses stützen die Normgeltung, die kontrafaktische Stabilisierung von Verhal- tenserwartungen.[5] Das Strafverfahren als solches fokussiert dabei auf die Strafnormverletzung und überschätzt so den Stellenwert, den diese im so- zialen Leben und Lebensumfeld der inkriminierten Personen hat. Straffälli- ge sind nicht nur kriminell, sondern wie alle anderen Menschen in vielen verschiedenen sozialen Rollen aktiv. Zudem ist zu beachten, dass Strafta- ten in hohem Maße gerade auch der Aufrechterhaltung von geteilten ge- sellschaftlichen Werten („*subterranean values*", subkulturellen Solidaritäts- normen) dienen, d.h. ihrerseits (ja keineswegs widerspruchsfreie) soziale

---

2   Katschnig und Steinert (1973, S. 147ff.) errechneten erstmals für Österreich 59% jemals Verurteilte unter allen 70-jährigen Männern. Heute wäre diese Prävalenzrate infolge weit- gehender prozessualer Entkriminalisierungen geringer. Zur Ubiquität von Jugendkrimina- lität vgl. z.B. Schumann 2011; für Österreich Fuchs et al. 2016.

3   Vgl. Hanak et al. 1989.

4   Vgl. Pilgram 2016, S. 242.

5   Vgl. Popitz 1968; Luhmann 1972, S. 40ff..

Ordnungs- und Ehrvorstellungen hochhalten.[6] Nicht zuletzt hat ein erheblicher Teil der registrierten Kriminalität ein Einverständnis zwischen Beteiligten zum Hintergrund („opferlose Delikte" wie z.B. der Umgang mit verbotenen Drogen), erfüllt sie eine nachgefragte soziale Dienstleistungsfunktion in Bezug auf ein am regulären Markt unbefriedigtes Bedürfnis.

Neben dieser Seite der Aufklärung, nach dem Normalen im Abweichenden zu suchen, ist auf der anderen Seite die Normalisierung von Verhältnissen ebenso zu hinterfragen. Ein Teil des erwähnten „Dunkelfelds" geht auf Verhältnisse zurück, in denen den Unterlegenen die Mittel und der Status fehlen, um für Normverletzungen zu sensibilisieren und Recht für sich zu mobilisieren. Aktuelle Debatten rund um Leaks wie den Panama- oder Paradise-Papers oder #MeToo beweisen, dass problematische Formen der Aneignung von Reichtum oder der Dominanz in persönlichen Beziehungen lange für normal gehalten und nicht inkriminiert wurden. Hier trifft die Problematisierung und Kriminalisierung plötzlich bisher „intakte Verhältnisse" und durch ihren Status bisher geschützte Personengruppen. So müssen auch niedrige Kriminalitätsraten daraufhin überprüft werden, ob wenig Anzeigen nicht einfach einen Mangel an gesellschaftlicher Sensibilität für die Vulnerabilität bestimmter Gruppen und für Machtmissbrauch indizieren. Dass AusländerInnen bzw. MigrantInnen unter den registrierten Opfern von Kriminalität geringer repräsentiert sind als unter den Tatverdächtigen, kann zur Ursache haben, dass sie „ideale" Opfer von Übervorteilung, Ausbeutung und Gewalt durch die ansässige Bevölkerung oder innerhalb abgeschlossener eigener Milieus sind, zumal es ihnen an Zugängen zum Recht mangelt. Auf der Basis amtlicher Anzeigedaten könnte die Kriminalität *an* AusländerInnen/MigrantInnen (insgesamt wie auch im eigenen Milieu) unterschätzt werden, nicht anders wie etwa die Gewalt von Männern an Frauen oder von respektablen gegenüber statusniedrigen Personengruppen.

Aufklärung gegenüber Mythenbildungen heißt, die Hierarchisierung bzw. Gewichtung von Kriminalitätsproblemen und Risikopopulationen in der Öffentlichkeit und auch in der Wissenschaft selbst zu hinterfragen und auf den Prüfstand zu stellen: Was wird „ernst" genommen und „übel" bewertet, was wird dagegen „verstanden" oder ignoriert, was sind die dafür maßgeblichen Kriterien? Welche Rolle spielt dabei die migrantische Existenz involvierter Personen?

---

6   Vgl. Matza und Sykes 1961; Black 1983.

Gepflegte Irrtümer, statistische Tatsachen und nicht banale Interpretationen der Kriminalität von MigrantInnen

Es sind gut gepflegte Irrtümer und Kurzschlüsse, auf denen die quantitative und qualitative Übergewichtung des Fehlverhaltens von MigrantInnen gründet. Welche statistischen Tatsachen und validen Interpretationsmöglichkeiten derselben sind verbreiteten „Kriminalitätsmythen" – wie sie die nachfolgenden Überschriften auflisten – aus wissenschaftlicher Sicht entgegenzuhalten?

These 1: „Kriminalitätsbedingte Unsicherheit wächst und hat vor allem mit dem Zuzug von AusländerInnen zu tun"

Entgegen verbreiteter Meinung sind rückläufige Entwicklungen bei Anzeigen von Kriminalität keineswegs selten und auch über längere Perioden beobachtbar. Gemeinhin müsste das als Indiz für einen Sicherheitsgewinn gewertet werden. Solche Entwicklungen erfahren öffentlich jedoch weniger Aufmerksamkeit als Kriminalitätsanstiege. Abnehmende Zahlen von Anzeigen können ein banaler Effekt von Bevölkerungsrückgang oder -veränderung (z.B. Überalterung) sein, aber sie übertreffen diesen nicht selten. Genauso geht Anzeigenwachstum zu einem mehr oder minder großen Teil auf eine dynamische Bevölkerungsentwicklung zurück. Wenn und wo die Bevölkerung wächst, wächst Kriminalität.

Nachdem der Bevölkerungszuwachs in Österreich gegenwärtig de facto ausschließlich auf Migration zurückgeht, steigt der Anteil der „Fremdenkriminalität" an der Gesamtkriminalität schlicht dadurch. Weil mit den Zuwandernden aber nicht nur die Gesamtbevölkerung wächst, sondern vor allem die aktiveren jüngeren und männlichen Bevölkerungssegmente (zugleich Risikogruppen für strafrechtliche Auffälligkeit), übertrifft der Anstieg des AusländerInnenanteils an den angezeigten StraftäterInnen den Anstieg des Anteils von Nicht-ÖsterreicherInnen an der Bevölkerung.

Hinzu kommt, dass die Population von AusländerInnen in der Bevölkerungsstatistik in ihrem Wachstum nur unvollständig erfasst wird. Wenn Grenzöffnung, ungehinderte und preiswerte Mobilität fortschreiten, steigt die AusländerInnenkriminalität stärker als das Wachstum der niedergelassenen AusländerInnenbevölkerung. Der Grund liegt darin, dass sich grenzüberschreitende Mobilität noch dynamischer entwickelt als die bevölkerungsstatistisch registrierte Zuwanderung. Als Indikator dafür sei etwa nur die annähernde Verdoppelung der TouristInnenübernachtungen etwa in Wien in den letzten 20 Jahren angeführt.[7] Es ist nicht abwegig, bei sonstigen Mobilen – bei PendlerInnen, Durchreisenden, Privatnächtigenden und irregulär Aufhältigen – ähnliche überproportionale Wachstumsraten anzunehmen.

Die Kriminalitätsentwicklung im Österreich der letzten eineinhalb Jahrzehnte ist durch einen nahezu stetigen *Rückgang* der absoluten Zahl an polizeilich registrierten Straftaten gekennzeichnet – trotz steigender Bevölkerungszahlen –, wodurch die „Kriminalitätsrate" deutlich gefallen ist, nämlich von 73 Anzeigen pro 1.000 der Bevölkerung im Jahr 2002 auf 61 im Jahr 2016. Die Kriminalitätsraten der Jahre 2015 und 2016 waren die bis dato niedrigsten im 21. Jahrhundert. Die sogenannte „Flüchtlingskrise" hat also mitnichten zu einer besonderen „Kriminalitätswelle" geführt, die sich im Spiegel der Anzeigenstatistik nachweisen ließe.

Die Zahl der Tatverdächtigen ist im selben Zeitraum allerdings angestiegen, absolut von 211.000 auf 270.000 Personen, pro 1.000 EinwohnerInnen („Tatverdächtigenrate") von 26 im Jahr 2002 auf 31 im Jahr 2016. Die Summe der ausländischen Tatverdächtigen hat sich gleichzeitig von 51.000 auf 106.000 mehr als verdoppelt, deren Anteil an allen verdächtigen Personen ist von 24 auf 39 Prozent gestiegen. Wie Abbildung 1 zeigt, ist die ausländische Wohnpopulation während dieser Zeitspanne freilich ebenfalls kräftig angestiegen, sodass die Tatverdächtigenrate des Bevölkerungsteils ohne österreichischen Pass in den letzten Jahren konstant geblieben bzw. verglichen mit der Situation zur Mitte der Nuller Jahre sogar leicht *gesunken* ist. Der etwas über dem Anstieg der ausländischen Wohnbevölkerung liegende Anstieg angezeigter Straftaten von AusländerInnen ist im Zusammenhang zu sehen mit einer Zunahme auch der zwar kriminalstatistisch, nicht aber bevölkerungsstatistisch erfassten Fremden.

---

7   Vgl. https://www.wien.gv.at/statistik/wirtschaft/tabellen/uebern-betriebskat-zr.html (Zugegriffen: 25. Januar 2018).

Abbildung 1: Tatverdächtige AusländerInnen, absolute Zahlen in Tausend (Säulen) und pro Tausend der ausländischen Bevölkerung „Tatverdächtigenrate" sowie ausländische Bevölkerung in Millionen, Österreich 2002 bis 2016; die drei Größen sind so skaliert, dass das Jahr 2002 jeweils als Ausgangspunkt erscheint.

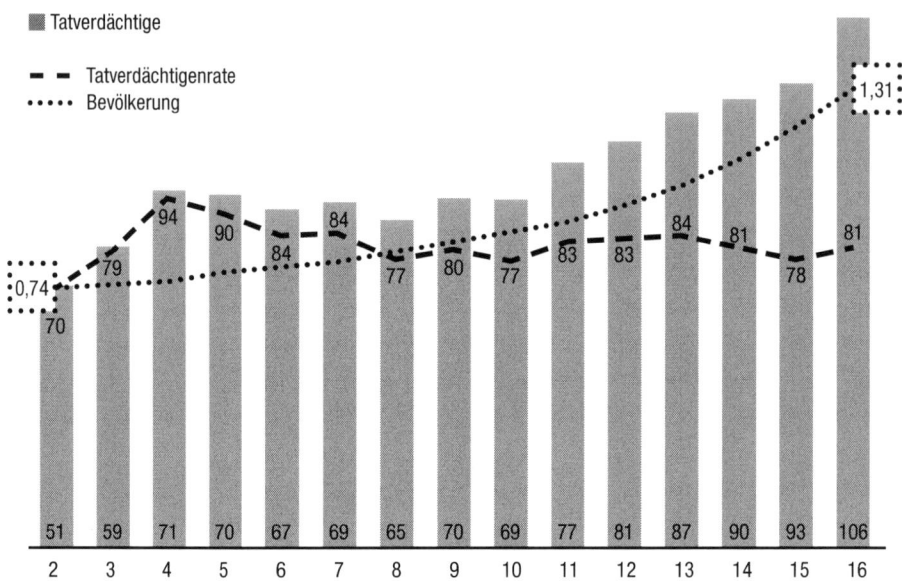

Quellen: Polizeiliche Kriminalstatistik, Statistik Austria, eigene Berechnungen IRKS.

Die Gruppe der „mobilen Fremden" ist im Wesentlichen dafür verantwortlich, dass die Tatverdächtigenraten der Nicht-ÖsterreicherInnen gegenüber jenen von InländerInnen auffällig erhöht sind. Nur im Rahmen einer aktuellen Studie zur öffentlichen Sicherheit in Wien (Fuchs 2017) war eine kriminalstatistische Sonderauswertung möglich, mit der wir den Anteil der nicht im Inland wohnhaften Tatverdächtigen bestimmen und weitere wünschenswerte Differenzierungen vornehmen konnten (Abbildung 2 und alle folgenden Grafiken beziehen sich daher ausschließlich auf Wien). Auf 1.000 StadteinwohnerInnen ausländischer Nationalität kommen 77, also 2,6-mal mehr Tatverdächtige als bei ÖsterreicherInnen (30 Tatverdächtige/1.000). Berücksichtigt man, dass rund 40 Prozent der fremden Tatverdächtiger in Wien nicht aus der niedergelassenen MigrantInnenpopulation stammen,[8] reduziert sich diese Überrepräsentation von Fremden

---

8   Diese Quote wurde anhand von Informationen zum Aufenthaltsstatus sowie zum Meldestatus der registrierten Tatverdächtigen ermittelt (Fuchs 2017, S. 22f.).

unter den Tatverdächtigen auf den Faktor 1,5. Bei einer Differenzierung nach Nationalitätengruppen verschwindet diese Mehrbelastung bei EU-BürgerInnen (sowohl jenen, die vor bzw. mit den ÖsterreicherInnen als auch jenen, die erst später in die EU aufgenommen wurden), reduziert sie sich bei BürgerInnen aus den Balkanstaaten und der Türkei auf den Faktor 1,) und bleiben sonstige (und nur männliche) Drittstaatenangehörige als deutlich (dreifach) mehrbelastete Population übrig (Abb. 2).

Abbildung 2: Tatverdächtigenrate der In- und AusländerInnen, pro Tausend der jeweiligen Bevölkerungsgruppe, nach Wohn- und Nicht-Wohnbevölkerung (in Klammer: Faktor des Werts für ÖsterreicherInnen), Wien 2016.

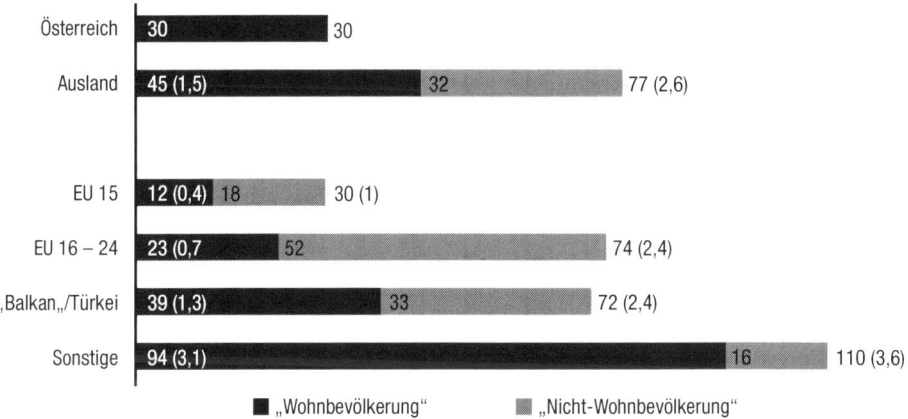

Quelle: Fuchs 2017, S. 24.
Anm.: EU15 = alle Staaten, die bis zur 4. EU-Erweiterung 1995 in die Union aufgenommen wurden, außer Österreich. EU 16-28 = alle anderen EU-Staaten, die bis zur 6. EU-Erweiterung 2007 (durch „Osterweiterungen") aufgenommen wurden.

Nachdem der Anteil der Männer unter 45 Jahren in der ausländischen Wohnbevölkerung Wiens gegenüber der einheimischen Population um den Faktor 1,5 und der Anteil der Arbeitslosen (an den Erwerbspersonen) um den Faktor 1,7 erhöht ist,[9] muss der Zusammenhang zwischen Nationalität und Kriminalität als Konstrukt einer Kriminalstatistik betrachtet werden, die demographische und soziale Faktoren nicht entsprechend belichtet. Sobald etwa Bildung und Erwerbsbeteiligung in den Blick ge-

---

9   Die Bevölkerungsdaten beziehen sich auf den Stichtag 1.1.2017; die Angaben zur Arbeitslosigkeit sind der „Abgestimmten Erwerbsstatistik" von Statistik Austria mit dem Stichtag 30.10.2015 entnommen.

nommen werden, zeigt sich die Anzeigenbelastung als Funktion von sozialen Beteiligungschancen, die zwischen den Angehörigen verschiedener Nationalität extrem divergieren (Abb. 3).

Abbildung 3: Zusammenhang zwischen den Tatverdächtigenraten der Wohnbevölkerung (Wien 2016) und der Arbeitslosenquote (Wien 2015) nach Nationalitätengruppen; die Größe der Punkte repräsentiert den Anteil der Menschen in der jeweiligen Bevölkerungsgruppe, die die Pflichtschule als höchste abgeschlossene Ausbildung absolviert haben.

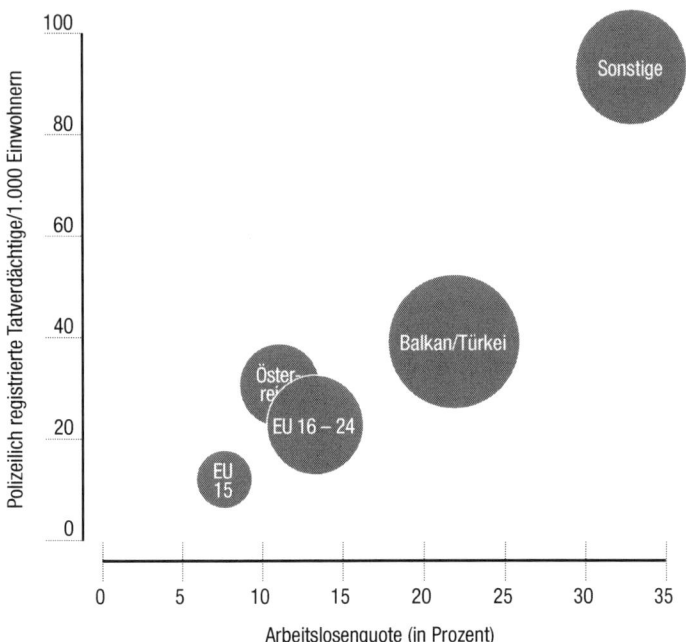

Quelle: Fuchs 2017, S. 121.

Der Faktor Fremdnationalität als solcher hat zwar empirisch-statistisch nur mindere Bedeutung für die Neigung zur Überschreitung von strafrechtlichen Normen, wohl aber für die Interpretation solcher Vorkommnisse. Es ist wohl die spezifische Sicht auf „Fremdenkriminalität", welche schon einen sorgfältigeren Blick auf die Daten behindert. Kriminalität von Nicht-ÖsterreicherInnen wird nämlich zusätzlich als Verletzung eines besonderen Anpassungs- und Unterordnungsgebots gewertet, welches allein für Fremde gilt, zumindest wenn sie sich niederlassen wollen. Die Sicht von Kriminalität als Beweis für gesellschaftliche Nicht-Zugehörigkeit, für besondere „Integrationsprobleme", trifft nur Fremde und nur sie auch mit vielfältigen rechtlichen Konsequenzen. Ihre a priori statusrechtliche Minderstellung begünstigt einen besonders skeptischen Blick auf ihr Fehlverhalten.

These 2: *„Zunehmende und anhaltende Kriminalität von MigrantInnen straft Integrationserwartungen Lügen"*

Der zuwanderungs- und mobilitätsbedingte statistische Zuwachs der Kriminalitätsanzeigen gegen AusländerInnen erweckt den Eindruck, die Hoffnung auf gesellschaftliche Integration von MigrantInnen sei Illusion. Tatsächlich sagen die vorhandenen Kriminalstatistiken nichts aus über strafrechtliche Auffälligkeit im Verlauf von individuellen Biografien. Man weiß wenig bis nichts darüber, seit wann angezeigte Personen fremder Staatsbürgerschaft bereits im Lande sind oder an welchem Punkt ihrer Biografie sie mit Straftaten auffällig werden. Und man weiß nichts über den allfälligen Migrationshintergrund polizeilich auffälliger ÖsterreicherInnen. Das macht es schwierig zu klären, wie weit sich Generationen von MigrantInnen unterscheiden und wann das Risiko strafrechtlicher Auffälligkeit steigt oder sinkt.[10]

Das grundlegende Missverständnis liegt darin, dass Kriminalität – gemessen an Strafanzeigen – fälschlich als Indikator für Nicht-Integration oder „Kulturfremdheit" betrachtet wird. Sowenig niedrige Kriminalitätsraten bei einer ersten Generation von ZuwanderInnen auf gute gesellschaftliche Integration verweisen, sowenig deuten höhere Raten bei der zweiten und bei folgenden Generationen auf Des-Integrationsprozesse hin. Integration erweist sich bei näherem Hinsehen nicht an völliger Unauffälligkeit, sondern an „normalen Kriminalitätsraten". Angezeigt werden und anzeigen, beides verweist auf die Überwindung von Konformismus gegenüber der Außenwelt wie dem eigenen Milieu, auf eine Steigerung der Erwartungen an Freiheit innerhalb der eigenen Community sowie der Erwartungen gesellschaftlicher Teilhabe und öffentlicher institutioneller Unterstützung in den eigenen Rechten. MigrantInnen zeigen ihre Integration nicht nur unter ihresgleichen, sondern als gesellschaftliche, wenn sie

---

10   Zu den grundlegenden Problemen mit der Aussagekraft der amtlichen Statistiken zu diesen Fragen vgl. Geißler und Marißen (1990). Die Sekundärauswertung einer der wenigen Studien zu selbstberichteter Delinquenz Jugendlicher für Österreich durch Fuchs et al. (2016) lässt den Schluss zu, dass die Kinder der ersten ZuwanderInnengeneration zwar nicht so unauffällig leben wie ihre Eltern, aber auch nicht mehr Normübertretungen berichten als ÖsterreicherInnen gleichen Alters.

sich selbst sichtbar machen und sichtbar werden als TäterInnen und/oder Opfer. Paradoxerweise ist bekannt gewordene Kriminalität selbst auch ein Indikator der Integration über komplizierte und risikobehaftete Emanzipationsprozesse.

Auch wenn die zweite Generation an MigrantInnen eine höhere Kriminalitäts(anzeigen)belastung aufweisen sollte als ihre Väter und Mütter, erzählt dies nicht notwendig von Sozialisations- und Integrationsdefiziten. Die Generation hat sich informellen Kontrollregimen ihrer Familie und der Herkunftsmilieus entzogen, steht unter öffentlicher Kontrolle und nimmt formelle Kontrollinstanzen bei internen und Streitigkeiten mit der Umwelt auch selbst in Anspruch. Ein spezifisches Beispiel dafür sind Anzeigen wegen häuslicher Gewalt aus MigrantInnenfamilien durch dort Leidtragende. Wenn sie zunehmen, zeigt dies zwar überlieferte patriarchale Verhältnisse, jedoch zugleich wie sie in unserer Gesellschaft erodieren.

Abbildung 4 zeigt die in der polizeilichen Kriminalstatistik erfassten TäterInnen-Opfer-Beziehungen für die Beziehungsform „familiäre Beziehung in Hausgemeinschaft", aufgeschlüsselt nach Geschlecht und Nationalität der Beteiligten. Im Hinblick auf absolute Häufigkeiten sowie Anteile weiblicher Opfer und männlicher Täter deuten die Daten tatsächlich auf ein besonders hohes Risiko für Frauen nicht österreichischer Staatsbürgerschaft hin, innerhalb der eigenen Familie Gewalt durch nicht-österreichische Männer ausgesetzt zu sein. Kriminalanzeigen sind freilich ambivalent: Sie verweisen eben nicht nur auf geschehene Rechtsverletzungen, sondern sind zugleich Ausdruck von deren Problematisierung und Zurückweisung durch die Opfer. Anzeigen häuslicher Gewalt in physischer oder psychischer Form gehen überwiegend von den Betroffenen selbst aus und setzen für ihre Registrierung durch die Polizei eine Kooperation der Opfer mit den Behörden, de facto deren Zustimmung zur Verfolgung voraus.

Abbildung 4: TäterInnen-Opfer-Beziehungen der polizeilichen Kriminalstatistik für die Beziehungsform „familiäre Beziehung in Hausgemeinschaft", aufgeschlüsselt nach Nationalität und Geschlecht, absolute Zahlen, Wien 2016.

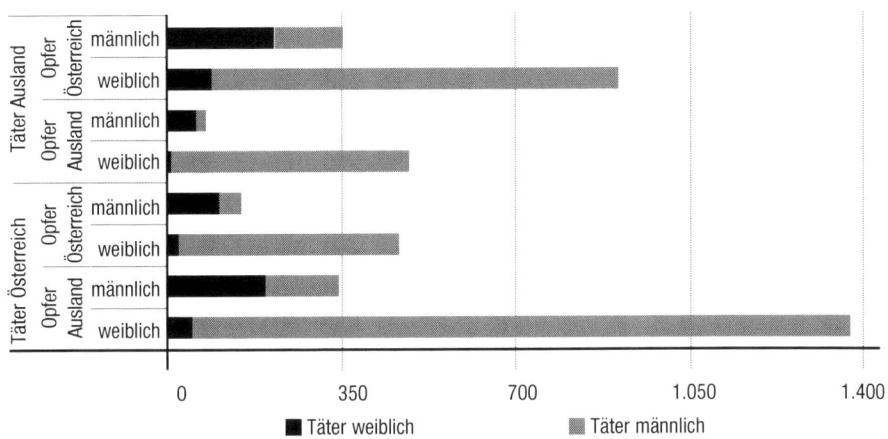

Quelle: Sonderauswertung der polizeilichen Kriminalstatistik, Bundeskriminalamt, eigene Berechnungen IRKS.

These 3: „Durchsetzungslücken in der Migrationskontrolle sind schuld an Kriminalität"

Migration für bestimmte, z.B. arbeitsmarktpolitische, Zwecke zu instrumentalisieren, sie zu regulieren und unerwünschte Formen einzuschränken ist ein legitimes Anliegen von Staaten. Die Konsequenz dessen ist jedoch die Illegalisierung migrantischer Existenzen, die ihre Lebensplanung nicht an denselben Kalkülen ausrichten. Die Spannung zwischen global steigendem Migrationsdruck und forcierter Regulierung von Migration führt vielerorts zu einer Zunahme von Personen, welche „statuslos" (ohne regulären Status) und prekär in der Gesellschaft leben.

Dem fortgesetzten Auftreten solcher Existenzen – ungeachtet ihres Verbots – wird in der Regel durch Verschärfung der migrations- und fremdenrechtlichen Bestimmungen bzw. der Sanktionsdrohungen sowie mit der Erschwernis von Duldungs- und Legalisierungsmöglichkeiten begegnet. Dabei kommt es zur zunehmenden Konvergenz von Fremdenrecht und Kriminalrecht, d.h. zur Kriminalisierung des Aufenthalts unter einem unrechtmäßigen Status sowie zu fremdenrechtlichen Statuseinbußen selbst bei minderschwerer Straffälligkeit. In den

USA wurde die dort fortgeschrittene Geschichte dieser Konvergenz erstmals mit dem Begriff „*crimmigration*" umschrieben.[11]

Erweist sich die Anwendung selbst massiver statusrechtlicher Druckmittel als unwirksam, erscheinen die Betroffenen potenziell als irrational, unkalkulierbar, mit dem zumindest schlummernden Gefahrenpotenzial jener behaftet, die nichts mehr zu verlieren haben. Gegenüber irregulären Existenzen besteht ein generalisierter Kriminalitätsverdacht, entsprechenden TäterInnen wird eine besonders schlechte Prognose gegeben. Tatsächlich nehmen unter den Strafanzeigen gegen Fremde solche gegen Personen mit prekärem oder irregulärem Status einen zunehmend hohen Anteil ein. Hier beherrschen insbesondere die Zahlen zu „kriminellen AsylwerberInnen" die öffentliche Debatte, stellvertretend auch für andere und tatsächlich unrechtmäßig Aufhältige. Dieser Anteilszuwachs steht im Zusammenhang mit der Zunahme von FluchtmigrantInnen und von nicht als solchen anerkannten WirtschaftsmigrantInnen. Ihre in absoluten und relativen Zahlen häufige Kriminalisierung lässt übersehen, wie viele statuslose MigrantInnen vor allem in großstädtischen Gesellschaften tatsächlich unauffällig und unsichtbar leben. Dies tun sie oft unter äußerst widrigen und ungesicherten Umständen, aber bemüht, nicht identifiziert zu werden und die geringsten Chancen auf Legalisierung oder wenigstens Verbleib nicht zu verspielen.[12]

Studien für deutsche oder niederländische Großstädte schätzen den Bevölkerungsanteil statusloser Personen fundiert auf zwischen 2,5 und 5% (Krieger et al. 2006, S. 77f.). „Die wenigsten Statuslosen kommen schon illegal ins Land; vielmehr geraten sie in diesen Status als ‚overstayers', d.h. nach Ablauf ihres Touristenvisums oder der Beendigung ihres Studiums, nach rechtskräftiger Ablehnung ihres Asylantrags, nach der Trennung vom Ehepartner/der Ehepartnerin … Wieder andere, die in erpresserischen oder gewaltgeprägten Lebenslagen … festgehalten werden, haben keine Chance, die Legalisierung ihres Aufenthalts voranzutreiben." (Ebd., S. 80) Für Österreich liegen keine Größenschätzungen für diese Population vor. Zieht man probeweise die Zahlen für Berlin oder München heran, wäre für Wien von 50.000 bis 70.000 Personen mit irregulärem Status auszugehen.[13]

---

11 Vgl. Stumpf 2006.
12 Über „Praktiken der Unsichtbarkeit" berichtet eine aktuelle empirische Untersuchung im Raum Graz über „Irreguläre Leben" (Kukovetz 2017).
13 Diese Schätzungen sind alle älter als zehn Jahre. Es gibt aber keine Hinweise, dass sie unter den heutigen Bedingungen nicht mehr gelten und diese Population schrumpft.

2016 gab es hier knapp 3.800 Anzeigen gegen Personen unrechtmäßigen Aufenthalts. Damit hätte man es mit einer Gruppe mit einer Kriminalitätsanzeigenbelastung zu tun, die etwas über dem Durchschnitt der AusländerInnenwohnbevölkerung liegt, die jedoch deutlich geringer ist als bei rechtmäßig aufhältigen Drittstaatsangehörigen insgesamt.

Auf „unrechtmäßig Aufhältige" sowie auf Drittstaatsangehörige mit häufig provisorisch rechtmäßigem, befristetem oder geduldetem Aufenthalt bei weitgehender sozialer Partizipationsbeschränkung dürfte es besonders zutreffen, dass sich die Population aufspaltet: auf der einen Seite (zwanghaft bzw. erzwungen) Überangepasste in schwacher sozialer und rechtlicher Position (häufig selbst öffentlich unbemerkt viktimisiert) und auf der anderen Seite Personen, die an illegalen Güter- und Dienstleistungsmärkten in inkriminierbarer Weise beteiligt sind. Ihre kriminelle gesellschaftliche Teilhabe ist nicht einfach parasitär, sondern angepasst an Gelegenheitsstrukturen, die sich alternativ zu versperrten legalen Chancen bieten, quantitativ bedeutsam vor allem der illegale Drogenhandel.[14]

Gibt es in einer Population auch nur einen kleinen Teil intensiv und mehrmals strafrechtlich auffällig werdender Personen, verzerrt die kriminalstatistische Zählregel[15] als solche das Bild zuungunsten der Gesamtheit und jener Teile, die in Unsichtbarkeit und Straffreiheit leben. Zur Veranschaulichung ein Beispiel: Werden aus einer Gruppe von 100 Personen drei einmal im Jahr angezeigt, beträgt die Kriminalitätsbelastung 3/100; werden aus einer ebenso großen Gruppe im gleichen Zeitraum drei Personen dreimal angezeigt, ergibt das nach der Zählregel eine dreifache Kriminalitätsbelastung von 9/100, obwohl ein gleicher Anteil unauffällig bleibt.

Der Zusammenhang zwischen unsicherem Rechtsstatus und hoher krimineller Auffälligkeit wird dadurch statistisch überschätzt. Es ist eher von bipolaren Verhältnissen auszugehen, bei denen quasi die „normale", mittlere Kriminalitätsbelastung der integrierten In- und AusländerInnenbevölkerung fehlt. Indizien für eine solche Bipolarität bietet der Vergleich

---

Kürzlich hat Wilke (2018) den Versuch unternommen, die kollektiven Strategien zu beschreiben, die unsichtbares migrantisches Überleben im gesellschaftlichen Untergrund ermöglichen.

14 Mennel und Mokre (2017) sprechen von „Integration durch Kriminalität", um damit eine Lebensgestaltung zu beschreiben, mit der vor allem Männer auch unter dem Druck statusrechtlicher Illegalität ihr Selbstwertgefühl retten können, von anderen unabhängig und produktiv zu sein.

15 Zwar wird eine Person bei einer Anzeige nur einfach gezählt, auch wenn mehrere Tatbestände erfüllt sind oder Fakten vorliegen. Erfolgen im Berichtsjahr weitere unabhängige Anzeigen gegen dieselbe Person, scheint sie in der Jahresstatistik jedoch mehrfach auf.

zwischen Statusgruppen. Der Anteil an „konfrontativen Delikten" (gegen Leib und Leben, die Freiheit oder die sexuelle Integrität und Selbstbestimmung) ist bei sich unrechtmäßig aufhaltenden Tatverdächtigen verschwindend, weit geringer als bei regulär aufhältigen AusländerInnen oder gar bei ÖsterreicherInnen (siehe Abb. 5). Bei „AsylwerberInnen" imponieren die häufig mehrfach wegen SMG-Delikten angezeigten Personen.

Abbildung 5: Anteile von Anzeigen an allen Anzeigen nach Deliktsbereichen und Gruppen von Tatverdächtigen (Mehrfachzählung), Wien 2016.

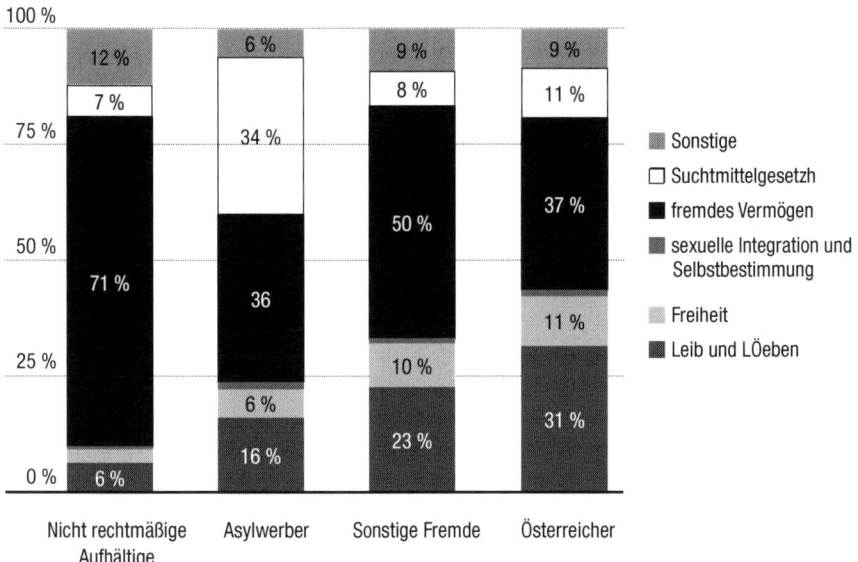

Quelle: Sonderauswertung der polizeilichen Kriminalstatistik, Bundeskriminalamt, eigene Berechnungen IRKS.

These 4: „Kriminalität bei MigrantInnen vorzubeugen ist eine Aufgabe der Justiz, die sie verfehlt"

Verurteilungsraten sind seit mittlerweile mehreren Jahrzehnten rückläufig, bedingungslose oder diversionelle Verfahrenseinstellungen sowie Freisprüche immer häufiger geworden. Bei AusländerInnen ist das ebenso der Fall, weshalb der Justiz unterstellt werden könnte, dass sie ihre Präventionsaufgabe nicht entsprechend wahrnimmt. Die justizielle Nachsicht ist Fremden gegenüber jedoch deutlich geringer. In der Verurteilungs- und Strafzumessungspraxis zeichnet sich eine strengere Behandlung und Diskriminierung von AusländerInnen ab, die durchaus auf die generalpräventive Aussendung von Abschreckungssignalen, vielleicht auch auf eine prinzipiell skeptische Integrationserwartung bzw. kulturell verminderte Sanktionssensibilitätsbeurteilung seitens der Justizinstanzen hindeutet. So werden im Hinblick auf Gefängnisaufenthalte (teil- und unbedingte Freiheitsstrafen) nicht vorbestrafte AusländerInnen in etwa so streng bestraft wie vorbestrafte ÖsterreicherInnen (Abb. 6).

Abbildung 6: Art der gerichtlichen Sanktion nach Nationalität (Österreich vs. Ausland) und Vorstrafenbelastung der Verurteilten, Prozentanteile, Wien 2016.

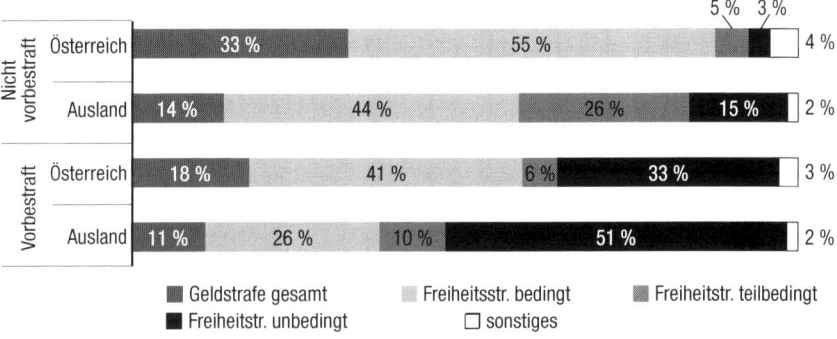

Quelle: Fuchs 2017, S. 31.

Weist die evidente Diskriminierung von Beschuldigten fremder Nationalität durch Staatsanwaltschaften und Gerichte also eher auf eine Übernahme populärer integrationsskeptischer Einstellungen in der Bevölkerung hin anstatt auf eine kritische und faktenbasierte Haltung? Teilweise mag dies der Fall sein, doch gibt es für eine veränderte justizielle Praxis strukturelle Grenzen. Das Strafrecht als solches stellt finanzielle Satisfaktionsfähigkeit und verfestigte soziale Bindungen vor Ort in regulären Arbeits- und Familienzusammenhängen in Rechnung und belohnt sie mit Nachsicht bei Freiheitseingriffen und Sanktionen. Ein Mangel an solchen Vorzügen benachteiligt Wandernde aller Art strukturell vor dem Strafrecht.

Problematisch an der justiziellen Praxis ist, dass damit der AusländerInnenbevölkerung sozial konstruktive und rückfallvermeidende Interventionen, welche im Kriminalrecht zunehmend Platz gefunden und sich bewährt haben, vorenthalten werden. So wird Nicht-ÖsterreicherInnen seltener die Rechtswohltat der Diversion gewährt, während sie öfter verurteilt werden (Fuchs 2017, S. 28, Abb. 58 und 59). Damit sind die Ingredienzien für eine *self-fulfilling prophecy* gegeben.

Zusammenfassung und Konklusionen: Kontrastierung unvereinbarer Erzählungen als Strategie der Mythenprävention

Will man die Prüfung der Fakten zusammenfassen, zeigt sich, dass der Anteil von Nicht-ÖsterreicherInnen an allen polizeilich registrierten Tatverdächtigen in den letzten 15 Jahren deutlich steigt, und zwar im Ausmaß der Zuwanderung und grenzüberschreitenden Mobilität. Einen Anstieg der angezeigten Straftaten hat das nicht zur Folge, im Gegenteil. Überdurchschnittliche Raten Tatverdächtiger in der AusländerInnenwohnbevölkerung sind der anderen demographischen Zusammensetzung der AusländerInnenpopulation und ihrer Untererfassung in der Bevölkerungsstatistik geschuldet. Ein prekärer oder irregulärer Aufenthalt von Fremden ist weniger eng mit strafrechtlicher Auffälligkeit verknüpft als angenommen, zwingt Personen im Gegensatz häufig dazu, sich gesellschaftlich unsichtbar zu machen. Die Strafverfolgungsbehörden begegnen AusländerInnen schließlich mit einer Einschätzung als Risikogruppe und daher vergleichsweise streng.

Wenn durch die hier gewählte Darstellungsweise die Kriminalität von MigrantInnen unter Zuhilfenahme von Daten und nüchternen Interpretationen in toto an Dramatik und Bedrohlichkeit einbüßt, kommt am Ende gerne die Replik: „Aber was ist denn mit …" und es folgt eine Liste fataler Phänomene oder Vorkommnisse, heutzutage etwa „radikalislamischer Terrorismus" oder die „Kölner Silvesternacht". Mit diesem Hinweis wird gegenüber den SozialwissenschaftlerInnen die Erwartung ausgesprochen, dass sie die Zusammenhänge zwischen Migration und Kriminalität im Lichte dieser besonderen Schrecken oder Ausgeburten der „Fremdenkriminalität" entsprechend düster bewerten. Sie zum Maßstab für die Erfassung und Analyse der Alltagskriminalität von MigrantInnen zu machen, würde jedoch einem Differenzierungsverbot gleichkommen und kann nur zurückgewiesen werden.

Selbst bei der wissenschaftlichen Beschäftigung mit extremen Äußerungsformen von „Fremdenkriminalität" haben moral- oder sicherheitspanische Attacken nichts verloren. Es fehlt hier der Platz, auch noch eine politisch-historische Soziologie der Gewalt im arabischen Raum und an Nebenschauplätzen in Europa auszubreiten, oder kulturwissenschaftliche Forschungsergebnisse zu Ethnozentrismus und -sexismus in den Narrativen über ZuwanderInnen und die Kölner Silvesternacht im Besonderen. Diese gibt es. So zeigen etwa Arbeiten von Marcel Baumann (2013) zum Terrorismus oder von Gabriele Dietze (2017) zum Thema „Sexualpolitik", wie unterschiedlich und auch unversöhnlich Erzählungen über ein- und dasselbe Phänomen oder Ereignis ausfallen können. Dieser Umstand sollte immer wieder betont und selbst zum Gegenstand der Analyse gemacht werden, weil ein Bewusstsein davon am besten einer Mythenbildung vorbeugt und Fragen nach Fakten stimuliert.

Literatur

Baumann, Marcel. 2013. Schlechthin böse? Tötungslogik und moralische Legitimität des Terrorismus. Wiesbaden: Springer VS.

Black, Donald. 1983. Crime as social control. American Sociological Review 48:34-45.

Dietze, Gabriele. 2017. Sexualpolitik. Verflechtungen von Race und Gender. Frankfurt: Campus.

Fuchs, Walter et al. 2016. Migration, Legalität und Kriminalität: Rechtssoziologische Wissensdefizite im Schatten administrativen Wissens. Österreichische Zeitschrift für Soziologie 41(Suppl. 2):103-123.

Fuchs, Walter. 2017. Pilotbericht Öffentliche Sicherheit in Wien (unveröffentlicht). Wien: Institut für Rechts- und Kriminalsoziologie.

Geißler, Rainer und Norbert Marißen. 1990. Kriminalität und Kriminalisierung junger Ausländer. Die tickende soziale Zeitbombe - ein Artefakt der Kriminalstatistik. Kölner Zeitschrift für Soziologie und Sozialpsychologie 42:663-688.

Hanak, Gerhard, Johannes Stehr und Heinz Steinert. 1989. Ärgernisse und Lebenskatastrophen. Über den alltäglichen Umgang mit Kriminalität. Bielefeld: AJZ-Verlag.

Katschnig, Heinz und Heinz Steinert. 1973. Zur administrativen Epidemiologie soziopathischer Handlungen. In: Neurose, Charakter, soziale Umwelt. Hrsg. Hans Strotzka, 140-156. München: Kindler.

Krieger, Wolfgang et al. 2006. Forschungsprojekt „Bestandsaufnahme zur Situation von Menschen ohne legalen Aufenthaltsstatus in Frankfurt am Main und zu institutionellen Hilfemaßnahmen für diese Personengruppe". Abschlussbericht. Ludwigshafen: Evangelische FH für Sozial- und Gesundheitswesen.

Kukovetz, Brigitte. 2017. Irreguläre Leben. Handlungspraxen zwischen Abschiebung und Niederlassung. Bielefeld: transcript.

Luhmann, Niklas. 1972. Rechtssoziologie. 1. Band. Reinbek bei Hamburg: Rowohlt.

Matza, David und Gresham Sykes. 1961. Juvenile delinquency and subterranean values. American Sociological Review 26:712-719.

Mennel, Birgit und Monika Mokre. 2017. Integration durch Kriminalität. juridikum 25:523-533.

Pilgram, Arno. 2016. Leitsätze für den sozialwissenschaftlichen Gebrauch amtlicher Kriminalstatistiken und Konsequenzen für Aussagen zur Kriminalität von AusländerInnen. Journal für Strafrecht 3:241-247.

Popitz, Heinrich. 1968. Über die Präventivwirkung des Nichtwissens. Dunkelziffer, Norm und Strafe. Tübingen: Mohr und Siebeck.

Schumann, Karl F. 2011. Jugenddelinquenz im Lebensverlauf. In: Handbuch Jugendkriminalität. Kriminologie und Sozialpädagogik im Dialog. 2. Aufl. Hrsg. Bernd Dollinger und Henning Schmidt-Semisch, 243-257. Wiesbaden: VS-Verlag.

Stumpf, Juliette. 2006. The Crimmigration Crisis: Immigrant, Crime, and Sovereign Power. American University Law Review: 56:367-419.

Wilke, Holger. 2018. Illegal und unsichtbar? Papierlose Migrant*innen als politische Subjekte. Bielefeld: transcript.

Annika Rauchberger und Ferdinand Koller

„Die meisten BettlerInnen sind arbeitsscheu und in kriminellen Banden organisiert"

Bettelnde Menschen gehören auch in österreichischen Städten zum Stadtbild, sie begegnen uns auf Brücken, Gehsteigen und Fußgängerzonen. Manche halten einen Becher in der Hand, andere bemalte Schilder mit der Bitte um eine Spende. Dass es sich bei diesen Menschen um EU-BürgerInnen handelt, ist den meisten gar nicht bewusst. Ein Grund dafür ist, dass die Situation von notreisenden UnionsbürgerInnen – und in diesem Sinne gehört auch ihre Situation zum Themenkreis der Migration – in einem öffentlichen Diskurs kaum Beachtung findet.

Der Anblick von armutsbetroffenen Frauen und Männern löst bei PassantInnen ganz unterschiedliche Emotionen aus. Manche sind irritiert, beschämt oder gehen schnell weiter, weil sie denken, dass vor ihnen Kriminelle sitzen. Eine differenziertere Auseinandersetzung mit dem Thema Betteln findet selten statt, der Diskurs ist einseitig, von Politik und Medien verzerrt, die Perspektive von Betroffenen wird nicht berücksichtigt (Karausz et al. 2011, S. 3). Vorurteile werden von höchster Stelle über die Medien verbreitet: Der Vorarlberger Landeshauptmann Markus Wallner bezeichnete bettelnde Menschen aus Rumänien im Dezember 2015 gegenüber dem ORF pauschal als integrationsunwillig und nicht an Arbeit interessiert.[1] Der Linzer Vize-Bürgermeister Bernhard Baier spricht nach Verschärfung des Bettelverbots in Linz im März 2016 gegenüber den Medien von einem „Schulterschluss gegen kriminelle Bettler-Banden"[2].

Besonders in den Boulevardmedien ist der Diskurs stark verzerrt. So titelt die Tageszeitung Österreich, dass die „Banden in Wien immer aggressiver werden" und es daher schon „1500 Anzeigen gegen die Bettler-

---

1   ORF Vorarlberg (2015). Wallner: Roma nicht an Integration interessiert. http://vorarlberg.orf.at/news/stories/2745322/ (Zugegriffen: 1. März 2018).

2   Der Standard (2016). Linz bringt Bettelverbot auf Schiene. https://derstandard.at/2000033919747/Linz-bringt-Bettelverbot-auf-Schiene (Zugegriffen: 1. März 2018).

Mafia" gäbe[3]. Ebenso vermittelt die Kronen Zeitung ihren LeserInnen eine falsche Darstellung von bettelnden Menschen. In einem Artikel zu Neujahr 2017 schreibt sie von „großen Clans, die halb Europa überschwemmen", oder von „in Lumpen gekleideten Bettlern, die in Kleinbussen an den Rochusmarkt gekarrt werden, um dort zu betteln[4]." Angesichts dieser stark emotionalisierten und verzerrten Darstellungen und Debatten ist es umso wichtiger, sich der Thematik Betteln sachlich zu nähern.

Dieser Beitrag setzt sich mit der Thematik Betteln aus drei Perspektiven auseinander. Zunächst soll der Begriff des Bettelns und die rechtliche Situation erläutert werden. Da viele der Betroffenen aus EU-Ländern wie Rumänien, Bulgarien, der Slowakei und Ungarn kommen, wird anschließend ihr rechtlicher Status in Österreich erklärt. Abschließend folgt eine Darstellung der Arbeit und Erfahrungen der Rechtshilfetreffen der Bettel-Lobby Wien.

Was bedeutet Betteln eigentlich?

Im Salzburger Landespolizei-Strafgesetz werden BettlerInnen folgendermaßen definiert: *„Wer an einem öffentlichen Ort oder von Haus zu Haus von fremden Personen unter Berufung auf wirkliche oder angebliche Bedürftigkeit zu eigennützigen Zwecken Geld oder geldwerte Sachen für sich oder andere erbittet."*[5]

Neben den Merkmalen einer Bitte in der Öffentlichkeit, der Bedürftigkeit und dem Eigennutz kann für das Betteln ein weiteres Merkmal angeführt werden: für die Gabe wird keine Gegenleistung erbracht. Das Betteln kann als informelle ökonomische Aktivität bezeichnet werden, die sich im öffentlichen Raum abspielt (Koller 2009, S. 5). Es gibt unterschiedliche Formen des Bettelns. Zunächst sei das verdeckte, aktive Betteln zu nennen. Hier wird auf eine gewisse Vertrautheit gesetzt, das Betteln wird in seiner Bedeutung heruntergespielt, der/die BettlerIn bittet beiläufig um eine Gefälligkeit. Das hierarchische Gefälle zwischen potentiellen GeberInnen und BettlerIn wird von der bettelnden Person gering gehalten. Dem gegenüber steht das offene, aktive Betteln. Die Notsituation wird nicht verborgen, durch aktiven Blickkontakt und laute Äußerungen wird auf die eigene Notlage aufmerksam gemacht. Schließlich sei das stille, passive Betteln genannt. Diese Form ist am häufigsten anzutreffen, weil

---

3   Österreich, Ausgabe vom 22.11.2016, Nr. 3404.
4   Kronen Zeitung, Ausgabe vom 1.1.2017, Nr. 20166.
5   Salzburger Landespolizei-Strafgesetz LGBl 58/1975, zuletzt geändert durch LGBl 114/2006.

offenes aktives Betteln auch als aggressiv gewertet werden kann. Beim stillen, passiven Betteln wird kein Blickkontakt hergestellt, auch kein direktes Ansprechen von PassantInnen. Die bettelnden Personen machen durch Schilder oder durch eine devote Körperhaltung auf sich aufmerksam, in dem sie beispielsweise am Boden knien und ihre Hände ausstrecken (Voß 1992, S. 51-84, zit. in Koller 2009, S. 6).

Bettelverbote

Menschen dürfen andere Menschen an öffentlichen Orten auf ihre Notlage aufmerksam machen und sie um Hilfe bitten. Das hat der österreichische Verfassungsgerichtshof im Jahr 2012 in einer Entscheidung ausdrücklich festgehalten.[6] In den vergangenen Jahren wurde die Gesetzeslage jedoch in vielen Bundesländern deutlich verschärft. Dabei gibt es zwischen den Bundesländern erhebliche Unterschiede in der Reglementierung des Bettelns und zwar sowohl in den betreffenden Gesetzen als auch in der Praxis ihrer Anwendung durch die Polizei. In den Bundesländern verboten sind bestimmte Formen der Bettelei, etwa organisiertes Betteln einerseits, andererseits führen immer mehr Städte sogenannte sektorale Bettelverbote ein, die das Betteln zeitlich und örtlich begrenzen, etwa zu Marktzeiten, oder ganz verbieten.

Laut dem Wiener Landessicherheitsgesetz (WLSG) ist es verboten *„in aufdringlicher oder aggressiver oder gewerbsmäßiger Weise oder als Beteiligter an einer organisierten Gruppe um Geld oder geldwerte Sachen zu betteln"* (WLSG §2, 1-3)[7]. Verboten sind auch das Betteln mit Kindern sowie das Veranlassen von Kindern zum Betteln. Die genannten Formen des Bettelns werden als Verwaltungsübertretungen mit Strafen von bis zu EUR 700,00 oder einer Woche Ersatzfreiheitsstrafe geahndet. Ratenvereinbarungen sind in den meisten Fällen nicht möglich, da dafür ein regelmäßiges Einkommen nachgewiesen werden muss.

Problematisch ist, dass nicht klar ist, was genau verboten ist und was erlaubt. Obwohl es eine erlaubte Form der Bettelei geben müsste, läuft aufgrund der Unbestimmtheit der Tatbestände und der willkürlichen Anwendung der Gesetze jede bettelnde Person Gefahr, eine Verwaltungsstrafe zu bekommen.

Denn als „aufdringlich" gewertet und somit als Verwaltungsübertretung geahndet wird mitunter schon eine körpernahe Ansprache, etwa durch das

---

6   Zur VfGH-Judikatur zum Thema Betteln im Allgemeinen vgl. Weichselbaum 2013, S. 37.
7   Wiener Landessicherheitsgesetz LGBl 29/2001, zuletzt geändert durch LGBl 33/2013.

Ausstrecken der Hand mit einem Becher und das Sprechen der Worte „Bitte, bitte". Ähnliche Verhaltensweisen werden bei anderen NutzerInnen des öffentlichen Raumes selbstverständlich toleriert, etwa wenn Werbematerialien verteilt oder Unterschriften oder Spenden gesammelt werden. Berichten Medien von hunderten Anzeigen wegen aufdringlichen und aggressiven Bettelns, ist daher davon auszugehen, dass ein großer Teil dieser Anzeigen völlig harmlose Verhaltensweisen betrifft, die keine größere Belästigung von PassantInnen darstellen als jene, die von den vorhin genannten anderen NutzerInnen des öffentlichen Raumes ausgehen.

Wer bei „organisiertem" Betteln immer gleich an kriminelle Banden denkt, liegt weit daneben: Der Tatbestand wird erfüllt, wenn mehrere bettelnde Menschen interagieren, etwa durch Gespräche, oder – wie in Wien geschehen – durch den bloßen Sichtkontakt zueinander. Häufig werden mit diesem Tatbestand Familienmitglieder oder Bekannte bestraft. Wenn die Zahl der Anzeigen wegen „organisierter Bettelei" herangezogen werden, um zu untermauern, dass bettelnde Menschen in kriminellen Banden organisiert sind und gegen diese vorgegangen werden müsse, ist dies vollkommen irreführend.

Der Tatbestand des „gewerbsmäßigen" Bettelns ist besonders schwer verständlich, und zwar für alle Beteiligten. Lag die ursprüngliche Intention noch darin, alle BettlerInnen zu bestrafen, die sich eine fortlaufende Einnahmequelle verschaffen, ist diese Interpretation durch das bereits erwähnte Erkenntnis des VfGH nicht mehr möglich. Was in der Praxis in Wien von diesem Tatbestand übriggeblieben ist, ist folgendes: Kommt eine Person nicht aus Österreich, hat sie kein Einkommen und keine Anstellung, stellt die Polizei fest, dass aufgrund des Vorliegens dieser Merkmale davon auszugehen sei (oder es gar nur „nahe liege"!), dass der Aufenthalt der betroffenen Person ausschließlich dem Zwecke der berufsmäßigen Bettelei diene; der Tatbestand des gewerbsmäßigen Bettelns sei daher erfüllt. Es geht also nicht darum, was die Person auf Wiens Straßen für ein Verhalten setzt, sondern letztlich darum, mit welcher Intention diese Person z.B. in Bulgarien in den Bus nach Wien gestiegen ist und ob die Person auch gewillt wäre, hier einer anderen Beschäftigung als der Bettelei nachzugehen. Beeinspruchen Betroffene diese Strafen, können sie im Verfahren meist glaubhaft machen oder beweisen, dass sie sich um andere Einkommensmöglichkeiten bemühen oder diese bereits ausgeübt haben oder ausüben würden (Koller und Rauchberger 2017, S. 267).

BettlerInnen in Wien werden aber nicht nur nach dem WLSG bestraft, sondern auch nach §78 der Straßenverkehrsordnung (unbegründetes Stehenbleiben). Obwohl es zu den Eigenschaften von FußgängerInnen zählt, auch einmal stehen zu bleiben, argumentieren Gesetzesgeber und Polizei, dass vor allem bettelnde Menschen den FußgängerInnenverkehr behindern würden und ahnden diese Verwaltungsübertretung mit bis zu EUR 70,00 Strafe. Versuche, diese Passage in der Straßenverkehrsordnung zu überprüfen und umzuformulieren, da diese von PolizistInnen rein subjektiv gewertet und vor allem gegen sogenannte Randgruppen eingesetzt werden, scheiterten jedoch (Wailzer 2014, S. 21). Zusätzlich können BettlerInnen nach dem Sicherheitspolizeigesetz (§81 Störung der Öffentlichen Sicherheit) und dem Veranstaltungsgesetz (§30 Bettelmusizieren) bestraft werden (Schultheß 2014, S. 61).

Die beschriebene Gesetzeslage bezieht sich auf den öffentlichen Raum. In privaten und halbprivaten Räumen, wie etwa auf Bahnhöfen und Stationen der ÖBB und der Wiener Linien gelten jedoch die jeweiligen Hausordnungen. Sie sehen in der Regel ein allgemeines Bettelverbot vor.

Obwohl sich bettelnde Menschen in einer finanziellen und sozialen Notlage befinden, werden ihre Armut und ihre Anwesenheit im öffentlichen Raum nicht als soziales Problem, sondern vor allem als Problem der öffentlichen Sicherheit betrachtet (Schulteß 2014, S. 9). Dieser ordnungspolitische Zugang mittels Verboten und Strafen ist aus grundrechtlicher Perspektive eindeutig problematisch, da ein großer Teil der Strafen unbegründet ist (siehe dazu die Darstellung der Arbeit der BettelLobby unten). Die Tatsache, dass bettelnde Menschen unabhängig von ihrem Verhalten bestraft werden, führt auch dazu, dass ihr Verhalten durch die Bettelverbote nicht gesteuert werden kann. Für einen/eine BettlerIn in Wien lohnt es sich nicht, Aufdringlichkeit zu vermeiden, weil er/sie so oder so eine Strafe bekommt. Gesetze und Strafen verfehlen daher ihren Zweck. Sie tragen nicht dazu bei, besondere Formen der Bettelei zu unterbinden. Auch das oft gehörte Versprechen, dass durch schärfere Gesetze bettelnde Menschen von der Bettelei abgehalten werden können, konnte nirgends eingelöst werden. Die Geldstrafen betragen oft ein- oder mehrere hundert Euro und sind für Menschen ohne Vermögen und Einkommen also enorm hoch. Sie tragen wesentlich dazu bei, dass sich die soziale Situation der Bettelnden noch verschlechtert. Immer wieder verschulden sich Menschen, die Angst vor dem Gefängnis haben, um die Strafen zu bezahlen. Viele treten die Ersatzfreiheitsstrafen an. In dieser Zeit können sie nichts verdienen und ihre Familien daher nicht unterstützen.

Der Mythos „Bettelmafia"

Nicht nur in der Politik, vor allem im medialen Diskurs wird immer wieder unhinterfragt von „Bettelbanden" und einer „Bettelmafia" berichtet (Koller 2009, S. 26).

In den 1990er Jahren wurden BettlerInnen in den Medien noch als homogene Gruppe wahrgenommen, auch Punks und Obdachlose zählten dazu. Mit der Verschärfung der Gesetze und der öffentlichen Debatten änderten sich auch die Begrifflichkeiten und Gruppenidentifikationen. Das Bild eines „typischen" Bettlers bzw. einer typischen Bettlerin setzte sich durch. Während man Punks, die für ihren Lebensunterhalt betteln, nur als „Schnorrer" bezeichnet, werden BettlerInnen für die gleiche Tätigkeit kriminalisiert. Darüber hinaus verfestigt die mediale Ethnisierung der bettelnden Roma/Romnija (Benedik et al. 2013, S. 36). Traditionelle Stereotype und Zuschreibungen wie Hausieren und „von Hand zu Mund Leben" werden als Wesenszug der „Zigeuner" definiert (Schreiter 2015, S. 7). Die Produktion und Verbreitung spezifischer, konkret rassistischer Negativimages führt dazu, dass in den Medien die Begriffe „Roma" und „Bettelei" gleichgesetzt werden. Nicht selten wird auch von „osteuropäischer Bettelmafia" gesprochen.

Mit Begriffen wie „Bettelmafia" oder „kriminelle Banden" ist gemeint, dass hinter BettlerInnen eine kriminelle Organisation steht, die verdeckt operiere, hierarchisch strukturiert und darauf ausgerichtet ist, mit unlauteren Mitteln Geld zu verdienen (ebd.).

Beim Begriff der „Bettelbande" wird Bande häufig im doppelten Wortsinn in den Medien angewandt. Einerseits die kriminelle Gruppen-Bande und andererseits die Familienbande, die Vorstellung von einem „Clan" oder einer „Sippe." Das Bild vom archaisch-hierarchisch organisierten „Zigeunerclan" dient als Vorlage für die Vorstellung einer Bettelmafia. Dominiert wird diese Vorstellung durch ein jahrhundertealtes Stereotyp: die Unterstellung, dass Roma/Romnija ihren Lebensunterhalt nicht durch Arbeit bestreiten, weil Roma/Romnija prinzipiell arbeitsscheu und faul seien (Schreiter 2015, S. 7). Hinsichtlich der oben angeführten Begrifflichkeiten kann auch „organisiert" keineswegs als ein neutraler Begriff verstanden werden. Er ist eindeutig verurteilend. Betteln wird als Bandennarrativ pauschalisiert und kriminalisiert (Benedik et al. 2013, S. 65). Einen Beleg für die Existenz einer Bettelmafia gibt es trotz der intensiven medialen Berichterstattung nicht. Auch die Polizei konnte keine Belege dafür finden. Zwar gibt es einige wenige Verurteilungen, dabei handelte es sich aber nicht um ominöse Hintermänner oder große Netzwerke mit reichen

„Capos", sondern um Nötigung unter Armen, teilweise innerhalb einer Familie (Schreiter 2015, S. 7). Sozialwissenschaftliche Studien haben bezüglich kriminell organisierter Banden ebenfalls keine Ergebnisse hervorgebracht (vgl. Schoibl 2013, S. 92ff. oder Geser-Engleitner 2016).

Die verfestigten Bilder und Stereotype haben eine große Auswirkung auf die soziale Interaktion zwischen PassantInnen und BettlerInnen. PassantInnen wiegen sich in der Annahme, dass sie, wenn sie einem/einer BettlerIn Geld gäben, mafiöse Strukturen unterstützen. Das bedeutet konkret, dass den Armutsbetroffenen die „Legitimation" des Bettelns genommen wird, denn sie sind ja nicht wirklich arm, sondern Teil eines raffinierten, kriminellen Geschäftsmodells. Verstärkt werden die Verunsicherungen durch Aussagen etwa der Wiener Linien, die ihre Fahrgäste immer wieder auffordert, anstatt bettelnden Menschen Geld zu geben, es wäre sinnvoller, anerkannten Hilfsorganisationen zu spenden. Die Durchsage ist mehr als zynisch, da es weder Hilfsorganisationen noch staatliche Einrichtungen für BettlerInnen gibt (Koller 2009, S. 27).

Zu kritisieren ist, dass sowohl im medialen Diskurs, als auch bei politischen Debatten, weniger auf Fakten, als auf subjektive Eindrücke, wie etwa Beobachtungen, zurückgegriffen wird. In der Gratiszeitung Österreich wurden für einen Artikel Menschen ohne deren Zustimmung fotografiert und Bilder mit Photoshop bearbeitet, um das Bild des „kriminellen Bettlers" zu dokumentieren. Unterschieden wird im Artikel „Bettelmafia immer schlimmer" zwischen „normalem Betteln" und „kriminellem Betteln". Zudem wird suggeriert, dass die Polizei vor lauter Einsätzen kaum noch „hinterher komme".[8]

Vier Monate später erscheint in derselben Zeitung ein Artikel über den „Bettler-Terror" am Floridsdorfer Ostermarkt.[9] Von „ausufernde[n] Bettlerszenen "und einem „König der Bettler", der eine 20-köpfige Gruppe anleite, ist hier die Rede. Die Zeitung erfindet eine rumänische Bettelbande, um mit einer guten Story Emotionen zu erwecken. Ein betroffener Bulgare hat sich mit Hilfe der BettelLobby Wien gewehrt und in einem Video erklärt, was im Artikel alles falsch beschrieben ist und wer die Personen auf den Bildern sind. Das Video wurde im Internet so erfolgreich, dass die Zeitung Österreich selbst darüber berichtete.[10] In einem ähnlichen Fall hat ein Mann aus Ungarn die Zeitung geklagt und eine Entschä-

---

8   Österreich, Ausgabe vom 1.1.2017, Nr. 3449.

9   Österreich, Ausgabe vom 4.4.2017, Nr. 3427.

10   Österreich, Wien-Ausgabe vom 8.4.2017: „Bettler am Ostermarkt. Jetzt setzt sich Betroffener zur Wehr".

digung erhalten, weil sein Foto ohne seine Einwilligung für eine Bettelmafia-Story verwendet wurde (bettellobby.at).[11]

Auch bei den politischen Parteien fällt in diesem Zusammenhang eine emotionalisierte Rhetorik auf. Es wird weniger von Fakten als von Gefühlen und Empfindungen gesprochen. Als Beweis mafiöser Strukturen gelten für die FPÖ beispielsweise bereits Beobachtungen von PassantInnen, die Bettelnde mit Behinderungen gesehen hätten und berichteten, dass es sich immer wieder um dieselben Leute handle (Schulteß 2014, S. 84). Die ÖVP argumentierte in Wien, dass es sich bei den Bettelnden um organisierte Banden handle, weil Personen das gleiche „Wollmützerl" hätten (Koller 2012, S. 142).

Die Äußerungen von Seiten der Politik sind zudem widersprüchlich: Immer wieder wird betont, dass BettlerInnen ausgebeutet werden. Gleichzeitig wird ihnen kein Schutz als Opfer von Menschenhandel gewährt, im Gegenteil, sie werden kriminalisiert. Beweise für die Existenz von sogenannten Hintermännern gibt es keine. Das tut der Diskussion allerdings keinen Abbruch. Die mangelnde Beweislast wird vielmehr als Indiz gedeutet, wie trickreich diese vorgingen (Schulteß 2014, S. 84).

Woher kommen BettlerInnen und warum arbeiten sie nicht?

In der Regel kommen die meisten BettlerInnen aus EU-Ländern, wie etwa der Slowakei, Ungarn, Bulgarien oder Rumänien, und sind auf der Suche nach Arbeit. Die Menschen kommen aus Mangel an Arbeitsmöglichkeiten und aufgrund sehr niedriger Sozialleistungen in ihren Heimatländern nach Österreich. Mehrere Studien haben gezeigt, dass der Wunsch nach Arbeit das Hauptmotiv für die Migration ist und Betteln nur als Übergang und letzter Ausweg gewählt wird (z.B. Geser-Engleitner 2016, S. 90f.; Schoibl 2013, S. 58ff.).

In Rumänien etwa, das 2007 Mitglied der Europäischen Union wurde, stockt die Entwicklung eines wohlfahrtsstaatlichen Systems. Durch die Privatisierungen staatlicher Unternehmen nach 1989 verloren Millionen Menschen ihren Arbeitsplatz. Bis heute sind die Auswirkungen enorm. Die Arbeitslosenquote in den ländlichen Gebieten ist sehr hoch. Beinahe eine Million Menschen sind im Bereich der Schattenwirtschaft tätig und circa vier Millionen Menschen bestreiten ihren Lebensunterhalt durch

---

11 bettellobby.at (2017). https://www.bettellobby.at/2017/04/06/zeitung-oesterreich-konstruiert-bettelbande/?where=wien (Zugegriffen: 18. März 2018).

Subsistenzwirtschaft (Hacker 2007, S. 64). In ländlichen Gebieten sehen sich viele gezwungen als Tagelöhner zu arbeiten, nicht selten wird ihnen der Lohn aber nicht ausgezahlt. Diese Formen der Arbeit bieten keine Stabilität und Zukunftsperspektive. Zu diesen prekären Lebensverhältnissen kommt hinzu, dass diese Tätigkeiten nicht als Beitragsjahre gezählt werden und die Menschen so vom staatlichen Sozialsystem ausgeschlossen werden. Besonders betroffen von Armut und Diskriminierung sind Roma/Romnija. In Rumänien beispielsweise fehlt der politische Wille, minderheitsbezogene Reformen durchzuführen. Nach wie vor wird Kindern der Zugang zu Bildung verwehrt, den Eltern der Zugang zum Arbeitsmarkt (Rauchberger 2016, S. 17).

Die bettelnden Menschen, die nach Österreich kommen, nutzen die Personenfreizügigkeit innerhalb der Europäischen Union und suchen hier nach einer neuen Perspektive.

In Österreich verläuft die Integration primär über den Arbeitsmarkt. Um arbeiten zu dürfen, brauchen die Menschen eine Anmeldebescheinigung.[12] Die Hürden, um an dieses Dokument zu gelangen, sind enorm hoch. Binnen vier Monaten müssen die Menschen einen Meldezettel vorweisen und sie müssen sich selbst versichern. Zudem brauchen sie die Zusage eines bzw. einer potentiellen ArbeitgeberIn, um die Anmeldebescheinigung zu erhalten. Außerdem haben viele keine Bildung genossen oder keinen Beruf erlernt, was ihnen den Zugang zum Arbeitsmarkt noch einmal schwerer macht.

Die Hürden auf dem Wohnungsmarkt sind nicht minder hoch. Viele BettlerInnen leben in heruntergekommenen Wohnungen, die ihnen zu Wucherpreisen vermietet werden. Betroffene berichten häufig der Bettel-Lobby Wien, dass sie die Miete bar bezahlen müssen und keine Meldezettel bekommen. Sich zu wehren, wagen sie nicht, aus Angst, von ihren VermieterInnen auf die Straße gesetzt zu werden. Der Meldezettel ist jedoch ein zentrales Dokument in Österreich. Er ist der Schlüssel für den Zugang zum Arbeitsmarkt und zum Bildungssystem. Die Menschen befinden sich in einem Teufelskreis, denn ohne Meldezettel bekommen sie keine Arbeit und ohne Arbeit gibt es keine Anmeldebescheinigung. Immer wieder kommt es zu Ausweisungen aus Österreich, weil die Betroffenen arbeitslos sind. Um ihre Notlage zu überbrücken, betteln die Men-

---

12 Anmeldebescheinigung und Bescheinigung des Daueraufenthalts für Arbeitnehmerinnen und Arbeitnehmer mit EWR- oder Schweizer Staatsangehörigkeit, 2017. https://www.wien.gv.at/amtshelfer/dokumente/aufenthalt/ewr/bescheinigungen/arbeitnehmer.html# (Zugegriffen: 2. August 2017).

schen oder verkaufen Straßenzeitungen. Die Frauen und Männer betteln nicht selten sieben Tage die Woche, um genug Geld für sich und den Lebenserhalt ihrer Familie zu verdienen. Sie leben in ständiger Unsicherheit. Und anstatt sie als Armutsbetroffene wahrzunehmen und als solchen Unterstützung zu gewähren, werden sie kriminalisiert und als Bettelbanden stigmatisiert.

Die meisten Menschen, die betteln, möchten hier arbeiten, sofern es ihr Alter oder Gesundheitszustand zulässt, doch gesetzliche Hürden, mangelnde Bildung und ein ausbeutender Wohnungsmarkt stehen der Erfüllung dieses Wunsches entgegen. Dennoch: Sie sind EU-BürgerInnen und haben freien Zugang zum Arbeitsmarkt, die Chance besteht also immer. Viele der bettelnden Menschen, die 2015 von Landeshauptmann Wallner allesamt als integrations- und arbeitsunwillig bezeichnet wurden[13], haben nach Auskunft von Sozialeinrichtungen in Vorarlberg in der Zwischenzeit eine Arbeit gefunden.

Der Umgang der Polizei mit bettelnden Menschen

Aus der Tätigkeit der BettelLobby Wien können wir berichten, dass sich die diffamierende Darstellung aus Politik und Medien direkt auf den Umgang der Polizei mit Betroffenen auswirkt. Die Armutsbetroffenheit der Menschen rückt dabei in den Hintergrund, die Kriminalisierung in den Vordergrund. Frauen und Männer, die ihren Lebensunterhalt durch Betteln bestreiten, sind wiederholt von Repression und Strafen betroffen. Oft fallen diese sehr hoch aus, mit dem Ziel, BettlerInnen dauerhaft aus dem öffentlichen Raum zu vertreiben. An die BettelLobby wenden sich Betroffene meistens mit Strafen nach dem Wiener Landessicherheitsgesetz, dem Sicherheitspolizeigesetz oder der Straßenverkehrsordnung. Die Strafen zeigen die Willkür in vielen Amtshandlungen gegenüber Bettelnden. Wie bereits erwähnt fehlt es im Wiener Landessicherheitsgesetz an einer exakten Definition, was etwa „aufdringlich" oder „aggressiv" bedeutet. Diese unklare Sachlage ermöglicht willkürliche Bestrafungen. So erhielt ein Mann, der Hilfe bei der BettelLobby Wien suchte, eine Strafe von EUR 400,00 oder sechs Tagen Ersatzfreiheitsstrafe, weil er „Bitte, bitte 1 Euro für armen Mann" sagte und seinen Körper „hin- und herpendelte." Der Tatbestand den er verletzte? Er hat „aggressiv" gebettelt und durch das Pendeln den Fußgängerverkehr behindert (Rauchberger 2018, S. 197). Ein

---

13   Siehe FN 1.

anderer Betroffener erhielt eine Verwaltungsstrafe von EUR 800,00 oder acht Tagen Ersatzfreiheitsstrafe, weil er einem Passanten einen „Papbecher [sic] unter die Nase gehalten hat."[14]

Diese willkürlichen Strafen schüchtern aber nicht nur Betroffene ein. Die vielen Amtshandlungen gegen Bettelnde und die mediale Berichterstattung darüber vermitteln den PassantInnen das Gefühl, dass Betteln mit kriminellen Strukturen verbunden ist bzw. dass bettelnde Personen kriminell sind. Daher richteten sich die kostenlosen Rechtshilfe-Treffen der BettelLobby von Beginn an nicht nur an bettelnde Menschen, sondern auch an UnterstützerInnen und Interessierte. Mit Hilfe eines Anwalts und AktivistInnen, die in den jeweiligen Landessprachen dolmetschen, können sich Betroffene gegen die Strafen wehren oder sich gegenseitig bekräftigen und unterstützen. Denn um Rechtsmittel einzulegen und sich zu wehren, braucht es nicht nur Mut, sondern auch Solidarität. Die Treffen werden von bis zu 70 Betroffenen an einem Abend in Anspruch genommen. 80 % aller von der BettelLobby begleiteten Verwaltungsstrafverfahren sind zur Gänze oder zumindest teilweise erfolgreich. Das bedeutet, die Strafen werden entweder eingestellt, vom Verwaltungsgericht aufgehoben oder die Höhe der Strafe wird reduziert.[15]

Obwohl sich die Menschen wehren, besteht nach wie vor enorme Unsicherheit bezüglich der rechtlichen Situation. Sie wissen nicht, wie sie sich verhalten sollen, um nicht bestraft zu werden. Neben willkürlichen und oft unbegründeten Strafen kommt es seitens der Polizei immer wieder zu unzulässigen Handlungen oder Misshandlungen. Betroffene erzählen nicht nur, dass ihnen das Geld abgenommen wurde, ohne dafür eine Bestätigung zu erhalten, sondern auch, dass sie gezwungen wurden, sich auf der Polizeiinspektion nackt auszuziehen. Einzelne berichten auch von Schlägen durch Polizeibeamte. Den Mut, eine Maßnahmenbeschwerde einzuleiten, haben wenige und die Erfolgsaussichten sind meist gering. In einigen Fällen waren Maßnahmebeschwerden erfolgreich. Diese betrafen Fälle von unbegründeten Leibesvisitationen, in denen die BeamtInnen selber nicht wussten, dass sie sich rechtswidrig verhalten (Koller und Rauchberger 2017, S. 267ff.).

Seit Beginn dieses Rechtshilfeangebotes gibt es aus Sicht der Bettel-Lobby eine Verbesserung des Umgangs der Polizei mit bettelnden Men-

---

14 bettellobby.at. https://www.bettellobby.at/blog/wien/?where=wien (Zugegriffen: 18. März 2018).

15 Unveröffentlichte Auswertung der BettelLobby Wien. Eine Publikation ist im Laufe des Jahres 2018 geplant.

schen. Die Strafen sind in der Regel nicht mehr so hoch und die Ersatz-freiheitsstrafen werden seltener falsch berechnet. An der grundsätzlichen Problematik, dass viele Strafen unbegründet und willkürlich sind, hat sich bisher leider nichts geändert, weshalb es wichtig ist, diese Form der rechtlichen Unterstützung weiter zu führen. Sie stärkt die Überzeugung der BettlerInnen, dass auch sie Rechte haben und dass Armut kein Grund sein darf ins Gefängnis zu gehen.

Fazit und Ausblick

Emotional geführte Debatten in Medien und Politik verfestigen Mythen und Vorurteile gegenüber bettelnden Menschen. Denn obwohl Betteln seit einem Urteil des Verfassungsgerichtshofes seit 2012 erlaubt ist, wird BettlerInnen vorgeworfen nicht würdige Arme zu sein. Auch das Recht, sich als BürgerInnen der Europäischen Union rechtmäßig in Österreich aufzuhalten, wird ihnen abgesprochen. Der wohl hartnäckigste Mythos ist jener der Bettelmafia. Die Medien berichten von „Banden" und „großen Clans, die halb Europa überschwemmen" und von „in Lumpen gekleideten Bettlern, die in Kleinbussen (...) angekarrt werden".[16] Die Frauen und Männer betteln demnach nicht für ihren Lebensunterhalt, sondern für „die Mafia". Durch Kriminalisierung und Diffamierung werden die Vertreibungsmaßnahmen durch die Polizei legitimiert (Kempf-Giefing et al. 2015, S. 213). Hinzu kommt, dass das Thema Betteln in Österreichs Politik und Medien vorrangig als Sicherheitsthema behandelt wird.

Für die Betroffenen hat dies gravierende Folgen. Sie sind darauf angewiesen, im öffentlichen Raum anderen Menschen zu begegnen und von diesen Unterstützung zu erhalten. Durch die Kriminalisierung und die weitverbreiteten stereotypen Vorstellungen sind jedoch viele PassantInnen verunsichert, manche attackieren bettelnde Menschen auch.

Fakt ist, dass BettlerInnen von besonderer Armut betroffen sind. Als EU-BürgerInnen haben sie keinerlei Ansprüche auf Sozialleistungen, eine Versicherung oder Unterkunft.[17] Durch ihr unsicheres und unregelmäßiges Einkommen haben sie kaum eine Chance auf dem Immobilienmarkt. Daher werden sie eher Opfer von Ausbeutung in diesem Sektor. Die Betroffenen berichten der BettelLobby Wien immer wieder von Wohnungen in Substandardniveau, etwa ohne Heizungen, für die sie überzogene Mie-

---

16 Kronen Zeitung, Ausgabe vom 1.1.2017, Nr. 20, S. 16.
17 Anmeldebescheinigung, https://www.help.gv.at/Portal.Node/hlpd/public/content/12/Seite.120810.html (Zugegriffen: 19. März 2018).

te zahlen müssen. Durch den ständigen Druck genügend Geld zu bekommen, um die Miete rechtzeitig zahlen zu können, bleibt den Wenigsten noch Zeit etwa Deutschkurse zu besuchen, was ihre Chancen auf dem Arbeitsmarkt steigern würde.

Ein Paradigmenwechsel im Umgang mit bettelnden Menschen wäre dringend geboten. Sie sollten nicht, wie bisher, sicherheitspolizeilich behandelt werden, sondern als armutsbetroffene Menschen sozialarbeiterische Unterstützung erhalten. Sie sind keine „Wellen" oder „Banden", sondern einzelne Menschen mit unterschiedlichen Biographien und Bedürfnissen. Der bisherige repressive Umgang durch nicht nachvollziehbare Strafen führt zu Grundrechtsverletzungen und keinesfalls dazu, dass es durch Bettelnde weniger Belästigungen und Konflikte im öffentlichen Raum gibt. Straßensozialarbeit und Unterstützungsangebote könnten jedoch bewirken, dass die Rechte bettelnder Menschen besser geschützt werden. Gäbe es klare Regeln für Bettelnde, die durch qualifiziertes Personal kommuniziert würden, würden sich dadurch Belästigungen und Konflikte im öffentlichen Raum mit Sicherheit reduzieren.

Literatur

Benedik, Stefan, Barbara Tiefenbacher und Heidrun Zettelbauer. 2013. Die imaginierte „Bettlerflut". Temporäre Migrationen von Roma/Romnija – Konstrukte und Positionen. Klagenfurt: dravaDiskurs.

Geser-Engleitner, Erika. 2016. Bettelnde Notreisende in Vorarlberg. Eine empirische Untersuchung. Studie im Auftrag des Landes Vorarlberg, durchgeführt von der Fachhochschule Vorarlberg. https://www.vorarlberg.at/pdf/bettelndenotreisendeinvor.pdf (Zugegriffen: 4. März 2018).

Hacker, Björn. 2007: Die Transformation der Sozialsysteme in Rumänien nach 1989. Westorientierung mit hausgemachten Hindernissen. Südosteuropa Mitteilungen 4:60-75.

Karausz, Daniel et al. 2011. Bettelnde Menschen in Wien. Eine sozialarbeiterische Grundlagenforschung. Bachelorarbeit an der FH Campus Wien, Bachelorstudiengang Soziale Arbeit.

Kempf-Giefing, Martina, Ferdinand Koller und Peter Krobath. 2015. Unwesen, Schande, Mafia. Zur medialen Darstellung von bettelnden Menschen in Österreich. In: Romane Thana. Orte der Roma und Sinti. Hrsg. Wien Museum, 212-215. Wien: Czernin Verlag.

Koller, Ferdinand. 2009. Betteln in Österreich. Eine Untersuchung aus theologisch-ethischer Perspektive. Diplomarbeit an der Fakultät für Katholische Theologie, Universität Wien.

Koller, Ferdinand. 2012. Argumente und Beweggründe für die Einschränkung des Bettelns in Wien. In: Betteln in Wien. Fakten und Analysen aus unterschiedlichen Wissenschaftsdisziplinen. Hrsg. Ferdinand Koller, 139-152. Wien: LIT-Verlag.

Koller, Ferdinand und Annika Rauchberger. 2017. Betteln ist erlaubt! Rechtshilfe für bettelnde Menschen in Wien. juridikum 2:264-270.

Rauchberger, Annika. 2016. Im Ghetto leben: Eine Analyse der Strukturen und Folgen zugespitzter Marginalisierung, am Beispiel einer ehemaligen Romasiedlung im Dorf Nou in Siebenbürgen. Masterarbeit am Institut für Soziologie, Universität Wien.

Rauchberger, Annika. 2018: Stadt für alle? Bettelverbote als Instrumente städtischer Kontrolle über den öffentlichen Raum. In: Stadt für Alle!

Analysen und Aneignungen. Hrsg. Heidrun Aigner und Sarah Kumnig, 191-199. Wien: Mandelbaum.

Schoibl, Heinz. 2013. Notreisende und BettelmigrantInnen in Salzburg. Erhebung der Lebens- und Bedarfslagen. Helix Forschung und Beratung. http://rundertisch-menschenrechte.at/downloads/NotReisen_Bericht.pdf (Zugegriffen: 4. März 2018).

Schreiter, Nikolai. 2015. Die „Bettelmafia" – Eine antiziganistische Vorstellung. In: Antiziganismus in Österreich. Falldokumentation 2013-2015. Romano Centro Sonderheft 83:7.

Schulteß, Franziska. 2014. Armut als Problem öffentlicher Sicherheit? Diskussionen zu Bettelverboten in Wien. Diplomarbeit am Institut für Internationale Entwicklung, Universität Wien.

Voß, Andreas. 1992. Betteln und Spenden. Eine soziologische Studie über Rituale freiwilliger Armenunterstützung, ihre historischen und aktuellen Formen, sowie ihre sozialen Leistungen. Berlin: Walter de Gruyter.

Wailzer, Teresa. 2014. Merk. Würdig. Arm. Betteln aus unterschiedlichen Perspektiven. Über Stereotype, Vorurteile und Selbstbilder rumänischsprachiger Bettler_innen in Wien. Diplomarbeit am Institut für Internationale Entwicklung, Universität Wien.

Weichselbaum, Barbara. 2013. Die Bettelverbote in der Judikatur des VfGH. In: Öffentliches Recht. Jahrbuch 2013. Hrsg. Gerhard Baumgartner, 37-76. Graz: Neuer Wissenschaftlicher Verlag.

Die AutorInnen

Wolfgang Aschauer Assoz.-Prof. MMag. Dr., Abteilung für Soziologie und Kulturwissenschaften der Universität Salzburg.

Johann Bacher Univ.-Prof. Mag. Dr., Institut für Soziologie der Universität Linz.

Johannes Berger DI, Leiter des Forschungsbereichs Arbeitsmarkt und Soziale Sicherung, Forschungsinstitut EcoAustria, Wien.

Gudrun Biffl Univ.-Prof. Mag. Dr. habil., Department für Migration und Globalisierung, Donau-Universität Krems.

Verena Blaschitz Mag. Dr., Institut für Sprachwissenschaft, Fachbereich Deutsch als Fremd- und Zweitsprache, Universität Wien.

Isabella Buber-Ennser Dr., Forschungsgruppenleiterin, Institut für Demographie, Bereich Demographie Österreichs, Österreichische Akademie der Wissenschaften, Wien.

Wolfgang U. Dressler, em. Univ.-Prof. Dr. Dr. h.c.. mult., Institut für Sprachwissenschaft der Universität Wien, wirkl. Mitglied der Österreichischen Akademie der Wissenschaften.

Walter Fuchs Dr. MA, wissenschaftlicher Mitarbeiter, Institut für Rechts- und Kriminalsoziologie, Wien.

Florian Gann MA, Journalist in Salzburg und Stuttgart.

Sylvia Hahn ao. Univ.-Prof. Dr., Fachbereich Geschichts- und Politikwissenschaft und Vizerektorin für internationale Beziehungen und Kommunikation, Universität Salzburg.

Markus Kaindl Mag.Dr., wissenschaftlicher MItarbeiter des Österreichischen Instituts für Familienforschung (ÖIF), Wien

Jörn Kleinert Univ.-Prof. Dr., Institut für Volkswirtschaftslehre, Universität Graz.

Judith Kohlenberger Dr., wissenschaftliche Mitarbeiterin, Institut für Sozialpolitik an der Wirtschaftsuniversität Wien.

Ferdinand Koller Mag., pädagogischer Leiter des Romano Centro in Wien.

Katharina Korecky-Kröll Mag. Dr., Universitätsassistentin, Institut für Sprachwissenschaft, Universität Wien.

Christoph Neger MSc, Doktorand, Graduiertenkolleg für Geographie, Nationale Autonome Universität von Mexiko, Mexiko-Stadt und freier Mitarbeiter, Joanneum Research Graz.

Johannes Peyrl Dr., Abteilung Aebeitsmarkt und Integration, Arbeiterkammer Wien.

Arno Pilgram, Univ.Doz. Dr., wissenschaftlicher Mitarbeiter, Institut für Rechts- und Kriminalsoziologie, Wien.

Franz Prettenthaler, Mag.Dr., Leiter des Zentrums für Klima, Energie und Gesellschaft (LIFE), Joanneum Research, Graz.

Annika Rauchberger MA, ehrenamtliche Mitarbeiterin, Romano Centro, Wien.

Daniel Reiter BA MA, Universitätsassistent, Institut für Finanzwissenschaft und öffentliche Wirtschaft, Universität Graz.

Christina Schwarzl MA, wissenschaftliche Mitarbeiterin, Institut für Rechts- und Kriminalsoziologie in Wien.

Lena Stöllinger Studienassistentin, Institut für Soziologie, Universität Salzburg.

Ludwig Strohner Mag, Leiter des Forschungsbereichs Öffentliche Finanzen, Forschungsinstitut EcoAustria, Wien.

Christoph Weber Dr., Leiter der Koordinations- und Servicestelle für Forschung, Pädagogische Hochschule Oberösterreich, Linz.

Hilde Weiss ao. Univ.-Prof. i.R. Mag. Dr., Institut für Soziologie, Universität Wien.

Laura Wiesböck MA Dr., Institut für Soziologie, Universität Wien.